工业和信息化高职高专"十二五"
规划教材立项项目

公共关系原理与实务

Theory and Practice of Public Relations

张金成 主编
刘建廷 王力娟 副主编
董佳玮 刘羽 参编

21世纪高等职业教育财经类规划教材
市场营销类

Marketing

人民邮电出版社
北京

图书在版编目（CIP）数据

公共关系原理与实务 / 张金成主编. -- 北京 : 人民邮电出版社, 2012.9（2019.2 重印）
21世纪高等职业教育财经类规划教材. 市场营销类
ISBN 978-7-115-28274-3

Ⅰ. ①公… Ⅱ. ①张… Ⅲ. ①公共关系学－高等职业教育－教材 Ⅳ. ①C912.3

中国版本图书馆CIP数据核字(2012)第170686号

内 容 提 要

本教材按照"理论够用为度，突出实用与技能"的原则，通过对公共关系活动的全景式透析与解读，让读者在掌握公关基本理论知识的同时领悟公关活动的方法与技巧。

本书共11章，涉及的主要内容有公共关系概述、公共关系的发展历史、公共关系的职责与功能、公共关系的组织机构与从业人员、公共关系学的理论基础、公共关系的对象、公共关系的工作任务、公共关系的工作过程、公共关系专题活动、公共关系礼仪、公共关系技巧。各章作为相对独立的教学单元均包括学习目标、案例导入、学习内容、案例分析、本章小结、综合练习等不同的教学模块。

本书构思新颖，内容简练，案例丰富，通俗易懂，实用性强，可作为高职高专经济类、管理类、文秘类相关专业的教材或应用型本科教材，也可作为企业领导与公关人员的参考资料和自学读本。

21 世纪高等职业教育财经类规划教材 • 市场营销类

公共关系原理与实务

◆ 主　　编　张金成
　副 主 编　刘建廷　王力娟
　责任编辑　刘　琦
◆ 人民邮电出版社出版发行　　北京市崇文区夕照寺街 14 号
　邮编　100061　　电子邮件　315@ptpress.com.cn
　网址　http://www.ptpress.com.cn
　北京捷迅佳彩印刷有限公司印刷
◆ 开本：700×1000　1/16
　印张：17.75　　2012 年 9 月第 1 版
　字数：401 千字　　2019 年 2 月北京第 5 次印刷

ISBN 978-7-115-28274-3

定价：32.80 元

读者服务热线：(010) 67170985　印装质量热线：(010) 67129223
反盗版热线：(010) 67171154
广告经营许可证：京东工商广登字 20170147 号

前言

随着对外交流的日益频繁和经济全球化进程的逐步加快，公共关系作为一种管理职能、经营策略、传播行为和对外交往艺术已被广泛应用于各类社会组织的经营、管理活动之中，发挥着越来越重要的作用。社会组织若想提高自身的知名度和美誉度，更好地生存和发展，就必须重视学习和应用公共关系的知识与技巧。公共关系原理与实务是以公共关系的客观现象和活动规律为研究对象的一门综合性应用学科，主要研究社会组织与公众之间的传播与沟通活动，让学生掌握公关活动的基本规律及处理公关问题的一般方法，达到“育道德”、“建观点”、“传知识”和“培技能”的教学目标。

教材作为实现专业人才培养目标的重要工具，是教学不可或缺的重要组成部分，也是深化教育教学改革，全面推进素质教育，培养创新人才的重要保证。我们编写这本教材的目的就是为了适应社会需要，培养更多掌握公关知识和公关技能的应用型、复合型的高级专门人才，从而更好地为实现高等职业教育的目标服务。

本书共 11 章，在遵循“理论够用为度，突出实用与技能”原则的同时，力求结构层次清楚、内容通俗易懂。本书涉及的主要内容有公共关系概述、公共关系的发展历史、公共关系的职责与功能、公共关系的组织机构与从业人员、公共关系学的理论基础、公共关系的对象、公共关系的工作任务、公共关系的工作过程、公共关系专题活动、公共关系礼仪和公共关系技巧。各章作为相对独立的教学单元均包括学习目标、案例导入、学习内容、案例分析、本章小结、综合练习等不同的教学模块。

本书由长期从事公共关系教学、研究与培训工作的高校教师合作编写，我们历经十多年的教学实践和探索，将自己长期积累下来的对公关教学的点滴思考和体会汇集于此。全书由石家庄邮电职业技术学院张金成任主编并统稿，由山东农业干部管理学院刘建廷、石家庄邮电职业技术学院王力娟任副主编，参编人员还有董佳玮和刘羽，具体分工是：张金成编写第 1 章～第 5 章，刘建廷编写第 6 章、第 7 章，王力娟编写第 8 章、第 9 章，董佳玮编写第 10 章，刘羽编写第 11 章。

本书构思新颖，内容简练，案例丰富，实用性强，可作为经济类、管理类、文秘类相关专业的高职高专教材或应用型本科教材，其内容可供 30 至 70 学时的公共关系课程选用，也可作为企业领导与公关人员的参考资料和自学读本。

在本书编写过程中，我们参考了大量专家、学者的著作和文献以及同行们编写的优秀教材，在此一并表示感谢。限于编者的水平和经验，加之时间仓促，不妥之处在所难免，敬请读者批评指正。

编　者

2012年3月

目 录

第一章

公共关系概述

学习目标

知识目标：掌握公共关系的基本概念，公共关系的基本原则和基本职能。

素质目标：培养形象观念、尊重他人观念、合作观念、传播沟通观念。

技能目标：认识什么是公共关系，运用公共关系基础知识分析实际问题。

案例导入

认识公关

北欧航空公司丹麦分公司一位公关经理曾经非常风趣地这样描述："一名青年追求伴侣，可以用许多方法，其中大献殷勤就是一种，但这不算公关关系，而是推销。努力修饰自己的外貌和风度，讲究谈吐举止，这也是一种吸引人的办法，不过这也不是公共关系，而是广告。如果这位青年经过周密的研究思考，制订出计划，并且埋头苦干，以成绩来获得他人的称赞，通过他人之口将对自己的良好评价传递开来，那么这就是公共关系了。"

案例分析

上述案例形象生动地说明了公共关系有别于推销、广告。公共关系内涵丰富，技巧性强。

公共关系学作为一门新兴的学科，在欧美各国已被广泛地应用于整个社会的各个领域，并在经营管理、市场营销、大众传播领域发挥着独特的作用，我国的改革开放，特别是社会主义市场经济体制的确立，为我国的公共关系得以蓬勃发展提供了良好的土壤，公共关系的发展又进一步促进了我国的改革开放和社会主义市场经济的发展。随着我国社会主义市场经济的快速发展和应对“入世”后面临的挑战，必然要求我们更多的人掌握公共关系的知识。

“公共关系”一词源自英文的 Public Relations，缩写为“P.R.”。美国普林斯顿大学埃里克·戈德曼教授认为，这个概念最早出现于 1882 年多尔曼·伊顿律师的一篇演说辞中，伊顿是在非正式场合使用的这一概念。一般认为“Public Relations”的正式使用是在 1897 年美国铁路联合会编辑的《铁路文献年鉴》一书中。国际公关协会主席桑那特·拉希里则认为，美国第三任总统杰斐逊最早使用了这个概念。Public 一词可译作“公共的”、“公开的”。Relations 则译作“关系”，是英文的复数表示。Public Relations 的中文表述可称为“公共关系”，也可称为“公众关系”。译作“公众关系”在含义上更为直接，因为这个词的本义就是指一个组织与公众之间的关系。但“公共关系”一词已经在国内广为流传，为大多数人所接受，而且“公共”一词与“私人”一词相对应，准确地表达了“公共关系”与“私人关系”的不同性质，因此我们使用“公共关系”的这种译法。

学习内容

1.1 公共关系的概念

“公共关系”一词来自英语 Public Relations，其英文缩写为 PR，直译应为“公众关系”。但“公共关系”一词已被大众普遍接受并广为流传，汉语简称“公关”。

1.1.1 关系、社会关系、公共关系

（1）关系，广义上指哲学范畴里事物间的普遍联系，狭义指人与人之间的相互联系。关系是客观存在的，不以人的意志为转移。

重要的思考：人能否脱离关系而存在?

人不同于动物，有情感有思想；如没有关系，这种思想与情感既不能产生也不能发育。人是社会的人，社会是人的社会，关系也是人最本质的社会属性。

重要的思考：关系是动态还是静态的?

静态的关系是指联系的客观存在状况，如好坏，和谐与紧张，稳定与动荡；动态的关系是指联系的发展态势，双方主动自觉追求关系和谐稳定状况的程度。因为，只有关系的和谐和稳定才能顺利达到主体自身的目标，所以主动自觉寻求关系对象的支持理解与合作就成了一种动态的关系学。如同任何生物的生存与发展都离不开所处环境的影响，社会组织也不例外。

（2）社会关系，即人与人之间的关系。

按照关系主体的不同可分为三层，以国家为主体与人发生的关系称为国务关系，以个人为主体与人发生的关系称为人际关系，以社会组织为主体与人发生的关系称为公共关系。社会组织处于中间层次，大可以包括国家，小可以体现为班组。在公共关系学中，社会组织基本上以现代企业为主体。但作为一门社会学科、传播学科、管理学科，公共关系学的策略、技巧、观念又可以作为一种工具、文化、艺术、科学，为个人比照社会组织来

运用。所以也出现了个人 PR，全员 PR。

（3）公共关系，作为一种客观存在，伴随人类的历史产生、发展、壮大，由于历史短，学科建树晚，定义莫衷一是。

公共关系是一门科学，是对公共关系活动规律的理论概括。

公共关系又是一门艺术，需要把公关理论恰当地运用到各种各样不同的实际情况中去。

公关理论是科学，科学是教我们“to know”；公关实践是艺术，艺术是教我们“to do”。

科学性是艺术性的基础，艺术性是科学性的升华。离开科学性，艺术性就变成简单的经验和直觉，离开艺术性，科学性就变成僵化、死板的教条。只有既注重学习公关理论，又注重总结公关实践的人，才能成为合格的公关人员。

1.1.2 公共关系的定义

公共关系作为一种客观存在，与人类社会相伴而生。随着商品经济的发展、信息传播技术的进步和人类文明水平的提高，公共关系已成为现代社会的一种普遍现象。现代公共关系是于 20 世纪初发展起来的，至今也不过百年时间，由于学科历史较短，人们对公共关系的认识还处于不断的探讨之中。历史上的众多学者从各自角度提出了不同的表述，从不同的侧面反映了公共关系的内涵。最终如同盲人摸象般从不同角度、不同层次形成了众说纷纭、莫衷一是的公共关系定义。

以下几种观点最具代表性。

（一）管理职能论

这类定义突出公共关系的管理属性。比如，美国著名公关学者雷克斯·哈罗博士（Rex L. Harlow）所提出的定义：“公共关系是一种独特的管理职能。它帮助一个组织建立并维持与公众之间双向的交流、理解、认可与合作；它参与处理各种问题与事件；它帮助管理者及时了解公众舆论，并对之做出反应；它明确并强调管理部门为公众利益服务的责任；它作为社会变化趋势的监视系统，帮助管理者及时掌握并有效地利用社会变化，保持与社会变动同步；它运用健全的、正当的传播技能和研究方法作为主要的工具。”

（二）传播沟通论

“传播沟通论”这类定义侧重于公共关系的传播属性。比如，英国著名公关学者弗兰克·杰夫金斯（Frank Jefkins）认为：“公共关系就是一个组织为了达到它与公众之间相互了解的确定目标，而有计划地采用一切向内和向外的传播沟通方式的总和。”

（三）传播管理论

“传播管理论”这类定义将管理说和传播说结合起来，强调公共关系是组织一种特定的传播管理行为和职能。当代美国公共关系学术权威，马里兰大学的詹姆斯·格鲁尼格教授（James E. Grunig，Ph.D.）认为：“公共关系是一个组织与其相关公众之间的传播管理。”

（四）决策咨询论

决策是组织在对自身条件和外界环境进行比较，经过认真思考所做出的决定性选择，由于组织自身条件和外界环境都包含公众因素，因此在组织的决策过程中，公共关系发挥着重要作用。“决策咨询论”这类定义侧重于公共关系的决策咨询功能，最有代表性的是国际公共关系协会于 1978 年 8 月发表的《墨西哥宣言》："公共关系是一门艺术和社会科学。它分析趋势，预测后果，向机构领导人提供意见，履行一系列有计划的活动，以服务于本机构和公众的共同利益。"

（五）社会关系论

"关系论"这类定义强调公共关系是一种公众性、社会性的关系或活动。比如，美国普林斯顿大学的资深公关教授蔡尔兹（H.L.Chils）认为："公共关系是我们所从事的各种活动、所发生的各种关系的通称，这些活动与关系都是公众性的，并且都有其社会意义。"日本公共关系专家田中宽次郎认为："公共关系就是良好的公共关系状态，亦即与社会保持良好的关系的技术。以企业的经营而言，若不能与外界社会保持良好的关系，就不可能持续经营下去。"

上述种种说法各不相同，既反映了人们研究立场、方法、角度的不同，也反映了人们对公关认识的逐步深入，更说明了公共关系是一个随着实践的深入而不断发展的动态概念。尽管结论各有不同，但无疑都揭示了公关概念的不同侧面，也启迪我们对公共关系的内涵做更全面的认识。从学理的角度看，要回答什么是公共关系，至少要明确回答出公共关系的主体，公共关系的对象，公共关系的手段以及公共关系的目的。

综上所述，我们按照"主体、对象、手段、目的"的学理思路给出公共关系的概念如下：所谓公共关系，就是社会组织为了塑造良好的组织形象，通过传播、沟通手段来影响公众的科学与艺术。

1.1.3 公共关系的特征

美国《公共关系季刊》详细罗列了公共关系的 14 个特征。

（1）公共关系是一个完整的职能，目的在于增进公司利益和达成其他整体的目标。

（2）公共关系并不制定政策，但可以帮助管理当局表明公司的政策。

（3）对于受公司措施影响的人们，公共关系人员注意他们的印象和可能的反应，因此，重大的措施虽然表面上与公共关系无关，也应先向公共关系部门咨询。

（4）行动比空言有力，所有信誉都建立在行动而非语言文字之上，但如果要让他人知悉并了解公司的行动，就得借助于语言文字。

（5）公共关系虽然是管理部门的职责，却仍然有其明确的责任范围，如果要实行这种责任，就必须配备适当的预算及人员，至于所担负的任务必须限于公司公共关系范围以内的工作。

（6）公共关系人人有责，公共关系部门的最终目标是使人人了解传播对于良好的管理是必要而不可分割的。

（7）关于公司的形象是相对的，要依据某种公众对于公司的具体要求和兴趣而定，例如，股东、金融界、政府、教育家和舆论界，就会各有各的看法。

（8）人们经常根据不完全的证据形成对公司的印象，如公司的名称，与某一位员工通信或偶然的会晤，虽然这些都是小事，但应尽力去注意为公司争取良好的形象。

（9）因为公司是在舆论所形成的环境下运营发展的，因此任何人士所具有的了解事实和访问权利均应得到尊重。

（10）人们通常对于了解最少的事物感到厌恶，恐惧或猜疑，如果不提出理由并加以解释，人们就会自行想象，因此透露、传播资料信息不要吝惜。

（11）不可歪曲及夸大事实，公共关系的主旨在于陈述事实，以便他人对于公司能公平评估，引起公众兴趣，进而对他们发生影响。

（12）少做做得好，比多做做不好要强。

（13）在观念的领域中，要引起特别的注意，竞争非常激烈，公共关系的一项基本任务就是要引起别人对公司的好感和兴趣。

（14）公共关系艺术成分多于科学成分，这种艺术一定要以社会科学的崭新知识为基础，对于公众对象的组成及态度要作科学的评估，对于公司本身要有透彻的认识。

腾讯QQ VS 奇虎360大战事件

2010年企业危机事件，必定不能不提到腾讯和360为了各自的利益，展开的前所未有的互联网之战。9月27日，360安全卫士推出个人隐私保护工具360隐私保护器，目标直接瞄准QQ软件，360与腾讯在客户端领域再起冲突。10月14日，腾讯正式起诉360不正当竞争，360提起反诉。10月27日晚间，腾讯通过弹窗的方式，联合百度等网站发表声明，指责360不正当竞争，并号召同业不与360发生任何形式的商业往来，360随之通过弹窗形式反击，掀起两家弹窗大战。11月3日，腾讯与360之战爆发最新冲突，腾讯称装有360的电脑将停止运行QQ公开信后，360表示将保证和QQ同时正常使用，腾讯方暂停WEBQQ使用，360下线了扣扣保镖。这是中国互联网史上影响人数最多的一次热点事件。直到11月7日，腾讯与360同时发表声明：在工信部的调解下，双方决定休战，握手言好——至此，一场惊动中国、震动4亿网民的“鹅虎”之战终于告一段落。

危机案例评点与分析：尽管各方采取了诸多的措施来解决冲突，但显然没有令事态停止或达到各自的目标。从整个事件的过程来看，原本还处于公众事件的纷争，却由于措施的不当而上升为企业危机。腾讯的美誉度和企业形象受到严重损害，而360将有可能面临实际的市场损失。在这场“3Q”大战中，毫无疑问的是最后两败俱伤的下场，用户普遍感到这是企业的恶性竞争对用户感情的赤裸裸伤害。但是通过对两家企业的危机公关手段分析，谈及其应对危机公关的策略，我们可以看到的是360在本次事件中略胜一筹。在战略应对上，腾讯表现出来的更多是被动的应战。危机公关，最核心的能力是掌握危机发展的主动性。腾讯作为当事方，没有掌控危机的发展方向，从而引导事件朝不利于自己的方向发展。在危机状态下，企业处理危机的首要原则就是立即控制事态发展，显然腾讯忽视了这一点并因“公开信及相关措施”而加大了舆论的火候。网络舆论此后一发不可收拾，并迅速扩大传播范围，网民一时间一边倒的批判舆论让腾讯失去了很多用户，同时对品牌和企业的形象造成极大的打击。危机事件的处理需要真诚坦白的沟通，企业在发生危机事件后更应该考虑到用户的情感和利益，而不是为了一时的竞争而损害用户的感情。在沟通方面，企业应该极力发展为用户的正面形象，努力展示企业社会责任，将舆论焦点转向积极的一面，并配合法律和技术部门的行动，使得由于危机事件造成的损失降到最低。在整个事件当中，360的表态就似乎更加迎合大众的诉求和需要，而腾讯只是通过两次“公开信”来和公众沟通，显然无法满足公众对组织信息的需求。另外，腾讯的高管表态也一直表现得非常强势和极端，没有考虑到用户的情感和诉求。当前，中国网民规模达到4.4亿，互联网普及率攀升到33%。这一巨大的数字是中国互联网产业快速发展的真实反映。然而，中国互联网产业表面的光鲜并没有掩盖到背后隐藏着的诸多挑战和问题。此次腾讯和360的纷争，就是中国目前互联网竞争的一个缩影，网络世界日新月异的技术变革，需要与之相适应的市场良性竞争环境，监管生态和机制，还有与之匹配的法律法规，显然在这些方面我们管理部门和企业自身都迫切地需要解决互联网发展存在的问题。没有一个良好的行业体制保障，我们就不能构建出一个健康、良好运行的互联网公共空间。

1.2 公关分支概念与公关三要素

1.2.1 公共关系状态、公共关系活动、公共关系观念

（一）公共关系状态

公共关系状态即一个组织与其公众环境之间客观上存在的关系状况和舆论状况。公共关系状态是客观存在的，任何组织或个人都处在一定的公共关系状态之中。它既是组织公共关系活动的基础，也是组织公共关系活动的结果。

（1）公共关系是客观存在的。组织与公众环境之间客观上存在着某种特定的情形和状况，与组织相关的“社会关系状态”和“社会舆论状态”就是组织的公共关系状态。

（2）公共关系状态与公共关系活动之间存在着密切的联系。

① 公共关系状态既是组织开展公共关系活动的基础，也是组织的公共关系活动形成的结果。

② 组织的公共关系活动又以形成、维持或改变特定的公共关系状态为目标，以适应和影响自己的公众环境为任务，因此公共关系活动的结果便形成特定的公共关系状态。

③ 评估公共关系活动的成效要以公共关系状态的变化情况为依据。良好的公共关系状态是与卓有成效的公共关系活动联系在一起的。

（二）公共关系活动

公共关系活动（实务）即运用传播沟通的方法去协调组织的社会关系，影响组织的公众舆论，塑造组织的良好形象，优化组织的运作环境的一系列公共关系工作。公共关系实务活动是组织活动的一部分，是一种特殊的组织职能。

“三高”为中国申奥放歌

2001年6月23日晚，昔日皇家禁苑中乐声翩翩，弦歌阵阵。世界著名三大男高音歌唱家在紫禁城午门广场联袂演出，在“6.23国际奥林匹克日”掀起北京申奥活动的高潮。数万热情的中外观众一同观赏了这场精彩的演出。

当晚三位“歌剧之王”身着黑色燕尾服，神采奕奕地站在了紫禁城的古老红墙之间的舞台上，他们演唱了近三十首脍炙人口的歌剧选段或歌曲。从卡雷拉斯的《我知道这个花园》，到多明戈的《星光灿烂》，再到帕瓦罗蒂的《今夜无人入睡》，宏亮且有穿透力的歌声，赢得了在场三万名观众的热烈掌声。昔日这里曾经钟鼓齐鸣，如今西方歌剧在这里缭绕；昔日皇帝曾在这里议政，如今三位西方音乐大师在这里纵情高歌。东方建筑的神韵与西方艺术经典在这里得到了完美的交融，古老的紫禁城在一个充满激情的夜晚被唤醒，改革开放的中国以一场东西文化交融的音乐盛会，向世界

展示他们积极走向世界的宽阔胸怀。

紫禁城午门广场，“歌剧之王”帕瓦罗蒂、多明戈和卡雷拉斯倾情演绎音乐盛典，取得了空前的成功，音乐会电视直接可覆盖全球110多个国家和地区的33亿观众。

案例分析：此案例体现了名流公众在公共关系活动中的地位和影响。名流公众指那些对社会舆论和社会生活具有较大的影响力和号召力的有名望人士。世界著名三大男高音歌唱家就是属于名流公众。组织在策划公共关系活动时，往往借助名流的知名度扩大组织的公共关系网络，扩大组织的公众影响力，丰满组织的社会形象。在公关活动中，组织借助于社会名流的知识和专长为组织的经营管理提供有益的意见咨询；借助于社会名流的关系网络为企业广结善缘；借助于社会名流的社会声望提高组织的知名度。在本案例中，世界三大男高音歌唱家在世界上拥有较高的名声和地位，是典型的名流公众。这类公众对传播的作用很大，影响力很强。通过社会名流去影响公众和舆论，往往具有事半功倍的效果。组织利用公众的“崇尚英雄”、“崇拜明星”的社会心理，与社会名流建立良好关系，把本组织的名字与社会名流的名望联系在一起，提高了组织在公众心中的位置。世界著名三大男高音歌唱家首聚北京，为中国放歌，这是我国对外文化交流的空前创举，大大提高了我国和中国文化在世界范围内的影响。

（三）公共关系观念

1. 公共关系观念的含义

公共关系观念是一种影响和制约组织的政策和行为的经营观念和管理哲学，它不仅指导着公共关系实务工作的健康发展，而且渗透到管理者日常行为的各个方面，成为引导、规范组织行为的一种价值观念和行为准则。

公共关系观念与公共关系状态和公共关系活动的关系：当人们自觉地意识到公共关系状态的客观性和公共关系活动的重要性时，便会形成特定的公共关系意识或公共关系观念，比如形象观念、公众观念、传播观念、协调观念、互惠观念、服务观念等。

2. 公共关系观念的内容

（1）“形象观念”表现为主体在决策和行动中高度重视自身的声誉和形象，自觉地进行形象投资、形象管理、形象塑造，将信誉和形象视作组织的无形资产、无形财富，把树立和维护良好的组织形象作为重要的战略目标。

（2）“公众观念”表现为领导者和管理者高度重视公众的利益，将公众的意愿作为决策和行动的依据，将符合与满足公众的要求作为组织的价值追求，并以此作为制定组织的经营方针和管理政策的重要原则。

（3）“传播观念”表现为经营者和管理者强烈的传播意识和沟通欲望，自觉地利用一切传播的机会和传播媒介去影响公众、引导公众和争取公众，并善于运用双向沟通的方法去赢得公众的理解、信任和好感。

（4）“协调观念”表现为善于调节、平衡和统一各种不同的关系、不同的利益、不同的要素，懂得“统筹”、“兼顾”、“缓冲”、“折中”、“调和”、“妥协”的意义和价值，努力在矛盾中求和谐，在动态中求平衡。

（5）“互惠观念”表现为在交往与合作中，将平等互利、追求双赢作为处理各种关系的行为准则，将自身的发展与对方的发展联系起来，通过协助对方、满足对方来争取双方的共同利益。

（6）“服务观念”则表现为对他人、对社会的一种奉献精神，使自己的存在和行为给对方带来满意和方便，用服务去赢得好感和信誉。

此外，公共关系观念还包括现代的“信息意识”、“整体意识”、“社会意识”、“竞争意识”、“危机意识”等。这些公共关系观念不仅专业的公关人员必须具备，而且是任何管理者都不应缺少的。用这些公共关系观念来指导实践便成为一种规范和准则；将这些观念系统化、理论化便成为现代的公共关系理论。公共关系学是公共关系意识的理论表现。

1.2.2 关系、舆论、形象

（一）关系

“关系”一词在公共关系学中主要指组织与公众之间相处和交往的行为状态，简单说就是组织与公众之间的联系。在公共关系学中，这种联系的性质和程度是衡量公共关系状态的客观标志。这种相处与交往的性质和程度，是组织的公众环境状态中比较直观的方面。也就是公共关系的“好”与“不好”，从这种联系的性质和程度就可以直接判断。

（二）舆论

“舆论”一词在公共关系学中指社会公众对组织的政策、行为、人员或产品所形成的看法和意见的总和，是社会上大多数人对组织的看法和意见的公开表达。这种公众意见的性质和程度同样是衡量公共关系状态的客观标志。这种舆论反映和评价的性质和程度，是组织公众环境状态中无形的方面。舆论标志着大多数社会公众对组织的基本态度和行为。

（三）形象

“形象”一词在公共关系学中指组织的总体特征和实际表现在社会公众中获得的认知和评价。一个组织的社会形象体现了它的社会关系状态和社会舆论状态的总和。良好的公共关系形象意味着良好的公共关系和社会舆论。

公共关系所借用的“形象”一词不局限于个别的、具体的、直观的范畴，而具有更深层的意义。

（1）公共关系所说的“形象”其本质是信誉，重视组织形象实质上是重视组织信誉。

（2）公共关系将建设和完善组织形象的内涵放在第一位，然后才考虑构建组织形象的外观。

（3）公共关系塑造的是组织的整体形象，而不仅仅限定在个别的、具体的产品形象或人员形象要素上。

（4）公关形象是通过组织的传播活动去影响公众的观念和态度而形成的，这种传播活动虽然也借用各种直观设计的方法和视觉效果，但不是单纯靠感官的刺激，而要靠理性的说服、靠思想的沟通、靠情感的交流去影响人心。

将以上三组概念和范畴综合起来，便构成“公共关系”的完整含义。其中“传播沟通”是最基本的概念，它渗透在公共关系各分支概念和范畴之中，是统筹这些概念、范畴的“纲”。“传播沟通”是贯穿公共关系理论和实务的一条基线，抓住了它就抓住了公共关系概念的本质。

1.2.3　公共关系三要素

公共关系的基本结构由三大要素构成：主体、客体和手段，即社会组织、公众和传播沟通。公共关系的主体是社会组织。社会组织是公共关系的实施者、操作者和承担者。公共关系公众作为公共关系的客体，是公共关系主体实施公共关系活动的对象和承受者。传播沟通作为一种社会现象，是社会系统中不可缺少的重要组成部分，是帮助机构在运行过程中争取与公众相互了解、相互合作而采取的行为规范和进行的传播行为。

公共关系的三要素社会组织、公众、传播沟通是公共关系学中三个最基本的概念。

（一）社会组织——公共关系的主体

社会组织是公共关系的主体，是公共关系的实施者和承担者，它具有主导性。

公共关系学主要将社会组织作为传播沟通主体来进行研究。从传播主体的角度看，公共关系是一种有目的、有计划、受控制、持久的过程。

IBM 意味着最佳服务

IBM 公司总裁小托马斯·沃森（Thomas Watson）对“服务”曾作了这样的说明：我们要提供世界上最好的服务。

一次，亚特兰大拉尼尔公司资料处理中心的计算机出了故障，IBM 公司请的 8 位专家几小时内就从各地赶到了，其中 4 位来自欧洲，1 位来自加拿大，还有 1 位从拉丁美洲赶来。一位在菲尼斯工作的服务小姐，驾车前往某地为顾客送一个小零件。然而，通常应是短暂而愉快的驱车旅行，此次却因瓢泼大雨、交通堵塞，使 25 分钟的车程变成 4 个小时的爬行。这位小姐决心不能这样失去整整一个下午的时间，她想到车里有一双旱冰鞋，于是抛下汽车，穿上旱冰鞋，一路滑行，为顾客雪中送炭。

迎接顾客各种具有挑战性的服务难题已经成了 IBM 活动的重要部分。视顾客为上帝，奠定了 IBM 繁荣兴旺的基础，从而塑造了 IBM 守信誉、重服务的组织形象。IBM 公司通过自己的行动证明“IBM 意味着最佳服务”，做比说更重要。

（二）公众——公共关系的对象

公众是公共关系所要影响的对象，即公共关系客体，它具有权威性，尽管处于被影响、被作用的地位，但公众并不是完全被动的，也不是随意受摆布的。公众的支持是社会组织无形的财富和成功的决定性因素。

公共关系是由组织运行过程中涉及的个人关系、群体关系、组织关系所共同构成的。这些个人、群体和组织构成了组织的公众环境。组织的公共关系工作便是针对这个公众环境进行的。

“百度”竞价搜索事件

2008 年 11 月中旬，中央电视台《新闻 30 分》连续两天报道“百度竞价搜索事件”，越来越多的消费者抱怨说，因为“百度”搜索引擎竞价排名提供的虚假网站或信息上当受骗。报道引用了一位患者的看病受骗经历，据其描述，他在“百度”上找到了一家排名第一的所谓××医院，前往就诊后被诊断为前列腺发炎，花了 1 万多元却始终不见好转。后来他到人民医院门诊检查了一下，医生说这种症状是上火导致的内分泌失调，属普通病症，总共付了 100 多元药费就治好了。

在“百度竞价搜索门”曝光初期，即11月8日，“百度”新闻发言人表示这是一个谣言，“百度”从来没有这样的服务，导致众多网友纷纷上网“扫黑”，随之出现了央视《新闻30分》的事件深度曝光。不得已“百度”又发出因为更多地关注了技术和研发，而对销售运营缺乏严格的管理和系统的投入，“百度”对此进行深刻反省和道歉。任何企业只有用积极、诚恳的态度，才能赢得公众的信任和谅解，只有赢得公众，才能赢得市场。

（二）传播沟通——公共关系的手段和方式

传播是连接社会组织和公众的桥梁，是完成沟通的工具，也是实现公共关系目标的唯一手段，它具有效能性。

传播沟通是公共关系的手段和方式，也是公关活动的过程。公共关系的手段和方式包括各种人际传播、组织传播、公众传播、大众传播的形式；包括各种言语沟通、文字沟通、非语言文字沟通的方法；包括各种印刷媒介、电子媒介、实物媒介的技术。公共关系作为一种管理职能和经营艺术，其特点就是运用传播沟通手段去适应环境、影响公众、协调关系，化解危机，塑造形象。

“小燕子”的一封信

日本奈良市郊区有一家旅馆，外在环境优美，招待客人热情，很吸引顾客。但美中不足的是每年春季，许多燕子争相光临，在房檐下营巢安家，排泄的粪便弄脏了玻璃窗和走廊，服务员小姐擦不胜擦，使得旅客有点不快。旅馆主人爱鸟，不忍心把燕子赶走，但又难以把燕子粪便及时、彻底清除，很是苦恼。

一天，旅馆经理忽然想出一条妙计。他提笔写了以下内容。

女士们，先生们：

我们是刚从南方赶到这儿过春天的小燕子，没有征得主人的同意，就在这儿安了家，还要生儿育女。我们的小宝贝年幼无知，我们的习惯也不好，常常弄脏您的玻璃和走廊，致使您不愉快。我们很过意不去，请女士们、先生们多多原谅！

还有一事恳求女士们和先生们，请您千万不要埋怨服务员小姐，她们是经常打扫的，只是她们擦不胜擦。这完全是我们的过错。请您稍等一会儿，她们就来了。

您的朋友：小燕子

这显然是以小燕子的名义写的向旅客们解释、道歉的信。旅馆经理把它张贴到显眼的地方。

客人们看了这封公开信，都被逗乐了，不仅不再提意见，而且还对这家旅馆更感亲切，并留下了美好的印象。

问题：1. 分析本案例的巧妙之处。

2. 该旅馆是怎么消除误解，赢得公众的理解和支持，树立组织的良好形象？

1.3 公共关系与相关概念的界定

1.3.1 公共关系与人际关系

“人际关系”（Interpersonal Relation）主要指个人关系、私人关系，即人在社会交往实践中形成的人与人之间的相互作用和相互影响。这个概念主要从个体关系的角度概括人的各种社会关系，其涵盖面包括个人在生活、生产及其他社会生活中形成的一切人与人之间的关系。

1. 公共关系与人际关系之间的联系

（1）从内容上看，公共关系包括一部分人际关系。

（2）从方法上看，公共关系活动（实务）也包括了人际沟通的技巧，即面对面的情感交流和说服技巧。

2. 公共关系与人际关系的区别

（1）从主体上看，公共关系的行为主体是组织，人际关系的行为主体仅是个人。在公共关系活动中，个人是以组织的身份与公众交往的，是组织的化身与代表。

（2）从对象上看，公共关系的对象是与组织相关的所有公众及其舆论，而人际关系则包含许多与组织无关的私人关系对象。

（3）从内容上看，公共关系是一种组织的管理活动与职能，处理的是组织事务和公众事务。人际关系处理的许多私人事务，与公众没有关系。

（4）从方式上看，公共关系十分强调运用公众传播和大众传播的方式作远距离、大范围的公众沟通，人际关系则比较局限于面对面、个体对个体的交流方式。

1.3.2　公共关系与人群关系

“人群关系”（Human Relation）这一概念属于管理心理学、行为科学的范畴，主要指群体内部活动和组织管理过程中人与人、人与群体的关系。即从管理的角度，研究群体内部人的需要、动机、态度、行为及相互关系对组织效率、群体活力的作用和影响。

1. 公共关系与人群关系的联系

（1）人群关系主要指组织内部的人际关系，而良好的内部关系是公共关系的基础，与内部公众沟通，协调内部关系也是公共关系活动（实务）的重要内容。

（2）公共关系学也要借助行为科学及管理心理学的理论和方法来分析公众的心理特征和行为规律，以便科学地处理公众关系。

2. 公共关系与人群关系的区别

（1）公共关系不局限于组织和群体内部的传播沟通，还包括大量的外部关系，要面对复杂的社会公众环境。

（2）公共关系不局限于管理现场直接面对面的群体关系和个人关系，还需要特别关注不直接见面的、远距离的公众沟通，并十分重视公众环境的长远变化和发展趋势。也就是说，公共关系需要兼顾内部和外部的关系、眼前和未来的关系。

（3）虽然公共关系和人群关系同属组织管理范畴，但公共关系比人群关系的内容更复杂，范围更广泛。

公共关系和人际关系、人群关系三者的区别与联系。“人际关系”和“人群关系”均侧重从人的心理和行为的角度探讨人和人的关系，而公共关系则从信息传播沟通的角度研究人和人的关系。这三种“关系学”角度不同，重点有别。在一定意义上说，人群关系论是人际关系学在组织管理中的应用；公共关系学又是人群关系论的进一步发展，将人际关系的管理从组织内部扩大到组织外部。这三种“关系学”之间有一定的联系，也有明确的区别，不可混淆。

1.3.3 公共关系与广告

广告（Advertisement）即广而告之。它是指为了传播某一产品或事物而进行的宣传说服活动。公共关系和广告既有联系又有区别，不能把二者等同起来。

1. 公共关系与广告的联系

（1）公共关系常常借助广告的形式传播信息，通过产品或形象广告，可以间接起到树立该组织形象的作用，而活泼清新、艺术性强的公共关系广告，更容易为公众接受。

（2）公共关系工作能对广告起指导作用，它可以确定广告的宣传主题、宣传对象、传播对象、传播方式和传播周期。因此，公共关系和广告之间实际上可以互相补充、互相促进。

（3）二者都源于传播学，都以传播为主要工作手段。

2. 公共关系和广告的区别

（1）目标和原则不同。公共关系的目标是要树立整个组织的良好形象，从而使组织事业获得成功；广告的目标则是推销某种产品或服务。公共关系工作要以公众利益为原则，讲求的是真实可信，向公众提供全面的事实真相而非片面的局部消息；广告的首要原则是引人注目，追求的是与众不同的轰动效应。

（2）主体的范围大小不同。从主体上看，公共关系范围大，广告范围小。公共关系的主体可以是任何组织，既可以是营利性组织，也可以是非营利性组织；可以是政府，也可以是企业。广告范围窄一些，绝大多数情况下是为营利性组织服务的。

（3）传播的手段和周期不同。广告传播手段种类少，公共关系传播手段种类多。公共关系可以利用人类传播的一切手段，如人际传播、组织传播、大众传播等，由于重点在于树立组织形象，因此需要进行长期的努力，其传播周期较长；而广告为了引人注目，可以借助新闻、文学、艺术、虚构形式，采用广播、电视、报纸、杂志、路牌、灯箱等手段，其作为推销产品或服务的促销手段往往要求快速有效，因而常有明显的季节性、阶段性或短暂性。

（4）传播的效果不同。从传播的目的和评价上看，广告倾向于短期的、具体的、易于界定的目的，重具体效果；公共关系倾向于长期的、整体的、宏观的、不易界定的目的，重整体效果。

1.3.4 公共关系与宣传

公共关系和宣传（Propaganda）工作都要依靠传播媒介，使信息为更多的人共享。宣传工作必须树立公共关系意识，创造良好的环境和人际关系以提高效果；同时，公共关系也需要利用宣传的效果，提高组织的知名度和美誉度。但两者之间有显著的区别，主要表现在传播方式上。公共关系旨在通过双向沟通，说服公众；而宣传意在通过单向灌输，控制公众。

1.4　公共关系的基本原则

公共关系的基本原则是指对公共关系具有宏观指导意义的基本精神。

（一）真实信用原则

一切公共关系活动的成败都要以真实信用为基础，它是公共关系总原则的核心。真实与信用是并存的，没有真实就没有信用。任何一个社会组织的领导集团都要把培养自身的信誉观念作为组织建设的一件大事来抓。唯有真诚才能长久赢得公众的合作与社会美誉。追求真实是现代公共关系工作的基本原则。尤其是现代社会，信息及传媒手段空前发达，这使得任何组织都无法长期封锁消息、控制消息，以隐瞒真相，欺骗公众。正如美国总统林肯所说："你可以在某一时刻欺骗所有人，也可以在所有时刻欺骗某些人，但你绝对不能在所有时刻欺骗所有人。"真相总会被人知道。因此公共关系强调真实原则，要求公共关系人员实事求是地向公众提供真实信息，以取得公众的信任和支持。

该原则内容非常丰富，主要包括以下一些方面。

（1）向公众说真话。这一点是公共关系活动首先必须遵守的原则。一个组织说一次谎话可能不会被公众抓住，一个虚假的广告宣传也可能会为组织带来暂时的巨大的经济效益。但我们须知：公众的眼睛是雪亮的，在公众社会地位不断提高、新闻媒介社会监督作用日益加强的今天，想长久隐瞒事件的真相是不可能的。

（2）用行动来证明。在对公共关系的特征进行描述的时候，有人说："公共关系就是少说多做"，还有人说："公共关系是90%靠自己做得对，10%靠宣传。"这些说法都是在说明一个道理，即公共关系的好坏，主要通过事实而不是单纯依赖宣传来证明。

当银行发生挤兑的时候

因贷款给破产的跨国公司，美国第一商业银行将蒙受巨大损失。在泰勒斯维尔，由于当地分行储户十分担心银行可能倒闭，遂纷纷前往挤兑存款。当地分行的门口出现了长龙一般的队伍。为了应急，总行决定，将2 000万美元的钞票送往泰勒斯维尔。数辆满载美钞的卡车驰往泰勒斯维尔。

总行副行长阿厉克斯迅速赶到现场，作了一次漂亮的公共关系宣传——"女士们、先生们"，他的声音铿锵有力、清晰洪亮，"我知道，你们有人担心我们今晚停止营业。这没有必要。我现在郑重声明：为便于本行及时办理兑款，我们将延长营业时间，直到把你们大家的事办完为止。"

人群中传来了表示满意的嗡嗡声和自发的鼓掌声。他的讲话显然赢得了储户的好感。

"然而，我想告诉你们的是，在周末你们不可能将大笔钱放在身上或置于家中。那是不安全的。因此，我建议你们将从本行取出的存款存入另一家银行。为了帮助大家，我的同僚奥塞女士正在打电话与其他银行联系，请他们延长营业时间，以便为大家提供存款服务。"

人群中又传来了表示赞许的嗡嗡声。人们从心里感谢这位为他人着想的副行长。

一会儿，阿厉克斯宣布："我被告知，已有两家银行同意了我们的请求。其他的银行正在联系。"

这时，人群中传来了一个男子的声音："您能推荐一家好的银行吗？"

“可以。”阿厉克斯回答说。“我本人的选择将是美国第一商业银行。它是我最了解的一家，也是我觉得最有把握的一家。它开办时间长，且享有良好声誉。我只希望你们大家都有同样的感觉。”他的声音中带有一点激动的感情色彩。

阿厉克斯的后面站着一对刚兑完现款的老夫妻。那男人接过阿厉克斯的话头说：“过去我也这样认为。我妻子和我在第一商业银行的存款时间达 30 多年。现在觉得贵行有点糟糕，所以把钱取出来了。”“那又为什么？”“传言很多，无风不起浪，总是事出有因哪。”

“这里向大家说说真相，”阿厉克斯说，“因为原先贷款给跨国公司，我行所以蒙受损失。但本行可以承受得了，也将承受住。”

老人摇摇头。“如果我还年轻，又在供职，也许我会如你所说的去冒险一次。但在那里面的，”他指着妻子的购物袋，“是我们至死所能剩下的所有的钱。这笔钱不多，甚至还不及我们当年挣钱时一半顶用。”

“通货膨胀打击了像你们一样最辛勤工作的善良的人们，”阿厉克斯说，“但不幸的是，你存款的银行将于事无补。”

“小伙子，那我问你一个问题：你若是我的话，这笔钱是你的，你难道不会和我现在一样这样做吗？”

“会，”他坦率地承认，“我想我会的。”

老人感到惊讶，“不管怎么说，你还算诚实。刚才我听你建议我们存到另一家银行去。我表示赞同。我想我该到另一家去。”

“等一下，”阿厉克斯说，“您有车吗？”

“没有。我就住在离这不远处。我们步行去。”

“不可以这样带着钱走。这样你可能遭到抢劫。我让一个人开车将你们送到另一家银行去。”阿厉克斯说着就招呼罗兰·文莱特过来。“这是我们的安全部长。”他告诉那对老夫妻。

“很高兴亲自开车送你们去。”文莱特说。

“你会那样做吗？正当我们刚刚将钱从贵行取出的时候——正如你所说的，对我们有利但我们又不信任你们的时候？”老人问道。

“这也是我们的服务范畴，”阿厉克斯说，“除此之外，你与我们在一起 30 年了，我们也应该像朋友一样分手才对呀。”

阿厉克斯将老人当作老朋友，老人自然高兴了。

老人停下脚步了。“也许我们不必分手了。让我再问你一个问题。你已经把真相告诉我了，可你也应知道我们年纪大，这些钱对我们意味着什么。我们将钱存在贵行安全吗？绝对安全？”

经过短暂的数秒钟的思考，阿厉克斯干脆而又自信地回答：“我保证：本行绝对安全。”

“嗨，真见鬼，弗雷达！”老人对妻子说：“看来我们是虚惊一场了。我们把这些该死的钱再存回去。”老人重新将钱存入银行后，取款的人群很快散开了。银行仅比平时晚了 10 分钟关门。

由于阿厉克斯妥善机灵地处理了泰勒斯维尔分行发生的事情，其他分行没有跟着出现挤兑现款的现象。

阿厉克斯这次成功的宣传，终于挽救了美国第一商业银行。

案例分析：阿厉克斯这次成功的宣传源于他真诚的态度和行动，没有任何做作的成分。

一张坦诚的说明书

日本美津浓体育用品有限公司生产的运动衣口袋里，无一例外都有一张这样的说明书："这件运动衣在日本是用最优秀的染料，用最优秀的技术染色，但是我们仍觉得遗憾的是，茶色的染料还没有达到不褪色的程度，还是会稍微褪色。"可如今在日本，美津浓已成为体育用品的代名词。

同样，《北京晚报》曾刊登了一则广告"好来西向上帝道歉"，广告用不长的文字告诉消费者："凡是好来西衬衣，在衣领洗破前，如因正常水洗，领口、袖口出现气泡，公司予以调换或者全部赔偿，并赠好来西西服一套。""4 万件名衫已有主，却有 6 件不满意，尽管承兑已兑现，负疚之意仍未去，因为 6 件对我们来说属于万分之一点五的偶然，对'上帝'却是百分之百的遗憾。因此，我们怀着深深的歉意向您道一声'对不起'！"

案例分析：上面的案例都是自揭其短，但是对这样真诚的语言，认真的态度，有哪一位公众能不原谅、不动心呢？以坦诚的态度对待公众，才能赢得公众的理解和支持。

（二）平等互利原则

社会组织生存发展必须要得到公众的支持，而要想得到公众的支持就必须让公众得到利益。对于一个社会组织而言，当然应该追求自身利益的最大化，但很多组织在这一过程中却发生了迷失现象。造成这种现象的根本原因就在于：利益都是相互的，从来没有一厢情愿的利益。只有在互惠互利的情况下，才能真正达到自身利益的最大化。组织的公共关系工作之所以有成效、之所以必要，恰恰在于它能协调双方的利益，通过公共关系，可以实现双方利益的最大化，这也是具备公共关系意识的组织和不具备公共关系意识的组织的最大区别。

"共赢"是人类的最高智慧

现代人终于认识到，"和则两利，斗则两伤"，并非是不损人便不能利己。作家蒋子龙在《2007 年的绝招》一文中的一段话可以作为实例的注释：去年的全国十大杰出青年、安踏掌门人丁志忠，讲出了他成功的原因："51%与 49%是父亲教给我的黄金分割比例。他很早就告诉我，做每件事情，都要让别人占 51%的好处，自己只要留 49%就可以了。长此以往，可以赢得他人的认同、尊重与信任。"

案例分析：平等互利的思想是任何组织及个人的立足之本、事业成功的基石。

买卖双方都有赚头

宏宝集团的五金产品远销世界 75 个国家。"做生意如果做到买卖双方都有赚头这一步，那就好做多了"，"自己吃肉，绝不能让别人啃骨头!"集团负责人朱玉宝抱定这个观念，他在盘算自家利润的同时，也为对方扳扳指头，看人家有没有利润空间，能赚到多少，而不是只顾自己，不顾别人死活，更不去坑害对方，因而他在国际五金行业口碑甚好。美国一位代理商史密斯 2001 年从朱玉宝的公司进了 3 000 打羊毛剪空运至澳大利亚出售，谁知道这位老板看错了行情，把剪刀的型号搞错了，在市场上根本销售不动，这位老板要损失数十万美元。朱玉宝得知这个消息，深感不安，主动联系这位老板，叫他把那批货退回来，朱玉宝重新发货，空运的费用由朱玉宝的公司承担。新型号的剪刀投放市场后，销售很旺。这笔生意朱玉宝只赚了一点点，却挽救了一家大客户，史密斯先生感激涕零，向远在欧洲的朋友们介绍了朱玉宝经商的美德，一下子为朱玉宝带来 1 700 万美元的订单。

（三）服务社会原则

组织是整个社会的不可分割的组成部分，组织的经营活动不仅给组织带来效益，同时也将对社会产生影响。社会组织要想获得最佳的经济效益，只有与社会效益结合起来才能实现。组织要深刻地意识到自己有责任和义务支持社会事业，提高参与社会的自觉性与主动性，增强社会责任感。

投身公益得“公益”

美国著名的辛迪诺商店在开业之初经常赞助那些能在电台、报刊上抛头露面的项目，使商店的社会知名度大大提高，可商品销售却一直处于低迷状态。民意调查结果，多数顾客指出：我们认识了你，但不等于信得过你。知名度不等于信誉度。

这使老板茅塞顿开，于是果断决定，把在大众媒介上抛头露面的赞助费用来做许多垃圾箱，放在大街小巷，上面印有该店的名称、销售的主要商品，还特别印有“请爱护公共卫生，把垃圾倒入箱内”的字样，人们看过后啧啧称赞：“辛迪诺舍得花钱办公益事业，讲道德，这样的商店信得过。”不久，该店商品由滞销转为畅销。于是，他们又拿出更多的钱在一些城区大建绿地草坪，从而使人更生感激、敬爱之情，直至转化为对辛迪诺及其商店的信赖之情，其生意兴隆也就成了必然之事。

（四）科学指导原则

组织需要了解自身所面对的环境条件，要掌握组织与环境的平衡情况，要研究公众的构成和变化情况，对这些情况的了解和研究，需采取科学的调查方法，对公共关系工作的对象在量的层次上分析，才能获得比较完整、准确的数据。

1.5 公共关系学

公共关系学是一门以公共关系的客观现实和活动规律为研究对象，以社会组织与公众之间传播与沟通的行为、规律和方法为研究重点的综合性应用学科。缺乏公共关系意识的企业不是一个好企业，不掌握一定公共关系知识和技巧的人不是一个好的企业经营者。开设公共关系学的目的就是使学生掌握公共关系的基本理论，熟悉公共关系的主要技巧，成为为社会主义建设事业服务的综合型应用人才。

1.5.1 公共关系学的研究对象与研究内容

公共关系学的研究对象是社会组织与相关公众因相互作用而构成的社会关系，社会组织为建立良好的形象而开展的活动，以及与此有关的工作方法、技巧、规范等。组织同公众的关系是反映公共关系活动最原始、最基本、最普遍的范畴，贯穿于公共关系学科学体系的始终，是公共关系学的基础与核心。进一步讲，公共关系学的任务就是研究：什么是公共关系，包括公共关系的概念、内涵、要素等；为什么搞公共关系，包括它为什么产生，有什么作用，是干什么的，即有哪些职责、功能、价值；怎么运作公共关系，包括公共关系的工作内容，程序、方法、技巧、模式等；由什么人去运作公共关系，包括公共关系的人员，他们的知识、能力、素质、意识；公共关系的机构、组织、职能，以及公共关系的历史、现状及规律等。

公共关系学的研究内容包括以下方面：① 公共关系概述。主要介绍公共关系学中最基本的概念和主要的范畴，以及这些概念和范畴之间的关系所反映出来的本质。② 公共关系的历史。公共关系是怎么产生与发展的，从历史的角度阐述了公共关系的形成、发展概况、产生的社会历史条件。③ 公共关系的职责与功能。④ 公共关系的主体、客体和手段。⑤ 公共关系的工作任务。⑥ 公共关系的工作过程，即公共关系调查、公共关系策划、公共关系实施和公共关系评估，以及公共关系工作的组织和实施程序。⑦ 公共关系活动实务。包括公关专题活动、公关礼仪与公关技巧等。

1.5.2　公共关系学的学科特点与学习方法

（一）学科特点

1. 应用性

公共关系学是一门技术多于理论，操作性、应用性很强的学科。

公共关系学发展之快、传播之广，从某种意义上说，这和学科本身有很强的应用性是分不开的。公共关系是社会组织参加社会竞争的一门艺术、一种手段。所以无论从哪方面看，都能清晰地看到：公共关系学是一门应用性很强的学科。

2. 边缘性

公共关系学科的外延很广，公共关系的本体知识内涵并不多，但与之相关的交叉学科却非常之多。基础理论相互渗透，说明实际进行公共关系操作时，需要交叉运用各种学科的知识和手段。这是由公共关系的特点所决定的。

3. 多维性

由于公共关系的层次不同，具体从事公共关系工作的人员所在组织的类别、性质也不同，对公共关系人员的要求不同，表现在学科上就出现多维性，另外，公共关系学的多维性还表现在研究方向及方法上，不同的研究者，根据自身的经验与见解，有着不同的切入口，用自己认为正确完善的体系来构建公共关系学。

4. 时代性

公共关系学的出现是现代社会的需要，反映了现代社会化生产规律的先进经营管理和行政管理的经验和方法。它随社会的发展而发展，并在社会实践中不断地加以补充和完善。

5. 综合性

公共关系学是在经营管理学、市场营销学、大众传播学、社会心理学等其他有关学科的基础上，综合广告、交际、传播等技术手段所形成的一门综合性较强的学科。要搞好公共关系学的研究，必然要涉及相关学科的探讨。

（二）学习方法

（1）要全面、系统地学习课程的内容。

（2）要重视理论联系实际。

（3）要自觉运用辩证法，克服形而上学。

（4）要借鉴西方公共关系学的经验，做到洋为中用。

北京奥运会成功的媒体公关与城市形象塑造

2008北京奥运给北京留下了许多宝贵财富，同时也带给中国至高无上的荣誉。这巨大成功的背后，公关工作功不可没。

一、北京奥运会媒体公关的多种多样做法

北京奥运会出色而有效的媒体公关工作，不仅对确保北京奥运成功举办发挥了重要作用，也对塑造中国和北京形象，提升文化软实力，发挥了极其重要的作用。其中以下几条为各方面所认可。

（1）开放境外记者采访，兑现申办承诺。开放境外媒体报道奥运会，是整个奥运媒体公关取得成功的关键。为兑现承诺，实现开放办奥运，党中央、国务院果断决策，开放境外记者采访，兑现申办承诺。2006年11月1日，国务院发布《北京奥运会及其筹备期间外国记者在华采访办法》（477号令），按照国际惯例，以开放的姿态欢迎外国记者采访北京奥运会。此举得到国际社会广泛好评，为北京奥运会媒体工作赢得了主动，也为北京奥运会后继续开放外国记者在华采访报道提供了可能。

（2）及时发布和提供权威信息，满足媒体需求。北京奥运会向媒体提供信息的方式多种多样，新闻发布会、新闻“吹风”会、集体采访、个别采访，以及电视发布、网上发布等，通过多种形式满足媒体需求。北京奥运会主新闻中心和2008北京国际新闻中心在奥运期间共召开自主设计新闻发布会134场次，平均每天在两场以上，内容涉及与北京奥运会有关的各个领域。发布会吸引了大批来华采访的境外记者，他们普遍认为，这些新闻发布会时效性强，具有权威性，内容广泛，为其报道提供了大量第一手素材。

（3）提供采访线索，帮助记者完成报道任务。围绕“绿色奥运、科技奥运、人文奥运”三大理念，以“新北京、新奥运”为主线，根据记者需求发布信息，精心推荐记者集体采访的路线。对外界关注的一些问题，如城市治安和恐怖主义威胁、奥运场馆质量、奥运与民生、环境和空气质量、兴奋剂等，及时组织权威发布，澄清事实，以正视听。奥运会期间，主新闻中心共组织了30场现场参观采访，2008北京国际新闻中心组织现场采访83次。针对境外记者的采访需求，加强“采访线工程”建设，建立了10条采访线、100多个采访点。这些采访活动既给境外媒体提供了接触中国的机会，又丰富了他们的采访内容。

（4）增强服务意识，为媒体采访提供方便。本着“善待媒体”的原则，北京奥运会媒体服务在硬件和软件两方面均达到一个新的水平。北京奥运会主新闻中心、国际广播中心和2008北京国际新闻中心，以建设“记者之家”为工作目标，为中外记者提供了专业化、人性化媒体服务，提供了功能齐全、快捷舒适、充满人性关怀的工作环境。如，为一揽子解决境外记者来华采访遇到的各类行政审批问题，中央和北京市17个管理部门成立了“一站式”服务机构，受理境外记者来华采访涉及的30多项行政审批事项，实现申请受理、审批、批准、协调落实等环节的“一站式”服务。“一站式”服务实现了“零投诉”、“零差错”的工作目标，得到境外媒体的称赞。

（5）高效率受理采访申请，尽力满足记者个性化采访要求。记者的采访要求能否得到满足，是做好媒体公关的一个重要环节。为做好记者采访申请的受理工作，工作在一线的同志按照“有求必应、有应必备、有备必给、有给必快”和“不拒绝、不应付、不回避、不耽误”的原则，对所有的采访申请做到件件有答复，件件抓落实，实现“零拒绝”。奥运会期间，主新闻中心和2008北京国际新闻中心设立采访台，24小时运作。主新闻中心共受理书面采访申请840件，落实810件，答复率100%，落

实率 96%。2008 北京国际新闻中心受理采访申请 478 件，落实 451 件，答复率 100%，落实率 94%。

（6）加强做国际主流媒体工作，争取其发出更多客观报道。加大了“请进来”、“走出去”的力度，北京奥运会筹备期间，有计划地邀请西方主流媒体的负责人和知名记者、专栏作家来华访问，精心组织接待工作。奥运会期间，邀请了 86 位外国主流媒体负责人参加开幕式，取得了良好效果。我们还加强了与境外媒体的项目合作，制作中国国家形象广告在 CNN、BBC 等西方主流媒体上播出，并在《华盛顿邮报》上刊登宣传中国的广告。加强与美国、欧洲、日本等国家和地区的著名电视机构的合作，与其联合制作一批反映我国经济发展、社会生活、历史文化和有关奥运筹备等内容的影视节目。奥运会前，还邀请英国、法国、意大利、伊朗 4 国和中国香港地区的 5 名知名导演来京拍摄了 5 部城市宣传片。

二、北京奥运会媒体公关对城市形象的塑造

北京奥运会成功的媒体公关工作至少在以下几个方面对塑造中国形象和北京形象产生了积极影响。

（1）诚信守诺的形象。开放媒体采访奥运会，是我向国际社会所做的庄严承诺。自我申办奥运成功后，国际社会即对中国能否兑现开放媒体采访奥运会表示相当的关注。中国政府以足够的智慧把握和处理这一问题，既以实际行动兑现承诺，争取到了主动，同时又坚持维护国家尊严，维护根本利益，得到国际社会的称赞。

（2）开放自信的形象。奥运会是迄今我国最大规模的对外交往活动，人数多，涉及面广，持续时间长。中国以海纳百川的博大胸怀，拥抱世界，欢迎来自五湖四海的朋友，做好各种服务工作，理性处理各种问题和矛盾，给各国媒体留下深刻印象。在奥运开幕前有的外国媒体就评论说：“北京开放而又自信的表现已经预示着第 29 届奥运会的成功。”

（3）公开透明的形象。及时准确发布各方面信息，使媒体在第一时间做出客观、真实的报道，是北京奥运会公开透明的体现。同时，满足外国记者的一些采访要求，允许外国媒体在天安门广场进行直播，在故宫等地设立风景机位，在城市标志性景观点设立直播点，特别是 24 家持权转播商在国家博物馆和天安门东侧风景机位进行了 300 多个小时的现场直播等，这些更加深了人们对北京奥运会公开、透明的印象。

（4）友好合作的形象。北京奥运会筹办和举办期间，中国坚持善待媒体的原则，以友好精神与之相处，为其采访提供各种服务与便利，与其开展多种形式合作。无论是在“三大新闻中心”，还是在各项体育比赛现场；不管是在赛场上，还是在赛场下，人们见到的都是中方服务人员、工作人员与境外记者和谐相处、合作共事的感人场面。来自英国广播公司的记者哈瑞斯热情洋溢地感谢到：“在北京工作十分愉快，你们的服务给我提供了很多采访便利，也让我感受到了中国人的热情和友善。”

（5）文明进步的形象。奥运会是人类文明庆典活动，代表着一定时期人类文明发展水平。奥运会由北京举办，代表着中国的发展已经在引领人类文明。“绿色奥运、科技奥运、人文奥运”以及“同一个世界、同一个梦想”这些崭新理念、主题，代表了一定时期人类文明发展取向，经过媒体报道，备受世人推崇。北京奥运会开幕当日，法新社即报道说：中国用一台歌颂中华千年文明、展现技术成就的辉煌节目，展示了实力与唯美，展示了中国的古老文明和对世界的友谊。

案例分析：

奥运会带给中国的荣誉是至高无上的，其中媒体公关工作功不可没。总结北京奥运的媒体公关工作，不难得到以下几条经验。

（1）坚持开放透明。2008年以来，我们经历的几次重大事件和活动，如“5•12”汶川大地震、北京奥运会等，新闻处理方面的一条重要经验，就是要开放透明，而不是封闭。在经济全球化和科学技术迅猛发展的今天，以开放的精神做好媒体服务工作，是大势所趋。

（2）把握新闻传播规律。总结北京奥运会媒体公关工作经验，其中重要一条就是要把握新闻传播规律，掌握现代传播技术。我们要创新观念、创新体制、创新方法，掌握现代传播理念，运用现代传播手段，打造权威信息发布平台，构建现代传播体系，充分发挥互联网等新兴媒体的作用，不断提高国内媒体的国际传播能力，增强国内媒体的公信力和影响力。

（3）坚持善待媒体原则。北京奥运会的经验再一次表明，善待媒体可以收到很好的社会效果。要坚持善待媒体的原则，不断提高与境外媒体打交道的能力和水平，与记者交朋友，以优质、周到的服务，为他们提供采访便利。

本章小结

公共关系是社会组织为了塑造良好的组织形象，通过传播、沟通手段来影响公众的科学与艺术。本章介绍了公共关系的基本概念，公共关系与其他相关概念的界定，公共关系的基本原则，公共关系学等内容。

综合练习

一、问答题

1. 如何理解公共关系的概念？

2. 公共关系有哪些特征和功能？

3. 结合实际阐述怎样坚持公共关系的原则？

4. 某企业为发展事业决定成立公关部，决定从企业内部选聘公关人员，要求是女性，相貌漂亮、口齿伶俐，你认同选聘条件吗？为什么？

二、分析题

1. 案例一

花旗银行的全员公关意识

花旗银行是世界上最大的银行之一，每天的营业额高达数亿美元，业务十分繁忙。一天，一位陌生的顾客走进豪华的美国花旗银行营业大厅，仅要求换一张崭新的100美元钞票，准备当天下午作为礼品用。银行职员微笑着听完他的要求之后，立即先在一叠叠钞票中寻找，又拨了两次电话，15分钟后终于找到了一张这样的钞票，并把它放进一个小盒子里递给了这位陌生顾客，同时附上一张名片，上面写着“谢谢您想到了我们银行”。事隔不久，这位偶然光顾的陌生顾客又回来了，在这家银行开设了账户，在以后的几个月中，这位顾客所在的那家律师事务所在花旗银行存款25万美元。

从这个案例我们可以看到，花旗银行的全员公关意识已内化成了每一个员工平时工作中一点一滴的行动，正是员工这种急顾客之所急、想顾客之所想、全心全意为顾客服务、甘作顾客仆人的思想和行为，才最终造就了花旗银行这艘金融界的巨轮。

问题：请问你从这个案例中得到了什么启发？

2. 案例二

情真意切车有“路”

美国的乔·吉拉德是汽车推销员。一次一位中年妇女来到他的展销室，说想买一辆白色的福特车，就像她表姐开的那辆。但对面福特车行的推销员却让她过一小时再去所以她就先到吉·拉德这儿看看。她说这是她送给自己的生日礼物：“今天是我 55 岁生日。”

“生日快乐！夫人。”吉·拉德一边说一边请她进来看看，接着出去交代了一下，然后回来对她说：“夫人，您喜欢白色车，我给您介绍一下我们的双门式轿车——也是白色。”正说着，女秘书走了进来，递给他一打玫瑰花，他把花送给那位妇女：“祝您长寿，尊敬的夫人。”那位夫人很感动，眼眶都湿了。“已经很久没有人给我送礼物了。”她说，“刚才那位福特推销员一定是看我开了一部旧车，以为我买不起新车，我刚要看车他却说要去收一笔款，于是我就上这儿来等他。现在想想，不买福特也可以。”她当即买走了一辆雪弗莱。吉·拉德凭着他那颗真诚的心，感动了“上帝”，打开了销路，成为世界上最伟大的推销员，15 年里他卖出了 13 001 辆汽车，并创下了一年卖出 1 425 辆车的纪录。

问题：

（1）乔·吉拉德是怎样把汽车销售出去的？

（2）谈谈乔·吉拉德的公关艺术？

三、实训题

1. 分组调查了解公共关系对市场营销有什么样的促进作用？

2. 观察分析你身边某单位或部门领导（如校长、系主任等）一天的工作，你认为他（她）的哪些工作属于公共关系工作的范畴？

第二章

公共关系的发展历史

学习目标

知识目标：了解公共关系产生的历史过程和发展趋势。

素质目标：准确和科学地把握公共关系的思想和理论。

技能目标：提升公关意识。

案例导入

香港一家经营强力胶水的小商店，坐落在一条鲜为人知的街道上，生意很不景气。一天，这家商店的店主在门口贴了一张布告："明天上午九点，在此将用本店出售的强力胶水把一枚价值 4 500 美元的金币贴在墙上，若有哪位先生、小姐用手把它揭下来，这枚金币就奉送给他（她），本店绝不食言！"这个消息不胫而走。第二天，人们将这家店铺围得水泄不通，电视台的录像车也开来了。店主拿出一瓶强力胶水，高声重复广告中的承诺，接着便在那块从金饰店定做的金币背面薄薄涂上一层胶水，将它贴到墙上。人们一个接着一个地上来试运气，结果金币纹丝不动。这一切都被录像机摄入镜头。这家商店的强力胶水从此销量大增。

案例分析

公共关系作为一种客观存在着的社会关系和社会现象有着久远的历史。不过，作为一种专门的社会职业，形成一门较为系统和完整的学科体系，至今却不过近百年的时间。

公共关系是现代社会的产物，它已广泛应用于社会经济生活的各个领域，但是公共关系作为一种客观状态和所进行的活动，也有一个从低级到高级的发展演变过程。研究公共关系的起源及其发展现状，以使我们了解公共关系产生的背景和条件，透视公共关系在社会发展中的地位和作用，明晰公共关系在不同历史时期的特征与目的，使公共关系的社会价值得以充分地挖掘和更好地利用。

学习内容

2.1 公共关系的起源

公共关系作为一种职业和学科，最早产生于美国。但公共关系作为一种客观的社会现象，作为人类一种朴素的思想意识观念，作为人类一种不自觉的社会活动，却早已问世了。

2.1.1 公共关系的形成分为以下四个阶段

（一）古代时期——公共关系思想的萌芽

公元前 1800 年美索不达米亚的一种农业公告，类似于现代社会某些农业组织公共关系部的宣传资料。

在古希腊，社会对于沟通技术非常重视，并对从事这门技术的人给予很高的评价和奖酬，有些深谙沟通学问的一流演说家常常被推为首领。此外，那些参加国家最高统治者竞选的人们，大多是些擅长言辞及在学识上享有较高声望的诡辩学者们，善于对自己的功德、业绩和才能大肆吹捧和赞扬，以争取选民。古罗马的恺撒能登上独裁者的宝座，那本记载着他的功绩的纪实著作《高卢战记》起了很大作用。这本书被公共关系同业工会主席李利·比诺称为“第一流的公共关系著作”。古希腊哲学家亚里士多德在他的经典著作《修辞学》一书中，详细阐述了修辞的艺术，即如何运用语言来影响听众的思想和行为的艺术。因此，西方公共关系学界认为，亚里士多德的《修辞学》堪称最早问世的公共关系学的理论书籍。

在我国古代的政治、外交、军事活动中，也有许多类似于公共关系活动的成功范例。

在古代中国的经济生活中，这种例证也是很多的。

无论在中国还是在外国的历史上，都可以找到大量的类似现代公共关系的思想和活动。这里需要强调指出的是，这仅仅是“类似”而已，公共关系作为一种新的社会思想和活动，其源头并不在古代，而在近代的美国。美国 19 世纪中叶风行的报刊宣传活动，可以说是公共关系的发端时期，其代表任人物是巴纳姆（Phines T · Barnum）。

（二）巴纳姆时期——现代公共关系的发端

19 世纪中叶在美国风行的报刊宣传活动，被认为是现代公共关系业的“前身”。当时最有名的代表人物叫巴纳姆。

“报刊宣传活动”，是指一个组织为了自身的目的和利益，雇佣报刊宣传员在报刊上进行宣传活动，以制造舆论，扩大影响。

19 世纪 30 年代，美国报界掀起了一场“便士报”运动，即报纸以低廉的价格和通俗的内容去争取大量的读者，使报纸完成了大众化、通俗化的飞跃。从此，价格低廉、以大众为读者对象的报刊大量出版发行。由于这种报纸售价低，一般劳动大众都买得起，因此发行量大增，随即广告费也迅速上涨。有些公司、组织为了省下广告费，便雇佣专门的人员来制造煽动性新闻，制造关于自己的神话，以此来扩大影响。这样两相配合，就出现了美国历史上有名的报刊宣传活动。

各公司、组织所雇佣的报刊宣传员的任务，主要是编造离奇的故事以引起公众的好奇和对自己的注意。当时最有代表性的就是巴纳姆，他曾制造过一个关于黑人女奴海斯在一百年前曾养育过美国第一任总统乔治·华盛顿的“神话”。这一新闻引起了美国社会的轰动。巴纳姆又趁势使用不同笔名向报社寄去“读者来信”，人为地引起一场讨论。巴纳姆说，只要报纸上没有把他的名字拼错，随便怎么说他都无妨。海斯死后，对她的尸体解剖表明，海斯只不过 80 岁左右，并非巴纳姆所说的 161 岁。作为这场骗局的策划者，巴纳姆是大大获利了。他达到了自己真正的目的：每周可从那些希望一睹海斯风采的美国人那里获得 1 500 美元的门票收入。巴纳姆的信条是“凡宣传皆好事”。为了使自己和公司扬名，置公众利益于不顾，任意编造谎言和神话，利用新闻媒介“愚弄公众”，是该时期的显著特点。

当时，这种把新闻媒介视为异己，或利用新闻媒介“愚弄公众”的现象，引起了新闻媒介的不满，报纸杂志率先刊载揭露实业界那些“强盗大王”的恶劣丑闻，形成了美国历史上著名的“扒粪运动”（又称“清垃圾运动”、“揭丑运动”）。

在“扒粪运动”的冲击下，企业家们按照自己的企图建成的一个个独立封闭的企业“象牙塔”摇摇欲坠。为求得生存与发展，他们被迫从修建“象牙塔”逐渐转向提高企业的透明度，开始修建“玻璃屋”。

“扒粪运动”的冲击，使工商企业意识到了取悦舆论的重要性。许多企业开始聘请懂行的人专门从事改善与新闻界关系的工作，这种人被称为“新闻代理人”，他们专门为公司、企业等委托人作宣传，在新闻媒介之间进行游说，经常与报界联系，邀请记者到企业参观采访，或为公司的政策作解释和辩护等。

从此，企业和外界的隔绝消除了，企业的透明度大大增加。不过，早期的新闻代理活动仍然免不了存在大吹大擂、搪塞了事、混淆视听和隐瞒欺骗的弊端。

此时，有一个人开始致力于改变这种状况，他就是被后人誉为公共关系之父的艾维·李（Ivy Lee）。

（三）艾维·李时期——现代公共关系职业化的开始

艾维·李（1877～1934）是公共关系职业的先驱者。1903 年，他开办了第一家公共关系事务所，成为向客户提供劳务而收取费用的第一个职业公共关系人。现代公共关系职业化由此发端。

1906 年，艾维·李向新闻界发表了著名的具有里程碑性质的《原则宣言》，全面阐明了他的事务所的宗旨：“我们的计划，是代表企业单位及公众组织，对与公众有影响且为公众乐闻的课题，向报界及公众提供迅速而准确的消息。”这就是所谓企业管理的“门户开放原则”。这反映了他的信条：“公众必须被告知”。

在艾维·李的推动下，工商企业开始改变对公众的态度。部分企业家开始意识到，与公众关系的好坏，直接影响企业的兴衰成败，必须采取门户开放的开明经营态度和方式，与员工和社会保持良好的关系。

艾维·李作为公共关系之父，不仅首创了“公共关系”这一专门职业，而且，他提出的“说实话”，“公众必须被告知”的命题将“公共利益与诚实”带进了公共关系的领域，使公共关系这门学科从对一些简单问题的探讨上升为探求带有某些规律性的原则和方法，大大推动了这门学科的发展。

当然，由于时代的局限，艾维·李的咨询指导主要还是凭经验和直感而进行的，缺乏对公众舆论严密的、大量的科学调查。因此，有人批评艾维·李的公关咨询只有艺术性而无科学性。

（四）爱德华·伯尼斯时期——现代公共关系学科化的成熟

公共关系职业化的发展，促进了公共关系由简单零碎的活动上升为较为系统完整的专业活动，并逐渐形成了公共关系的原则与方法，使公共关系自立于学科之林、成为一门独立的学科的条件已经成熟。美国学者爱德华·伯尼斯就是公共关系学科化的一名旗手。

1923年，爱德华·伯尼斯以教授的身份首次在纽约大学讲授公共关系课程，同年出版了被称为公共关系理论发展史上的“第一个里程碑”的专著——《公共舆论的形成》。在书中，伯尼斯首先详尽阐述了“公共关系咨询”这一概念，而且提出了公共关系的原则、实务方法和职业道德守则等。1928年，他写出《舆论》一书；1952年，他又出版了《公共关系学》教科书。

爱德华·伯尼斯的主要贡献在于，他把公共关系学理论从新闻传播领域中分离出来，并对公共关系的原理与方法进行较系统的研究，使之系统化、完整化，最终成为一门独立完整的新兴学科。

伯尼斯公共关系思想的一个重要特点就是他提出的“投公众所好”的主张。他认为，在一定科学理论指导下的劝说活动有着巨大的威力，因而他非常注重运用各门社会科学的研究方法和研究成果。

继爱德华·伯尼斯之后，1937年，雷克斯·哈罗博士在斯坦福大学开设公共关系课程。1947年，波士顿大学成立了第一所公共关系学院，培养公共关系学士及硕士。许多公共关系的论著也相继出版。1952年，美国的卡特利普和森特两人出版了他们的权威性的公共关系专著《有效的公共关系》，论述了“双向对称”的公共关系模式，在公共关系的目标上将组织和公众的利益置于同等重要的位置，在方法上坚持组织与公众之间的双向传播与沟通。此书不断再版，成为公共关系的畅销书，在美国被誉为“公共关系的圣经”，使该书的作者成为享有声望的理论权威。

至此，公共关系正式进入学科化阶段。

1998年，美国当代著名的公关学者詹姆斯·格鲁尼格（James E·Grunig）教授研究了卓越公共关系和传播管理理论的全球化，提出了一种“普遍原则，特殊运用”的公共关系全球化理论。这一理论认为，各国的公共关系实践既有相同之处，也有相异之处。卓越公共关系和传播管理的主要原则具有普遍性，它们适用于各种文化、政治和经济体制。但在另一方面，这些原则在各个国家的具体运用中应有所不同。这一理论的体现就是：“放眼全球，立足本地”。

亚当斯的公共关系宣传活动

亚当斯（Adams）从 1750 年起，就和他的一些助手组织反对英国统治的革命活动。亚当斯的公共关系宣传活动的基本做法如下。

第一，他们利用一些出版物，不失时机地在新英格兰详细地公布不列颠殖民者的傲慢自大和压迫北美人民的罪行。从 1750 年到 1783 年的 34 年中，共印刷出版有 1 500 多种攻击英国统治的小册子，其中有不少是亚当斯自己写的。出版宣传小册子是当时亚当斯公共关系宣传的基本工具。

第二，亚当斯还煞费苦心建立了 13 个殖民地的通信网络——通信委员会。借此通信网来迅速通报英国统治者的胡作非为，以保持 13 个州的经常联系。

第三，亚当斯利用各种事件，包括人为事件，来加强双方冲突的程度。如“波士顿惨案”和“茶叶党人事件”等，通过这种戏剧性的活动，引起公众注意，引发讨论，形成社会舆论，扩大影响。

第四，在宣传技巧上使用徽记，如“解放树”等，来增强公众的认同和诱发公众的情绪。运用口号来使复杂的问题变为公众易于接受的东西。

子产不毁乡校

春秋时期，郑国人喜欢聚集在乡间的学校里，七嘴八舌地议论国家主政的官员。大夫然明便对丞相子产说：“下道命令，不让他们聚集议论，以免是非，可不可以呢？”子产说道：“为什么要这样做？那些人早晚聚集在一起休息，谈笑，当然要议论我们国家治理的好坏。他们肯定的，我就努力去做；他们讨厌的，我就马上改正；他们是我们的老师啊。为什么要打击他们呢？我只听说忠诚为善可以减少怨恨，没有听说以势作威就能防止怨恨。如果作威防怨而不能止住怨恨，就会像大河决口，我就无法救治了。所以，不如开个小决口，让人们的怨恨有发泄渠道，我就能从容地听从并改正了。”然明被子产的话折服了。弱小的郑国也在子产的开明治理下，出现了政通景明的气象。这可以理解为中国早期的舆论监督。

源远流长的中国古代公关

虽然西方的一些公共关系学者曾自豪地宣称亚里士多德的《修辞学》是人类历史上最古老的公共关系经典，但他们也不能回避这样的事实：早在 2500 多年前的我国春秋战国时期就已经存在着公共关系思想萌芽。如郑相子产的“不毁乡校”，让公众在合法场所发表意见，议国政、听民声；孔子的“己所不欲，勿施于人”、“仁”、“和为贵”思想，表现出对和谐关系的重视与期盼；墨子的“兼相爱，交相利”主张，体现出对良好公众关系的追求；冯谖客孟尝君，为替孟尝君树立爱民如子的新形象，实施“狡兔三窟”计划，则是一次古代成功的公关策划活动。孟子的“仁政”、“民本”思想则是当时罕见的富有超前意识的公共关系新思想，与现代意义上的公关思想和意识具有某种相通相融之处。有人就指出，中国公关思想要远胜于西方，即使放到当今社会也毫不逊色。

2.1.2 现代公共关系的产生

公共关系是现代社会文明、经济发展的产物。然而，与世界上任何事物一样，公共关系的产生也不是偶然的，也有一个从萌芽到成熟、从低级到高级的发展、演变过程。作为一门科学研究，有必要对公共关系本身的发展变化做一番考察，其目的是把握公共关系的发展规律。

公共关系作为一种职业和科学，是现代社会的事。而作为一种客观的社会现象，作为人类的一种思想观念或朴素的思想意识，在很早以前就出现或存在了。我们用历史的眼光、科学的方法考察人类社会早期的公共关系观念，对我们深刻理解现代公共关系大有好处。

（一）公共关系观念的时代性

“公共关系”（Public Relations）作为一个严格的科学概念是在现代社会才出现的，它有着明显的时代性。所谓现代社会是指建立在现代生产力和生产关系基础上的人类生产和生存方式，其具体表现特征是信息的重要性、文明的普遍性和社会的关联性，如果没有这个社会的背景条件，就没有公共关系观念，更没有公共关系事务或行为。尽管如此，由于公共关系的实质是人类社会中一种协调社会组织与社会公众之间关系的艺术或社会组织经营和管理的软性手段，从这个角度出发来研究公共关系的历史，完全可以认为古代社会一定也有“准公共关系”的观念或公共关系的“事件”。

人类社会的一个显著特点就是集群和合作。这就需要协调各成员或组成部分之间关系的手段，以维持其生存和发展。缺乏协调就意味着存在摩擦、矛盾和斗争。

（二）公共关系意识的雏形

在古代社会，客观上存在着各种比较零碎、片面、朴素的公共关系“活动”或“事件”。

1. 重视舆论环境的意识

早在中国古代的西周末年，就有人针对周厉王施政酷虐而带来的怨声载道、民声鼎沸的情况，提出了“防民之口，甚于防川”的观点，强调应重视对民众的信息传播，调整施政措施。

2. 重视人文关系的意识

春秋战国时，诸子百家争鸣，他们从各自学派立场出发，就如何处理一些人文关系进行了论述。如具有代表性的思想有“攻城为下，攻心为上”的重视“对方”心理因素的思想，与今天的公共关系的主张具有很大的相通性；“水可载舟，亦可覆舟”，发现和重视环境因素对主体发展与成功的影响力度，告诫人们任何成功的个人、团体、组织都离不开环境的帮助和支持，这一思想与公共关系的主张是多么一致。

以孔孟为代表的诸如“和为贵”、“两和皆友，两斗皆仇”、“一团和气”等以“和”为中心的人文关系观念也明显地存在着公共关系的“身影”。但是中国古人对于人文关系处理的认识相对局限于观念理性上，尽管在意识层次上较发达、完备，但在具体操作层次上却缺乏规范化的技术和方法，而且他们也主要偏重政治、道德范畴，对经济活动方面几乎从不涉及。西方的“演讲”、“修辞”、“逻辑”等一些主要着眼于如何“劝服”他人的专门性技术方法的认识和论述，比较被社会所接受和认可。具有代表性的有：古希腊亚里士多德的《工具论》、《修辞学》，苏格拉底的“诡辩术”，古罗马西塞罗的“演说词”，统治者（如恺撒）的“文告”、“战记”等程序性的仪式都体现了古代西方人在人文关系上的认识成果。

3. 无意识的“公共关系行为”

我国古代三国时期的刘备可称得上是一位“准公共关系专家”，这体现在“三顾茅庐”

的历史故事中。刘备对诸葛亮的“诚”与“敬”，真正地感动了诸葛亮，使诸葛亮出山后“鞠躬尽瘁，死而后已”，为刘备争得了一分天下。假若真的像张飞说得那样“派两个兵丁，将其抓来不就行了，何必有劳大哥。”诸葛亮还会“鞠躬尽瘁，死而后已”吗？刘备还能独霸一方吗？同一时期的曹操就不是一个公共关系的行家，这体现在曹操对徐庶问题处理的方法上。曹操为了能得到徐庶的辅佐，便将徐庶的母亲作为人质来要挟徐庶。这是导致徐庶“身在曹营心在汉”的根本原因。用母亲作人质尽管能控制徐庶的“身”，但绝对不能得到徐庶的“心”。恺撒利用宣传来树立威信、影响民众就是一个“准公共关系”行为。恺撒对如何沟通民众非常重视。他认为要获得民众的支持，就必须以自己的思想观念去影响他们，其手段之一就是散发有关传单去宣传、鼓动。据说，恺撒最后能在政治上获得成功，与那本载述他的战绩的纪实著作《高卢战记》分不开。综上所述，人类在古代时期，政治、经济和文化都不算发达，但在对人际关系的理解和处理的思想上，所形成的“和为贵”、“信义”、“忠恕”等思想观念，“得民心者得天下”、“水可载舟，亦可覆舟”的治国安邦之思想，都是今天的真正意义的公共关系的“基因”，对今天的公共关系都具有实际的指导意义。

（三）古代的公共关系活动

按照现代公共关系的三个特定要素——社会组织、公众、传播手段的标准来研究历史，可以发现在古代，中国与西方社会也大量存在着类似的公共关系活动，而且有些还比较典型、完善。先以中国为例，远在商周时就有过较有代表性的公共关系活动。如商代的盘庚迁殷、周代的公刘迁豳，皆在迁居前对其部族进行过宣讲、动员，至今留存的《书·盘庚》与《诗·大雅·公刘》中，对当时两人的活动、演讲就有十分具体、生动的描写与记述。春秋战国时，百家争鸣，群雄争霸，类似的公共关系活动更为活跃。例如，晋国为了有效管理国家，将刑法具体条款铸于鼎上，公之于众，周知国内。又如，商鞅在秦国变法时，为取信于民，在都城咸阳城门立柱一根，同时张贴通告：“扛走柱者可得奖赏若干”。后果然兑现，从而树立了政府法令的权威。

汉以后，类似的公共关系活动一直不断，甚至更加典型、突出。如秦末刘邦率军攻入咸阳时，便与关中父老“约法三章”，云“杀人者死，伤人及盗抵罪”。这样，既宣传了自己的政治主张，又赢得了人心。与以后楚霸王项羽在关中的烧杀行径相比较，刘邦这一活动可谓意义重大。又如明末李自成领导的农民起义军，他们为了争取人民拥护，派人四处张贴、宣扬有关政治标语、口号，诸如“吃他娘，穿他娘，开大门，迎闯王，闯王来了不纳粮”之类，其效果也是相当成功的。至于在我国古代，有关军队或政权占领一城一地后，其首要大事往往就是及时张贴“安民告示”，那就更是尽人皆知了。告示内容不外乎向老百姓公开宣传其政策、法令，诱劝民众拥护或接受新政权，以达到缓和社会矛盾、安定民心、建立社会新秩序的目的。

在古代西方社会同样也可找到许多准公共关系活动的实践事例。

例如，古雅典统治者曾在民众大会中实施过一种特殊的投票法——贝壳放逐法。即每年初召开民众大会时，公民可将他认为有可能危害民主政治的人的名字记于陶片（一说贝壳）上，如某人票数过半，则被放逐国外。这无疑表明了统治者对民众舆论的重视。又如，古罗马共和国曾将其法律刻在 12 块铜牌之上（史称“十二铜表法”），向全国民众公开发布。其目的当然是维护少数奴隶主贵族的利益，但法律中也有对贵族权力的限制规定（如借贷利息），故可知这也是罗马统治者公开争取民众的一种手段。

与之相比较，西方的教会与教徒之间关系的处理就显得更为典型、完备了。

用现代公共关系定义中三个要素来衡量，西方教会的宗教活动可称得上“应有尽有”，“一应俱全”。从组织上来说，教会是一个自成体系、遍布各国的宗教组织，既有教皇、主教、教士，又有教区、教堂，系统颇为严密。从公众上来说，遍布各地的教徒甚至全部国民都是教会欲施加影响的对象。从传播手段上来说，除广为散发的宣传品《圣经》外，他们还通过礼拜、弥撒等传经、布道来宣扬其主张，扩大其影响。从史实来考察，教会在通过宣传手段影响教徒方面也确实颇为成功。

2.1.3 公共关系的产生原因

近代公共关系的兴起，并非某些天才人物心血来潮时的创造，它是社会经济、人类社会制度和科学技术发展到一定水平的产物，是有其深刻的历史原因的。

（一）从社会经济的发展看，公共关系事业是近代商品经济和社会化大生产的产物

社会化大生产带来了社会各组织间的分工与合作，随着企业专业化程度的提高，企业与各社会组织间的相互依存关系也进一步发展。在现代社会里，任何社会组织机构都成了社会生活有机组成的一部分。任何企业的危机、罢工、停产或减产都将对整个社会机能产生或多或少的影响，都有可能触及社会其他组织的利益。如何解决好各组织间的摩擦，协调其关系已是直接关系到整个社会发展的大事。大量生产，导致大量销售，商品交换的数量越大，范围越广，社会整体性作用也就越强。

商品经济的高度发达，使人类完成了从自然经济向市场经济的过渡，并逐渐进入了商品经济的发达阶段，人与人之间的关系发生了根本的变化，传统社会中那种具有强烈人身依附色彩的人际关系逐渐让位于开放的、可变的、广泛的人际关系。在市场经济社会里，除了传统意义上的家庭关系、地域关系，人与人之间更多的则是由于商品交换而形成的利益关系，公共关系的思想与实践也随之发展起来。

可以肯定地说：公共关系是一种适应社会化大生产的现代文明经营观念。当商品经济发展到一定程度，就必然把它应用于生产实践之中。

（二）从社会制度的发展看，公共关系的产生是社会民主化发展进程的一个重要组成部分

第一，民众社会地位提高，公众队伍形成，公众有了维护自己合法权利的可能。第二，民主制度的建立提高了民众的参与意识，而民主政治的每一步都需要公共关系活动的配合。第三，言论自由、出版自由是民主制度的重要支柱，也是公共关系运行的重要保证。

（三）现代管理理论的发展

公共关系是社会组织的一项重要管理职能，它的发展与管理学的发展密切相关。20世纪以来，西方管理学领域中的两种思潮对公共关系的发展影响极大，一是科学管理理论，二是人际关系理论。

1911年，弗雷德里克·泰罗（Frederick Taylor）系统地总结了他的管理学说，出版了《科学管理原理》一书。泰罗在书中虽然强调了要在管理人员和广大工人之间建立一种和谐的关系，但由于时代的限制，其理论的核心仍然是如何控制机器的附属品工人，以便最大限度地提高劳动生产率。在这种理论指导下，当然没有内部公共关系工作可言，所以在公共关系发展的早期，公共关系活动都是面对外部公众的。

影响公共关系发展的第二种管理理论是人际关系理论。20世纪20年代，哈佛大学教授梅奥（Mayo）在著名的"霍桑实验"中提出了如何激励人的积极性从而提高工作效率的问题。人际关系理论的出发点是：工人是"社会人"，劳动对于人来说恰如娱乐和休息一样自然；在为既定目标奋斗的过程中，人有自我引导和控制的能力；对目标的执著追求而取得的成功本身就是一种报酬；在一般情况下人们不仅接受而且谋求责任；为解决组织的问题而激发的想象力、聪明才智和创造力是一种普遍现象。以后，美国管理学家麦格雷戈（Mc Gregor）把泰罗的理论称为X理论，把人际关系理论称为Y理论。人际关系理论注意到了工人的人格尊严以及个人价值，注意到了生产过程中要发挥工人的积极性。在这种理论的指导下，组织内部公共关系的问题提了出来，并得到迅速的发展。

（四）大众传播事业的发展

20世纪以来，大众传播事业获得了长足的发展，为公共关系的发展提供了必要的技术手段。进入工业社会以后，生产的社会化使人们之间有了进行交往的迫切需求。只有占有充分的信息资源，一个企业才能在激烈的市场竞争中永远立于不败之地。近代有了公路、邮政、报纸，才有了报刊宣传运动，有了公共关系的萌芽。进入20世纪，由于电报、电话、广播、电视、计算机、互联网络等电子媒体的发展，使信息可以迅速地传播到大众中，公共关系从而也获得了飞速的发展。社会组织可以运用各种传播工具与公众进行沟通，从公众中采集信息，又把组织的信息传达到公众中间去，最终达到为组织树立形象的目的。特别是计算机互联网络的发展，已经引起了人们的普遍关注，在互联网络中传播信息，具有更迅速、更广泛、更自由的特点。

2.2 公共关系的发展

20世纪20年代以后，公共关系首先在美国，继而在国际范围内得到迅速发展。

2.2.1 公共关系在西方

（1）1920年至第二次世界大战期间，公共关系作为一种现代经营思想迅速传播开来。1924年，美国《芝加哥论坛报》社论强调："公共关系已经成为一种专门职业，一种艺术和一门科学。"

（2）第二次世界大战以后，公共关系日益成为一种现代管理方法和专门职业。公共关系的活动领域，迅速从工商企业界扩展到政府机构、社会团体、科教文部门，并向全世界发展。

① 1948年，美国全国公共关系协会（PRSA）宣告成立，同时制定了作为行为法规的"公共关系人员职业规范守则"。

② 1955年，国际公共关系联合会（IPRA）在英国伦敦正式宣告成立。

③ 1978年8月，世界公共关系协会在墨西哥城召开大会，一致同意公共关系的定义为："公共关系的实施即分析趋势，预测后果，向机构领导提供意见，履行一连串有计划

的行动，以服务于本机构和公众共同利益的艺术和社会科学。”

在美国文化的影响下，英国、法国、原联邦德国、意大利等西欧国家，以及加拿大、墨西哥、秘鲁以及整个拉丁美洲，都开始开展多方面的公关工作。

（3）随着公共关系在社会各界的广泛应用和蓬勃发展，公共关系的理论教育也有了长足进展。

① 1947 年，波士顿大学开设了第一所公共关系学院。

② 1955 年，全美有 28 所学校设置了公共关系专业，66 所学校开设了公共关系课程。

③ 1968 年，由在学的学生发起成立了“美国公共关系学生协会”，为美国社会各业从事公共关系活动准备了一支后备力量。

④ 1977 年进行的一项调查表明，在全美的公共关系从业人员中已有 54%具有学士学位，29%的人具有硕士学位。

⑤ 进入 20 世纪 80 年代以来，美国的公共关系教育已开始按不同行业分门别类地进行，各有一套不同的大纲要求，逐步向更细、更深入的领域发展。

公共关系在第二次世界大战后走向国际舞台，是战后国际社会生活中的新鲜事物。

2.2.2　美国公共关系的新发展

美国是现代公共关系的诞生地，也是公共关系发展的中心。1960 年，美国公共关系的从业人员达到了 10 万人，职业公共关系公司 1 350 家，75%的企业设立了公共关系部。而到了 1985 年，公共关系从业人员达到 15 万人，公共关系公司超过 2 000 家，85%的企业设立了公共关系部或者长期外聘公共关系顾问。美国最大的公共关系公司之一——伟达公司，已有 50 多年的历史，雇佣 2 000 多名员工，在全世界设有 52 个办事处和 67 家联营公司，1986 年的收入就达到了 1.2 亿美元。可以说在现代的美国，任何一个组织离开了公共关系都将寸步难行。具体表现在以下几个方面。

（一）美国公共关系教育逐渐普及

美国的公共关系教育已逐渐普及。1947 年，波士顿大学开办公共关系学院（后改名为公众传播学院），并设立公共关系硕士和博士学位，公共关系学作为一门正式学科登上大学讲坛。1956 年，全美公共关系教育委员会设立了公共关系教育与研究基金。一年后，美国公共关系协会又成立教育咨询委员会。这些都成为推动建立学术团体、支持公共关系教育与学术研究、促进公共关系领域朝着专业化发展的重要力量。到 20 世纪 70 年代，全美已有 300 多所大专院校开设公共关系课程，100 多所大学设置了公共关系专业，其中 23 所大学设立公共关系硕士学位，10 所大学设立公共关系博士学位。全美有 3 家正式出版的公共关系杂志，数百家专业通信机构，出版了 5 000 多种公共关系著作。公关教育目前注重理论研究与具体实践活动的结合，强调公关的可操作性，比如公关谈判、公关策划、危机公关等。

（二）美国的各种公共关系协会纷纷成立

1948 年，由美国公共关系理事会与国家公共关系顾问协会合并成立了美国公共关系协会（Public Relations Society of America，PRSA），哈罗博士任第一届主席，PRSA 是全美最大的公共关系人员的组织。截至 2007 年年底，该会已拥有 20 000 名会员，有 116 个地方分支机构。该会的目的是促进美国公共关系事业的发展。该会要求很严，会员资格规定为“必须是有信誉的公共关系专家”，入会时不仅要申请，而且要通过考试。1954 年，该会制定了《公共关系人员职责规范守则》，来作为维护公共关系信誉和职业道德的“行业法律”。1968 年，美国公共关系国家理事会（NCPR）成立。1976 年，人类沟通委员会（NCCHS）同美国公共关系协会合并，成立了世界上最大的职业公共关系组织。除了全国性的综合协会外，美国还出现不少全国性的专业协会，如美国公共关系学生会、农业关系协会、美国医院公共关系协会、化学公共关系协会、银行业务协会、政府公共关系协会、图书馆公共关系协会、国家卫生福利事业公共关系协会、国民小学公共关系协会、铁路公共关系协会、宗教团体公共关系协会等。

（三）公共关系职业化程度越来越高

由于美国的公共关系已经在各行各业中显示出神奇的功效，因而从行业中、管理与行政职能中逐步分化出来，成为一种独立而热门的职业。全美 1937 年才有公共关系人员 5 000 多人，到 2007 年已有 20 万人之众，还有数千名在海外工作。公共关系公司也从 1937 年的 250 家，发展到 1980 年的 2 000 多家。企业设立公共关系部的数量也大增。1937 年，全美最大的企业中只有 20%设立公共关系部或外聘公共关系顾问，1960 年提高到 75%。1967 年的调查显示，资产在 500 万美元以上的公司已有 85%设立公共关系部或外聘公共关系顾问，它们的总年度公共关系预算已达 20 亿美元。1980 年，全美前 500 家企业中，有 436 家（占 86.4%）设公共关系部。公共关系活动已深入到美国绝大部分领域。美国不仅是公共关系的发源地，也是世界上公共关系事业最为发达的国家。

2.2.3 欧洲公共关系的发展

20 世纪 20 年代以后，公共关系传入欧洲，起初公共关系在欧洲被接受得很慢。这主要是由欧洲经济上垄断的特点以及传统的经营管理思想的阻碍造成的。多数的企业拒绝公开他们的财产和管理作业的情况，不让职工和社会了解企业的活动。另外，在很长的一段时期里，欧洲的新闻界对公共关系抱有怀疑的态度。他们怀疑公共关系活动是一种欺骗报纸杂志、诈取免费广告的伎俩。不少报刊拒绝在报道中使用企业的字眼，在广告的购买上也给予限制。这种抗拒心理起初虽很强烈，但在世界竞争面前，眼看美国做法的成功，欧洲各国再也不能无动于衷，模仿美国经营方法的心理也自然产生。欧洲企业界、新闻界态度的转变，使欧洲的公共关系事业在 20 世纪四五十年代迅速地发展起来。

1946 年，公共关系在法国崭露头角。第二次世界大战后，法国人在建设中认识到，企业对社会和公众开放，既能收到良好的经济效果，又能在社会中提高知名度，树立良好的形象。为适应企业与社会之间的新变化，许多企业积极开展多方面的公共关系工作。例如，向社会公众开放工厂，注意加强社区联系等。法国在发展公共关系时，一开始就将公共关系视为一门科学，在大专院校设立公共关系专业，培养高素质的公共关系人才。1955 年，法国公共关系协会成立后，现代公共关系在法国得到迅速的发展。

20 世纪 40 年代，欧洲的几个主要资本主义国家都先后组织了全国性的公共关系组织，其中最大的是 1948 年在伦敦成立的英国公共关系协会（IPR），第一位会长是泰伦兹爵士。现该组织已发展至拥有 50 个国家和地区（主要是以英联邦国家和地区为主）的 2 500 名会员。到 20 世纪 70 年代中期，各种公共关系机构在英国已约有 5 400 个，法国约有 2 000 个，前联邦德国约有 1 000 个，意大利约有 850 个。英、法、意等国也都先后设置公共关系的高等教育课程或专业。1959 年，在比利时成立了由比利时、英国、希腊、荷兰、前联邦德国等国参加的欧洲公共关系联盟（CEPR），它是目前欧洲公共关系组织的中心，现已拥有 142 个以上的集体会员和数百名个人会员。

法国白兰地的精彩“亮相”——寻找时机的名人效应策划

1957 年某日，美国首都华盛顿的主要干道上竖立着巨型彩色标牌：“欢迎您，尊贵的法国客人！”、“美法友谊令人心醉!”。整洁的售报亭悬挂着一长列美法两国的小国旗，它们精致玲珑，在微风中轻柔地飘拂，传递着温馨的情意，在报亭主人特意设计绘制的“今日各报”的广告牌上，最鲜艳夺目的是美国鹰和法国鸡干杯的画面以及“总统华诞日贵宾驾临时”及“美国人醉了！”等大标题，马路上，许多轿车、摩托车、自行车涌向白宫……

白宫周围，已是人山人海。人们满面笑容，挥动法兰西小国旗，期待着贵宾的出场。

贵宾是谁呢？不是政府要员，不是社会名流，在美国总统艾森豪威尔诞辰日，光临华盛顿的法国特使却是两桶法国白兰地！

这是怎么回事？原来，这是法国公共关系专家精心策划的一幕公共关系杰作。

白兰地当时在法国国内已享盛誉，畅销不衰。厂商的目光开始瞄向美国市场。为此，他们邀集了几位公共关系专家，慎重研讨公共关系方案。

受聘请的专家们通过调查，搜集了有关美国的大量信息，并经仔细斟酌，提出了一项颇具新意的设计，其要点如下。

公共关系宣传的基点是法美人民的友谊，整个规划的主题是“礼轻情义重，酒少情意浓”。择定的宣传时机是美国总统艾森豪威尔 67 岁寿辰。要求公共关系活动尽可能广泛地利用法美两国的新闻媒介，赠送的是两桶窖藏长达 67 年的白兰地酒。贺礼由专机送往美国，酒桶特邀法国著名艺术家特别设计制作。然后于总统寿辰日，在白宫的花园里举行隆重的赠送仪式，由四名英俊的法国青年身穿法兰西传统的宫廷侍卫服装抬着这两桶白兰地正步前行，进入白宫。

这项公共关系规划立即得到公司最高决策者的批准，并且获得法国政府的赞赏和支持，外交渠道的绿灯也亮了。于是，美国公众在总统寿辰一个月之前就分别从不同的传播媒介获得了上述信息。一时间，法国白兰地成了新闻报道、街谈巷议的热门话题。千百万人都翘盼着这两桶名贵的白兰地的光临。于是，便出现了前面所述的盛况。

当这两桶仪态不凡的美酒亮相时，群情沸腾，欢声四起，有些人甚至大声唱起了法国国歌《马赛曲》。此刻，美国公众似乎已经闻到了清醇芬芳的酒香，更由此而品尝到了友谊佳酿的美味。从此，法国白兰地就昂首阔步地迈进了美国市场，国家宴会和家庭餐桌上几乎都少不了它的“倩影”！

案例分析：大家都知道名人效应，但是要真正利用好并非易事。法国白兰地成功的公关技巧不仅是在美国总统生日这天送了酒，更重要的是怎么送、用什么桶、什么人送、穿什么衣、在哪儿交接等。公共关系活动要精心策划，于细处下工夫。

2.2.4　亚洲公共关系的发展

日本国内正式推行公共关系管理，是在第二次世界大战之后，在驻日美军总部的建议下，日本政府军中开始设立“广报科”。20世纪50年代后，公共关系作为一种独立的行业在日本发展起来。目前，日本有公共关系专业机构近40家，其中年营业额达7亿日元的有10家。日本的公共关系活动后来者居上，在日本产品占领国际市场的竞争中发挥了重要作用。1964年，日本成立了公共关系协会。许多专家认为，战后美国引入日本的公共关系，是促使日本经济快速发展的一个重要因素。

20世纪50年代初中国香港地区设立了公共关系部。20世纪50年代末60年代初，中国台湾地区全面推行公共关系管理。

松下电器公司的公共关系活动

每天上午8时，松下公司遍布各地的87 000多名职工都在背诵企业的信条，放声高唱《松下之歌》，松下电器公司是日本第一家有精神价值观和公司之歌的企业。

松下先生十分强调“人情味”的管理，学会合理的感情投资和感情激励，即拍肩膀、送红包和请吃饭。

为了消除内耗，减轻员工的压力，松下公司公共关系部还专门开辟一间“出气室”。里面摆着公司大大小小行政人员与管理人员的橡皮塑像，旁边还放上几根木棒、铁棍，假如哪位职工对自己某位主管不满，心里有怨气，你可以随时到这里，对着他的塑像拳脚相加棒打一顿，以解心中积郁的闷气。过后，有关人员还会找你谈心聊天，沟通思想，给你解惑指引。

松下电器公司不仅鼓励员工随时向公司提供建议，而且由职工选举，成立了一个旨在推动提供合理化建议的委员会，在职工中广为号召，收到了良好效果。1975年1月10日，公司的技术部有职工1 500名，提案就多达7.5万件，平均每人50多件；1976年，全公司60 000多员工共提出663 475条建议，其中被采用的达61 299条。公司对每一个提案都认真对待，及时、公正地评审，视其价值大小给予奖励，即使没采用，公司也给适当奖励。仅1976年，公司用于奖励合理化建议就支出30万美元，而职工合理化建议所产生的经济效益则远远不止30万美元，松下公司劳工关系处处长阿苏津说：“即使我们不公开提倡，各种提案仍会源源而来，我们的职工随时随地——在家里，在火车上，甚至在厕所里，都在思索提案。”公司创始人松下幸之助希望每个员工都参与管理，每个员工都视自己为其工作领域的“总裁”。

并非每个员工都会主动地发表自己的意见，参与到组织的经营管理中来，这就要求企业公共关系部门做好以下工作：（1）编发合理化建议手册，并告诉员工如何向企业提出合理化建议；（2）将合理化建议制度化、规范化；（3）设立合理化建议评审委员会和奖励基金；（4）定期组织员工之间在这方面的业务交流，促使他们不断提高。

案例分析：培养员工积极向上的精神价值观，为职工所想，鼓励他们经常提出合理化建议，可以增强职工的责任感和自信心，从而调动职工的主动进取精神。

2.2.5 国际性公共关系组织的成立

1955年，国际公共关系协会（IPRA）在英国伦敦成立。当时只有来自16个国家的数百名公共关系专家参加了协会。现在这一组织已拥有60个国家的760多名会员。协会的宗旨是交换国际消息、经验和思想，改进技巧和道德标准，并确切地增进公众的了解。

1959年，泛美公共关系联盟在墨西哥城成立，美国和大多数的拉丁美洲国家的代表出席了大会。

1961 年，国际公共关系协会在维也纳召开的第二届世界大会制订并通过了《国际公共关系行为规则》。

1965 年，在希腊雅典召开的第三届世界大会，又通过了《国际公共关系协会世界大会行为规则》。

1967 年，泛亚太平洋地区公共关系联盟于夏威夷的檀香山成立。它包括了澳大利亚、印度、日本、新西兰、菲律宾等国家和地区的公共关系组织以及来自夏威夷、印尼、韩国、新加坡、泰国、澳大利亚、印度、日本、新西兰、菲律宾等国家和地区的会员。

1975 年，在国际公共关系协会的赞助下，在肯尼亚首都内罗毕举行了第一届全非公共关系工作会议。至此，全球的公共关系事业已蔚为大观。

1978 年，在墨西哥世界大会上通过的《墨西哥宣言》，对公共关系职业规范化和交流都起了积极的推动作用。

国际公共关系协会设立“金纸奖”和“总统奖”。出版了不定期的《国际公共关系协会通信》和季刊《国际公共关系协会评论》。该协会在世界各地积极开展工作，为世界公共关系事业的发展做出了巨大的贡献。

2.3 公共关系在中国的发展

2.3.1 公共关系在中国

公共关系作为一种经营管理方法和一门学科进入中国，并且在理论上被认可、在实践中被运用，至今只有几十年的历史。

（一）公共关系在港、台地区

大约 20 世纪 60 年代之后，现代公共关系开始传入台湾地区、香港地区。特别是在香港地区，首先是一些跨国公司在那里设立的分公司内部建起公共关系部，聘用受过专业训练的公共关系人员从事公共关系工作，使得公共关系一开始就具有较高的发展水平。此后，各类型的企业、酒店和宾馆也都纷纷设立了自己的公共关系机构，公共关系从业人员日渐增多，本地的公共关系专业公司也纷纷建立，使得公共关系的社会影响和实际作用越来越大。事实上，这为公共关系在其后及时传入中国内地创造了良好的条件。

（二）公共关系在内地

20 世纪 80 年代初，公共关系首先作为一种新的经营管理方法和技术，由南向北，从东到西，在中国内地迅速传播。概括起来，近 20 年来我国内地公共关系事业的发展成就主要表现在以下几个方面。

首先，我国内地公共关系实务得到了较快的发展。

我国内地当代的公共关系最初发端于沿海地区的宾馆、饭店和旅游业。最早在深圳和广州，一些中外合资企业，由于工作的需要，率先依照国外现代企业的模式设立了公共关系机构，开展企业的公共关系业务。

这些旅游宾馆业卓有成效的公共关系活动对企业的生存和发展显示了巨大的促进作用，因而在短短几年的时间里，公共关系也开始为一些国营大中型企业所重视和采用，并在实际中显示出相当大的威力。20 世纪 80 年代中期以后，一些较先进的中小企业也设立了自己的公共关系机构，开展了卓有成效的公共关系工作。还有许多企业，虽然没有设立专门的公共关系机构，但却增强了公共关系意识，采取了切实可行的公共关系措施，开展各种富有特色的公共关系活动，为寻求我国内地公共关系实务活动的最佳途径和方法积累了宝贵的经验。

从此，我国内地的公共关系事业进入了一个蓬勃发展的新时期。自 1984 年至今的二十几年时间里，公共关系不仅从服务行业进入了各种形式的企业和经济实体，而且也逐渐扩展到其他各种社会组织和行业，诸如社会团体、科研机构、机关、学校乃至军队和党政部门，都越来越重视运用公共关系手段来保障和促进自身的发展。

与此同时，我国内地的公共关系市场逐渐形成，各种专业的公共关系公司相继发展起来。从 20 世纪 80 年代开始，在国际上影响很大的美国博雅公共关系公司、希尔—诺顿公共关系公司、爱德曼公共关系公司都相继在我国内地设立分公司或办事机构。1986 年，我国内地第一家专业公共关系公司——中国环球公共关系公司在北京注册成立。许多广告公司也纷纷开拓公共关系业务。

其次，我国内地公共关系人员的教育培训已初具规模，并逐渐向规范化和系统化的正规职业教育和学历教育过渡。

1985 年以来，我国内地各地分别采取不同的形式，开展丰富多彩的公共关系教育培训工作，培养出不同层次和多种类型的公共关系人才，为我国公共关系事业的健康顺利发展做出了重大贡献。具体来说，我国内地公共关系教育培训具有以下特点和发展趋势。

① 在公共关系传入初期，主要采取短期培训的方式，使很多工作人员了解和把握了公共关系的基本知识。

② 对广大的在职人员进行系统的公共关系专业教育，使广大在职人员既能较系统地掌握公共关系的基本理论和知识，又能紧密结合各自的工作实际学以致用。

③ 我国内地公共关系高级专门人才的培养已开始起步。从 1985 年开始公共关系学列入我国大学课程。1985 年 9 月，深圳大学首先设立公共关系专科。此后，复旦大学、中山大学、清华大学、北京大学等百余所大学都开设了公共关系课程或者专科。在此基础上，1994 年，经国家教委批准，中山大学创办了我国第一个公共关系本科专业。我国内地公共关系教育事业已逐步走向正规化和系统化的高层次学历教育阶段。

④ 我国内地公共关系的科学研究也进入一个繁荣发展的新时期。20 世纪 80 年代中后期，一大批有识之士开始结合我国内地政治、经济和思想文化的特点来探索我国内地公共关系的一些重大理论问题，从而在我国理论界掀起了一股研究公共关系的热潮。

⑤ 随着公共关系的研究、教学和实务工作的广泛开展，各种公共关系学术团体和行业协会也纷纷成立。主要有：1985 年，中山大学在广州成立了我国内地第一个高等院校的公共关系研究会；1986 年 12 月，在上海成立了我国内地第一个公共关系协会；1987 年 5 月，中国公共关系协会在北京成立；此后，各省市均相继成立了公共关系协会；1991 年 4 月，中国国际公共关系协会也在北京成立。

除此之外，国家劳动和社会保障部为适应上述形势发展的需要，于 1997 年 11 月 15 日成立了中国公共关系职业审定委员会，该委员会先后在北京、上海、广州等地举行了职业论证研讨会和座谈会，取得了重要的成果：一是为公关职业定下了“公关员”的名称，并正式列入了《中国职业大典》，这标志着国家已正式承认公共关系这一职业；二是制定了公关人员的国家职业标准和考核规范。

白云山制药厂的"信誉投资"

1984年，广州的白云山制药厂，一家国有大型企业率先挂出了国内第一块国有企业公共关系部的招牌，并注资120万元，开展公共关系活动。实际上在1983年，广州的白云山制药厂已拨出年产值1%作为"信誉投资"。这是一个敢为人先的大手笔。在世界范围内，人们认为的卓越公共关系管理的"信誉投资"也就是0.8%的概念。随后，白云山制药厂一发不可收，举办了广州"白云杯"城市国际足球邀请赛，广州歌舞团也收在白云山制药厂麾下。白云山制药厂的声名也随着足球和歌舞团的南征北战而威名远扬。1984年12月26日，《经济日报》刊载了题为《如虎添翼》的长篇通讯，报道了白云山制药厂的公共关系工作，并编发了"认真研究社会主义公共关系"的社论。接着《文汇报》、《北京日报》、《世界经济导报》、《广州日报》等35家报纸杂志先后载文报道或评论公共关系，阐述评析了公共关系在中国兴起发展的必然性和必要性。

2.3.2　我国公共关系发展中存在的问题

（一）社会公众对公共关系的认识还存在很多误区。例如，认为公共关系只是一种知识而不是技能，或者认为公共关系可以"包治百病"，无所不能；而相当多的人仍将公共关系与"人际关系"混为一谈，这是当前开展公共关系业务最大的障碍。在相当一部分人眼里，公共关系是与"拉关系"、"走后门"联系在一起的，"烟酒公关"、"美女公关"、"金钱公关"成了不少人对公共关系的诠释和认同。

（二）本土公共关系公司的专业化水平、服务品质与国际公共关系公司仍存在较大差距，还没有完整的服务体系，缺乏职业道德的约束，片面投客户所好，急功近利，使整个公共关系市场仍处于无序状态，导致客户和社会公众对公共关系业服务认识不足，长此以往将影响整个行业的发展。

（三）高素质公共关系人才的严重缺乏制约了中国公共关系业的迅速发展。我国目前有数百家公共关系专业公司，数万的公共关系专业队伍，但其中真正训练有素、有敬业精神和良好职业道德的公共关系专业人员与管理人员还相当缺乏，必须培养一支过硬的公共关系人员队伍和管理队伍。

2.3.3　我国未来公共关系的发展与瞻望

（一）公共关系市场国际化

中国公共关系市场是一个从无到有、从分散发展到逐步规范、从纯国内化到国际化的过程。公共关系市场目前在中国终于成为一个被政府认可并拥有广阔服务领域的崭新职业，公共关系从业者的人数已达到近百万人，这是一个巨大飞跃。中国加入世贸组织，这不仅对中国和世界经济的发展，而且对中国和世界公共关系业的发展都将产生重大影响。这种影响表现在中国公共关系市场的国际化趋势会更加明显。公共关系公司的国际化和国内公共关系业务的国际化都将促进中国公共关系市场的国际化，并最终走向公共关系市场的不断成熟壮大。期间表现出来的国际化和本土化相融合的趋势越加明显。

（二）公共关系实务专业化

经过20多年的磨炼，随着中外公共关系市场的逐步接轨，市场运作游戏规则的更加健全规范，中国公共关系业将彻底摆脱20世纪80年代初以来公共关系业的阴影，真正走出公共关系就是所谓“笑脸相迎”的低层次的漩涡而大踏步迈入公共关系实务专业化的轨道。

（三）公关手段高科技化

随着互联网（Internet）多媒体时代的到来，企业组织已越来越认识到信息网络、现代传媒新技术对公共关系传播的重要意义。这些新技术将完成对公共关系传播沟通管理的方法和手段的调整与更新。实际上，网络传播已经实实在在地成为一种主流媒体支持着公共关系传播的开展，如电子邮件（E-mail）、网上新闻发布、网上展览、网上市场调查、网上新品推广、网上社区、网络广告、博客等，使公共关系传播的平等性、双向性、反馈性得到更大程度的提升，信息传播双方已成为真正意义上平等交流的伙伴，实现了更深层次含义上的双向互动。随着高科技的发展，人类传播史上的革命还将继续，未来的公共关系手段将是一种更加数字化的手段，人们会在高科技的服务的支撑下，实现真正意义的人际互动，这时的高科技不会成为人际之间的障碍，它将是人类亲密无间的朋友。

一汽丰田的网络传播

在举办的第六届中国汽车网络媒体高层论坛上，一汽丰田销售企划部公关室室长李湘曾表示，汽车消费有三个阶段，分别是认知阶段、注意与考察阶段和最终购买阶段。一汽丰田曾经做过一些关于消费者、媒体的调查，调查显示在消费者购买汽车的认知阶段，其信息来源中互联网竟达到34%。尤其在第一、二阶段，互联网处于至高无上的位置；到第三阶段，第一位是经销商，第二位是朋友介绍，第三位是互联网。

据统计，从2005年到2007年，一汽丰田每个月都有上百万字的传播，其中互联网起到非常重大的作用；从权重来讲，从2005年的34%增加到2007年的67%。在广告投放和传播成本有控制的情况下，互联网可以实现最大化、有效化的传播。2006年，网络已经成为一汽丰田营销传播中最主要的渠道。

公关传播的理想境界是自然而巧妙地融入人们的生活，由于互联网能够很好地进行互动传播，因此，一汽丰田在利用网络进行品牌塑造方面也走在行业前列。据介绍，早在2005年皇冠上市时，一汽丰田就采用了网络直播的形式。在天津的下线式上，没有网络，一汽丰田紧急地专门为媒体铺设三条可以转播的网络通道，并为媒体专门租用了工厂最大的食堂，作为媒体的新闻中心，成为媒体休息、娱乐、发稿的地方。这体现了一汽丰田对互联网的重视，一汽丰田也是在当时汽车厂商中第一个不计成本地来实现网络直播的。

2006年，借助互联网营销，卡罗拉的网络传播形成爬坡式上升。这一年一汽丰田还进行了很多利用互联网而设计和实施的营销事件，包括博客营销和BBS的互动营销。在2007年，一汽丰田通过和新浪合作，举办了普锐斯未来风尚设计大赛，取得了非常好的效果。

2008年，新威驰上市时，一汽丰田设计了“开始链接吧”这样一个活动，面对更为市场细分化的“80后”这样一个将来的消费主体，针对这些目标客户群体展开传播和互动。在“开始链接吧”实施的初期，就有24万人能够参与互动，而最终的投票数量达到了上百万人的规模。之后，基于“开始链接吧”的平台，一汽丰田在线下举办了“简酷派对”活动，与目标群体实现了更好的互动。一汽丰田的品牌形象更好地融入消费者心中。

（四）公关地位战略化

全球一体化经济的蓬勃发展，组织的传播活动将日益多元化。一方面，组织的形象竞争呈白热化状态，公共关系作为一种重要的传播手段、传播战略，将为组织塑造一种“全球形象”而纳入组织的战略管理层面，其战略性地位日益加强。另一方面，全人类面临的一些全球性问题，如环保、人口膨胀、战争与和平等问题的存在与解决，已非一个国家和一个民族所能承受，它必须通过国际的沟通与对话，通过全球性的跨文化的传播沟通达成共识的基础上，制定国际化的标准，依靠全人类通力合作来加以解决。而公共关系在解决这样的问题的过程中，是最有发言权和成效的。公共关系在未来发展中的这种战略地位越来越明显，随着这种战略地位的确立，公共关系产业化也将随之形成。公共关系业将同信息业、咨询业等构筑起中国新兴知识产业的又一道风景。

（五）公关人才竞争白热化，行业自律更完善

随着中国公共关系市场的成熟，公共关系教育的规范化，公共关系市场的国际化，公共关系人才的竞争将更为激烈。一方面，公共关系作为一项智力产业，专业化智力劳动的价值将得到前所未有的尊重；另一方面，由于市场经济体制的发展，各类组织均已改变了以往那种大而全的组织管理架构，并接受了资源稀缺的市场新观念，这势必促使组织在开展公共关系活动的时候，考虑吸纳最优秀的公共关系的人才加盟，让组织能够利用有限的传播资源取得最大的效益。同时公共关系市场的发展与不断成熟，会激活公共关系的人才市场。当然，发展中同样会存在行业不正当竞争的现象，但公平、公开、公正的基本规则同样会在激烈的竞争中得到确立和维护，公共关系从业人员恪守职业道德，加强行业自律，这是公共关系业自身形象和信誉的保证。

总之，随着改革开放的不断深入，我国的公共关系事业无论在实践活动方面、理论研究方面或者培训教育方面，都取得了重大进展，公共关系在我国社会生活中发挥着越来越大的作用，成为推动我国现代化发展的动力。

惠普企业形象公共关系项目案例

国家经贸委培训司在 1999 年 4 月推出了题为“世纪变革中的企业经营管理——世界 500 强企业系列讲座”。讲座邀请美国惠普公司路·普莱特先生与海尔集团总裁张瑞敏先生作为主讲人，采用电视现场讨论和对话的方式，由两位主讲人结合各自企业的实际发展状况及成功经验，就企业文化、管理理念、经营战略和具体的管理技巧等畅抒己见。惠普公司希望把路·普莱特先生这次中国之行做成一次有影响的公共关系活动。

1. 项目调查

经过周密认真的调查，有了以下几点重要发现：首先，惠普公司希望通过这次活动，宣传“惠普之道”，提高其在中国的企业形象；其次，国家经贸委希望通过这类活动，增进中外企业界之间的交流与合作；再次，海尔集团对这次青岛论坛会的活动存在某些疑虑，海尔集团总裁张瑞敏先生担心路·普莱特先生风头过旺，使他变成一个配角。

2. 项目策划

活动目标——强调惠普公司长期扎根中国市场的策略以及对中国客户长期不变的承诺与伙伴关系；树立惠普公司在经营管理经验方面的业界领先地位；尽快消除海尔集团方面的疑虑，确保青岛论坛会的顺利与成功；为惠普公司提供积极、广泛、有深度的媒体报道，广泛树立惠普公司在中国的企业形象。

媒体选择——选择媒体的标准是：报道覆盖范围大，最大限度地发挥此次活动的公共关系效应；全面宣传本次活动的新闻要点，重要媒体能对此次活动进行深入报道。最终确定了中央电视台、《经济日报》、《中国经营报》、《中国日报》、《人民日报海外版》、上海的《文汇报》、青岛电视台、《青岛日报》等18家媒体。

3. 项目实施

前期准备工作包括与国家经贸委的协调、与展览设计公司及其他供应商的协调、与青岛电视台的协调。与中央电视台的合作是确保青岛论坛会成功的关键之一，为给中央电视台方面提供更全面、翔实的背景资料，惠普采访了北京大学光华管理学院于鸿君教授、曹凤岐教授，光华管理学院教授、北京京科集团总裁何志毅先生，倾听他们对海尔集团的研究成果以及对青岛论坛会选题方面的意见。惠普还参考了光华管理学院《中国企业案例库》关于惠普与海尔的案例分析和调研考察报告，获取了较为翔实的书面资料。媒体关系是这次公共关系活动的一个重要组成部分。考虑到青岛论坛会活动内容及性质，惠普邀请的主要是相关媒体的高级记者或编辑，以及负责管理版的记者与编辑。应邀前往的记者除参加论坛会现场活动外，还参加了我们专门组织的对路·普莱特先生的集体采访。

4. 项目评估

首先，这次活动影响力大。很多中国惠普的员工从报纸上、杂志上看到大量的有关这次活动的深入报道，都感觉非常自豪。其次，这次活动的成功举办以及电视观众的积极反馈，为惠普的合作伙伴《经济半小时》栏目的改版提供了一个很有价值的经验。此后，《经济半小时》栏目的电视对话节目，成为该栏目的特色节目。另外，很多公共关系界同行对这次活动的创意以及成功举办给予高度评价。最后，媒体报道相当令人满意。中央电视台《经济半小时》连续两天的报道在社会上产生了积极的轰动效果；印刷媒体的报道不但及时、准确地向受众传递了惠普希望传达的信息，而且报道的版面大、内容深入充分，大部分媒体的报道还占据了整版或半版篇幅。

案例分析：惠普公司很好地把握了公共关系的几个环节，精心策划、塑造了企业形象。

本章小结

公共关系活动源远流长，对人类社会的发展和进步起到了巨大的促进作用。本章介绍了古代公共关系活动的起源、现代公共关系的发展，介绍了公共关系发展的各个阶段，以及未来的发展趋势。

综合练习

一、问答题

1. 举出另外一些中国古代开展的公共关系活动的例子。

2. 中国公共关系发展过程中遇到哪些障碍？如何克服这些阻力？

3. 在公共关系发展早期，艾维·李就提出“讲真话”的思想。但直到今天，这一思想在公共关系实际工作中仍然会遭遇尴尬。试讨论，人们为什么不愿意说真话？说真话的阻力来自何方？如何克服这种阻力？

4. 你发现你的一个最要好的同学偷了本班同学一笔钱，你会怎么办呢？

5. 试比较公共关系发展四个阶段公共关系信条之异同，并以此来论证公共关系理念不断进步的过程。

二、分析题

（一）社区关系

事件 1：坐落在广州市北郊白云山下的白云山制药厂，在完善企业自身内部机制的同时，很注重和周围乡镇建立良好的社区关系。在公共关系策划中，厂方制定了让利于农民、把风险留给自己的措施，帮助周围农村发展乡镇企业。在办厂期间，不论盈亏，厂方每年都拨款 20 万元给这些乡镇企业用于经营、发展。随着药厂生产规模的不断扩大，它又有计划地把农村剩余劳动力吸收到现代企业中来。其中有一个村，45 岁以下的劳动力都被吸收入厂加以培养和训练，45 岁以上的劳动力则给予生活补贴，符合退休年龄的老人给“养老金”，男性每月 120 元，女性每月 100 元。至于帮助周围农村修桥铺路，发展文教事业，那更是常事了。正因为这样，药厂在一定程度上达到了与周围农村的“一体化”，形成了“人和”的社区环境，实现了工农亲如一家的良好公共关系状态，树立起了“在自身发展的同时，带动周围农村一道前进”的良好形象。

事件 2：日本 1972 年 6 月的一天，一大群愤怒的渔民闯入名古屋褚木电力公司的总公司大楼，顿时这幢建筑物充满了呼喊声和斥骂声。渔民们抗议总公司下属的一座发电厂排放污水，使许多海洋生物受到污染，严重影响了渔民的生计。

事件 3：无独有偶，我国 20 世纪 60 年代的上海近郊某地，一天深夜，几千名手持镰刀、锄头的农民冲进一家工厂。他们狂怒地夷平锅炉、烟囱，捣毁机器设备，使该厂遭受严重破坏，此后好几年都无法复工。原因是这家工厂大量排放有毒废气，致使周围上千亩农田寸草不生，颗粒无收。

问题：上述案例从正反两个方面给我们什么启发？

（二）美国宾夕法尼亚铁路事故

1906 年，美国宾夕法尼亚铁路公司发生了一次严重的交通事故，造成了重大伤亡。铁路当局也寻求艾维·李的帮助。当时，对此类事件的处理，有关方面总是遮遮掩掩，不愿透露全部真相，公众也无法了解真情。面对惊恐万分的董事们，艾维·李坚持要改变传统的做法。他立即做出采取行动的安排，首先提出亡羊补牢的措施，系统检查路基以保证不再发生类似事故，并向死者家属支付赔偿，为受伤者治疗和提供赔偿。其次，派出了专列使记者能尽快抵达事故现场，并为采访提供一切方便，主动向记者提供事故资料、照片，回答记者提出的一切合理的问题等。事件处理的结果使董事们非常惊讶，即艾维·李把惨案变成了改善以往形象的时机，变成一场积极的公共关系活动。事后新闻媒介提供给社会的翔实报道，不但减低了公众的不满情绪，而且增进了公司与社会公众的相互理解，特别是与新闻界建立起良好的合作关系，使公司得到前所未有的最佳形象。

问题：请结合实际阐述艾维·李这种做法的好处有哪些？

三、实训题

1. 分组辩论与研讨：正方观点“危机公关是回天术”，反方观点“危机公关是大商道”。

2. 分组辩论与研讨：正方观点“企业应顺应社会舆论”，反方观点“企业应主导社会舆论”。

第三章

公共关系的职责与功能

学习目标

知识目标：掌握公共关系的职责。

技能目标：会应用公共关系的一些技巧。

素质目标：理解公共关系的性质与职能。

能力目标：能够运用所学公共关系的职责与功能来解决现实中的公关问题。

案例导入

塞勒菲尔德事件的教训

1986 年 2 月 5 日，塞勒菲尔德核反应厂发生了一次非常严重的事故，液态钚储藏的压缩空气受到重压，一些雾状钚从罐中泄漏了出来。工厂多年以来第一次亮起了琥珀色的警报，大约 30 多名非必要人员撤离了危险区，当时只留下了 40 人来处理泄漏事故，以维护工厂其他部分的安全。

英国核燃料公司在宣布泄漏事故时，暴露了公司危机状态下的困境。一方面它向公众表示，要最大可能地让公众了解事实真相，另一方面又每天像挤牙膏一样一点一点地报出消息，这加剧人们的恐惧。每一条消息都使记者有理由得以进行连续报道。

泄漏事故发生在上午 10:45～11:45。毫无疑问，媒介很快就报道了所发生的事故，因为从工厂蜂拥出来的工人和琥珀色的警报，人们一眼就能看出工厂出了问题，事故的消息随后就传开了。英国广播公司的电视记者詹姆斯·威尔金森介绍说，当他中午给工厂打电话时，工厂的新闻办公室还没有做好发布事故消息的准备，我们所得到的回答只是些站不住脚的许愿，媒介的记者一直提心吊胆地等待着。

工厂所犯的第二个错误是，厂里没有足够的新闻发布来应付外界打来的询问电话。记者们发现他们要排队等候，于是不确定的因素滋生了人们的不安情绪，英伦三岛为此也十分焦虑。

第三个错误则是英国核燃料公司的新闻办公室在正常工作时间后停止办公。詹姆斯·威尔金森说，当探听消息的人在晚间给公司打去电话时，电话总机告之，请留下电话号码，等新闻发布人上班后再回电。

最后英国核燃料公司不得不开始收集有关信息。他们花费 200 万英镑进行广告宣传活动，邀请公众参观塞勒菲尔德展览中心。这种开放政策是通过一年来对公众看待核工业态度的调查研究所产生的结果，调查表明：对外封闭的核工业，不但会失去公众支持，而且容易引起公众的不安和怀疑。

案例分析

英国塞勒菲尔德核反应厂发生的泄漏事故对公司造成了很大的破坏，尽管事故没有对工厂的工人和周围的公众造成放射性危害，但至少损坏了该工厂经营者——英国核燃料公司的声誉。从人员伤害的意义上讲，事故的损失是很小的，但事故引起了社会的广泛关注。英国核燃料公司所做的糟糕的传播工作导致了社会公众对核安全的不安情绪。

公共关系在组织的行政管理和经营管理过程中具有明确的职责范围，并且发挥着特定的作用，能够帮助组织适应并影响内外部公众环境，为组织的生存和发展创造良好的社会条件。

学习内容

3.1 公共关系的职责

在现代企业管理中，公共关系以树立组织的良好形象、协调组织与公众之间的关系作为主要的工作目标，围绕这一目标所开展的具体活动和工作便形成了它的职责范围。

3.1.1 公共关系的基本职责

公共关系的职责是指，公共关系在组织的行政管理或经营管理过程中的工作范围及其应当承担的责任。

（一）收集信息

公共关系首先要履行收集信息、监测环境的职责，即作为组织的预警系统，运用各种调查研究分析的方法，收集信息、监视环境、反馈舆论、预测趋势、评估效果，以帮助组织对复杂多变的公众环境保持高度的敏感性，维持组织与整个社会环境之间的动态平衡。

1. 与组织形象有关的信息

公共关系首先要注意与本组织的形象评价有关的各种信息。这些信息涉及公众对政府的行政管理（即组织的政策）、企业的经营管理（即组织的产品、行为）等方面的印象、看法和态度。

（1）产品形象信息。产品形象是组织形象的客观基础。产品形象从产品的各个方面表现出来，它包括产品的质量、性能、品种、款式、价格、包装等，其中产品质量是影响组织形象的关键因素。产品是组织与消费公众之间发生关系的最根本原因，产品形象与社会组织的生存命运直接相关，因此，公共关系必须优先注意这方面信息的采集。

（2）组织形象信息。社会组织与环境的关系形态和舆论状况的信息，公众对社会组织的精神面貌及其行为特征的评价与看法就是组织形象信息。公共关系工作目标是建立社会组织的良好形象，因此了解社会组织在公众中的形象信息是公共关系活动的基本内容之一。组织形象信息一般包括以下具体内容。

① 公众对于组织领导机构的评价。如领导能力、创新意识、办事效率、用人眼光、威望与可信任度和机构的完善程度、设置的合理程度等。由于领导机构是社会组织的指挥中心，因此，对领导机构的评价往往在一定程度上反映了人们对整个社会组织形象的评价态度。

② 公众对于组织管理水平的评价。如决策是否合乎社会实际情况、生产节奏是否紧凑、内部分工是否合理、对市场变化的反应是否灵敏等。由于组织管理水平直接影响到产品的质量和社会组织的竞争力，因而这类信息表明的是公众对社会组织形象的基本态度。

③ 公众对于组织内部一般工作人员的评价。如他们的工作能力、道德修养、文化程度等整体水平如何。由于社会组织的运行必须由他们来具体作业，所以，对他们的评价也构成了社会公众对整个社会组织形象评价的一个方面。应当注意的是，这里所说的“公众”，不仅仅指外部公众，它也包括组织内部公众。

（3）组织运行状态及其发展趋势信息。

这类信息包括内外两个方面。

① 组织运行内部环境信息。主要是指组织自身运行情况及其与组织预定总目标的要求之间的距离，以及它可能发展的趋势；员工的情绪、各部门之间的关系状况。

② 组织运行外部环境信息。包括所有对社会组织运行及其发展趋势发生或将要发生影响的情况。如：社会的政治、经济、文化、军事、时尚潮流、民俗民情、舆论热点等。这类信息反映的是组织运行状况和将来状况，对于组织及时调整运行机制极为重要，是社会组织形象重建的主要依据材料，因此，它也是公共关系工作必须优先采集的有关信息。

信息的采集应当而且必须通过多种渠道和运用各种传播媒介。首先应当重视消费公众的反应，其次是新闻媒介的社会舆论，政府有关部门和上级主管部门以及同行的意见也十分重要。此外，内部公众的各种反应同样必须认真听取。只有这样，采集的信息才是比较全面的。再者，对于公共关系来说，不但要收集赞扬社会组织的信息，更要注意捕捉哪怕是微不足道的批评社会组织的信息，尤其要重视公众对社会组织的各种建议。

2. 组织环境中的各种信息

公共关系需要为组织监测社会变化趋势，注意社会的政治、经济、文化、科技、军事、时尚潮流、民俗民情、舆论热点等各方面的情报动态，分析其对组织的各种直接或潜在的影响，以充分利用环境中的有利因素，避免不利因素，使组织与社会环境的变化保持动态平衡。

公共关系所收集的信息具有宏观性和社会性，这一点对社会组织实现整体的发展具有十分重要的意义。

（二）辅助决策

公共关系部门是一个“智囊机构”，它在组织管理中起着辅助决策的“参谋”作用。

1. 为确立决策目标提供咨询建议

公共关系咨询建议，是指公共关系专业人员向组织领导提供有关形象方面、公众方面的可靠情况说明和意见。为了完成咨询建议的任务，公共关系工作人员必须对采集来的信息进行整理、选择、分类、归档等处理工作，建立信息库，这样在咨询建议时就能做到条理分明、简单得体。因此可以说，信息的处理既是信息收集的结尾工作，又是咨询建议的准备工作。公共关系的咨询建议一般包括下述三类。

① 一般情况的咨询。这类咨询主要提供社会组织与公众关系形态的一般情况说明，如内部员工的归属感、本组织在社会中的舆论、同行业对本组织的评估、顾客对本组织的评价等。根据不同的需要，这类咨询可以是定期的，也可以是不定期的，目的是要让组织的领导及时了解和掌握公众的一般情况，以便适时调节本组织的运行机制，为实现组织目标创造有利条件。

② 特殊公众情况的咨询。这里的特殊公众指的是与社会组织的经营活动、业务往来密切相关的政府部门、媒体记者、社会名流、意见领袖等一类公众。任何一个社会组织都会有机会或有缘由与这类公众发生某种关系，如社会组织拟举办某个专题活动、利用新闻媒体发表组织的业绩、响应社区政府公益事业的号召等。公共关系专业人员提供与该活动直接有关的情况说明和意见，以使这些专题活动更有效地开展。如社会组织拟举办新闻发布会，公共关系专业人员应当提供新闻媒介的近期宣传动向、新闻记者对本组织的了解程度等情况，还应建议安排邀请出席会议者名单、会场的布置等。

③ 公众心理咨询。这类咨询是将在长期观察和积累的基础上形成的对公众心理变化和趋势分析的意见，结合社会组织的中长期规划，向决策层所作的通报。上述的公众一般情况咨询，主要是对公众现状的分析和说明，但是由于社会环境的变化，公众的心理状态也会随之发生变化。公众的心理变化对于社会组织的运行影响极大，如果在公众心理已发生大的变化时，社会组织仍照旧运行，那就会破坏组织与公众的协调关系，从而影响组织目标的完成。因此，公共关系专业人员还必须在对公众信息的长期收集和积累的基础上，对公众心理变化及时进行分析和做出预测，并向组织的决策层通报。这类咨询常常能富有成效地为社会组织中长期战略规划的制定和变更提供可靠的根据。

总的说来，咨询建议实际上是公共关系工作人员有选择、有分析地向组织的领导层转送公众的有关信息的过程，可以说是公众向社会组织反馈信息的中间环节，因此从根本上说，它仍是一种信息的传播活动。

2. 为决策提供信息服务

公共关系的咨询作用还表现在为决策建立有效的信息网络，提供各种社会信息，完善各种公众咨询渠道，开辟各种信息来源，包括广泛的外源信息和及时的内源信息，并根据决策目标将各种信息整理、归类、分析、概括，提供给最高管理层或各个专业部门作为决策的客观依据。

3. 协助拟定和选择决策方案

公共关系的咨询作用又表现在运用公关手段为决策者评价、选择和实施有关的决策方案，特别关注决策方案在经济效益和社会效益方面的统一和协调，敦促决策者重视决策行为的社会影响和社会效果。同时，调动公关手段，广泛征询各类公众对象的意见，促进决策过程的民主化和科学化。

决策是社会组织对自身条件和外界环境经过缜密考虑、比较所作出的决定性选择。由于社会组织的自身条件和外界环境都包含了公众因素，因此，在组织的决策过程中，公共关系的参与是理所当然的，并且它在这里还发挥着相对独立的作用。这种独立作用除了上面提到的咨询建议，还表现在它直接参与决策的如下三个方面。

① 站在公众立场上参与决策。在社会组织中处在不同地位的人会从不同的立场上去看待决策问题。一般说来，从各种不同的立场或角度，从不同的方面去寻找决策问题都是需要的，但站在公众立场上去看待决策问题，往往能使问题表现得更加明显和直观，而且这种作用是从其他角度来观察决策问题所不能替代的。一家企业如果从与组织目标直接相关的公众（顾客公众）的角度来寻找问题，往往更能接近问题的实质。

② 使公众利益进入决策的视野。社会组织在决策过程中，如没有一定的约束就容易产生只顾自身利益而忽视公众利益的片面性倾向，这在组织决策层目光比较短浅的社会组织表现得更为突出。所以说，在决策中，社会组织应当自觉地建立相应的约束机制。约束可以来自两个方面，外部约束（如社会舆论）和内部约束。组织在决策时有公共关系参与，这就在客观上确保了该项决策有了一定的内部约束。因为公共关系的思想永远是代表各种公众利益的。

公共关系在这个方面参与决策，所起的作用是独立的、不可取代的。公共关系要求本组织在决策中必须考虑公众利益，必须在决策方案中反映公众的利益和需求，从而有效地避免本组织决策中单纯的、只顾自身利益的片面性倾向。公共关系对组织决策来说，不仅仅是一种约束，而且还是组织决策正确性的一种保障。因此，在现代社会中，公共关系参与决策是社会组织生存和发展的重要条件。

③ 在决策中体现公共关系目标。公共关系目标是组织总目标的一个部分，而且是现代组织目标中不可缺少的。社会组织的决策是根据社会组织各部门自身任务和组织总任务的规定来确定方案的。公共关系参与决策使社会组织的决策方案必然要包含两个新内容：其一是建立社会组织良好形象；其二是完成这一目标的一些具体措施。这样的决策方案，才是真正完整的方案，否则，公共关系目标就不能进入组织决策方案，这样，社会组织总目标与公共关系目标就容易脱节，公共关系职能部门的工作也不容易同其他职能部门的工作协调好，社会组织的运行就容易发生混乱。同时，公共关系参与决策，也只有在决策方案中形成了自己的工作具体目标及具体的完成措施，才能从整体上真正体现出它的意义。

公共关系参与决策的这三个方面是相互联系在一起的，其中在决策中确立公共关系目标是最主要的。只有在决策中确立了公共关系目标，才能自觉地使公众利益进入决策视野，才能站在公众立场上去发现决策问题。需要说明的是，作为一种职能，公共关系参与政策并不是一种信息传播活动，因而严格说来，它并不是公共关系活动。但由于公共关系是社会组织所有社会关系的组成部分，公共关系目标与社会总目标有密切的关系，所以公共关系活动离不开社会组织的决策活动，社会组织的决策活动也不应不考虑公共关系活动的作用，因此公共关系参与决策是公共关系活动的必要环节。

（三）传播推广

公共关系在组织经营管理中要履行传播推广的职责，即通过各种传播媒介，将组织的有关信息及时、准确、有效地传播出去，争取公众对组织的了解和理解，提高组织及其产品、人员的知名度和美誉度，为组织创造良好的社会舆论，树立良好的社会形象。

（1）创造舆论，告知公众。

（2）强化舆论，扩大影响。

（3）引导舆论，控制形象。

（四）协调沟通

公共关系是组织与社会环境之间的一种协调沟通机制，即运用各种协调、沟通手段，为组织疏通渠道、发展关系、广交朋友，减少摩擦、化解敌意、调解冲突，成为组织运作的润滑剂、缓冲器，成为组织与各类公众交往的桥梁，为组织的生存、发展创造"人和"的环境。协调沟通是公共关系的一个非常重要的职能，即为组织的运行和发展协调关系、沟通感情。社会组织的决策方案一经确立，就进入运行阶段。在运行中，社会组织必然要与现实环境的各种因素发生关系并产生矛盾，社会组织与这些因素之间矛盾的大小，摩擦的多少，在很大程度上决定着社会组织的运行是否顺畅，因而也在很大程度上决定着社会组织预定目标是否能顺利实现。根据运行原理，摩擦是必然的，协调是相对的，因此在社会组织运行中协调各种关系、沟通各种信息以减少组织与现实环境的摩擦就成为公共关系又一专门职能。它一般包括内外两个方面。

1. 协调内部关系，增强组织凝聚力

在社会组织内部存在着三种关系，即纵向关系、横向关系和人际关系。纵向关系就是上下级的关系，横向关系就是平级关系，人际关系就是组织内部全体员工（包括领导）彼此之间的关系。

（1）纵向关系。公共关系首先应该努力协调好上下级关系。任何社会组织的上下级关系结构都是上小下大的金字塔形式，下级占据多数，如上下级关系不协调，就会产生摩擦，消耗内能，影响组织的工作效率。因此公共关系在这里必须发挥承上启下的作用。一方面，公共关系工作人员要经常向领导者反映下级员工的情绪、意见和要求，并提出如何根据下级员工的实际情况调动他们积极性的建议，从而使上级领导不断地了解和把握下级员工，及时地调整自己与下级员工之间的关系；另一方面，公共关系工作人员要积极做好上情下达的工作，要及时向员工介绍宣讲组织的目标和管理方针政策，传达领导层的意见和决定等，消除可能产生的误会，使上级领导的意向和组织的现状、发展方向能随时为下级员工所了解，从而能使他们自觉地与上级领导搞好配合。

（2）横向关系。也是组织内部部门之间的关系。一个初具规模的组织，总是由若干个职能部门所组成的。如生产部门、销售部门、人事部门等。各部门的关系配合是否默契，对于它们的工作效率具有极大的影响。而有时各部门的配合不够默契，往往是由信息不够畅通引起的。虽然一般说来，协调各部门的关系，不是公共关系工作人员的职能，但如果是由于信息沟通上的问题而造成了各部门的矛盾，那么，公共关系工作人员完全有责任去配合领导者协调各部门的关系。当然，他们要做的主要是传播沟通信息的工作，这种工作也并不只是在矛盾产生时才做的，它是一种经常性的工作，在平时就必须加强各部门之间的信息联系，使各部门能在相互了解的基础上协同工作。

（3）人际关系。任何一个社会组织都是由具体个人所组成，他们来到这个组织的动机不同、目的不同、需要不同、经历不同、背景不同等。正因为他们之间存在着这些天然的不同点，所以对同一个问题、同一件事情等，就会产生不同的观点和行为。在人群聚集的地方，有矛盾、有分歧、有斗争这是正常的，公共关系的工作就是要将组织的内部摩擦减少到最小，努力促进全体员工心往一处想，劲往一处使，同心同德，齐心合力地为组织的目标而工作。

2. 组织与外部的协调沟通

这是公共关系最经常的工作内容。社会组织在其运行中，要与许多外部因素发生关系，并与各种公众发生联系。在一般情况下，公共关系的外部协调工作要把与组织目标直接相关的公众作为协调沟通的重点，因为这类公众作为组织产品的消费者，最有权对社会组织及其产品做出评价，在这里协调的方式是多种多样的，其中最根本的一种是反馈调节，即根据反馈信息来调整组织的运行，在其他情况下，公共关系的外部协调工作则视组织运行情况把影响组织运行因素最大的那部分公众置于考虑的重点，这里，反馈调节也是一种重要调节方式。

公共关系的协调工作主要是依赖传播信息来增进关系双方的了解和感情，以建立起相互信任、相互合作的融洽关系。在社会组织运行中，由于各种关系状态不同，公共关系要沟通协调的重点和运用方法也不一样。

当双方关系处于和谐状态时，沟通的重点就应当是通过不断传播社会组织方面的业绩，来保持和强化其在公众心目中的良好形象。如美国的南地公司是全美第六大零售商，在社会上有良好的形象。该公司从 1981 年开始又开展了一项说服自己的顾客、特别是青少年改掉酗酒陋习的社会活动，这一社会活动通过各种传播媒介的宣传，为南地公司赢得了进一步的声誉。由于这方面的工作有着比较好的社会基础，因此如果开展得法，往往能取得事半功倍的效果。不少声誉卓著的社会组织都深谙此道，常常开展诸如周年纪念等活动来保持和提高自己的社会地位。

当双方关系处于不和谐状态时，沟通的基点应该首先是解剖组织自身，反省自己的责任，然后才是客观地分析关系状态，并提出改进关系状态的具体意见和措施。双方关系之所以会产生不和，一般有内外两方面的原因。内部原因是由于组织自身工作没有做好，危及了公众利益，这当然首先要自责，然后根据关系状态的现状，改进自身的运行机制，同时把自己的改进情况尽力向社会做出通报，以期扭转被动局面；外部原因是由于公众的误解，或他人的陷害等造成了对组织形象的损害，在这里，社会组织也应当首先自问哪些工作还有漏洞，然后才是在补漏洞的前提下向公众进行必要的解释，以澄清误会，或对他人的陷害加以揭露。

当双方关系处于不明状态时，沟通的原则首先是用善意的态度来表达自己的明确主张，竭力使对方消除紧张或戒备等逆向性心理因素，为双方的信息交流创造正常的平衡心理条件。这样，就可以避免发生误会和偏见。在此基础上，还应当把双方关系格局中含有的双方利益关系交待清楚，使对方对关系状态的实质及趋势有个“预存立场”，心中有底，这样，便可减少以后的摩擦。总之，在这种关系状态下，作为公共关系主体的社会组织，一要向公众交心，二要向他们交底，努力使他们明了双方关系状况，以利日后关系的建立和发展。协调沟通是公共关系最根本的职责，公共关系的其他职能说到底都是为了更好地进行协调沟通而形成的，社会组织的形象也主要是在协调沟通中建立和发展起来的。

3. 开展社会沟通，建立和谐的社会环境

任何组织的发展都离不开社会各方面的配合与支持。组织从自身利益出发，应该注意以下几方面的问题。

（1）首先，要处理好各类直接的业务来往关系，诸如对企业而言的顾客和用户关系，原材料和能源供应关系，产品的销售网络关系，运输部门的关系，银行信贷及投资人关系等等。以保证组织日常人、财、物与技术的经营运转。

（2）其次，要妥善处理好组织与各种权力制约部门之间的关系。

（3）再次，还要主动建立和发展各种非业务性的社会关系，如社区关系、新闻界关系、社会名流关系、社会团体关系等。尽可能扩大组织的公共关系网络，广结善缘。

（五）提供服务

公共关系工作本身就是一种服务工作，它的管理地位和日常业务都具有明显的服务性质。公共关系的成效也需要以其服务的质量和水平来衡量。公共关系通过信息性、传播性、协调性、支持性、辅助性的服务，使组织内部的运转更加顺畅、协调，使组织外部环境更加和谐、良好。

（1）在组织内部为各个业务部门和职能部门服务。公共关系在组织内部不直接参与人、财、物等资源的管理，不直接生产和销售产品，而是运用各类传播沟通手段为各个业务部门和职能部门服务，协助处理需要各方面介入和配合的事务，执行需要宏观协调和控制的边缘性职能，提供信息性、事务性的辅助和支持，使各个职能部门之间的配合更加融洽，使组织的专业职能发挥出更好的效果。

（2）在组织外部提供社会服务。在组织外部，公共关系以良好的服务行为去树立信誉，争取人心，这是组织在外部提供社会服务需要做到的。公共关系作为一种经营管理功能，是组织中社会性、公众性、服务性最强的工作部门，它不仅使用语言、文字，而且运用“行动”这种传播力最强的手段为组织树立形象。

总之，公共关系作为企业经营管理过程中的一个特殊环节，在其特定的工作范围内扮演着“内求团结，外求发展”的特殊角色。

（六）管理日常事务

社会组织的运行就是与方方面面的人发生关系的过程。人的因素对运行中的社会组织的态度趋向的影响很大。在很大程度上，人们的需求满足与否、满足程度如何以及心情怎样，将直接影响着关系状态。一般说来，人们的需求越得到满足，关系状态就越良好，反之，则无法形成良好的关系状况，甚至连基本关系也难维持下去。因此，如何使社会组织在其运行的日常事务中照顾到人们的需求和心情，就成为公共关系的又一职能。

马斯洛把需要划分为生理（生存）的需要、安全的需要、归属与爱的需要、尊重的需要、自我实现的需要五个层次。概括起来也就是生理需要和心理需要两大类。人们的需要有两个特点：层次性和不间断性。因此，社会组织在运行中要把满足人们的生理需要和心理需要的要求贯穿于全过程，为不断满足人们不同层次的需要做出努力，只有这样，才能使人的因素对社会组织的关系呈正态效应。公共关系在这方面的职能，就是把不断满足人们各种需要的要求渗透落实到组织运行的每个环节和每个阶段中去。具体说来，公共关系要使社会组织的日常行为规范化、礼貌化，并遵守谅解原则。

1. 规范化

公共关系从业人员要根据社会组织的特点，制订出一套待人接物的标准程序，包括疑问有解答、上门有接待、办事有效率等，这样才能为任何一种关系的正常建立和发展提供一定的保证。组织行为规范化实际上是组织根据公共关系的要求，为满足公众的各种需要而建立的一种制度，因此，它是公共关系工作人员责无旁贷的任务。

2. 礼貌化

在人际交往中，人们的礼貌是对对方尊重的表现，它意味着主人满足对方要求尊重的需要，它是人们相互理解和认识的基础。因此，要使人们的各种需要得到满足光有规范化的标准程序还不够，还必须辅之以礼貌化的要求。规范化加礼貌化，才能在使公众得到实惠的同时，又能使公众心情舒畅。如果只有规范化而无礼貌化，那么，公众因社会组织规范化而得到的实惠就会被社会组织无礼貌的行为而造成的心理压抑所抵消。所以，公共关系要求社会组织规范化与礼貌化并重。

3. 遵守谅解原则

社会组织在运行过程中要同形形色色的公众发生关系，如有的公众通情达理，有的公众则蛮不讲理等。尽管这些公众的状态不一，关系双方角色地位不同，关系的成员也不同，但从满足人们需要考虑，社会组织必须把日常发生的小摩擦放在谅解对方的角度来看待和解决。在这方面，各种社会组织都有许多有益的经验，所谓“顾客是上帝”、“顾客总是对的”等格言就是这些经验的概括，也是组织在具体日常事务中遵守谅解原则的体现。

社会组织行为规范化、礼貌化和遵守谅解原则，虽然本身不是传播活动，但都是传播活动的规范。任何活动都要遵循一定的规范，传播活动也不例外，因此制定和遵循传播活动的规范，本身就成了公共关系的职能之一。

（七）创造策划专题活动

创造策划是公共关系的生命，在社会组织运行过程中，常常会出现需要社会组织来组织和安排某种非日常事务类的专门活动以达到一定目的的事件。这里的专门活动在公共关系学中就称为专题活动。专题活动的种类很多，有庆典型活动、展示型活动、宣传型活动、社区型活动等。不管哪一类活动，要取得良好的效果都离不开创造策划，因为创造策划是专题活动的生命。从公共关系的角度来看，举办各种专题活动的目的都不是简单地为了举办活动而举办活动，任何一个专题活动都有其公共关系的价值在其中，简单地说，就是要借这个活动以吸引环境的关注，借宣传这个活动来宣传组织的美名，扩大组织的影响，提高组织的知名度。要实现这一公共关系的目的，就要求活动本身具有一定的创新，不能太平庸，太平淡。具体说来，公共关系工作人员至少要做这样一些工作：布置会场，筹划发言稿，编写新闻公报，拟定出席者名单，迎接招待客人，直至服饰的挑选等。

（八）教育、引导环境的舆论

企业在外界公众中的良好形象并不是自发产生的，而是要经过公关人员、管理者及企业的全体员工共同而持久的努力才能达到。同样，企业内部和谐统一，良好工作气氛的取得也需要领导者及公关人员进行一系列教育工作。那么，公共关系人员及各级领导者应当如何行使自己的教育职能，调动广大职工的积极性，共同做好公共关系工作呢？

1. 公关意识的教育

公共关系人员要使广大员工懂得，公共关系与企业的生存和发展密切相关，企业形象和声誉的好坏关系到企业的生存和发展。而良好形象的建立必须经过企业全体成员的共同努力。因此，企业中的每一个人，都应当重视和理解公共关系工作，使全体成员都将公共关系的意识融会于日常工作中。在对外交往中自觉地把自己作为企业组织代表，主动宣传本企业在各方面所取得的成就，主动与外界公众建立各种交往渠道，同时向领导者及公关人员提供信息和建议。综上所述，就是教育企业内部全体成员产生公关意识，把公关原理、公关原则内化为内在习惯和行为规范，这样，企业内的所有人员在日常生产经营、对外服务、社会交往时就能想到自己代表着一个组织，时刻不忘提高、宣传、维护本组织的形象，并且把这些变成自觉的行为规范和交往习惯。

公关意识是公关人员素质的核心，只有具备了公关意识、合理的知识结构和能力结构等公关素质，才能在日常工作、社会活动中自觉地按公共关系原则去办事。

2. 日常公关能力的教育

仅仅使组织内成员产生搞好公共关系的良好愿望，形成公共关系意识是不够的，还应当使全体员工掌握处理日常公共关系的本领和技巧，这一点也是非常重要的。

有个例子能说明这个问题，北京有一家中外闻名的大饭店，这个饭店的职工大部分是年轻人，他们很希望能够创造一流的服务，但是在早几年，他们的这种愿望却大大地受到他们自己实际的知识水平的限制。例如，外宾们评价服务员："你们只会笑。"一天，一位住在四楼的外国老夫人按电铃，叫来了一位服务员，老夫人"哇啦哇啦"说了半天，这个服务员一句也没听懂，只是一个劲地赔着笑脸。老夫人一边说，一边往门外推她，意思是换个能听懂她话的人来。可见，只有热情礼貌，会赔笑脸，并不能做到优良服务，建立良好的公共关系。因此，公共关系部门还应当配合企业的领导和其他有关部门开展公共关系常识和公共关系技术的教育和训练，如人际交往常识、人际交往礼仪、其他有关知识等。

总之，根据不同的组织、不同的公众对象，企业内成员所需要掌握的知识内容或范畴也不尽相同，无论是什么组织，教育全体成员掌握一般的社交礼仪常识，对进一步开展公共关系工作是有很大益处的。以上所列各项，虽说不上是公共关系职能大全，但完全可以说已包含了公共关系的全部主要职能。但是，由于社会组织规模不同、运行标准和模式不一，公共关系职能重点及范围也不能简单划一。社会组织的运行水准决定了公共关系的职能范围，其运行水准越高，其职能范围就越宽、越完整，反之，就较狭窄单一。

3.1.2 与公共关系职责相关的活动范畴

（一）交际

交际指人与人之间面对面的直接交往，借助于个人媒介所进行的相互沟通，也叫"人际沟通”，它是公共关系的传播方式之一，但不是公共关系的主要手段，更不是唯一手段。公共关系工作面对不同类型的公众，要进行大范围的沟通，仅仅用交际手段是难于处理的，必须倚重各种公众传播和大众传播手段。因此，虽然交际是公关的一种手段，但不等同于公共关系。

（二）宣传与新闻

宣传是一种单向的心理诱导、行为影响和舆论控制方式。从根本目的上看，公共关系与宣传活动都是明确地为特定组织服务的，而且公共关系工作经常要借助各种宣传手段去吸引公众、影响公众。

新闻兼具报道和宣传两重功能，在公共关系的实践发展过程中，事实上已产生出一种介于客观的新闻报道与主观的宣传活动之间的“公共关系新闻传播”现象，也就是公关实务活动中的“发布新闻”和“制造新闻”（而不是“伪造新闻”）。

现代公共关系绝不是单向的信息传输行为，而是双向的交流与沟通，所以，不能只运用宣传和新闻手段。而且，公关的宣传是以对公众的了解和尊重客观现实为前提的。此外，新闻媒介虽然是公共关系传播的一种重要渠道，但不是唯一通道，公共关系工作也不可过分依赖新闻传播。

（三）广告

广告是一种“付费传播”，即广告主付费购买传播媒介的使用权（如报纸的版面、电视的播出时间）来推销其产品服务或观念。它必须明示广告主体，是一种自我宣传方式，主观性比较强。

（1）广告与公共关系的区别在于：广告旨在“要别人买我”，所以广告的信息传播强调引人注目，形成轰动效应，具有明显的倾向性、渲染性和夸张性。而公共关系的信息传播旨在“要别人爱我”，为此它强调要在信息传播中体现真情实意，以客观公正的态度向公众介绍组织的情况和面貌。为了获得比较客观的传播效果，公共关系比较重视运用“新闻传播”等其他比较客观和软性的传播途径和方式，借助第三方来说话，以提高信息的可信度。一般来说，广告多在工商企业中采用，并且属于销售经营的一个组成部分；公共关系则在现代社会各类组织中都需要运用，它是每个组织都要面临的一项日常性工作，并且涉及组织各个环节各个层次的行政管理或经营管理工作。

（2）广告与公共关系也有密切的联系：如公共关系常常借助广告的形式传播信息，同时广告也经常借助公共关系来增强说服力。

（四）营销推广

营销推广是在以等价交换为特征的市场推销和交易活动中，工商业组织以各种手段向顾客宣传产品，以激发他们的购买欲望和行为，扩大产品销售量的一种经营活动。

1. 它与公共关系的区别

（1）公共关系有助于市场销售，也是一种推广策略，但它本身不直接推销产品，不直接满足对象的物质需求。公共关系是一种满足公众需求的交流活动，但首先满足的是互相了解、理解、信任的需求，交流的是知识、信息、观念、情感等。因此公共关系本身不等同于营销。

（2）从另一层意义上说，营销注重的是近期的经济效益，而公共关系注重的是社会效益，侧重考虑长远的发展。

2. 它与公共关系的联系

（1）公共关系作为一种推销策略已被企业广泛运用，借助公共关系去沟通企业与消费公众的感情。

（2）从另一方面看，良好组织形象与良好公众关系的建立、维持，也需要组织尤其是工商企业提供优质的产品和服务作为支撑。

（五）公共事务

公共事务主要指一个组织与政府部门、公共政策、公众利益、社区事务相关的活动。政府、社会团体、非营利机构的公关工作，常常使用这一概念，以示有别于营利部门的公关工作。企业也常常用公共事务这一概念来涵盖非营利的公关工作，比如社会慈善事业、社区事务等。实际上公共事务仅仅是公共关系功能中的一部分，如果用这一概念来取代公共关系则是片面的。

（六）游说

游说是个人或组织有目的地利用语言、文字或其他传播媒介对特定信息进行讲解、说明，以鼓动受众按照自己的意图行事的一种劝服性传播。其对象通常是立法者、政府等公共政策的制定者，较多的运用在公共事务（尤其是政治事务）之中，是政治公关中常用的一种方式。

游说与公共关系的区别如下。

（1）就行为方式而言，游说重在单向“灌输”，直接劝导人们怎么做，往往带有较强的劝服性色彩；而公共关系则注重双向“交流”，让人们了解他人是怎么做的，继而自己决定如何行动，可谓是一种“怀柔”政策。

（2）二者的工作准则有所不同，游说既可能奉行实事求是的准则，也可能奉行游说者主观需要的准则；而公共关系则只能奉行尊重事实，实事求是的准则。

（七）开发

文化、教育、艺术、福利、慈善、宗教、社团等组织，运用传播的力量去发展会员、筹措经费、争取资源等，往往被称之为公关开发活动。这实际上只是公共关系的一个特殊的活动领域。

（八）论题处理

论题处理又称作“问题管理”（Issue Management），是 20 世纪 70 年代以来国外公共关系领域出现的新名词，主要指公关人员对正在出现的问题（特别是将要进入立法程序的、有争议的问题）以及这种问题对组织的潜在影响进行分析、预测并施加影响，以帮助组织制订应变的对策和措施。这一概念的出现表明现代公共关系在预测、参谋方面的“超前管理功能”日益突出，需要帮助组织预测社会经济、政治、环境等方面的问题，应付复杂的环境变化，以提高组织的社会适应力和应变力。

（九）危机处理

危机处理（Crisis Management）包括两个方面的含义。

（1）处理“公共关系危机”，是危机事件的一种特殊形态，即形象危机、信誉危机、舆论危机。

（2）用公共关系的策略和方法来处理危机，指处理危机的一种方法，即危机事件（包括政治危机、法律危机、商业危机、金融危机、社会危机、灾变危机等）发生后，运用公共关系的策略和方法去协助处理危机，做好善后工作，是危机处理的一种辅助手段。危机处理是公共关系实务的特殊领域。

以上范畴都可以视作广义公共关系职能或方法的一部分，但在理论上和实践上均不应将它们等同于、混淆于或取代“公共关系”。

3.2 公共关系的功能

公共关系活动对组织的直接功能表现为塑造组织形象和协调关系网络，同时公共关系活动对个人和社会也有间接功能。

3.2.1 公共关系的直接功能——塑造组织形象和协调关系网络

（一）塑造组织形象

社会组织为实现组织目标，必须保持和改善同环境的关系，即要获得环境的好评和支持。公共关系是利用塑造和宣传组织形象来获得公众支持的一种手段，所以对组织形象系统地认识和把握，对公共关系工作具有十分重要的意义。

组织形象是指社会组织及其行为，通过传播媒介在公众心目中的一种综合反映，亦即公众对组织的全部看法和综合评价。社会组织形象是一个复杂的系统，从不同的角度去研究，组织形象有不同的划分。

按组织形象的客观性划分，有自我期望形象和实际社会形象。自我期望形象是指一个社会组织希望在社会公众心目中具有的形象，它往往是理想化的，但这种理想会驱动组织在各种环境下的公共关系行为，是组织发展不可缺少的内在动力。一个组织的自我期望形象越高，自觉做出努力的可能性就越大，但一个组织的自我期望形象并不都是明确的，为达到自我期望形象的努力也并不都是自觉的。因此，要塑造组织形象，必须明确自我期望形象，以便使公共关系活动有努力的方向。实际社会形象是指社会公众对一个社会组织的真实看法。

知名度反映了社会公众对某一组织的知晓程度，美誉度则反映了社会公众对这一组织的信任和赞许程度。了解组织的实际社会形象，是制定公共关系目标的重要依据。按组织形象的内容划分，有整体形象和特殊形象。组织整体形象是指社会公众心目中具有的对某一社会组织的全部看法和评价，即社会公众心目中的“平均形象”。任何一个组织作为社会有机体中的一部分，要生存和发展，必须关心它在整个社会中的整体形象。

组织特殊形象是指同组织有特殊利益关系和对组织有特殊要求的公众对组织的评价和看法。每一组织都有不同的特殊公众，这些特殊公众从特定的角度对组织形成特定的看法和评价，因而这种特定的看法和评价对组织形象的反映是局限的。作为面对不同特殊公众的每一个社会组织来说，都要善于处理好特殊公众和其他公众的关系，使“特殊形象”同“整体形象”达到平衡统一，以保证形成良好的组织生存与发展环境。

按组织形象的要素划分，有外观形象、产品或服务形象、职工形象等。组织的外观形象指公众对组织的名称、标记、环境、建筑设施等方面的看法和评价，它对组织整体形象的形成具有关键作用。因为公众与组织交往首先会注意组织的外观形象，优美的环境、美观的装潢、引人注目的标志，富有美好联想的名称，会使公众对组织形成良好的第一印象，进而影响整体形象。组织的产品或服务形象是指公众对组织所经营的产品或提供的服务的看法和评价，包括产品的质量、品种、价格、商标、包装、服务的项目、方式、手段等。产品形象或服务形象是形成组织整体形象的客观基础，其中提高产品或服务质量显得尤为重要。

组织的职工形象是指公众对组织中的职工服务态度、职业道德、仪表姿态、业务素质等方面的看法和评价。不同岗位的职工与公众接触和交往的频率不同，对整体组织形象的影响程度也就不同，抓好关键岗位职工的形象塑造工作，对形成、巩固良好的整体组织形象具有重要作用。按组织形象的可见性划分，有有形形象和无形形象。组织的有形形象是指通过人们的感觉直接感受到的组织的有关实体的形象，如产品质量、企业外观、企业设备、职工行为等。组织的有形形象具有物质化的特征，它的传播和塑造主要是通过公众与组织及其相关因素的直接接触。组织的无形形象是指在有形形象的基础上，通过人们的记忆、思维等心理活动在头脑中升华而得到的组织形象。这种形象是有形形象的抽象化，比有形形象更加深刻，更能反映组织形象的本质。如组织的信誉、职工的精神风貌、企业风格等，就构成了组织的无形形象。就形象而言，无形形象对公众行为所产生的影响，远远大于有形形象，但有形形象的改变比无形形象的改变容易得多。所以，一个社会组织不仅要通过它的有关实体在公众心目中建立良好的有形形象，更要通过组织内部的各部门长期的共同努力，使公众对组织形成良好的无形形象，这更具有重要性。

虽然组织形象的分类方法很多，内容也十分广泛，但从总体上来看，组织形象只不过是组织的主体意识的表现和价值行为被公众认识后的心理反应。这里的主体意识是指作为一个独立的社会组织所信奉的价值观和一贯的公开活动方式及活动成果。这里的心理反应是指公众对组织的有关因素经过全面的心理加工后所形成的综合印象。从这个意义上说，组织形象是组织主体意识和公众心理反应的有机结合。

（二）协调关系网络

1. 协调关系网络的内容

（1）协调内部关系。

① 协调内部关系首先指协调内部人际关系，这包括领导层之间的关系和员工关系。

② 协调内部关系还要协调组织内部各管理部门之间的关系。

（2）协调外部关系。

① 首先，组织要处理好各类直接的业务来往关系。

② 其次，要妥善处理好组织与各种权力制约部门之间的关系。

③ 再次，还要主动建立和发展各种非业务性的社会关系。

④ 最后，要与消费者保持良好关系，妥善处理组织与消费者的纠纷。

2. 协调关系网络的意义

（1）协调内部关系可以增强组织的凝聚力。

（2）协调外部关系可以建立和谐的外部环境。

（3）协调内外关系，能够为建立和维持良好的组织形象提供条件。

3.2.2 公共关系的间接功能：提升个人素质和优化社会环境

（一）提高个人素质

公共关系活动对提高个人素质的作用体现在以下两个方面。

1. 公共关系促使个人观念更新

（1）注重个人形象的观念。

① 内在形象是个人形象中最重要的，它包括一个人的社会责任感和道德感，包括一个人的学识修养，个性心理特征，等等。

② 外在形象对个人来说也十分重要。衣冠整洁、精神饱满、举止得体的人给他人的印象总是良好的。

（2）尊重他人的观念。

（3）交往合作的观念。

2. 公共关系有助于个人能力提高

（1）创造能力的提高。

（2）交际能力的提高。

（3）自我调节能力的提高。

（二）优化社会环境

1. 优化社会互动环境

社会互动指社会的横向关系，指社会上人与人、群体与群体之间的交往和相互作用。

（1）沟通社会信息。

（2）协调社会行为。

（3）净化社会空气。

2. 优化社会心理环境

任何人都有合群的需要、情感的需要、交往的需要，如果这些需要得不到满足，就会导致个人心理失调。公共关系恰好可以提供给社会这样一种良好的关系氛围，它用真诚、广泛的社会交往帮助人们摆脱孤独和隔阂，帮助人们获得一种心理自控能力和心理释放能力，从而使社会心理环境得到优化。

3.3 组织形象的塑造

3.3.1 组织形象塑造的原则和意义

（一）组织形象塑造的原则

（1）有效性原则。有效性是指通过开展公共关系活动，要力求取得预期最佳效果。

① 首先，要注意公共关系活动的实效，不摆形式，不走过场。

② 其次，努力提高公共关系活动的效率。

③ 此外，还要力求达到公共关系活动的最佳效果，即让公众在与组织的互动过程中，对组织抱有良好的态度，并不断“顺向强化”，从而在公众心中树立起组织的良好形象。

（2）总体性原则，也称整体性原则。是指把组织的分散的、不连续的公共关系工作系统化、统一化和科学化。总体性还意味着设计公共关系活动所追求的工作目标要统一。

（3）符号化原则。是指通过设计简洁、鲜明、形象的组织和产品标记，使组织和产品形象易于传播，便于记忆。如商标、厂名、厂徽，厂服是组织的重要标记。应用象征性的标记来宣传组织的形象，是公共关系学的一种有效的方法。

（二）组织形象塑造的意义

（1）组织形象是组织的无形资产。

（2）良好的组织形象能够激励士气。

（3）良好的组织形象，还有利于营造和谐的组织社区环境。

3.3.2 组织形象塑造的要求

组织形象的塑造是一门艺术性、创造性很强的工作，永远没有固定的模式和不变的蓝图。但宏观上还是存在着一定的规律和要求的，可归纳为如下三个方面。

1. 主观性和客观性的统一

（1）主观性。组织形象的形成离不开组织自身的规划和传播，同时也离不开公众的主观认知和评价，从而使形象带有主观性。所谓主观性，从组织方面来说，它是自身形象塑造的主体，组织形象是根据组织自身的特征和需要设计并策划出来，又经过组织不断地建设和推广塑造起来的，因此，组织在形象策划、设计、管理和传播的过程中极富于主观的、能动的创造性。从公众方面来说，公众是组织形象认知与评价的主体。与组织相关的各类公众从各自的具体利益和需求出发，带着不同的价值观和审美取向，依据各自不同的思维方式和信息理解能力，对某个组织形成各自不同的具体印象，从而使得在社会上显现出来的组织形象不可避免地带上形象认知与评价主体的主观色彩。

（2）客观性。组织形象的建立具有客观的基础和内涵，并受到社会公众对组织总体评价和要求的客观制约，从而形象又具备客观性。所谓客观性，从组织方面来说，组织形象的构成要素是客观实在的，组织形象是公众舆论对具体的组织形象要素的反映，因此组织形象的客观实在是第一性的，组织形象是公众认知和评价的客观对象。组织形象策划必须以组织形象实际为基础，必须从建构组织形象实际入手，绝对不能脱离组织的客观实际制造空中楼阁。从公众方面来说，虽然个别公众对组织的看法是主观的，但整体公众对组织的总体评价和要求则在客观上形成一种社会规范和社会制约，这是不以组织的主观意志为转移的，组织的形象设计客观上受到公众的总体评价和要求的制约。

2. 统一性和差异性的统一

（1）统一性。组织形象应该是统一的，讲究整体效果和系列组合，并需要适应公众整体的共同要求。所谓统一性，从组织方面来说，组织形象要讲究整体效果，因此组织形象的设计要有统一的原则、统一的主题、统一的格调、统一的规范、统一的传播策划，做到各个形象要素相互协调、各种传播资源相互整合、多种媒体一个声音，在多元化的时代追求形象的一体化。从公众方面来说，要求组织的总体形象要适应整体环境，适应各类公众对组织的共同要求；并要求一个高信誉度的组织在不同的时间、不同的地点、对不同的公众对象能够保持高度的一致性，包括政策的一致性、产品质量的一致性和服务承诺的一致性等。

（2）差异性。组织形象自身必须有个性特征，对目标公众要有鲜明的针对性。所谓差异性，从组织方面来说，要强调组织形象必须充分反映组织自身的个性，有独特的风格，这是组织形象的魅力所在。不仅相对其他组织需要有独特的个性，而且相对组织下属不同的部门、不同的产品、不同的人员、不同的环境、不同的宣传媒介、不同场合的公共关系活动等，都需要显示一定的差异性。形象的个性和差异性是形象竞争力的源泉。从公众方面来说，组织形象要有较鲜明的针对性，即突出该组织在主要目标公众心目中的特殊形象：要适应不同公众的不同需求量和不同视角，使组织形象具有特殊的指向性。

3. 恒定性和变通性的统一

（1）恒定性。组织形象应该是相对稳定的，对公众具有长期的、稳定的影响效果。所谓恒定性，从组织方面来说，组织的人员、产品、政策、行为等要有相对的稳定性、连贯性；而且组织形象的树立要经过长期不懈的传播努力，各个不同时期的公关设计都需要有承前启后的稳定性、连贯性，追求形象效果的累积性和延续性。从公众方面来说，一个组织的形象要经过长期的传播和反复的刺激才可能逐步形成；而一个组织的形象一旦形成，便会在公众心目中形成认知惯性和心理定势，具有稳定的、长期的影响效果。

（2）变通性。组织形象不会是一成不变的，会随着主客体和环境的变化而变化。所谓变通性，从组织方面来说，组织的产品、人员、政策、行为的变化，特别是突发事件、危机事件的发生，必定会引起组织形象的相应变化。在组织发展的不同时期，知名度和美誉度也会有不同的变化，因此不同时期的公共关系活动要适应这种变化，注意根据知名度和美誉度的不同结构来调整形象策划的思路。从公众方面来说，公众环境也处在变动的过程中，公众的变化，特别是重要公众的变化，必然会对组织形成不同的评价和印象，从而促使组织实际形象的改变。

3.3.3 组织形象塑造策略

塑造和宣传组织形象是公共关系工作的一个重要的内容，同时也是公共关系工作的目标。塑造形象的方法也好，策略也好，只是宏观上的一种工作思想的指导，尤其公共关系的策划要求推陈出新、与众不同，下面所介绍的策略是公关前辈的实践的概括和总结，在实践中需要公关人员在此基础上进行创造性地发挥和运用。

（一）用统一的整体规范、独特的组织标志树形象

一个组织经营的产品及服务，从名称、商标包装、产品质量、成员标志、服装连同企业的标识、文字的设计、造型、颜色、图案以及服务的特色等，都采用标准化、规范化、统一化的模式，这样有利于组织形象的传播。和谐、统一有利于引起公众的注意，有利于强化公众的记忆，同时，统一的整体形象还具有审美价值，有助于激起公众美的心理感受。使公众一看到这个商标、图案、颜色及经营服务特色就知道是哪类产品，属于哪个企业，能促进公众和消费者对企业产生信赖感和愿意接受的心理效应，借以达到产品畅销，企业知名度提高的最终目的。如红色的消防车，白色红十字的救护车，绿色的邮政车，绿色的富士胶卷，红色的可口可乐包装，这些专用色彩，已经成了世界性的共同语言。这种统一设计，不但使人们易于识别，利于信息准确而快速地传递，而且也有利于信息牢固地印在公众的脑海中。在数以万计的商品服务海洋中，最醒目的商品，最鲜明的组织才最易被公众所发现，才能引起公众的思想或情感的共鸣，才有可能被公众所接受并记忆。在现代社会，竞争是一大特点。有公关意识的人，将构成组织的各种要素都整齐划一地为组织形象这一工程而添砖加瓦。一个简单的视觉符号、商标、厂标、公司的名称，甚至一句口号，一首歌曲，所有这一切都围绕着组织的整体形象而运作，都成了竞争的手段。追求独特、统一的风格，这一点对处于改革转折点的我国企业界更为重要。由于长期习惯于计划经济的指令性生产，我们企业界缺乏公共关系意识，如至今仍有不少企业仍然以××一厂，××二厂，××三厂、××四厂的军事编号命名。还有同一企业的产品牌号、商标、厂标等互不相同，人为地制造了许多信息障碍，增加了消费者的理解和记忆的负担。追求组织风格的形象塑造不仅使主体意识明朗化，而且使整个社会尽快注意自己、认识自己，提高组织的知名度，对组织形象的塑造及传播是非常重要的。统一的含义指企业组织在塑造和宣传组织形象的各种活动中的各方面要素的统一一致。比如，产品广告宣传的主题、公共关系活动的主题、促销活动的形式、企业理念的凝练等要统一在一个“点”上，不能出现错位，因为只有这样，才能产生形象的合力，才能在社会上产生较强的穿透力。

（二）注重公众“美”的心理体验

美是和谐，美能让人享受，美的体验是一种积极的情绪活动，美的体验能使人更加昂奋和激动。在真善美的追求中，美包容着善，包容着真。因为人对美感受最为直接、具体，也最易于形象化。组织形象的美，公关人员的美，是引起人们好感并进而激发探究组织的原动力。没有美的体验，人们对是否真与善无意顾及。在公关活动中，社会公认的美的理想境界是轻柔悦耳的声音，简洁大方的画面，善良潇洒的行为，这些能给公众以美好的感受与善意的联想。关于这一点在商品的命名及广告的宣传中应用最为广泛。例如，“天成”面粉、“力士”香皂、“奔驰”轿车。广告中的例子更多。中英合资的上海利华有限公司生产的“力士”牌香皂，开工仅半年，订单达 7 000 吨，而该公司的员工却不到 40 人。且不谈其配方特点，其广告宣传中著名国际影星娜塔莎·金丝姬的美好形象贯穿始终，她柔声细语：“香皂里，我只用力士”。由此，我们可以联想，如果香皂的牌号不叫“力士”，又会是怎样一种效果？

美来自真与善的强化。信守合同，注重诺言是组织真诚的表示。河南民权葡萄酒厂与上海用户签订的 200 吨酒的合同因铁路受阻，无法运出，为了“重合同，守信誉”，他们硬是将酒装入集装箱用汽车日夜兼程，如期运到上海，为此，他们自付 8 500 元运输费差价，却以真诚获得用户的感动，使合作更为持久。其他如赞助社会，为社会服务，注重社会效益，同样也是真与善的行为，在给公众以美的感受的同时，塑造着组织的良好形象。

（三）发挥广告的宣传攻势

组织形象的建立与组织形象的推销，二者缺一不可，在竞争社会中，面临着数以万计的组织与商品，商海沉浮是经常的事情。然而，成功的组织均格外重视让公众了解、支持并建立互利互惠的关系。为此，社会组织需要保持经常与公众的信息联系与情感沟通。经常将组织形象信息、产品信息传播给公众，其主要手段便是广告宣传。

广告宣传在组织形象的建树中起着很大的作用。当组织处于初建时期，采用进攻型的广告宣传策略。以战术性广告为开路先锋，随后辅以战略性广告。所谓战术性广告，其目的是通过广告宣传打开产品的销路，提高产品在市场上的知名度和占有率。为此，战术性广告在宣传上着眼于产品的主要功能、特点、作用、质量、价格以及如何为客户服务，产品会给客户带来的好处等内容，并以此达到指导消费，沟通产销，引发消费者兴趣，诱发消费者产生购买行为。所谓战略性广告，其目的是树立产品的形象，提高组织的声誉。在广告宣传中不是立足于具体产品的宣传，而是树立产品和企业的形象。其宣传主要突出的内容是：产品的牌子、商标、企业的全称、先进设备、优良的技术和质量的可靠性。在整个广告攻势中，还可以插入产品广告、公益广告、文化广告等形式，但公关人员必须审时度势，在恰当的时候推出恰当的广告形式。另外，电视广告、报纸广告、广播广告、标牌广告、路边广告、新闻广告等，都可以作为整个广告战役中的一个部分。实际中也确实有使用“地毯式广告战役”的做法。组织形象的宣传，实际上总是和产品（服务）的宣传分不开的，所以实际操作时，公共关系广告与商业广告都不能绝对地区分开来，要进行有机地配合使用。

（四）以与众不同的“差异”战略树形象

组织想在激烈的竞争中树立美好的形象，立于不败之地，需要有良好的策略，这里所讲的与众不同的“差异”战略是良策之一。社会组织的公关人员在设计组织形象时，力求别出心裁，与众不同，打破人们纵向顺势思考的习惯，以逆向求异的方法，给公众以耳目一新之感。这样使公众易于发现你、记忆你，当然也就倾向你。公共关系活动要求有创造策划，特别强调不要嚼别人吃剩的馒头，要有创意，独树一帜的形象产生于别出心裁的设计，别具一格的活动来自公关人员的创造性劳动。“饮料分男女”，男士喝“他+”，女士喝“她–”，“+”表示增加体重，“–”表示减少体重。汇源公司的这一饮料产品的形象设计真是别出心裁。将饮料人性化，分成“男”和“女”两种包装，与市场上的同类产品进行有效的区分，正是这一形象策略的表现。第一对产品进行人性化的形象设计，第二与同类产品的形象形成鲜明的反差。这一公共关系思想是值得提倡的。

（五）用精湛独特的服务树形象

树立形象，提高形象，要做广告宣传，要开展公共关系活动。但更为重要的是，以信誉作载体，以精湛独特的服务作后盾，并以此创牌子、树形象。组织形象是公众对组织的评价，组织要获取公众的好评，就要尊重公众的利益，为消费者做好售前服务、售中服务和售后服务，做好这三种服务是目前市场竞争的一个重要的手段，当然也是建树组织形象所不可缺少的。实际上不少企业在公众中享有较高的声誉，具有较好的形象，很多都是以“优质服务”为突破口，在服务上下真功夫的。服务的独特性是相对于当今市场上服务的普遍性而提出的，从公共关系的原理来看，为公众提供大家都已经或正在做的服务，就失去或降低了服务的公关价值。只有向公众提供别人没有做的服务，其公关价值才凸显出来。当然，大家都做的服务，我们也还是要做的。著名的海尔集团公司能够由小到大、由弱变强，这其中固然有许多内在的、外在的因素，但其中海尔的售后服务是一个较大的亮点。海尔家电的送货上门、免费安装、24小时的不间断售后服务等。这些实实在在的服务项目，让消费者在享受服务的同时加深了对海尔公司、对海尔产品的亲切和忠诚。有位朋友讲述这样一件事：在一次搬家的时候，需要将原来住处的空调移动到新的住处，当找了几家空调公司都没有如愿时，给当地的海尔服务中心打了一个电话，在不到一个小时的时间内，海尔服务中心的工作人员就来到了他家：套上自带的一次性鞋套，在地面上铺上一大张专用的塑料布，将准备打眼的墙面用很大一张塑料布蒙上，这张塑料布的下面有一个特制的“兜”，用来承接打眼时从墙上掉下来的泥土，用一个自带的水箱装上水，以一只吸管将水引到钻机的钻头处……可以说，整个安装过程真是干净、利索、整洁、迅速。完工后，将地面的塑料布以及墙面上的塑料布撤下来时，根本就没有留下灰尘和泥沙的痕迹。海尔的优质服务可见多么到位。

（六）通过赞助社会公益活动树形象

通过各种各样的赞助活动，来提高组织的知名度，扩大影响，是行之有效的方法，是目前组织树立形象的一个重要途径。现代企业不但要盈利，还需要承担一定的社会责任和社会义务，以表明企业是社会的一员，也要为社会贡献一份力量。同时，通过承担一定的社会责任和义务，可以得到政府和社区的支持，得到广大公众的好评，企业也就得到了生存和发展的可靠保障。企业向社会表示其承担责任和义务，与政府和社区搞好关系的最有效方式之一就是举办赞助活动。赞助以其本身的可操作性而被越来越多的企业组织所运用，但在使用这一手段时，要注意赞助对象与本组织及其产品特点的相关联性，否则赞助是做了，但公共关系目标却未能实现。如一家生产“蔬菜水果残留农药清洗剂”的企业赞助“世界屋脊之行汽车拉力赛”，由于赞助对象与产品及其目标消费群的关联度较弱，而导致赞助目的没有实现。浙江纳爱斯赞助的“明日之星大赛”自创建该活动那天开始，发展至今已经成为一个品牌活动一直保持至今，并且被其他企业（柏丽丝、立白）所借用。当然，该活动为企业带来了丰厚的利润。组织形象的建树是一项系统工程，它是企业获取竞争胜利的重要手段，要求组织全方位地投入，组织形象的提高需要构成形象诸要素的全面改善与提高，所以仅从上面这几方面去运作是不够的。要根据组织的具体情况，有针对性地开展建树组织良好形象的公关活动。作为公关人员要掌握组织形象建树的基本策略，在此基础上发挥才智，创造出非凡的有效的公共关系活动。

本章小结

本章介绍了公共关系的职责，公共关系的功能以及组织形象的塑造。

综合练习

一、名词解释

组织形象

定位

企业理念

组织形象设计

二、分析题

2011年酷六裁员风波

酷六网成立于2006年4月，是基于用户产生内容基础上的视频的网站，是唯一跟上传视频用户进行广告分成的VGC视频网站。被业界评为全球上速度最快的互联网公司。2009年11月27日，盛大网络旗下华友世纪和酷六网进行股权合并，酷六成为华友控股集团全资子公司并继续保留其品牌。

2011年5月18日早晨，酷六销售部门约190名员工接到裁员通知，称：如果不在5月19日确认离职，将不会获得任何赔偿。这项事情由负责销售部门的郝志中负责执行。5月18日上午10:05郝志中在微博上开始向盛大进行首次开火，表达对盛大集团的愤怒，盛大免去了郝志中的职务。5月18日酷六裁员销售部门的事件恶化，劳资双方关于期权，提成等问题的分歧未获解决同时出现了肢体冲突的场面，酷六上海办公室的女员工遭到打手殴打。酷六员工将冲突视频传到视频网站，并表示“今天将继续战斗”。这段视频后来在网上遭到疯传。后来酷六股价大跌0.62美元，跌幅为12.53%，受损4.33亿美元。

问题：

（1）案例中企业危机如何引发？

（2）企业内部关系协调得如何，案例给你什么启示？

三、实训题

1. 请观察分析身边某单位公共关系部门的工作职责和功能。
2. 请试为某单位制订一个组织形象设计方案。
3. 请制订一个培养员工全员PR意识的公关计划。

第四章

公共关系的组织机构与从业人员

学习目标

知识目标：掌握公共关系组织机构的类型和特点。

技能目标：把握公共关系人员应具备的条件。

素质目标：充分认识公关机构和公关人员对做好公关工作的重要性。

能力目标：能够按照公关人员职业能力要求提升自身解决实际公关问题的能力。

案例导入

双汇“瘦肉精”事件

2011年中央电视台3·15特别节目“‘健美猪’真相”的报道，将我国最大肉制品加工企业双汇集团卷入“瘦肉精”漩涡之中。报道声称，河南孟州等地采用违禁动物用药“瘦肉精”饲养的有毒猪，流入了双汇集团下属的济源双汇。因为卷入“瘦肉精”丑闻，处于风暴眼中的济源双汇公司不得不立刻停产整顿。

肉制品行业又一次受到消费者的质疑，同时也激增了中国居民消费者对食品行业食品安全的更加不信任。中国消费者的身心本来就几经折腾，夹在国产奶粉与洋品牌奶粉之中还肝火正旺，现在“瘦肉精”门又卷土重来，让中国肉制品行业也面临严峻的生存考验。

双汇产品陆续在一些城市的超市大规模撤柜，并开展一系列公关补救措施，然而品牌信誉度却难以挽回，双汇产品2011年在全国遭遇销量前所未有的“滑铁卢”。

案例分析

尽管双汇已经进行了一系列的危机公关，应对舆论的态度和积极性比起当年的三鹿有了很大的进步，也更为主动地进行一些与公众沟通的动作，但很显然，社会的舆论普遍还是没有得到缓解。双汇作为全国肉品行业的“龙头老大”，在事件发生后多次表现出的更多是对企业本身的关照和重视，强调事件对双汇造成了多么严重的损失，对于消费者的健康和利益却很少提及，只是用“困扰”来解释事件的影响，这一态度并非考虑消费者的利益和情感，这绝对是危机事件处理的大忌。危机事件后，双汇需要做的绝不仅仅是向公众开诚布公，更重要的是履行企业本身所承担的社会责任，真正做到“公众利益至上”，重塑企业负责任、关注消费者权益和健康的正面形象，通过能彰显企业责任的实际行动去重新获得消费者的支持和信任。的确，只有以诚意应对危机，只有以尊重进行公关，受损的品牌才可能得到修复，对于遭遇危机的双汇来说，尊重消费者才是最好的公关。

学习内容

广义的公共关系主体指的是任何有目的、有系统地组织起来，具有特定功能和任务，具有社会行为能力的社会组织。而狭义的公共关系主体主要指专门执行公共关系职能的公共关系机构及人员。

4.1 公共关系组织机构

公共关系的组织机构是指执行公关任务，实现公关功能的行为主体，是公共关系工作的专业职能机构。这种专业的职能机构主要有以下三种：组织内部的公共关系部；公共关系公司；公共关系协会（社团）。在这里我们主要论述前两种。

4.1.1 内部公关部的作用、构成和设置

组织内部的公共关系部主要指组织内部专门从事公共关系工作的公关部门。早在 20 世纪初，美国的一些大企业已在聘请公共关系顾问的同时，开始在企业内部设立专门的公共关系机构——公共关系部。20 世纪 80、90 年代，我国的许多企业和组织也相继建立了公共关系部，负责组织的公共关系工作。在有的组织里又将其称为公共事务部、公共信息部、公共广告部或社区关系部。

（一）公共关系部的地位和作用

长期以来，公关部的地位和作用一直被局限在向外传递信息的简单的、十分有限的领域，其实随着公共关系重要性的提高，组织内部的公关部有着不可忽视的地位和作用。

有的专家把公共关系部的地位和作用归结为“五中心”。

（1）资料存储中心：它要收集多种多样的信息，大到政治、经济、科学文化、社会意识形态、社会环境等信息，小到组织内部员工的意见、建议以及组织内部存在的各种意见以及外部公众的舆论等。

（2）信息发布中心：不断地向公众发布信息，增加组织的透明度。如宣传、解释组织的政策和行动、使公众明白组织的意图。

（3）趋势预报中心：对收集的信息加以整理分析后，总结出某种规律性、趋势性的东

西，并根据这些趋势预测今后可能的发展前景，提醒组织的领导层注意。

（4）决策参谋中心：获取信息进行分析→制定可供选择的方案→帮助决策者分析各方案的利弊→预测某项决策与行动可能带来的影响→提醒决策者对不良后果采取行动。

（5）公众接待中心：接待公众各种来访、来信、投诉等，组织各种展览、参观、访问、交流会及各种专题活动；组织各种谈判、洽谈。

因此，综合地来说，我们认为公共关系部是社会组织的智囊机构，起着为组织出谋划策的作用，它是社会组织的公共关系管理中枢，是重要的中坚力量，它对整体及各部门事务进行全面干预，是连接组织和公众的桥梁和纽带。

（二）公共关系部的设置

既然公关部有如此重要的作用，那么在该部门的设置上应该注意些什么？也就是说，怎样设置才能最大程度地发挥公关部的作用。一般来说要遵循精简、高效、权威、协同的原则。这样一些原则又具体体现在公关部的规模、内部结构以及所处位置等方面。

1. 从规模来看

按公司大小，公关部最少可以由几个人组成，最多可以是一支几百人组成的队伍。一个组织公关部的大小不可能形成一个统一的标准，一般会与该组织的性质、组织对公共关系的需求量以及高层管理者的重视程度有密切关系。在美国，年产值超过 10 亿美元的巨型企业其公共关系部一般由四十多人组成；大中型企业平均十人左右，非营利性组织平均为六七人，小型企业和组织则无须设公关部，可任命专职的公共关系人员或聘请公共关系顾问。以我国为例，宾馆饭店类，规模为 4～5 人，商业企业类为 2～4 人，工矿企业类为 1～3 人。

2. 从公关部的内部结构看

要有合理的内部分工和协作，按工作手段设置：信息调研部、新闻报道部、编辑出版部、技术制作部、活动策划部、业务拓展部等。按工作对象设置：员工关系部、顾客关系部、社区关系部、股东关系部、媒介关系部、政府关系部等。按工作区域设置：国内关系部、国际关系部。国内国际还可以细分。

通常分为对内关系部、对外关系部、专业技术制作部。

3. 公关部的理想位置

公关部和组织的隶属关系究竟如何安置才富有成效？

比较常见的几种隶属关系：部门隶属型、部门并列型、领导直属型。

第一种情况，就是将公关部隶属于组织内某个二级职能部门，如总经理办公室、市场销售部等，由该部门负责人来领导公共关系部的工作。

第二种情况，由总经理下面专门负责信息广告、销售等方面工作的副总经理来分管，公共关系部相当于组织内部的一个二级职能部门，其日常工作皆向这位副总经理汇报，由他来批准；与办公室、生产部、技术部等处于并列的位置。

第三种情况，直接由组织的总经理（CEO）领导，由总经理来负责。

相比较而言，第三种情况最为理想，它充分体现了组织的领导者对公共关系作用的正确认识，体现了组织对公共关系的重视，这样的设置能够有效地保证公共关系部在组织中协调功能、应变作用的发挥。美国的格鲁尼格和亨特所描绘的理想图式正是这样。

但是无论哪一种情况，公关部在整个组织机构中都不是孤立存在、独来独往的。它需要得到组织内部其他部门的理解和支持，与这些部门建立起一种相互促进、密切协作的和谐关系。也就是说，不管公关部的规模多大、内部怎样分工，它究竟处于什么位置，等等，这些问题的唯一宗旨是让公关部最大限度地发挥其协调公众关系的重大作用。

（三）公关部的人员配备

公共关系部由一定数量的专业的公共关系人员组成，担负着与组织内部和外部密切接触、建立联系、相互沟通，收集、整理、分析、研究和传播有关信息，为组织决策提供咨询、建议，处理突发事件，有计划地策划实施各种具体的公共关系活动等任务。因此要求公共关系部中的人员配备能尽可能地满足以上需要，一般来说，公关部大致需要以下五类人员。

1. 调查、分析人员

及时了解公众信息，掌握组织与公众之间关系的最新动态，并分析这些态势之所以存在的原因，为公关部的其他工作提供参考。要求他们具有市场学、社会学、心理学等方面的知识。

2. 编辑、拟稿人员

这些人员负责采写和报道本组织的新闻，编辑本组织内部刊物，最好当过记者。美国很多出色的公关从业人员都曾经从事过新闻工作。

3. 策划人员

他们的任务是研究各类公众的心理，确定每一次公关专门活动应采取什么方式进行，具体应如何筹备安排。有经验、有创造力和想象力。

4. 组织、管理人员

具体准备、组织管理公关活动，总揽全局能力的人。

5. 专门的技术人员

如摄影师、印刷设计师、法律顾问、广告专家等。

4.1.2 专业公共关系公司

公共关系公司又称公共关系顾问公司或公共关系咨询公司，是由具备不同专业知识、经验、能力的公共关系专家组成的，专门为客户提供公共关系咨询和服务，代客户进行公共关系活动的经营性机构。它不隶属于任何组织，是属于服务性行业，又具有营利性目的的机构。由于它有较高的专业水平，广泛的社会影响和显著的工作效果，所以许多社会组织的公共关系工作都委托公共关系公司代理。

最早的公共关系公司出现在 20 世纪初的美国，到 20 世纪 80 年代中期，美国大约有 4 000 家公共关系公司。既有伯森-马斯特勒、希尔-诺顿（伟达公司）这样拥有上千名雇员、在许多国家设有分支机构的大公司，也有雇用十几人、几十人的小公司，而且以后者居多。美国有大约 1/3 的工商企业由公共关系公司代理其公关业务。英国此类公司有 600 多家。在我国香港地区，有二十多家。1986 年，在北京成立了首家公共关系企业——中国环球公共关系公司，随后在广东珠海和上海等地都设立了公共关系公司；1987 年，在北京还出现了第一家民营公共关系企业——恩波公关事务所。经过二十几年的发展，现在全国各大中城市都有主要提供公共关系服务的公司。据估计，1999 年国内外公共关系公司年营业额接近 10 亿元。无论在外国，还是在中国，公共关系公司都已成为普遍存在、蓬勃发展的一类服务型行业。

（一）专业公关公司的运作类型和模式

根据当前国际上的情况，公关公司在经营方式上一般有以下三种类型。

1. 与广告公司合并经营，隶属于广告公司

这类公司虽在所有权上隶属于大广告公司，行政上受母公司的领导，但是在业务经营上，这类公司中的大企业依然和独立的公关公司一样，独立接受客户，独立进行经济核算，独立提供全面的公共关系服务。这类公司从 20 世纪 70 年代以来一直呈发展趋势，目前在最大的公关公司中占有相当大的比例，有很强的实力。例如，美国的 2 000 多个公关公司中，其最大的 20 多家都是由广告商开办的。这种经营方式主张广告与公关职能融合的发展趋势。

2. 单独经营，提供综合咨询服务

从公关业务角度出发，综合的公关公司需要两类人才，一类是擅长分类公关的专家，另一类是公关技术专家。前者如媒介关系专家、社区关系专家、政府关系专家、员工关系专家等；后者指宣传资料专家、新闻公报专家、出版物专家、演说专家、资料分析专家、民意测验专家、谈判专家等。因此，这类公司可为各种客户提供各种公关问题的咨询和各种公共关系的技术服务。在我国有环球公共关系公司是这一类型的专业公关公司。

3. 单独经营，提供专项咨询服务

这种经营模式即专门为特定行业，或某类特定公关问题提供服务。这类公司一般具有某些行业或某类事务的专家，不仅精通公共关系的业务，而且熟悉精通某些行业，或某类事务。如，专门定向为金融业、旅游业、体育、教育、保健、危机公关等提供专项服务。目前，在发达国家中此类公司仍是公关公司发展的主要趋向，促使形成这种发展趋向的原因主要是社会要求公关公司提供更优质、更专业化的服务。

（二）专业公关公司的优劣

与内部公关部与相比，专业公关公司有优有劣。

1. 优势

（1）观察分析问题比较客观准确，而公关部则相对较为主观。公关公司不是其客户的下属机构，他们在观察、分析问题时能够摆脱当事人的局限，以旁观者的身份、立场和态度，兼顾客户和公众两方面，所以得出的结论相对客观、准确。

（2）信息渠道畅通、信息资源相对丰富。公关公司长期从事公关业务，已经建立起一套比较完善的信息网络，如同政府部门、新闻媒介等都保持着良好的、稳定的关系，信息来源广泛、可信度高，信息渠道畅通，信息占有量大，因此，公关公司能够利用自己的关系和资源优势为客户提供完备的信息、协调各种关系，有效地帮助客户解决公共关系问题。

（3）专业水准高，提出的建议具有权威性和说服力。公关公司有各方面的公关专家和专业人员组成，所以具有明显的专业和智能优势。这些人员一般均受过专业的培训和锻炼，掌握了多样化的技能和专门知识，而且有着丰富的经验，他们见多识广，处理过形形色色

的公关问题，因此对各类问题的分析比较准确，能够应付较大、较难、较复杂的局面，为客户提出的建议和策划方案更具有说服力，也更能够让客户的决策者们所接纳。

2. 劣势

其劣势也不可忽视，主要体现在以下方面。

（1）不熟悉客户内情。公关公司与客户之间尚有一段距离，对客户内部情况的了解不深不全。因此与客户的有关部门进行沟通时还存在着一定的障碍。在组织的内部公共关系方面，其效果不及组织内部的公共关系部。

（2）工作没有连续性。公共关系是一项需要长期坚持不懈的工作，而公关公司为客户开展的公关工作缺乏持续性，难以形成一套持久、稳定的公关工作模式。尤其在客户处于危机时刻，缺乏及时性。

（3）运作成本较高。对中小社会组织来说，比较合算，而对于大型社会组织而言未必合算。

在多数情况下，一个组织总是委托某个固定的公共关系公司，彼此之间形成长期的、稳定的合作关系，这样就可以尽可能地避免对客户的不了解或是克服沟通当中存在的障碍。

（三）专业公关公司向客户所提供的服务项目及收费方式

1. 公共关系公司所提供的服务项目

（1）公共关系调研，搜集、分析信息；

（2）联络、沟通与目标公众的关系；

（3）公共关系业务培训；

（4）策划、组织各类公共关系专题活动；

（5）设计公共关系广告、商品广告；

（6）为客户编写各种公共关系材料；

（7）为客户设计形象；

（8）代客户传播有关信息等。

各种公共关系公司在工作中除应自觉遵守国家的法律和有关方针政策外，还必须认真奉行为客户保密、为客户着想、维护客户利益和诚实、守信等公共关系的职业道德和行为规范。

2. 收费方式

各个社会组织在聘用公共关系公司时，总要首先了解其收费情况和付费方式。美国两大公共关系公司之一——希尔-诺顿公司只有收到客户的费用才开始工作。因为，如果全权代表客户就需要一笔费用启动，这在美国的大部分公共关系公司中都是通行的规定。据说，有一客户曾询问希尔-诺顿公司的管理人员："要求你服务，付费标准是多少？"该管理人员连眼都没眨一下："每月 4 000 美元。"又问："你们能做什么？"管理人员说："我们将考虑你的有关情况。"接着又补充道："如果考虑之外还有其它额外的工作，需要额外收费。"

公共关系公司的收费方式一般有如下几种。

（1）按项目收费。公共关系公司接受客户委托，办理某个具体项目，为保证这一项目的顺利完成所必须收的费用。包括：项目劳务费，行政管理费，咨询服务费，项目活动经费等。

（2）按工作时间收费。指以小时为单位，累计收费。在美国，底层咨询人员或顾问每小时几十美元，而高级职员或顾问每小时在数百美元之上。

（3）按月收费。美国的一些大公司每月最低费用为 1 000～10 000 美元不等。

（4）综合收费——根据业务需要，协商确定收费总额，一般在业务开始时由客户预付。

公共关系公司对服务费用的估算需要考虑各种变量，如工作规模、持续时间、地理位置、项目承担者人数及级别、所花费的成本以及期望的利润。"一般来说，公关企业都想在 18%～22%的利润水平上经营业务。"

4.1.3 公共关系社团

（一）公关社团的含义与类型

公关社团是指专门从事公关理论研究、推广和实践的群众性社会团体，公关社团是企业关系发展到一定阶段的必然产物，是企业公关职能社会化、专业化的具体表现。它是由社会上从事公共关系工作和热爱公共关系事业的团体与个人自发联合起来组建的非营利性松散型的社会群众团体，例如各种公共关系协会、学会、研究会、专业委员会、俱乐部、沙龙、联谊会等公共关系机构。公关社团又可分为以下三种类型。

综合型社团组织。主要是指不同地域范围的公共关系协会，如中国公共关系协会和各省市公共关系协会，其主要职能是服务、指导、监督、协调。

学术型社团组织。主要是指公共关系学会、公共关系研究会、公共关系教学研究会、公共关系研究所等学术团体。通过举办学术研讨会和交流会，及时为公关人员提供理论信息，进行理论指导。

行业型社团组织。主要是指各行各业、各部门、各系统的公共关系社团，根据行业特点开展公关活动。

联谊型社团组织。主要是指公共关系联谊会、公共关系俱乐部、公共关系沙龙等社团组织。主要作用是在成员之间沟通信息，联络感情，建立良好的人际关系。

（二）公关社团的工作任务

（1）进行公关理论研究。如开展学术研讨，举办学术讲座，出版、发行公共关系书籍、报刊，宣传普及公共关系知识等。

（2）加强公关组织间的交流与合作。建立和发展社会组织与社会各界及国外同行之间的交流与合作。

（3）提供各种类型咨询服务。为会员及国内、外社会机构及个人提供公关咨询服务。

（4）协调公共关系行业的内部关系。

（5）培训专业人才。开展公关从业人员的职业上岗资格培训，培养各级、各层次的公关人才。

（6）设立办事机构。规划行业发展方向和布局，促进公关事业的发展。

4.2 公共关系从业人员

公共关系人员，是对从事公共关系工作的职业人员的普遍而又常用的称呼。公共关系人员英文为 P.R.Practitioner。在欧美国家，对公共关系人员的称呼有 P.R.Practitioner（公共关系从业人员）、P.R.Man（公关人员）、P.R.Officer（公关官员）。从一种较窄的范围来理解，以从事公共关系实践工作为职业的人员，可称为公共关系人员。从一种宽泛的范围来理解，它指的是以从事公共关系理论研究、教学活动和实践工作为职业的人员。

4.2.1 公共关系人员的日常工作

（一）公共关系领导人员及其日常工作

公共关系领导人员是指公共关系部门的经理、主任，即负责人，是公共关系机构的领导者和管理者。他们的日常工作为：

（1）确定工作目标，制订工作计划；

（2）对人力、经费、设备、时间加以预算和分配；

（3）领导全体公共关系人员开展工作；

（4）内调外联，协调各方关系。

公共关系机构的领导人，往往由组织的领导成员兼任。这种由组织的领导成员兼任的公共关系领导人，除了处理上述四种工作外，还有一些特殊的工作：

（1）出席组织最高领导层的工作会议，参与组织最高层的决策活动；

（2）充当组织的发言人，主持由组织主办的新闻发布会，负责向社会各界人士解释说明组织的有关政策和行为；

（3）充当组织的外交代表，出席主持各种社交活动，在本组织与其他组织或公众的交往活动发生重大问题时，亲自到现场处理解决。

（二）公共关系一般人员及其日常工作

公共关系一般人员是指组织内部公共关系机构中工作的各类人员。其分类和日常工作如下。

（1）调查分析人员。其主要任务是收集信息、预测公众动向和社会发展形势，评估组织的形象和公共关系的工作效果，并寻找其形成的原因。

（2）计划人员。其主要任务是根据分析人员提供的资料，提出公共关系活动的目标、计划和方案，设计公共关系的项目。

（3）传播人员。其主要任务是按照既定的公共关系目标、计划和方案去开展、管理公共传播活动。

（4）文秘人员。其主要任务是撰写新闻稿、演讲稿、广告文稿、宣传手册、报刊文章、计划书和报告书、简报与通告、来往信函、起草文件等。

（5）专门技术人员。这主要是指财务人员、美工人员、摄影摄像人员、微机技术人员等（从事专门的技术工作）。

公共关系人员还应做好设计与创作传播资料、演讲与主持、宣传游说、与新闻界联系、同公众联络交往等方面的工作。

4.2.2 公共关系人员的基本素质

（一）公共关系人员的公共关系意识

公共关系意识是对公共关系的本质属性、特征、作用及活动规律、方法等，经过思维得到理论认识，并形成概括性的见解。它是现代化经营管理和行政管理的思想和原则。意识源于实践，又指导着公共关系的实践活动。公关意识是公关人员的基本素质。从其意识来看，可以分为整体意识、公众互利意识、社会意识、危机意识和传播意识。

1. 整体意识

公关人员及其公关活动是从组织的角度出发，其目的是为组织攫取利益，故公关人员在工作时必须首先具备整体意识，要求时刻想到的是整体，想到整体利益，整体形象，能够在整体利益和个体利益发生矛盾时顾全整体利益。从公关活动的三要素分析，这是一种主体意识，即“为谁工作”的意识，这种意识切实关系着组织的利益，反对损公肥私；从公关活动的程序来看，这是一种全局意识，即“有始有终”的意识，在公关活动中，反对“一刀切”，也就是指在公关活动中，公关人员着眼于全局，注重活动的每一个环节，即从搜集信息、策划到活动评估，都是工作的重点，无孰轻孰重之分。另外，整体意识即要求每个公关人员无论何时何地，需处处维护组织的形象和美誉。

2. 互利意识

互利意识指的是对公共关系主体和客体利益全方位把握的意识。在公关活动中，主体永远是主动的，客体永远是个被动地接受着，没有一个公众要求或是希望某个组织举行一个公关活动，和自己形成一种关系，对于公关主体即组织的公关活动，只是“择而取之，取而用之”的一种心态，是一个被动的选择的过程。从客体的利益来看，公众是自私自利的，在与组织形成公共关系的过程中，他并不关心组织的利益，其目的是在组织那里获得最大的利益，获得最大的实际利益，他们不可能舍弃直接利益而追求间接利益，放弃眼前利益去寻求长远利益。但从主体来看这就正好相反。组织开展公共关系活动的目的并非从公众身上直接地得到最大的利益，而是扩大组织的美誉度和认知度，间接地从公众那里得到持久的利益。与广大公众相比，组织更着重于寻求更长远的利益和精神利益，即给公众以直接利益而追求间接利益，满足公众的眼前利益而获得组织的长远利益，给予公众物质利益而获得认知和美誉。但满足自己利益的前提是满足公众利益，所以，作为一个公关人员，互利意识是必不可少的。

3. 社会意识

组织总是在一定的环境中生存和发展的，这种社会意识即是对环境的认识，较细的区分，则是对组织内部环境和外部环境的认识。内部环境认识，相对而言比较简单，主要是对组织成员意见的了解，是对组织产品的一种质量检测，并概括总结相关信息。外部环境认识则是一种复杂的客体认识，外部环境会经常地给组织一个发展或盈利的机遇，同时也会给组织带来各种不利的因素，因此外部意识承担着两个方面的内容，其一是关注社会热点，发觉潜在的市场需求，及时地了解社会价值观和国家的政策和法律并予以运用，为组织创造利益，其二是认识这些不利因素，搜集相关信息，汇总信息并策划一定的解决方案。

4. 传播意识

公关活动的三要素是主体、客体和传播媒介。传播意识是建立在了解主体和客体两要素及其关系之上的。为了树立组织的良好形象，需要对社会和公众进行不断地传播组织的一切良好信息，利用一切机会为组织做良好的自我宣传，这需要的就是传播意识。然而，传播并不是一味地向外传播，在宣传自我的同时公关人员还是一个各方面信息的收集者，他们需要汇总来自社会和公众的各种信息并予以上传。

5. 危机意识

危机意识是比较被动的，它主要着眼于防止危机和及时地处理危机，是对组织形象和社会公众关系能否保持良好沟通的忧患意识。公共关系危机的产生是多种多样，也防不胜防，有了危机意识，可防患于未然，也可以在危机将要出现时闻风而动，争取最好的结果。大量的公共关系案例表明，假如危机案件处理得好，会收到意想不到的结果。

综上所述，可知这五种意识贯穿于公关活动的始终，从而使公关活动锦上添花。五种意识是公关意识的基本构件，缺一不可，相互关联，形成了公关意识体系，也是公关人员最基本最核心的素质。

（二）公共关系人员的心理素质

公共关系人员的心理素质主要是指公共关系人员的性格、气质方面应具备的特点。有些学者在论述公共关系人员的心理素质时，从不同性格、气质的角度认为外向型性格和多血质气质的人适合于公共关系工作，这种观点值得商榷。性格是个人对现实的稳定的态度和习惯化了的行为方式。世界上没有完全相同的性格，也没有绝对完美的性格。不同的性格在同一工作中可表现出不同的优缺点。例如，在人际交往中，外倾性格的人活泼、开朗、善结人缘，这对公共关系活动的开展大有好处；但感情外露、易激动，易与他人发生冲突，这对公共关系活动的开展又非常不利。性格内倾的人沉静、谨慎，不善于结交朋友，这不利于公共关系工作的开展，但这种人能控制自己的感情，不易与他人冲突，这又有利于公共关系的开展。气质是指个人行为全部动力特点的总和。表现在人的情感和活动发生的速度、强度、稳定性和灵活性等方面。有的人情绪和活动发生得快而强，非常明显；有的人则慢而弱，不明显；有的人则快而弱，非常明显；有的人慢而强，不明显。古希腊医生希波克拉底把人的气质分为胆汁质、多血质、粘液质和抑郁质四种类型。气质本身并无好坏之分，不同的气质在工作中也表现出各自不同的优缺点。例如，多血质气质的人活泼好动，思维、动作敏捷灵活，喜欢交际，这些特点可使公共关系工作具有活力，富有生气，但任性、自我控制力差的特点又可使公共关系工作毫无计划、陷入被动的僵局。粘液质气质的人镇静踏实，观察细致，感情细腻，办事谨慎，这对塑造组织形象，处理组织危机无疑是有帮助的，而反应迟钝，缺乏朝气则对公共关系工作起消极影响。

通过上述分析我们知道，任何性格、气质在公共关系活动中既可发挥积极作用，也可产生消极影响。对公共关系人员心理素质的要求，要根据公共关系活动的性质、特点来确定。作为一种职业，公共关系期待其工作人员具有各种性格、气质的优点，较少或没有缺点，但这是不现实的。从职业角度来看，公共关系人员应具有以下的心理素质。

（1）热情而冷静。没有热情，做不好公共关系工作。公共关系人员不主动热情地去和公众交流、沟通，就不能与他们建立良好的关系；对工作没有热情，就不会全身心地投入。公共关系人员面临的公众和事情是非常复杂的，这需要公共关系人员遇事沉着冷静，不能感情用事，失去理智。

（2）开朗而宽容。开朗的性格一方面表现在能不断地接受新观念、新知识和新事物，使公共关系工作能不断创新，另一方面表现在公共关系人员能善于向他人表达自己的思想和意愿。同时，能认真地听取、吸收他人的意见和建议。此外，公共关系人员还应具有宽宏大量的心理，能够接受各种性格、气质不同的人，要善解人意，处处为公众提供方便，与他人在各种活动中“求同存异”，这样有利于缓解矛盾，协调好各种关系，与各种类型的人建立起良好的人际关系。

（3）自信而谨慎。公共关系是一种富有创造性、挑战性和竞争性的工作，有时还具有一定的风险性，这就需要公共关系人员具有一定的自信心。这种自信是建立在调查研究和慎重而科学的决策基础之上的，绝非盲目的自信。

（4）灵活而坚毅。公共关系工作没有固定的模式，它所面临的情况千变万化，这需要公共关系人员对外界的变化有敏锐的感知力，并能灵活地处理复杂的问题。在实现组织目标的过程中，公共关系人员还应有坚强的毅力。工作中，一旦遇到困难和挫折，便心灰意冷，丧失信心，将一事无成。公共关系人员的顽强毅力是公共关系事业成功的保证。

（三）公共关系人员的知识结构和能力结构

公共关系人员是否具备良好的专业知识结构和能力结构，直接关系到他们心理素质的发挥和整体职业素质的提高。

1. 公共关系从业人员的知识结构

（1）公共关系的基本理论知识。

① 公共关系的基本概念；② 公共关系的由来和历史沿革；③ 公共关系的职能；④ 公共关系活动的基本类型；⑤ 公共关系的三大要素，即社会组织、公众、传播的概念和类型；⑥ 不同类型公共关系工作机构的构建原则和工作内容；⑦ 公共关系工作的基本程序等。

（2）公共关系的基本实务知识。

① 公共关系调研的知识；② 公共关系活动策划知识；③ 公共关系活动实施和评估的知识；④ 公众分析的知识；⑤ 与各类公众打交道的知识；⑥ 社交礼仪知识等。

2. 公共关系从业人员的能力结构

（1）较强的文字和口头表达能力。

（2）良好的组织能力。

（3）健全的思维和谋划能力。

（4）敏锐的观察能力。

（5）很好的自制自控和灵活应变的能力。

（6）善于与他人交往的能力。

（7）掌握政策、理论的能力。

公关人必备的三种思维能力

当然，公关人要具备的能力有很多，这里强调对工作有关键影响的三种基础的思维能力。

第一是专业思维能力，也就是解决问题的能力。公关人要为客户排忧解难，具有解决问题的能力就首当其冲了。虽然公关人是一个杂家，知识面越丰富越好，但仍然要有自己专长的领域，先成为专家再考虑成为大家。专业思维能力可纵向培养，选择某一个行业作为研究对象，如汽车行业、地产行业等，每个行业都有自己独特的属性和要求，有了专业高度，就有了在客户面前的话语权。也可以横向选择，选择一个传播链中的某个专业点作为研究方向，如媒介公关策划、现场执行管控、舞美特效等，钻透了任何一点都会成为这个行业的宝贝。

第二是成案思维能力，也就是说服客户的能力。现在职场上特别强调沟通能力，公安部门也有自己的谈判专家，专门做沟通说服工作，可见说服力也是一门很有技术含量的学问。孟子的说服技巧是先赞同，再如果，大王好勇是对的，如果一勇而安天下就更好了。著名的打工皇帝唐骏在一次关于 WTO 的演讲中，以与女朋友的文化差异导致分手开场，引出如果政府不了解 WTO 的文化，也会被抛弃，引起了现场热烈的共鸣。成案思维就要考虑如何一步步地引导客户的思维，一开始就入戏，或正或反，或激励或恐吓，法无定法，一切视客户的特征而定。一个好的方案，如果缺少技巧的呈现，最终效果可能距预期差以千里计。

第三是商业思维能力，也就是项目盈利和成本控制能力。优秀的公关建议既可以帮助客户省钱，如通过资源整合、需求整合等方式，四两拨千斤，又可以为公司赚钱，找到利润获取点。像奥迪的一次公关活动中，现场邀请了大卫杜夫的雪茄品鉴，如果用钱买则花费不菲，但通过客户资源共享的方式，既让大卫杜夫免费提供了雪茄和技师，也让奥迪尊贵的品牌文化得到了生动的演绎。宝马和普利司通的合作也是异曲同工之妙。但这里面更重要的是想清楚公司怎么赚钱，别忙了半天都为别人做了嫁衣裳。价格过于透明的资源无法帮助公司议价，低了赚不到钱，高了却落个暴利公司的名声。如果是赚取差价型的项目，则多考虑自己具有充分优势的名人资源、高新技术资源，如果是策略型的项目，则多宣讲自己项目组的专家资源等，以增加获利的谈判能力。最好的结果是帮助客户解决了问题，公司也实现了利润，客户还说：这家公司性价比真高。

可持续的合作一定是来自双赢甚至多赢的思维模式，不但在帮助客户解决问题上展现我们的能力，在合作中，同样需要动用我们的智慧，既赢得客户的肯定，也赢得客户的尊重。

4.2.3 全员PR管理

所谓全员 PR 管理，即通过全员的公关教育与培训，增强全员的公关意识，提高全员公关行为的自觉性，加强整体的公关配合与协调，发动全员的公关努力，形成浓厚的组织公关氛围与公关文化。

（一）领导的公共关系意识

一个组织的领导，必须对自己组织的声誉和形象承担直接责任。因此，应该具备强烈的公共关系意识，关注组织的公共关系状况，在行政管理和经营管理中提出公共关系方面的要求，在实际工作中支持和指导公共关系的工作。领导的公共关系责任：

（1）弄清公共关系与自己的工作职责的关系；

（2）努力使所属部门的业务支持整体公共关系目标；

（3）在工作中及时向公共关系人员寻求忠告和协作；

（4）让公共关系部门了解本部门的计划、作业、人员变动及新产品等最新信息。

（二）全员的公共关系配合

要将公共关系的经常性工作与全体干部、职工的日常行政、业务、生产工作结合起来。

各职能部门和生产单位在自己的工作范围内作决策、订计划时，都应该自觉地配合组织公共关系的目标。公共关系的好坏，也成为对各部门业务工作进行评价考核的一项标准。相应地，应该在有关的规章制度中明确每一部门或岗位对公共关系应负的责任。需要经常在干部、职工中进行公共关系的教育和训练，开展公共关系方面的评比和奖励。

（三）组织的公共关系氛围

应该在组织内部普及公共关系教育，使全体干部、职工认识到，一个组织的形象、信誉这种无形资产比有形的资金、设备更为珍贵，更为难得。

创维勇闯“虎山行”

2004年11月30日，香港廉政公署在代号为“虎山行”的行动中，拘捕了“涉嫌盗取公司资金”的创维董事局主席黄宏生。

当日，创维数码在香港被停牌，创维董事局副主席张学斌及公司多名高管当晚即召开紧急会议，商议对策，并在深圳创维大厦紧急约见媒体。

12月1日，国美、苏宁、永乐、大中四家家电连锁巨头发出声明力挺创维。

12月2日黄宏生以百万港元保释。

12月2日北京松下、彩虹、三星等八大国内彩管企业发表声明，表示将优先保证创维的原材料供应。

12月3日深圳7家银行分行行长聚集深圳创维大厦，表示将鼎力支持创维。而在公司内部，全体员工更是齐心协力共度危机。

12月5日创维高管在京召开新闻通报会。创维自始至终都在强调两件事：一是创维方面会积极配合香港廉政公署的调查；二是整个集团的各项事务一切运转正常，不会因此受到不良影响。

12月中旬深圳市副市长到创维表态：创维本部发展非常稳定，市政府全力支持。

2005年1月1日创维CEO王殿甫的“促销”秀也是在京城开演。

2005年2月4日创维PDP/LCD技改项目正式获得深圳市政府财政贴息，从侧面向公众告知了政府对创维公司的信赖。如此一来，自然说服力强，公众自然信服。

2005年3月2日，黄宏生案复审。据创维品牌宣传部总监孙伟忠透露，由于两人已经不在创维数码担任行政职务，公司运作正常。

8月26日，创维数码（0751.HK）在香港发布年报，显示上一个财务年度营业额再创历史性新高，为104.66亿港元，较上年同期增加13.6%；纯利为4.03亿港元，增长17.8%，成倍的利润增长远远高过同行。

黄宏生案件正式确定2006年的1月21日在湾仔法院开堂审理。

创维不仅实现了销售和回款的双增长，还实现了从家族式管理向现代企业制度的“革命”。黄宏生打破了企业家涉案被捕后企业“树倒猢狲散”的宿命。

案例分析：2004年，家电界发生了两件大事，一是金正董事长万平被抓，二是创维董事长黄宏生被抓。危机源头相似，但结果却大相径庭。2004年7月9日，金正董事长万平被山西检察院以“涉嫌挪用资金罪”批准逮捕。“出事”后，金正方面手足失措，不仅没有进行得力的危机公关，反而因股东的权利之争致使风波越演越烈。结果，恐慌笼罩了金正集团内部及外部合作单位，经销商终止打款与销售，供应商停止供应原材料，国外客户纷纷提出赔偿损失，银行停止贷款甚至上门逼债，结果在半个月内金正资金链断裂，厂房被关闭、资产被查封，员工被遣散，一步步走向了深渊。

而创维则环环相扣，打出了一系列漂亮的组合拳。

一、符合承担责任原则。对于廉政公署的“打虎行动”，创维公司并未去隐瞒或辩解，而是不断强化公众“黄宏生≠创维”的观念，并通过媒体向外传达黄宏生并不参与创维日常管理的信息。而后创维更是果断“丢车保帅”，让黄宏生承担起责任，黄氏家族成员集体撤离创维管理层，聘请王殿甫出任公司 CEO。

二、符合真诚沟通原则。在整个事件中，创维都及时召开媒体见面会或新闻发布会，将真相及事件进展状况告知公众，从而最大限度地遏制了谣言。

三、符合速度第一原则。创维数码在香港被停牌，黄宏生及多名公司高管被捕当日，创维董事局副主席张学斌及公司多名高管当晚即召开紧急会议，商议对策，并在深圳创维大厦紧急约见媒体，答疑解惑，稳住大局。

四、符合系统运行原则。难能可贵的是，创维公司在十面埋伏之中，没有顾此失彼，而是四面出击，争取到了各方的支持。主要的经销商、供应商、银行都力挺创维，而公司内部更是众志成城。

五、符合权威证实原则。创维不仅积极向政府解释，获得政府支持，出面发话支持的供应商、经销商和银行，也都是业界响当当的。

本章小结

本章介绍了公共关系的组织机构，公共关系从业人员及其素质要求。

综合练习

一、名词解释

1. 公共关系公司
2. 公共关系人员
3. 公共关系社团

二、思考题

1. 公共关系从业人员的基本素质包括哪些方面的内容？
2. 公共关系意识包括哪些内容？
3. 为什么有公关部的企业在开展公关工作中还要与公关公司保持密切联系？
4. 如何看待公关社团在我国社会生活中的作用？
5. 一个健全的公关部应由哪些人员组成？
6. 公共关系部在组织内的职能角色是什么？
7. 公关人员的职业道德包括哪些内容？

三、分析题

周恩来的精彩演讲

1945 年，国共谈判期间，周恩来曾应重庆“西南实业协会”的邀请，出席他们的一次星期五聚餐会，并准备演讲《当前经济形势》。在此聚餐会之前，周恩来认真阅读了当时重庆的经济材料，并且叫经济学家许涤新同志前去汇报重庆资本家存在的问题和思想动态，汇报资本家对于国民党的经济政策和官僚资本的态度，等等。当时，他曾对许涤新说："对人家讲话，必须了解对方的思想，说出话来才不会文不对题。""如果不抓住对方的思想，那就很难取得应有的效果。"

星期五聚餐会上，周恩来做了《当前经济形势》的演讲。周恩来先是指出了结束抗战以后的政治问题，然后又谈了发展民族资本和社会经济等问题，最后他详尽地阐明了我党新民主主义时期的经济纲领。听报告的人极其踊跃，不仅座无虚席，而且在讲堂的窗台和窗外，都站满了人，但会场秩序很好，只有周恩来同志的气壮山河的宏亮声音在震荡着。

问题：

试运用公共关系学中的相关知识分析评点这一案例。

四、实训题

1. 到当地工商行政管理局实地调查一下，如果申办一家公共关系公司需要哪些手续？

2. 到当地某单位的公共关系部实地调查了解，公共关系部的主要职责都有哪些？

3. 一位顾客到某宾馆公关部售票台前。"早上好"，公关小姐很有礼貌站起来地招呼。"我要三张后天去上海的 91 次软卧铺。"客人不耐烦地说。见客人情绪不好，公关小姐立即将订票单取出，帮客人签订，当写到车次时，公关小姐习惯性地发问："先生，万一这趟车订不到，311、305 可以吗？它们的始发时间是……"没等公关小姐说完，客人连说："不行，不行，我就要 91 次。"公关小姐又强调了"万一"，但这番好心反而把客人惹火了："什么万一，万一，你们是为客人服务的，就不能这么说。"这时，公关小姐立即意识到自己的说话方法不妥，立即转换语气说："我们一定尽最大努力设法给您买到。"这时客人脸上才露出了笑容。第二天客人来取票时，根据头天打交道的情况，公关小姐改变了公事公办的态度，笑眯眯地说："先生，您的运气真好，车站售票处明天 91 次车票好紧张，只剩三张票，全给我拿来了，看来您要发财了。"客人闻听此言，立即转身跑去买了一大包糖请公关小姐吃，临走时高兴地说："下次来一定还住这里。"

问题：

（1）在客人订票时，公关小姐那一番话可以说既礼貌又周到，可是，为什么仍然会惹怒客人？

（2）客人发火时的心态是什么样的？

（3）如果公关小姐没有订到 91 次车票，她在第二天应该怎么解释才能使顾客满意？请充分发挥你的智慧与想象力来解决问题。

第五章

公共关系学的理论基础

学习目标

知识目标：掌握传播的基本概念和基础理论。

素质目标：认识公共关系学的理论基础。

技能目标：把握人际交往的特点和人际交往技巧。

案例导入

制造新闻

1999 年国庆节前夕，一件高 40.6 米，宽 30.8 米，重达 930 公斤的大衬衣，在北京的东二环路附近一家大楼上悬挂起来，该衬衣约有 12 层楼高。这件衬衣在此悬挂了半个月，吸引了大量路人的目光。这是爱德曼国际公关公司为美国宝洁公司策划的一次重要的媒介事件。

宝洁公司的碧浪洗衣粉是其麾下著名的品牌，如何让中国公众接受它呢？为此，爱德曼公关公司绞尽脑汁，想出了这样一个用大衬衣冲击吉尼斯世界纪录的活动。这件大衬衣的布料，足可以缝制 2 350 件普通衬衣，衬衣上还印有“全新碧浪漂渍洗衣粉”的字样，其中红色的“碧浪”两字高 5.9 米，宽 9.8 米，非常醒目。更妙的是，这件大衬衣在悬挂了 15 天以后，经风吹雨淋和空气污染变得非常肮脏，在大衬衣的揭幕仪式上，还有一些嘉宾用更难洗净的墨汁泼在衬衣上。7 月 23 日，宝洁公司用全新的碧浪洗衣粉，洗净了这件衬衣，使新推出的碧浪洗衣粉一举成名。爱德曼公关公司策划的这次媒介事件，其意义并不仅仅在于打破吉尼斯世界纪录，更主要的是要使中国的消费者认识碧浪洗衣粉。他们先用大衬衣冲击吉尼斯世界纪录吸引公众的视线，引起新闻媒介的广泛报道；然后再通过洗净如此肮脏的衬衣，强化碧浪洗衣粉的功效，从而在市场上产生强大的冲击力。

案例点评

公众的知觉是有选择性的，影响这种选择性的外部因素有：知觉对象的特征、知觉对象与背景的差别、对象的组合等。组织在制造新闻时，要有意识地强调自己作为知觉对象的特征，强调所谓“新闻点”，以期引起公众的注意。

学习内容

与公共关系学关系最为密切和作为其基础知识的学科有：传播学、新闻学、社会学、社会心理学、管理学、经济学等。我们只学习作为公关基础理论的两个最重要的部分：传播的基础理论和人际交往的基础理论。

5.1 传播的基础理论

公共关系是一种传播活动。所谓传播也就是信息的交流，即公关人员将组织的信息输送给公众，又将公众的信息输送给组织。公共关系的全部活动都不能不依赖于传播。

5.1.1 拉斯韦尔的5W模式

传播学中，总体研究范畴的规划者是美国人哈罗德 · 拉斯韦尔。1932 年，哈罗德 · 拉斯韦尔提出了一个传播模式：“谁？说什么？对谁说？产生了什么效果？”1948 年，他发表了《社会传播的结构与功能》一文，使得他成为传播学的创始者之一。拉斯韦尔提出了界定传播研究范畴的经典模式——5W 模式。说明传播行为的一个简便方法是回答下列五个问题。

（1）谁传播（Who）；

（2）传播什么（Says What）；

（3）通过什么渠道（Which Channel）；

（4）向谁传播（to Whom）；

（5）传播的效果怎样（What Effects）。

因为这五个问题都是以“W”为首，故称“5W”模式。实际上拉斯韦尔为传播研究提供了一个简单明了的五分类法。任何传播研究都可以套用这个模式。他将传播学的研究内容分成五个部分，即控制分析、内容分析、媒介分析、对象分析和效果分析。

在对传播的研究中，拉斯韦尔所提出的研究对象的五大组成部分也完全可以视为传播研究的基本范畴。

（1）传播的控制分析。① 传播的法规与政策；② 传播者的社会控制和自我控制；③ 传播者对传播的影响；④ 传播者的社会责任。

（2）传播的内容分析。① 传播的分类；② 传播的符号；③ 传播的宣传方法等。

（3）传播的媒介分析。① 传播的媒介环境；② 传播的媒介特点等。

（4）传播的对象分析。① 传播对象的心理；② 传播对象的劝服等。

（5）传播的效果分析。① 传播的效果类型；② 影响传播效果的因素；③ 测定传播效果的定量方法等。

5.1.2 把关人理论

（一）关于“把关人”理论

（1）“把关人”又称“守门人”。“把关人”（Gate Keeper）概念最早是美国社会心理学家、传播学的奠基人之一库尔特·卢因在研究群体中信息流通渠道时提出的，1947 年，卢因在《群体生活的渠道》一书中系统论述了这个问题，他认为在群体传播过程中存在着一些把关人，只有符合群体规范或把关人价值标准的信息内容才能进入传播的管道。

（2）20 世纪 50 年代，传播学者怀特将这一概念应用于新闻研究，提出了新闻传播的“把关”过程模式。怀特认为，新闻媒介的报道活动不是“有闻必录”，而是对众多的新闻素材进行取舍选择和加工的过程。在这个过程中，传播媒介形成一道关口，通过这个关口传达给受众的新闻或信息只是少数。怀特的“把关”模式的不足在于没有意识到把关是一种组织行为，而认为它主要是新闻编辑基于个人主观判断的取舍选择活动，此外这个模式没有说明新闻把关的标准。

（二）大众传媒的“把关”标准

（1）新闻信息的客观属性；（2）专业标准和市场标准（新闻价值和新闻要素）；（3）媒介组织的立场和方针。

（三）“把关”过程的实质

（1）大众媒介的新闻报道与信息传播并不具有纯粹的“客观中立性”，而是根据传媒的立场、方针和价值标准而进行的取舍选择和加工活动。

（2）新闻和信息的选择尽管受到媒体的经营目标、受众需求以及社会文化等多种因素的制约，但是与媒介方针和利益一致或相符的内容更容易优先入选、优先得到传播。

（3）媒介的“把关”是一个多环节、有组织的过程，其中虽有记者、编辑个人的活动，但是“把关”的结果在总体上是传媒组织的立场和方针的体现。

5.1.3 两级传播模式

（一）拉扎斯菲尔德的两级传播论的产生背景及意义

传播学研究的先驱者之一拉扎斯菲尔德（Paul F · Lazarsfeld）于 1940 年主持的一项研究发现，在总统选举中选民们政治倾向的改变很少直接受大众传媒的影响，人们之间直接的面对面交流似乎对其政治态度的形成和转变更为关键。通常有关的信息和想法都是首先从某一个信息源（如某一个候选人）那里通过大众媒介到达所谓的“意见领袖”（Opinion Leader）那里；然后再通过意见领袖把信息传播到普通民众那里。前者作为第一个阶段，主要是信息传达的过程，后者作为第二阶段，则主要是人际影响的扩散。这就是著名的两级传播假设（two-step flow hypothesis）。

它使人们认识到大众媒介渠道和人际传播渠道在人们信息获取和决策（态度形成和转

变以及具体的行动）中的不同角色和作用。在创新的传播扩散中，两级传播模式具有重要的意义。受众对创新的采用由以下阶段组成：认知，说服，决策，使用和确认。在两级传播模式的诠释下，大众传播在人们的认知阶段具有重要作用；而在说服和决策阶段，人际传播的影响更显著。因此，尽管在技术传播时，受众同时既处身于信息传播的覆盖中，也处身于人际传播的扩散网络中，但两者对于受众采用新技术的影响是不同的。既有前述采用过程阶段上的不同，也有更为复杂的传播行为差别。

（二）两级传播论与传播的两级效果论

"两级传播论"和"传播的两级效果论"提出时间有异，对象不同，因此有许多相异之处。

首先，"两级传播论"讲的是信息的量变过程，"传播的两级效果论"则是质变过程。前者是信息传播过程中对信息的一种"转运"，由大众媒介运至"意见领袖"那里，再由"意见领袖"运至广大受众，这是一种空间位置的移动；后者讲的是传播过程中信息能的"转化"，也就是信息能转化为异质的心理能，心理能再外化为异质的言行，它是一个质变的过程。

其次，"两级传播论"描述的是印刷媒介和早期的电子媒介时的传播关系，"传播的两级效果论"则是人类长河中最一般，最普遍的传播关系，即，有传播就有这种"两级效果"，无论把信息译码成什么符号、通过什么媒介，都必须进入受众的心理系统，都经过向心理能转化这道程序，然后心理能再外化做功。如果受众没有行为，就无法谈及"效果"了。"两级传播论"时期经济文化尚不发达，广大受众必须依靠那些拥有收音机、电视机的少数人（也就是"意见领袖"）来转达、解释信息；如今，广大受众几乎都有机会直接接触媒体，媒体竞争也日趋激烈，媒体为了迎合受众的口味，在通俗化和接近性上下了很大工夫，这也使得"意见领袖"的存在价值大大降低。

5.1.4 扩散理论

与两级传播理论密切相关的是关于扩散的研究。所谓扩散研究，指研究某种新的思想、观念、政策、措施如何在一个社会系统中得到推广。

最早的扩散研究是由美国农业部进行的。它研究的重点是农民在接受新的农业技术时经历了怎样的过程。此项研究提出了以下 5 个阶段。

（1）发觉：得知某种新观念、新技术的存在，但对其具体内容尚知之甚少。

（2）兴趣：对此种新观念、新技术发生兴趣，希望获得更多的信息。

（3）估价：对新观念、新技术的价值做出估算，评价其优缺点，权衡其利弊。

（4）试验：在小范围内采用此种新观念、新技术，测试其效果并取得应用的经验。

（5）采用：作为一项常规措施，在较大范围内采用此种新观念或新技术。

查理斯 · 帕蒂、艾伦 · 索耶等人的研究发现，大众传播媒介和私人交往在新观念等的扩散中起着不同作用。在扩散的早期阶段，大众传播媒介对人们起着最重要影响作用，但随着扩散的发展，当人们需要在是否采纳上做出选择时，他们往往向个人熟识的朋友征求意见。这时私人交往又起着重要作用。因此，成功的扩散有赖于大众传播和个人口头传播的相互配合。

5.1.5 受众选择“3S”论

信息传播者往往把一些符合自己意图的信息编成特定的符号，然后通过一定的渠道到达目的地。这个目的地就是传播者企图与之共享信息的接收对象，即受众。经过长期的观察和研究，传播学者发现，受传者在接触媒介和接收信息时有很大的选择性，这就是受众心理上的自我选择过程。

这个选择过程表现为三种现象，简称“3S”：选择性注意（Selective Attention），选择性理解（Selective Perception），选择性记忆（Selective Retention）。

（一）选择性注意

注意是指心理活动对一定事物或活动的指向和集中。而选择性注意就是指在信息接受过程中，人们的感觉器官虽然受到诸多信息的刺激，但是他们不可能对所有的信息的刺激一一作出反应，只能有选择地加以注意的心理状态。

从选择性注意的角度看，如何提高信息的竞争能力，有以下几个因素值得关注：对比、强度、位置、重复、变化。

（二）选择性理解

选择性理解，是指不同的人对同一信息作出不同的意义解释和理解。信息以符号为载体表达意义，对信息的理解则是对符号的翻译，以还原其本来的意义。假如传播者与消费者遵循的是同一思维逻辑，编码和译码的能力相差无几，那么，理解的结论和信息的意义大体上应该是一致的。但事实上，受传者所理解、还原的意义与传播者意欲传递的本来意义之间往往会有一定差距。

影响受传者的选择性理解的心理因素包括以下三方面：需要、态度、情绪。

（三）选择性记忆

记忆是一定时期内神经联系的形成和巩固。如果人们感知过的事物，在事过之后并不消失，在大脑皮质上形成暂时的神经联系，以痕迹形式保留在头脑中，就是记忆。人们往往只记忆于己有利的信息，或只记忆自己愿意记的信息。这种记忆上的取舍，就叫选择性记忆。选择性记忆，可以分为三个阶段：输入、储存、输出。

以上三个环节可以看成是受众（消费者）心理的三层“防护圈”。信息如果不合乎受众的个人需求，则被挡在“防护圈”之外。

5.2 人际交往的基础理论

5.2.1 人际交往的基本理论

人际交往是社会上人与人、群体与群体之间，通过各种媒介传播而进行的相互依赖行为的过程。人际交往是社会赖以产生的基础。人际交往是多方面、多层次的，其内容之广可包含整个社会。公共关系比较注重研究个人代表团体、组织的交往行为。

（一）符号互动理论

1. 米德的符号互动理论的基础

（1）詹姆斯（Jamse）的“自我”。

詹姆斯认为“自我”有三种。

一是，物质的“我”：体现在外在表现形式上，比如一个人觉得自己是个绅士，就会西装革履；如果一个人觉得自己潇洒、追求时尚，就会穿着时髦、休闲。

二是，社会的“我”：社会上的他人对“我”的认识和看法。

三是，精神的“我”：是“我”自己希望成为的一个形象。

一个人的“自我”是这三个方面的综合，让这三个方面协调起来，即物质的“我”、社会的“我”、精神的“我”应该是一致的，若这三个方面不能协调起来，人会焦虑、紧张，从而自己进行调节，以达到三个方面的协调。

（2）库利（Cooley）的“镜中我”。

库利认为：一个人的“自我”可以从别人对“我”的行为中认识，换句话说，别人的行为是我们“自我”的一面镜子。要认识自己，一定要通过和别人的交往才可以。

（3）杜威（Duwey）的“实用主义”。

“实用主义”强调在调节适应外部环境中心智意识的作用。认为人会根据后果来选择自己的行为，这是通过“试错法”（trial-and-error）来实现“精神可用”的观点，即进行“预演”，调试过程中心智意识可用。

2. 米德（Mead）符号互动理论

（1）符号互动的前提。

符号互动的生理前提：人类机体的生理弱点迫使人与他人进行协作，从而谋求生存。

符号互动的社会前提：人类机体内与机体间的有利合作，从而有利于生存的行为能力。

（2）米德（Mead）符号互动理论的意义。

① 心智作用。人类可以用符号来表现环境中的客体，选择针对客体的行为方案，抑制不当的行为。心智发展过程是通过“试错”法（trial-and-error）来完成的，使人类可以建立起普遍意义的常规姿态，使人的行为具有一定的常规模式和固有模式。

② 自我作用。人类能够象征性的符号化人（如戏剧里的脸谱化，曹操—白脸—表现奸诈狡猾的人，关公—红脸—表现忠诚、正直的人）。人类也能象征性符号化自己，以心智能力来把“客我”作为认识的对象，提高和别人交往时反应的恰当性，社会学认为这是人的“自我检教”能力的一种体现。

“自我检教”的四条规则：对外部环境的关心度，关心他人的情绪变化，对他人情绪变化的敏感性，调整适应外部环境的灵活性，对他人情绪变化的适应性。

③ 社会意义。

一是，提高与他人交往的恰当性。

二是，将他人期望的“自我形象”扩大成社会的共同标准和观点。

三是，社会或制度表征不同个体之间的组织化与符号化的互动，这种互动依赖心智领会角色及行动的可选择方案，使社会的选择行为协调。一个社会的组织形式如何是这个社会符号互动的结果，例如，中国社会组织形式与西方国家不同，主要在于中国的社会符号互动与西方的不同。

3. 符号互动理论中的情感理论

情感理论是米德学派、芝加哥学派和依阿华学派理论的发展。

（1）霍赫希尔德（Hochschild）的情感剧场理论。

霍赫希尔德认为，情感是个体在情景规范和文化观念的规制下所进行的表演。

情感剧场理论的两种运行规则。

① 感知规则。（a）能够在情境中感知到适当情感的全部，要考虑到方方面面；（b）具有积极或消极的情感指向；（c）情感具有持久性。

② 展示规则。在展示规则的作用下，人的情感行为要以适当的方式表现，这些方式包括：（a）身体动作，如深呼吸表现镇定，面部惊愕表现惊讶；（b）表面行为，改变外部的表达姿态与切身感受，表达适当的情感，如显露兴奋；（c）深层行为，改变内部或部分内部来调动，展示适合的情感。

（2）肖特（Shott）的角色领会和情感控制。

① 人们具有将自身当作客体的能力，在情境定义和应对他们时存在内化的对话现象（可以看成一种自身传播），客观认识自我；人们通过角色领会来发展自我概念，来领会自我：（a）情境中特定他人的角色，可以是真实的、也可以是想象的，如设身处地地为某人着想，站在他人的立场；（b）一般性的他人角色或宽泛的交往态度；（c）人们通过批评，即一般化他人的视角来看待自己，来实现自我控制。

② 控制个体行为的六个重要情感因素：负罪感、羞耻感、尴尬感、自豪感、自负和移情。

（3）哈蒙德的情感互动进化理论。

他认为，人类在生理上有寻求积极情感、避免消极情感的本能，并力求使积极情感最大化，而这受到两个方面的限制：① 信息加工过程中行为者能力的限制；② 习惯形成的限制，习惯是一种隐蔽的假设，与智力因素无关，是不自觉的影响，与心智作用有关。

（二）印象管理论

印象管理论又称“戏剧论”，它的集大成者是美国社会学家欧文 · 戈夫曼。这个理论认为，社会是个大舞台，每个人都在戏中扮演一个角色。这种演出是由社会交往参与者的活动构成的，它既包括自我的表演、感情的表演、信息的发出，也包括周围的人对这些动作、符号的理解。按照这种理论，公共关系活动也同样是一种表演。在表演中，演员非常关心和试图控制他们留给观众的印象，他们通过语言、姿态、手势等表现来使观众形成他们所希望的印象。因此，这是一种对观众“印象”的管理工作。

印象管理论还对人际交往中的表演技术作了具体的说明。正像舞台表演一样，人际交往中的表演也有前台和后台之分。在表演中，为了有效地实现印象管理，就要运用一些手段、工具，这包括外部设施，还包括个人的装扮。在人际交往中，演员的表演取决于他们的素养。另外，成功的印象管理需要整个剧组进行合作。

（三）个人空间理论

在社会交往中，人与人之间总有一定的空间距离。不同的社会关系、不同的文化背景，其空间距离也各不相同。爱德华·T·霍尔（Edward T·Hall）提出了社会交往中的空间距离理论。他以美国成年人的交往为例，提出了4种距离：（1）亲密距离；（2）个人距离；（3）社交距离，包括近社交距离和远社交距离；（4）公共距离。

从心理学的角度看，在不同的情况下，人对于空间的需求也各不相同。当一个人的实际空间大于他所需要的空间时，他就会感到凄凉、孤独、寂寞，希望与人接触。当一个人的实际空间小于他所需要的空间，或当他的个人空间范围受到侵犯时，他就会对周围的人有厌烦感。因此，人为地调整人们心理上的空间感，是增进他们之间感情的良好方式。例如，组织职工去郊游，有助于增进职工间的友谊。

（四）交换理论

交换理论认为，人们之间的社会交往常具有一定的交换性，通过交往，双方均从对方获得某种报酬、回报或结果。这种交换不限于金钱或物质，也可以是感情上、心理上的。

乔治·霍曼斯比较全面地阐述了交换理论。大致看来，霍曼斯是在吸收上述思想家们的思想并总结斯金纳心理学理论五个命题基础上形成了自己的理论命题。这些理论命题主要包括以下几个方面。

（1）第一个是成功命题。这是就个人的全部行动而言的。人的行动与动物有着相似的地方，他要遵循报酬原则。也就是说，如果个体的某个行动越是经常受到报酬和奖励，那么他就越有可能有经常类似的行动。因此，个人行动的频率往往取决于得到报酬和奖励的频率以及获得报酬与奖励的方式。霍曼斯进一步指出，频率的有规律性所获得的报酬和奖励要低于没有规律所得到的奖励和报酬。这是因为没有规律的报酬或奖励更具有意外性与刺激性。

（2）第二个是刺激命题。在过去的某个时间里. 如果某一特定的刺激或者一组刺激的出现会给某人的行动带来某种报酬或奖励，那么现在的刺激与过去的刺激越相似，个体就越有可能进行类似的行动。因此，在日常生活领域，很多球星往往穿着固定颜色、固定号码的衣服、保持着相对固定的发型就在于这种颜色、号码以及发型曾经带给他辉煌，使他获得过巨大的成功，这种衣服和发型就成了他幸运的标志。因此只要出现同样的衣服和发型就能够激发他的潜能。

（3）第三个是价值命题。正如同鸽子的某种行动可以得到食物的奖励那样，如果某种行动所产生的结果对一个人来说越有价值，那么他就越有可能采取同样的行动。反之，如果某种行动产生的结果使得此人受到惩罚，那么他就有可能采取措施避免类似行动的发生。因此，在正常的人际交往过程中，人们常常会遵循趋利避害原则，总要花费一些时间去选择能够获得较高报酬、奖励，即有价值的社会交往行动。当然，霍曼斯所讲的价值不仅仅指经济价值，也包含了社会价值乃至伦理道德价值因素在内。

（4）第四个是剥夺——满足命题。也就是获得的报酬和奖励遵循经济学上的边际效用递减规律。这就是说，一个人在最近越是经常地得到某种报酬，那么随着报酬的增加，此人所获得此报酬的满足感和价值感就会减少。剥夺是指某人在得到某一报酬后所经历时间的长度。满足是指一个人在刚刚过去时间里得到的报酬使他不再马上需要更多的酬赏。霍曼斯的这个命题是对前三个命题的限定，即个人的行动与获得报酬的满足感必须把时间因素考虑进去。他说，如果一个人时常得到报酬，起初他会有非常满足的感觉，但此后这种报酬如果重复出现，其价值就会降低。其情形犹如一个非常饥饿的人吃第一个烧饼时感到极大的舒服，然而继续给他吃第二个、第三个以及第 n 个烧饼，伴随着他越来越饱，那种舒服感和满足感会越来越小，乃至消失。

（5）第五个是攻击——赞同命题。这个命题包括两层含义；其一，当某人的行动没有得到他期望的报酬或者他得到了料想不及的惩罚时，他将被激怒并有可能采取攻击性行为，而这种行为可以发泄他的不满情绪，因而对他来说有价值。其二，当某人的行动获得了他所期望的报酬，特别是报酬比预期的还要大，或者他的错误行动没有受到预想中的惩罚，他都会非常高兴，继续做得到报酬的行动或者避免错误行为的再度发生。

霍曼斯认为，这五个命题是把斯金纳对鸽子以及老鼠的研究所得出的结论推广到对人类行为的研究与分析。行动者进行社会行动时之所以会遵循上述原理就在于人是一个理性的人，人的行动首先是一个理性行动，于是在吸收斯密关于“经济人”假设观点基础上他提出了自己的命题。

（6）第六个是理性命题。斯密认为人能够从各种利益中选择最大的利益，以最小的代价实现自身的最大需要。斯密同时认为，个人利益最大化的交换往往是通过市场交易来实现的，运用市场这只“看不见的手”就会实现个人选择的最优组合，从而实现个人选择与社会选择的有机结合，使整个社会富裕起来。霍曼斯继承了这一思想，认为一个人在选择采取何种行动时，不仅会考虑到价值的大小，还考虑行动成功的可能性，也就是说人们在进行选择时总会选择那些随着获利可能性增大其总价值也能够增大的行为，包括初民社会中礼物的交换也是交换者理性选择的结果。霍曼斯指出，个体行动与否取决于成功与价值这两个因素，如果报酬的价值大但成功率小，这会降低采取这种行为的可能性；相反，价值小但成功率大就会增强这种行为的可能性，用数学公式表示就是：行动发生的可能性=价值×概率。霍曼斯认为人是有理性的动物，他们采取什么样的行动取决于方程式中右面数值的大小。这一命题充分说明了在人际交往中，人们的根本目的在于获得最高酬赏和利润。霍曼斯坚信，他的六个命题不仅可以解释动物和个人的行动，而且也可以解释整个人类的行动，社会行动只不过是理性的行动者借助于市场这只“看不见的手”进行无数次博弈最终达到“纳什均衡”而已。

（五）人际关系网络

这是借助于网络图形来分析人际交往、人际关系的一种理论。它可以用来研究人际交往的类型、特点、原则，以及用来研究如何改善、加强或减弱人与人间的交往关系。

网络分析的联系有下列一些表示方法。

（1）A←→B：互相选择（表明 A、B 双方均愿与对方交往）。

（2）A——→B：单方选择（表明 A 愿与 B 交往而 B 不愿与 A 交往）。

（3）A←···→B：互斥（A、B 互相敌视）。

（4）A······→B：单斥（A 敌视 B，反之则不然）。

在分析这种网络时有以下原则：

（1）互相选择的联系多表示人际关系较好；

（2）单方选择多、互选少则表明组织成员之间缺少互相了解；

（3）散乱而没有核心人物的网络表明组织较为松散；

（4）图中呈现出小集团，而小集团之间又很少互选，则表明组织处于分裂状态。

人际关系网络的几种典型网络，它们反映了几种典型的人际关系。

（1）轮型网络。

（2）Y 型网络。以上两种都是集中型网络，这种组织的特点是便于集中统一领导，传递信息快，但成员之间相互联系较少，群体气氛不一定和谐。

（3）链型网络。链型网络反映了直线形沟通的人际交往，即它是一种自上而下或自下而上的等级交往关系。它传递信息的速度较快，但由于信息经过多层筛选，有可能产生信息失真，以致出现高层领导不了解底层真实消息的情况。

（4）环型网络。

（5）星型网络（全通道网络）。上述两种均属分散型网络，其特征是成员之间地位平等，相互间有较广泛的接触。其中环型网络的特征是组织中没有中心人物，成员相互交往较自由。而星型网络则更表现为所有的成员相互间都有充分的自由交流。组织内民主氛围浓厚，每个成员都能充分发表意见。其缺点是组织较松散，集中性差，群体凝聚力不强。

5.2.2 人际交往的基本类型

（一）暗示和模仿

1. 暗示

在一般情况下，暗示者是主动的、自觉的，相对来说，受暗示者是被动的。在这方面，暗示与劝说是相同的。但暗示不是靠逻辑推理和理论论证，而主要是靠提示，在这方面，它与劝说又有区别。暗示与指示、命令也不相同，它不具有压力成分，不要求别人非接受不可。因此，所暗示的一般多是比较简明的思想和行为，而对于复杂的理论思想或事物，只靠暗示是不行的，需要应用教育、说服等手段。至于一些非要别人按一定方式进行的活动，则需要有指示和命令。暗示与模仿既有联系也有区别。早期的社会心理学家把模仿、暗示和同情看作群众心理的三大原质。F.海德认为，当一个人的观念使他人接受时为暗示；当一个人的情绪使他人感受时为同情；当一个人的行动使他人也要如此做时则为模仿。实际上，无论是思想、感情或行动都可以产生暗示和模仿。两者的区别在于：①在暗示中刺激是被控制的，对暗示者来说虽然通常是以含蓄的和间接的方式，但一般都是有意识的；而在模仿过程中，模仿者的行为可以是有意识的，也可以是无意识的，但被模仿者一般都是无意识的、非控制性的。②模仿者的仿效行为一般都与被模仿者的行为相同或相似，而受暗示者则不一定做出与暗示者类似的行为。

2. 模仿的特点和意义

（1）特点。① 模仿的社会刺激是非控制性的，榜样是模仿的条件，但模仿是自愿产生的，有时可能是无意识的。② 相似性：模仿者的举止近似于其所模仿的榜样。③ 模仿可以分为有意模仿与无意模仿两大类。有意模仿是模仿者有目的、主动的模仿；无意模仿并非绝对的无意识，只是意识程度相对比较低。

（2）模仿的意义。① 模仿是学习的基础；② 具有社会适应作用；③ 可以促进群体形成。

模仿是对暗示的反应，是对暗示所传达的信息的有意或无意反应。

（二）顺从和顺应

1. 顺从

个人由于群体压力而改变自己行为或信念的现象。群体压力可以来自现实中的群体，也可以来自个人想象的群体。顺从与一般所说的服从不同，服从是人在权威或强制性命令下放弃自己的观点或行为而接受他人的观点或行为。之所以这样做，或者由于奖赏的诱惑，或者由于惩罚的威胁。服从对个人来说主动性成分少而被动性成分大，顺从则是个人自愿的行为，并不伴随明显的强制性和潜在的惩罚。

顺从现象在日常生活中虽然常见，但并不是所有人在群体压力下都会表现顺从，因为还有其他因素的影响。实验结果表明，个人的人格特点是影响人是否顺从的因素之一，谦卑的人比自信的人更容易顺从别人。个人对群体的依赖感很强以及当前所讨论的问题对个人很重要等也都会促进个人顺从群体。此外，个人当众宣布的观点比私下表达的看法更容易与众人一致。

与顺从相对的是反顺从现象，即个人在群体压力下坚持自己与众相反的行为或信念的现象。在一般社会生活中，反顺从者通常要冒被群体惩罚或抛弃的危险。影响反顺从的重要因素是个人的人格特点。比如，具有自信、喜欢冒险、乐于承担责任、固执等人格特质的人较容易在群体压力下坚持反顺从。个人所在群体的凝聚力对反顺从也有重要影响，凝聚力越高，群体成员的看法一致性越高，个人的反顺从所要承受的心理压力就越强。如果群体中还有其他人持异议，即使其看法与个人的完全不相同，也会大大易化个人的反顺从行为。因为存在其他异议的事实暗示群体的正确性是可以怀疑的，也向个人表明他在群体中不是完全的孤立者。群体对其他异议者的反应也为个体决定如何表达自己的观点提供了信息。所以，群体的凝聚力对反顺从的个体来说是个重要的制约因素。群体中的人数多少对个人选择顺从还是反顺从行为影响不大。

2. 顺应

顺应是指个人或群体之间调整行为以适应他人或环境的过程。这个过程包含两种不同的调适：一是人际关系的调适。它是人们为了避免、减少或消除冲突，和谐、融洽地共同生活，一方或双方部分地改变其思想、态度和习惯，以适应对方的过程；一是人与环境关系的调适。除地理环境之外，更重要的是社会生活环境的调适。其调适很少涉及人类遗传特质的改变，主要是人类社会特质的改变。这是一种文化调适，与动物的适应环境相区别，故称人类的调适为顺应。

顺应的主要方式如下。

① 妥协。冲突双方在不分胜负的情况下互提条件，相互让步，以达到平息争执的目的。

② 和解。互动双方放弃成见，由仇视转变为友好。妥协与和解的实现主要通过两种途径：一是双方直接洽谈与协商，在外界不介入的情况下达成协议；二是双方无力解决，由第三者出面探讨争斗双方和解的可能与妥协的条件，并作出双方均可接受的裁决，以约束双方的行动。

③ 容忍。指互动双方在价值观和行为模式不作根本改变的情况下的一种自我克制，以避免无谓的冲突。

（三）同化

同化（nationalization）一词由“nation”派生而来，政治上指一国国民的民族化完成的一种“国族化”状态。经济上指“国有化”。它的另一个英文同义词为“assimilation”，指语言或文化的同化或融合。这与法文的“naturalisation”（归化、语言融合）同义。

1. 同化的过程

不同的文化群体间的同化经历了一个由表及里、由局部到全部融合的过程。被同化的群体起初并未意识到同化群体文化的优越，只是后来迫于外力而不自觉地模仿。同化速度开始比较缓慢，被同化群体一旦意识到所接受的文化优于原来的主体文化，就被迫放弃自己的文化模式与传统，积极学习同化者的文化，整个同化进程即可加快。

2. 同化的途径

主要有：① 文化传播。文化传播不受国界的限制，通过各种渠道向外传播。国情相近、能满足接受民族需要的文化，同化进程短，传播效果好。② 异族或不同文化群体之间的通婚。这是同化的另一种途径。无论是男方或女方，加入新的文化群体之后，因原来的文化群体的人数较少，很快被同化。③ 移民。一个定型的文化群体或民族，整个迁入某一社区，与其他文化群体或民族平等聚居，迁入者将在很长时期内保留自己的文化，同化速度很慢。如果迁入者打破原来的文化群体，零散分布在各个地区，与其他民族聚居，他们将很快被同化。④ 入侵。入侵者把自己的文化强加于被入侵者，借助外力强制同化对方。这会产生两种结果：如果入侵者文化高于被入侵者，同化将加速进行；如果低于被入侵者，经过两种文化的反复较量，入侵者最终会被同化。

（四）合作

合作（Cooperation），以专业合作著称的国际君友会王爱君对于合作阐述如下：合作是指两个以上的人或团体，彼此联合行动，以达成其需要的共同目标而言。社会学者称之为社会互动的一种形态。人类的社会发展，从远古到现代，团体间的合作，为一重要条件。19 世纪，达尔文的适者生存学说，偏重于生活的竞争。而克鲁泡特金的互助论，为社会发展的基础，不为达尔文主义者所同情。互助即是合作，其意义是相同的。人类没有合作，不能相互结合，即不能达成共同的利益。合作的方式，可分直接合作与间接合作两类。直接合作是人们对于共同所嗜好的事物，采取群体行动，如一起游戏、一起讨论，一起劳作等。其特点在于一人所不能单独完成的工作，必须联合他人共同为之。间接合作是为同一目标，而各人做不相同的活动，例如现代的分工制度，是间接合作的具体表现。家庭、工厂、政府、科学研究等，都是以分工合作达成共同目标的事实。此种合作的起因，是为了生存的需要与社会的安宁而产生的。现代的社会团体与国际关系日益扩大，一方面因利益冲突，互相对抗。但另一方面因事业关系，不能不彼此合作，增进了解。人类合作的范围，自二次世界大战以后，史无前例地扩展，可以说是促进友谊与和平的基础。

（五）竞争

作为人际交往类型的竞争，专指社会上人与人、群体与群体之间对于同一个共同目标的争夺。

竞争的特点：① 必须是人们对于一个相同目标的追求；② 这个被追求的目标必须是

比较少的和比较难得的，即一个人或者一些人夺取到了目标就意味着另一个人或另一些人失去了得到的机会；③ 竞争的目的主要在于获得目标，而不在于反对其他竞争者。

（六）冲突

冲突是人与人或群体与群体之间，为了某种目标或价值观念而互相斗争、压制、破坏，以至消灭对方的方式与过程。

1. 冲突与竞争的区别

（1）冲突的更为直接的目的是要打败对方，它是直接以对方为攻击目标的一种行为。

（2）冲突的双方或各方，有直接的、公开的、面对面的接触。因此，它是一种直接的反对关系。

（3）冲突各方所争夺的目标既有相同性又有不同性。由于冲突各方往往在价值观念上有很大差距，因而，他们虽然在同一领域争夺，但所要实现的目标可能各不相同。

（4）最后，冲突在形式上比竞争要激烈得多，它往往突破了规章、规则甚至法律的限制。

2. 冲突的种类

（1）从冲突的规模上划分，有个人之间的冲突和集团之间的冲突。

（2）从冲突的性质上划分，有经济冲突、政治冲突、思想冲突、文化冲突、宗教冲突、种族冲突、民族冲突以及阶级冲突与非阶级冲突。

（3）从冲突的方式或程度上划分，有诉讼、辩论、口角、拳斗、决斗、仇斗、械斗、战争等。

（七）强制

强制是一种特殊的人际交往形式，在此种形式中交往的一方被迫按照另一方的某些要求行事。强制意味着交往双方力量的不平衡。在强制性的交往中，所借助的力量可以是物质力量，也可以是精神力量。

媒体在“苏丹红”事件中的舆论角色

从3月4日到3月15日，关于“苏丹红一号”的新闻几乎每天都占据着各大报纸的重要位置，“苏丹红一号”这个曾经对大多人来说极其陌生的名词，而今天却成为街头巷尾议论的焦点。短短的十几天时间里，曝出一起又一起的“涉红”事件，公众对此事的反应怎样呢？根据泉州日报的调查显示，90%的泉州人对此感到震惊，特别是作为家喻户晓的知名餐饮品牌，肯德基被发现产品调料中有苏丹红，的确引起了市场不小的风波。众多人谈食色变，惠州一名女士称她当天幸好没有吃到烤翅，一名广州女孩听到记者说新奥尔良烤翅含有“苏丹红一号”时，差点叫起来：“我前两天还在中山八路附近吃过鸡翅呢！”。为了调查人们对身边的食品市场到底有多少担忧，近日，安徽市场报记者随机向不同年龄层次的主妇发放了100张问卷调查，结果发现有65%的家庭主妇认为食品市场存在很多安全隐患，其中30岁左右的家庭主妇担心比例高达80%。

案例分析：面对公众的忧虑、焦急、彷徨，我们的媒体在这次危机事件中是以怎样的舆论角色引导民众呢？笔者通过对部分电视、报纸、网络等媒体的相关调查与分析，认为众多媒体是以如下的方式引导舆论。

（1）争相曝光涉“红”食品和企业，让公众知晓事情成因，成为形成舆论的信息发布者。

舆论是显示社会整体知觉和集合意识，具有权威性的多数人的共同意见。这种意见只有建立在对事实的正确认识基础之上，了解事实真相是形成舆论的前提。在社会变动中经常不断发生的危机性事件则是引起舆论的导火索，危机性事件的发生是人们无法预料到的，往往又是属于天灾人祸的恶性事件，发生后对社会和公众心理的冲击都比较大，因此，在危机事件发生初期，公众迫切希望了解事实真相并表明自己的意见和态度，权威信息的发布为其后有影响力的舆论的形成做了铺垫，媒体就在此担当了权威信息的发布者。3 月 1 日《中国食品质量报》第一和第四版分别刊出题目为：各地严查“苏丹红一号”食品和天然食用色素的现状及发展趋势。从 3 月 4 日北京首先检出亨氏“美味源”辣椒酱含有“苏丹红一号”开始，涉“红”事件的报道不断见之于报纸、电视、网络等各大媒体，如：《南方日报》从 3 月 6 日起到 3 月 24 日几乎每天都把“苏丹红”事件的报道放在重要版面。从 3 月 1 日起《中国食品质量报》对“苏丹红”事件进行了不间断的报道。《人民日报》、《光明日报》等报纸也毫不示弱，连续把相关报道刊在版面的显眼位置。网络媒体的报道更是如此，人民网、新华网、新浪网等网络媒体争相对涉“红”产品和企业进行曝光，并对事件的成因及企业处理问题的方式作出评价。通过这些权威信息的发布，使小道消息和谣言失去了传播的土壤，避免了给整个社会舆论信息系统造成混乱。

（2）引导公众舆论，督促政府加大监管力度查出涉“红”食品和企业，成为解决危机事件的推动者。

具有冲击性的危机事件往往会引发人们激动、不安或兴奋的情绪，人们据此产生的意见会汇合成小的舆论圈，从而形成具有较大影响力的舆论。媒体收集公众的反馈意见，反映当前的舆论主题，实质上是隐蔽地引导舆论。在传播学的角度看，是通过媒体议程来引导舆论，影响公众，从而设定政府的议程。危机事件一旦发生，我们就需要在全社会达成共识，以形成最佳的解决办法，媒体作为舆论的引导者能够将其由一种单纯的意见转化为人的社会行动，在全社会形成强大的号召力和解决突发事件的公众凝聚力。在 3 月 18 日人民网的今日要闻——苏丹红启示录中刊出其编者按：这次事件不是一个小小的插曲，而是我国在全球化背景下对食品安全问题宣战的号角。并在结尾处一再呼吁：我们希望，尽管“苏丹红一号”事件本身对国内食品安全问题可能暂时并没有什么影响，但愿其会引发有关管理部门细化加强对食品安全的监管，从而打击那些不法生产企业，让百姓不再担心以何“食”为天。

（3）利用媒体优势构建政府与公众的交流互动平台，成为政府与社会舆情互动的连接者。

在危机事件逐步得到有力解决，社会舆论处于缓和平稳状态之时，媒体正成为政府和公众舆情互动的连接者。在危机事件的解决过程中还会产生一些新的社会问题，需要政府和公众意见的不断磨合，媒体构筑政府与公众的沟通平台，一方面向公众传达了政府的决策，使公众更清楚地了解到社会热点和政府工作重点；另一方面使得民情上达，为政府决策提供依据，在一定程度上解决政府和公众信息不对称的问题，建立政府与公众双向沟通的舆论渠道，推动政府决策科学化民主化。

本章小结

本章介绍了公关基础理论的两个最重要的部分：传播的基础理论和人际交往的基础理论。传播理论主要介绍了拉斯韦尔的5W模式、把关人理论、两级传播模式、扩散理论、受众选择“3S”论这五种基本理论；人际交往理论主要介绍了符号互动理论、印象管理论、个人空间理论、交换理论、人际关系网络这五种人际交往的基本理论，以及人际交往的基本类型。

综合练习

一、判断题

1. 人际沟通就是指两个主体之间相互传递信息的过程。（ ）

2. 人际沟通可以通过动作、空间距离来实现，所以不一定要借助符号系统。（ ）

3. 人际沟通是人与人之间信息传递、思想沟通、情感交流的过程。（ ）

4. 作为交流的人际沟通不需要特定的目的或内容。（ ）

5. 不同阶级、阶层的个体也可以进行沟通，这说明地位障碍并不会成为人际沟通的障碍。（ ）

6. 组织沟通中间环节过多，可能会导致领导的要求传达到基层就改变原意的情况，这是组织结构障碍一种表现。（ ）

7. 沟通中存在着多种障碍，其中种族歧视有时也会成为人际沟通的障碍之一。（ ）

8. 争吵中双方可能会说一些很激动的话，这会影响到二者之间的感情，说明人际沟通也有破坏作用。（ ）

9. “同行是冤家”，所以他们之间进行沟通的可能性极小。（ ）

10. “仁者见仁，智者见智”，这说明对于同样的信息在不同的人眼中有着不同的含义。（ ）

二、思考题

1. 拉斯韦尔的5W模式是怎样？

2. 人际交往的基本类型有哪些？

3. 人际交往的基本理论有哪些？

三、综合分析题

在当代美国，有来自不同国家的移民组成的家庭为数不少，但在这些家庭中往往会出现沟通困难，试分析这一现象。

第六章

公共关系的对象——“公众”

学习目标

知识目标：掌握公众的含义与特征。
素质目标：培养公众意识与形象意识。
技能目标：掌握公众分析的方法及思路。

案例导入

美国最大的医药公司约翰逊联营公司，有段时间曾受到“泰莱诺尔”药物中毒事件的困扰。在查出事件跟公司无关的真相后，为消除人们的疑虑，公司决定推出更加坚固的3层密封包装的新型“泰莱诺尔”解痛胶囊。如何才能让公众接受新产品呢?公司决定发挥好新闻媒介的作用。公司在纽约举行了规模盛大的电视记者招待会，有30个城市参加，通过卫星向全国播送实况。虽然当天发生了勃列日涅夫逝世和航天飞机升空这两件大事，招待会还是获得了巨大成功，美国各大电台、电视台和报纸都作了报道。一年后，公司及其产品重新获得了公众的信任，“泰莱诺尔”镇痛胶囊重新获得了原有市场份额的95%。对此，美国的新闻媒介又进行了大量报道，如《华尔街日报》刊登了以“迅速复原，‘泰莱诺尔’重新赢得市场上的率先地位，使厄运断言者们惊诧不已”为题的文章，《时代周刊》刊登了以“泰莱诺尔”神奇般重返市场为标题的文章。约翰逊联营公司与新闻界通力合作，开展高透明化的宣传活动，不但走出了困境，还重新树立了良好的声誉，赢得了社会各界广泛的合作与支持，开拓了更广阔的市场。

学习内容

6.1 公众及其分类

公共关系工作的对象统称为“公众”。

6.1.1 公众概念与公众意识

（一）公众的基本含义

从公共关系学的一般意义上说，公众即与公共关系主体利益相关并相互影响和相互作用的个人、群体或组织。“公众”这个概念涵盖了公共关系工作的所有对象，凡是公共关系传播沟通的对象都可称之为公众。因此，公众是公共关系对象的总称。

1. “公众”的相关概念

“公众”一词在社会科学和日常生活中使用得很广泛。但它在公共关系学中的含义不同于在其他学科中的含义，也不同于在日常生活中的含义。有一些相关的概念，比如“人民”、“群众”、“人群”、“受众”等也容易与“公众”概念相混淆，应当注意它们之间的区别。

（1）人民（People）作为一个政治哲学及社会历史范畴，量的方面泛指居民中的大多数，质的方面指一切推动社会历史前进的人们，其中包括劳动群众，也包括促进社会历史发展的其他阶级、阶层或集团。

（2）群众（The masses）与人民相比，其内涵大、外延小。就是说，本质含义很大程度上是一致的。从范围上看，群众包含于人民之中，但其内涵更具体、稳定。人民是个流动性概念，在不同的历史时期有不同的内容，但其主体和稳定的部分始终是从事物质资料生产和精神资料生产的劳动者，这部分人就是群众。

（3）人群（Crowd）作为社会学用语，不一定需要合群的整体意识和相互联结的牢固纽带，凡是人聚在一起均可称之为“群”。

（4）受众（Audiences）是传播学的概念，在新闻学、广告学中也通用，其含义与公众很接近，乃至在公共关系学中也经常使用。但在不同的学科或专业，人们也可能用不同的方式使用同一个词，从而使同一个词具有不同的学科含义。

从广告的角度讲，受众一词的含义是指一些东西、信息或资料的接受者。因此，受众是天然内在消极和被动的。公众这个词的含义是与一个组织有着内在联系的群体（也可能是个人或组织），而且公众与组织的关系是相互的，公众会给组织施加影响，组织也会影响公众。可见，虽然从信息传播的对象、信息的接受者这个角度，可以把公众和受众看做同义词，但从公共关系的严格意义上讲并非如此。受众天然内在的消极和被动性是与大多数公共关系活动的目标——激起较强的公众参与是矛盾的。为解决语义上的差异和冲突，公关界已趋向把受众划分为“积极受众”（Active Audiences）和“消极受众”（Passive Audiences），公众特指积极受众。

在公共关系学中，公众（The Public or Active Audiences）这个词特指任何被共同利益或共同关心的问题联结在一起的群体。这种群体对组织有着重要的影响，因此成为组织传播交流信息的对象。

2. 公众的基本含义

（1）公众是公共关系主体传播沟通对象的总称，它与人民、群众、人群、大众、受众等概念是有区别的。

（2）公众是相对特定组织而存在的。

（3）公众是因共同的利益、问题等而联结起来并与特定组织发生联系或相互作用的个人、群体或组织的总和。

（4）公众是客观存在的。

（二）公众的基本特征

（1）整体性；（2）共同性；（3）相关性；（4）多样性；（5）变化性。

（三）现代公众意识

组织必须树立现代公众意识，这要求组织无论在制定目标和政策，还是从事管理和经营活动，都必须高度关注公众利益，倾听公众意见，满足公众需求；加强与公众沟通，争取公众理解，赢得公众支持。用美国公关学者康菲尔德（B · R · Canfield）的话来说，即“在所有决策和行为上，均以公众的利益为前提。”

6.1.2 公众分析的方法及其意义

根据不同的层次、不同的角度、不同的标准，可以对公众做不同的分析。

（一）不同的组织有不同的公众

1. 组织分类与公关目标和对象

不同性质和类型的组织，其公关工作的目标、重点和具体对象均不同。

（1）互益性组织。这类组织重视组织内部成员的利益和共同目标，所以首先重视内部成员对组织本身的凝聚力的归属感，重视组织系统内部的沟通。

（2）营利性组织。这类组织以其所有者、经营者的利益为目标，首先要与其所有者（如投资者）以及对其经营成败存在决定性意义的顾客等建立良好关系。

（3）服务性组织。这类组织的存在以其特定的服务对象的需要为目标，又必须与其资助者、协助者保持稳定的关系。

（4）公益性组织。这类组织以国家及社会公众的整体利益为目标，其公众对象是社会各界。

2. 组织分类与公关行为特征

组织类型对公共关系行为特征影响比较大的因素主要有两个方面：一是营利性还是非营利性；二是竞争性还是独占性。 一般来说，公共关系与营利性和竞争性的社会活动联系比较密切。

（1）竞争性营利组织。

这类组织为了自己的经济利益，为了在市场竞争中争取顾客，一般都有比较自觉的公关行为，能主动地争取公众的理解和支持。但这类组织比较容易偏重于与市场活动直接相关的公众，其公关行为的营利性质也较为明显。

（2）竞争性非营利组织。

这种组织没有经济动机，但由于需要在竞争中赢得舆论的理解和公众的支持，因此也需要十分重视自己的公关工作，尽可能广泛地去建立和发展自己的公众关系。

（3）独占性非营利组织。

由于缺乏自身利益的驱动，缺乏竞争的压力，往往容易忽略自己的公众，或脱离自己的公众，公共关系管理环节一般比较薄弱。

（4）独占性营利组织。

由于对资源、产品或服务具有独占性，在管理机制上不容易输入公众的信息，而又有营利的动机，因此，这类组织容易产生违反公众利益的行为，容易陷入公众舆论的对立面。

（二）同一类组织有不同的公众

1. 外部公众和内部公众

（1）外部公众存在于组织之外，他们尽管不直接构成组织的一部分，但他们与组织有密切的联系。

（2）内部公众是组织的成员组成的，承担着组织的角色，他们包括经理、雇员、多种类型的支持者（例如投资者）等。在特别情况下，内部公众在公关活动中被用来特指雇员或员工。

2. 目标公众或优先公众

对公众进行较为具体分类的开创者是美国的杰瑞·A·亨特瑞克（Jerry A·Hendrix），他为组织界定了以下重要公众：媒介、雇员、社区、政府、投资者、消费者和特殊公众。他认为每个组织都须仔细认真地编写它的详细的公众分类表格。任何特定公众，不管他们属于什么类型，都可能成为公共关系工作的中心对象。在这种情况下，这些被筛选出来的公众被称为“目标公众”或“优先公众”。

一种常用来鉴别筛选目标公众或优先公众的测量工具是罗彻德·W·穆勒（Richard W·Mulle）设计的“公共关系商数”。公关商数采用一套包括40道问题的表格，通过测量公众对其的反应来评估公众的重要程度。

现在很多国外公关学者采用“优先公众”（Priority Publics）来代替“目标公众”（Target Publics）一词。

3. 组织的具体目标公众对象

基于以上所述内容，每一个组织都可以通过调查研究来确定其各类目标公众对象。每个组织都可以将自己的公众划分为不同类型的目标公众。这些目标公众一般都是要求从特定组织得到某些利益、获得某些信息的个人、群体或组织，并对该组织和目标的发展具有一定的影响力和制约力。

（三）同一类型的公众又有不同标准的分类

1. 根据组织公关活动的内外对象分类，组织的公众可划分为内部公众和外部公众两类

（1）内部公众即组织内部的成员群体。

（2）外部公众即组织的外部沟通对象群体。

公共关系的政策需要内外有别。公共关系的内部传播和外部传播在形式、尺度、时间等

方面都有区别。组织内部的情况不能毫无控制和调节地宣扬出去，必要的保密也是一种重要的传播政策。在对外传播之前，内部传播必须统一口径，否则就会造成整体形象的混乱。

2. 按公众的组织结构，公众可以区分为个体公众与组织公众两类

（1）个体公众是形式上分散、以个人作为意见、态度和行为的表达者，以个体形式与公关主体发生联系的公众对象。

（2）组织公众是以一定的组织或团体形式出现，以组织团体作为意见、态度和行为的表达者，并与公关主体相互交往的公众对象集团。

组织在公关传播过程中，要根据个体公众和组织公众的不同特点采取不同的传播方式，如对个体公众可以采取直接的，面对面的个体传播沟通方式，对组织公众可采取间接的、传播幅度较大的大众传播方式或采用组织沟通的方式。

3. 根据组织权力的性质，组织公众又可分为一般社团型公众和公共权力型公众

（1）社团型公众指一般的组织机构。

（2）权力型公众主要指政府及各类行政管理机关。

4. 根据关系的重要程度分类，可区分为首要公众和次要公众两类

（1）首要公众即关系到组织生死存亡、决定组织成败的那部分公众对象。

（2）次要公众指那些对组织的生存和发展有一定影响，但没有决定性意义的公众对象。

公共关系的资源投入必须区分轻重缓急，不应绝对地平均使用。

5. 根据关系的稳定程度分类，可区分为临时公众、周期公众和稳定公众三类

（1）临时公众是因为某一个因素、偶发事件或特别活动而形成的公众对象。

（2）周期公众是指按一定规律和周期出现的公众对象。

（3）稳定公众即具有稳定结构和稳定关系的公众对象。

划分临时公众、周期公众和稳定公众，是制定公共关系临时对策、周期性政策和稳定策略的依据。

6. 根据公众对组织的态度分类，可以划分为顺义公众、逆义公众和边缘公众三类

（1）顺义公众指那些对组织的政策、行为和产品持赞成意向和支持态度的公众对象。

（2）逆意公众指对组织的政策、行为或产品持否定意向和反对态度的公众对象。

（3）边缘公众则是指对组织持中间态度，观点和意向不明朗的公众对象。

7. 根据组织的价值取向，可以划分为受欢迎的公众、不受欢迎的公众和被追求的公众三类

（1）受欢迎的公众即完全迎合组织的需要并主动对组织表示兴趣和沟通意向的公众对象。

（2）不受欢迎的公众指违背组织的利益和意愿，对组织构成潜在的或额外压力和负担的群体等。

（3）被追求的公众指符合组织的利益和需要，但对组织却不感兴趣、缺乏交往意愿的公众。

8. 根据公众发展过程的不同阶段，可以将公众划分为四类：非公众、潜在公众、知晓公众、行动公众

（1）非公众指与组织无关，其观点、态度和行为不受组织的影响，也不对组织产生作

用的公众群体。

（2）潜在公众即由于潜在公共关系问题而形成的潜伏公众、隐患公众、隐蔽公众或未来公众。

（3）知晓公众即已经知晓自己的处境，明确意识到自己面临的问题与特定组织有关，迫切需要进一步了解与该组织有关的所有信息，并开始向组织提出有关的权益要求。

（4）行动公众即已采取实际行动，对组织构成压力，并迫使组织相应采取行动的公众群体。

在公众发展的不同阶段，组织应该采取不同的公关对策。

9. 根据公众之间的决定性区别，可将公众划分为消极公众和积极公众

（1）从传播学的角度来看，组织传播的对象可分为消极受众和积极受众。

① 消极受众是被动地接受组织“信息弹”的靶子，他们不对组织施加影响。其实这些消极受众从公共关系学的角度来看，也称之为“非公众”。

② 而积极受众与传播信息的组织存在着互动关系，它们互相施加影响。从公共关系学的角度来看，这类受众才可以称为组织的公众。

（2）“公众”又可以根据“人们消极地还是积极地就某个问题进行沟通的程度，以及他们对于某一组织所经营的业务以支持还是限制的方式积极作出反应的程度”（格鲁尼格），而划分为消极公众和积极公众。

① 消极公众是与组织存在着内在关系，但又因对这种关系的认识不够，或该组织的行为对其造成的影响尚未被其察觉，同时又具有觉察、卷入和认知这些问题的可能性，但目前对组织的行为和传播持消极不干预、不响应、不积极反馈态度的公众。消极公众也可称为潜在公众。

② 积极公众是与组织之间的互动关系已经形成、对组织问题认知和卷入较深，对组织积极施加影响的那部分公众。

（3）积极公众也根据其积极程度的不同发展阶段和卷入问题的程度而分为知晓公众和行动公众。

积极公众是公共关系计划的重要目标，因为他们最知晓并关心组织正在做的事情。当然，组织在密切关注积极公众的同时，要关注消极公众的发展变化，因为他们随时会转化为积极公众。

6.2 公众心理分析

分析公众的心理和行为，是为了使传播沟通工作具有较强的针对性和科学性。对于同一件事，不同的公众会有不同的反应，会采取不同的行为，这些反应和行为的差异与公众心理差异有关。

6.2.1 知觉与公众行为

（一）知觉的概念

知觉是大脑对当前直接作用于感觉器官的客观事物的整体反映。知觉是在感觉的基础上产生的。知觉就是各种感觉的复合。知觉只限于当前在脑中呈现事物的整个映象。认知

事物的一定意义，是思维在起的作用。在心理活动中，知觉与思维紧密地相互联系着。知觉是思维的“窗口”，为思维提供感觉信息，而思维又对感觉信息进行加工处理，把知觉组织起来，使其获得一定的意义。

由于知觉含有一定的意义，使知觉带有主观意识性，致使人们的知觉往往与现实的客观世界不完全一致。受这种主观意识性的影响，人们对客观事实的知觉经常会出现程度不同的变形或歪曲现象。造成这种现象的主要原因：一是知觉的选择性，二是知觉的偏见。

（二）知觉的选择性

所谓知觉的选择性就是在知觉过程中，为了清晰地反映对象，人们总是从许多事物中自觉地（主动地）或不自觉地（被动地）选择知觉对象的心理过程。正是由于这种选择性的存在，使得人们在同一时间、同一场合中同时要面对着众多的事物的时候，只能有选择地感知其中少数内容，形成清晰的知觉；而对其他大部分内容则只能视而不见，听而不闻，无法形成清晰的知觉。

这种知觉的选择性，受客观因素和主观因素所制约。

1. 客观因素

下列知觉对象的特点影响着知觉的被动选择性。

（1）知觉对象本身的特征。

在周围环境中，那些刺激作用强烈而突出的事物，一开始特别容易引起人们的无意注意，成为知觉的对象。因此，为了提高公关工作效率，在公关传播中经常要考虑让知觉对象本身具有明显而突出的特征，使公众容易从环境中分出而产生知觉。相反，应当减弱或避免公关传播环境中那些强烈而突出的干扰性刺激，以增强公众的相关知觉。

（2）对象和背景的差别。

在同一时间的知觉过程中，人们清晰感知到的几个事物，成为知觉对象，而模糊感知到的其他较多的事物则成为对象的背景。对象与背景的差别越大，就越容易把对象从背景中分出。反之，这种分出就越困难。

（3）对象的组合。

有时，在一定条件下人们能把若干事物组合成一个整体，作为知觉对象。在空间上接近的对象，容易作为一个整体被感知；一些对象的性质和形状相似，则它们容易组合成一个整体而被感知；当几个对象共同包围着一个空间时，人们往往容易把它们组合成一个整体来知觉；当几个对象在空间或时间上连续地排列着，则它们容易组合成一个整体而被感知。

2. 主观因素

在知觉过程中个人某些主观因素的作用，在不同方面不同程度上影响着知觉的选择性，表现为主体主动地感知对象。这属于知觉的主动选择性。影响知觉选择性的主观因素有如下几个方面。

（1）需要和动机。（2）兴趣。（3）性格。（4）气质。气质主要是受神经过程的特性决定的行为特征，它往往与性格交织在一起。气质行为可分为多血质、胆汁质、粘液质和抑郁质四种典型类型，它们对知觉选择性的影响，主要体现在一定时间内知觉的速度和数量上。①多血质者能灵活、敏捷、迅速地感知对象，其选择性知觉的速度快，数量多。②胆汁质者的选择性知觉比前者稍差一点。③粘液质者较缓慢地感知对象，其选择性知觉的速度较慢，数量较少。④抑郁质者对事物较敏感，易于感知对象，其选择性知觉的速度较快，但不灵活，因而其知觉数量不如多血质。（5）经验知识。这是指个体过去通过认知积累的、与当前知觉有关的经验知识。经验知识对知觉的选择性的影响很明显，主要是使熟悉的对象易于从环境中分出来。

（三）知觉的偏见

知觉的偏见是人们在感知事物的时候，由于特殊的主观动机或外界刺激，对事物产生一种片面或歪曲印象的心理过程。常见的原因有以下几个方面。

1. 首因效应

首因效应即第一印象的强烈影响。事物给人最先留下的印象往往有强烈的作用，左右着人们对事物的整体判断，影响着人们对事物以后发展的长期看法。第一印象一旦形成就比较难以消除。因此，在公共关系工作中要十分注意传播中的首因效应。无论是人、产品、环境，还是组织行为，都要尽可能给公众留下良好的第一印象；避免因为不良的第一印象而造成知觉的片面性。

2. 近因效应

近因效应即最近或最后印象的强烈影响。事物给人留下的最后印象往往非常深刻，难以消失。对一件事物或对一个人接触的时间延长以后，该事物或人的新信息、最近的信息就会对认识和看法产生新的影响，甚至会改变原来的第一印象。公关传播工作亦要注意这种近因效应，注意用新信息去巩固、刷新公众心目中原有的良好印象，或尽力改变原来的不良印象。

3. 晕轮效应

晕轮效应即一种片面的知觉。人们在认识事物或人的时候，往往会从对象的某些突出的特征或品质推广为对象的整体印象和看法，从而掩盖了对象的其他特征或品质，形成某种幻化的知觉。这种幻化的知觉会产生美化或者丑化对象的作用。公共关系活动可以适当利用这种晕轮效应来扩大组织或产品的影响，美化组织或产品的形象；同时也要避免因为滥用这种晕轮效应，使公众反感甚至讨厌；更要反对利用晕轮效应来蒙骗公众。

4. 定型作用

定型作用即固定的僵化印象对人的知觉的影响，也称“刻板印象”。人们往往自觉或不自觉地凭借自己以往形成的固有经验和固定的看法去判断评价某类人或事物的特征，并对该类人或事物中的个体加以类推。这种看法一旦在人的头脑中定了型，造成“先入为主”的成见，就容易在新的认知中产生偏差，妨碍人与人之间的正常交往或对事物的正常判断。公共关系工作一方面要研究和顺应公众的某些刻板印象，使自己的形象与公众的经验相吻合；另一方面也要努力传播新观点、新知识、新经验，以改变公众某些狭隘的成见和偏见，以及由此形成的误解。

以上几种常见的知觉现象是“心理定势”的具体表现。心理定势是人的认知和思维的惯性、倾向性，即按照一种固定了的倾向去认识事物、判断事物、思考问题，表现出心理活动的趋向性和专注性。它既有积极的定向作用、推动作用、稳定作用，也有消极的妨碍作用、惰性作用、误导作用。研究公众的各种心理定势，是影响公众的态度和行为的重要依据。

6.2.2 需要与公众行为

人类的一切活动，总是以需要为中心的，人的行为总是直接或间接、自觉或不自觉地为了实现某种需要。

（一）需要理论的要点

需要是人对特定目标的渴求与欲望，是推动行为的直接动力。需要反映了有机体对其生存和发展的条件所表现出的缺乏。这种缺乏既可能是生理的，也可能是心理性的。

1943 年，美国心理学家马斯洛在《人类动机理论》一文中首次提出了需要层次论，并于 1954 年在其名著《动机与人格》中作了进一步阐述。

马斯洛的需要层次理论对我们研究公众的需要与行为有很大的启发性。马斯洛认为人有许多基本需要，并将这些需要排成一个具有高低层次的系统。马斯洛的需要层次理论主要有三个方面的内容：人类有五种基本需要，需要是有层次的，行为是由优势需要所决定的。

（二）需要的五个层级

需要的五个层级包括：.生理的需要，安全需要，社交的需要，自尊的需要，自我实现的需要。

自我实现的需要就是要实现个人理想和抱负、最大限度地发挥个人潜力并获得成就的需要。这种需要往往是通过胜任感和成就感来获得满足的。

（1）所谓胜任感是指希望自己担当的工作与自己的知识能力相适应，工作带有挑战性，负有更多的责任，工作能取得好的结果，自己的知识与能力在工作中也能得到成长。

（2）所谓成就感表现为进行创造性的活动并取得成功。具有这种特点的人一般给自己设立相当困难但可以达到的目标，而且往往把工作中取得的成就本身看得比成功以后所得到的报酬更为重要。

（三）五种需要的排列关系

马斯洛认为，对一般人来说，这五种需要由低到高依次排成一个阶梯，当低层次的需要获得相对的满足后，下一个需要就占据了主导地位，成了驱动行为的主要动力。在这里，生理需要和安全需要属于低级需要，尊重的需要与自我实现的需要属于高级需要，归属和爱的需要为中间层次，基本上也属于高级需要。必须先满足低级的需要这是基础，然后才能逐级上升。

马斯洛又认为，这个层次顺序并非很“刻板”，而是有许多例外的，如涉及理想、崇高的社会价值等，具有这样价值观的人会成为殉难者，他们为了某种理想或价值，将牺牲一切。由此可见，人们对需要的追求不同。当一个人同时面临多种需要时，他应该如何作出选择？这就涉及“优势需要”的问题了。

（四）优势需要决定行为

马斯洛认为，在同一时间、地点、条件下，人存在多种需要，其中有一种占优势地位的需要决定着人们的行为。当一种需要满足以后，一般来说它就不再是行为的积极推动力，于是，其他需要就开始发挥作用。但不能认为某一层次的需要必须完全满足之后，下一层次的需要才会成为优势。实际上，优势需要满足后出现的新需要，并不以突然的跳跃的形式出现，而是以缓慢的速度从无到有，由弱到强，逐步发生的。因此，马斯洛的层次理论并非是一种“有”或“无”的理论结构，它只不过是一种典型模式，这种需要分类只说明了一种基本的趋向，即需要具有不同层次，这种层次的优势又是不断变动的，当优势需要获得满足以后，它的动力作用随之减弱，高一级的需要才处于优势地位。

马斯洛认为，由于各人的动机结构发展的状况不同，这五种需要在体内形成的优势位置也就不同，但是任何一种需要并不因为高层次的要求获得满足而自行消失，只是对行为影响的比重减轻而已。此外，当一个人的高级需要和低级需要都能满足时，他往往追求高级需要，因为高级需要更有价值，只有当高级需要得到满足时，才具有更深刻的幸福感和满足感。但是如果满足了高级需要，却没有满足低级需要时，有些人可能牺牲高级需要而去谋取低级需要；还有些人可能为了实现高级需要而舍弃低级需要。

要争取公众的支持就必须满足公众的需要。公众的行为往往同时受多种需要的支配，在一定的条件下，多种需要中会有一种最为迫切的、起主要支配作用的“优势需要”。公关人员应该把这一点作为制定公关政策的依据，并作为评估公关效果的标准之一。

6.2.3　态度与公众行为

公众对组织的态度，反映了组织与公众之间的公共关系状态，更影响到公众对组织所采取的行动。

（一）态度及其结构

态度是人们在认识和行为上相对固定的倾向，包括人对事物和社会认知的倾向、情感的倾向和意图的倾向，这些倾向一经形成就比较稳定、比较持久地影响着人们对事物的判断和看法，影响着人们的行为方向和方式。

态度反映的是个人对某一对象所持有的评价与行为倾向。此类对象的范围非常广泛，包括人和各种事物，这些可称为态度对象。例如，企业管理人员与员工都愿为企业的发展而努力工作，彼此的评价都很好，他们之间有一种友好交往的行为倾向，这时企业管理人员与员工互为态度对象，这里的态度对象都是人；消费者能从企业的产品中得到一定需要的满足，对企业产品的评价很高，有一种持续购买的行为倾向，这里的态度对象是企业的产品。以上这些都是对人和事物的评价与行为倾向，表明了人的某些态度。它们作为主体的一种内在的心理动力，激励着主体采取与态度相适应的行为并作用于态度对象。

一般来说，态度由认知、情感、意图三个因素构成。

（1）认知，是指主体对态度对象的认知，包括感知、思维、理解、看法等。认知是主体对态度对象的整体了解和评价，特别是对对象的价值评价，好或坏，有用或没有用等，这是态度形成的基础。

（2）情感，指主体对态度对象的情感体验。认知规定了态度对象，对它加以评价，并使主体表现相应的行为，从中获得情感体验，如喜好—厌恶，尊敬—轻视，热爱—仇恨，同情—冷漠等，同时激励着主体的行为表现。情感是主体对于态度对象的情绪反应，它以认知为基础，又左右着人的行为方向，在态度中具有调节作用。

（3）意图，指主体作用于态度对象的行为准备状态。意图是由认知因素和情感因素所决定的对于对象的行为反应倾向，即准备“做还是不做”，“要做，该怎样做”，亦即潜在的行为倾向，这是态度的外显因素。

态度并非行为，而行为以态度作为内在动力。态度可以被看做是心理向行为过渡的临界点，态度是行为的准备状态，行为是态度的表现状态。态度的变化直接影响着行为的变化，行为的变化导致态度各个因素相互关系的变化。其间，伴随着情感的激励作用，即按照情感的方向激励着主体采取一定的行为，作用于态度对象。态度的这三个因素相互联系，相互制约，形成一个相对稳定的统一体。

（二）态度的特性

（1）态度的社会性。这是指人的态度产生于社会中并指向和作用于社会。没有一种不带社会性的态度。即使是对自然对象的态度，也不能例外，因为这种态度多少渗透着某种社会意义。

（2）态度的针对性。这是指任何一种态度都有其相对应的特定对象即“态度对象”。没有针对性的态度是不存在的。即使是对自己的态度，也是以自己为态度对象的。这个特性也表明态度的客观性。

（3）态度的协调性。这是指构成一种态度的各个因素是协调一致的。在认知的基础上产生相应的情感，而在情感的激励下产生相应的意图，它们之间在彼此相对稳定的条件下不发生矛盾。情感是态度的核心因素，它与意图的协调性是完全的，有什么样的情感，就会产生完全相适应的意图，因为意图是受情感所决定的，它们之间的协调性高于认知与情感的协调性。认知与情感的协调性是不完全的，也就是说它们之间可能不完全一致。人们常说：“知道是一回事，做又是一回事”就是这种不协调性的一种表现。

（4）态度的稳定性。这是指态度一旦形成，将持续一段时间而不轻易改变，在这方面情感起着突出的作用。往往有这样的情况，认知因素已经改变了，但情感还在左右为难。这种特性也是客观事物处于相对稳定状态的反映。

（5）态度的两极性。这是指对事物往往有两种相互对立的极端态度。就其表现形式来看，有肯定与否定态度、赞成与反对态度、亲近与疏远态度等。就其意义来看，有积极与消极态度。积极态度对事物起着进步、提高、促进等作用，而消极态度则起着落后、倒退、破坏等作用。应该注意的是，肯定态度不一定是积极态度，如对错误的问题抱肯定态度，是消极态度。否定态度也不一定是消极态度，如对不正当活动的否定态度，则是积极态度。在态度的形成中可能存在着一种“中性态度”，但它是短暂的，终究会向态度的两极发展。

（6）态度的间接性。这是指态度只是行为表现前的心理状态，即行为准备状态。态度对行为的激励作用就在于此。行为与态度之间并非直接和机械的关系，而经由态度的中介作用。态度与行为之间可能存在着不一致性，这要由自我意识来调节。例如某人在考虑到某种利害关系时，可能表现出与真实态度相违背的行为，如花言巧语的欺骗行为就是例证。应当看到态度的间接性是复杂的。

（三）影响和改变态度的因素

态度的形成与改变是同一发展过程不同的两个方面。态度的形成强调某一态度的发生发展，而它的改变则强调由旧的态度改变为新的态度。二者相互联系，相互衔接。

态度的改变可分为两种：① 态度的一致性改变，指改变原有态度的强度，而其方向不变，如稍微反对（或赞成）的态度改变为强烈反对（或赞成）的态度。可以说，态度的一致性改变是态度“量”的改变。② 态度的不一致性改变，指以新的态度取代旧的态度时其方向改变了，如由反对的态度转变为赞成的态度，或者相反。也可以说，态度的不一致性改变是态度“质”的改变。

态度的形成与改变受如下一些主客观因素制约。

1. 社会因素

社会因素是指社会上各种事物，包括社会制度、社会群体、社会交往、道德规范、国家法律、社会舆论、风俗习惯等。它们的存在和作用是强有力的，影响着人们态度的形成和改变。社会上刚出现新的事物，往往会遭到一些人的抵制和反对，但只要这种事物有利于社会和个人身心的发展，它迟早会被人们所接受。例如，公众旧的消费观念与消费习惯的改变与新的消费观念与消费习惯形成，这个态度的转变过程可能是在潜移默化的情况下进行的。

2. 团体因素

许多社会因素往往通过各种团体而起作用，团体是社会的缩影。团体因素包括一定的信仰、目标、组织形式、规章制度、行为规范、成员与团体的关系等，也是一种强有力的客观因素。个人出于某些需要加入一个或几个团体，与团体建立一定的关系，从而团体对其成员施加影响，使他们改变和形成有关的态度。团体影响力的大小，取决于个人与团体的关系。个人与团体的关系越密切，在团体中的地位越高，其归属感越强，那么团体就越能对他施加影响，使他形成有关的态度而改变不相适应的态度。反之，个人与团体的关系越疏远，就越难对他施加影响，直至他脱离团体，重新改变和形成态度。

3. 宣传因素

许多社会因素和团体因素往往通过一定的宣传因素而起作用。宣传因素是指在宣传过程中由宣传者的威信、宣传内容、宣传方式方法等结合成为一种客观的说服力，影响着被宣传者有关态度的形成和改变。运用宣传手段进行公关传播，是我们传达组织理念、树立组织形象、优化公众环境的重要策略之一。

4. 个性因素

主观的个性因素含个性倾向性因素和个性心理特征两个因素。

（1）个性倾向性因素。个性倾向性是指个体心理活动中稳定的意识倾向性特征。主要有需要、动机、理想、兴趣、信念、世界观等因素。它们作为各种心理动力而调节着主体的行为，态度受到这个系统中诸因素的影响。

需要是主体企求获得某种事物的一种心理动力状态，能激起主体为满足需要而采取行动。因此，凡是能够满足需要的对象，就易对他产生喜好的、积极的态度；反之，阻碍满足需要的对象，则产生厌恶的、消极的态度。如果某种需要能够不断得到满足，那么有关的态度就巩固下来，成为一种习惯性的态度。如果原来的需要得不到满足，或产生新的需要，则促使态度的改变或新态度的形成。可见，需要是态度形成和改变的一个心理动力。公共关系工作可以通过满足公众的需要来改变和影响他们的态度。

（2）个性心理特征。个性心理特征是指个体心理活动中稳定的心理特征，包括能力、气质和性格三个因素。

① 气质主要以其灵活性及可塑性影响着态度的改变和形成。

A. 灵活性和可塑性较大的多血质者，较易改变态度；B. 灵活性和可塑性较差的粘液质者和抑郁质者，较不易改变态度。

② 性格则以其类型特征影响着态度的改变和形成。

A. 外倾型者及顺从型者较易改变态度；B. 内倾型者和独立型者较不易改变态度；C. 理智型者善于通过认知因素改变和形成态度；D. 意志型者易于通过目的的明确而改变和形成态度；E. 情绪型者易受感情因素的影响而改变态度。（抓住不同的特性，施以不同的方法）

5. 态度系统特性因素

一个人形成某些态度，这些态度往往相互组合成为一个态度系统。该系统具有各种特性，作为主观的心理条件而影响着态度的形成和改变。态度如果具有以下一个特性，则较不易改变：

（1）态度是幼小时形成的；（2）态度发展到两个极端；（3）态度所涉及的关系较复杂；（4）态度在长时期内前后一贯，并已形成相应的信念；（5）态度中认知、情感和意图三个因素完全协调一致；（6）态度强烈地激励着行动，并使主体取得较多的满足；（7）态度与价值观的联系较密切。

如果态度具有更多的上述特性，则其强度更牢固，所表现的行为更强烈，因而要改变它也就更不容易。（通过观察其特性因素来观察其改变态度的难易程度）

总之，态度的形成和改变，是上述各种主客观因素相互作用的结果。其中，客观因素是外因，以社会因素为主，而主观因素是内因，以思维和个性倾向性因素为主。外因通过内因而起作用，使态度得以形成和改变。公共关系工作者如能恰当地把握好这个主客观因素的相互作用，就能对公众的态度施加有效的影响。

（四）霍夫兰的说服模式

第二次世界大战期间，卡尔•霍夫兰在美国陆军主持研究战争中对敌宣传和美军士气的问题。战后，他回到耶鲁大学继续进行态度改变方面的研究。霍夫兰关于态度改变的研究对于研究公众态度的改变很有启发。霍兰夫认为人的态度的改变主要取决于说服者的条件、信息本身的说服力以及问题的排列技巧。

1. 说服者的条件

为了验证说服者的作用，霍夫兰做了这样一个实验：将一群被试者分为三个组，然后让三个人分别在各个小组就一个少年犯的题目进行演说。这三位演说人分别被主持人介绍为“法官”、“普通听众”和“品行低劣之人”。演讲结束后，三组听众开始分别给演说者打分。结果，“法官”得了“正”，“普通听众”得了“中”，而“品行低劣之人”却得了“负”。这个实验结果表明：一个对某问题享有声誉的人总比无声誉的人更能引起更多人的态度改变。

霍夫兰之后的研究者专门研究了说服者的“声誉”问题。认为声誉的最主要成分是专门知识（或专家身份）和超然的态度。如介绍中的“意见领袖”必须是一个身份明确的权威。另外，超然的态度也是劝服者的声誉之一。如同战争中的和平使者往往必须是一位与双方均无利害关系的人一样，公关传播者或广告劝服者也不能以一个为厂商的利益而急不可耐的形象出现在消费者面前。

2. 信息本身的说服力

到底该用何种方式说服人，应视不同的对象选用不同的方法。霍兰夫认为：①如果对方本来就赞成说服者的意见，只讲正面理由可以坚定其原有的态度；②如果对方原先或当时反对说服者的主张，把正反两方面的理由都说出来，比只讲一方面理由更好；③如果对方教育程度高，说出两方面的理由更为有效；④如果对方教育程度低，说一方面理由较好；⑤如果对方的教育程度低，并且原来就赞同说服者的立场，则一定要用正面理由，若说出正反两方面的理由，反而可能导致他犹豫不定。

3. 问题的排列技巧

问题的排列顺序在改变公众的态度时也显得比较重要，哪些问题先说，哪些事情后讲，其顺序的安排得讲究技巧。在霍夫兰看来，首先提出宣传论点，可以引起公众注意，易形成有利的气氛；最后提出的论点有利于公众记忆。①如果传播内容是受公众赞同的或可能接受的，那么，把它们首先提出比较有利；②如果首先唤起公众的需求，然后再提出问题，则更易于被公众接受。

6.2.4 流行、流言及舆论

在公共场合下的流行、流言、舆论是大众心理现象的三种表现形式。

（一）流行

只要社会上某些有影响的特定的人物表现出某种新奇性的行为，许多人就会竞相仿效，从而成为一种社会风尚——流行。

1. 流行的概念

流行（或时尚）是一种群众性的社会心理现象，是指社会上许多人都去追求某种生活方式，使这种生活方式在较短的时期内到处可见，从而导致了彼此之间发生连锁性的感染，即所谓的“一窝蜂”现象。

（1）流行有三方面的含义。

① 流行是人们对某种社会方式的随从和追求，它涉及的范围十分广泛；

② 流行是有相当多的人去随从和追求某种生活方式；

③ 流行是在一定时期内的社会现象，过了一定的时间便不再流行。若长时间持续，就会转化为人们的习惯，成为社会传统。

（2）流行可以根据表现的热情程度和持续时间的长短，分为时髦与时狂。

① 时髦是流行的一种典型表现。它在一定时间内受人赞许，而且经常发生变化。它也包含对某些被认为有待改进的行为规范的叛逆。因此，人们对时髦的追求乃是偏离传统行为而倾向于当前新颖入时的生活方式。

② 时狂是流行的狂热表现，是热情追求某些生活方式而缺乏理智的倾向。

2. 流行的特点

（1）社会上流行的某些内容虽然各不相同，但它们都有一些共同的特征：① 新奇性；

② 时效性；③ 周期性；④ 两极性。

（2）人们追求某种生活方式呈正态曲线分布，有人以革新性为标准把人们分为五种类型：① 先驱者；② 早期采用者；③ 前期追随者；④ 后期追随者；⑤ 落伍者。

3. 追随流行的心理原因

流行并不具有社会的强制力，人们追求流行基于心理上的种种需要：（1）从众与模仿；（2）求新欲望；（3）自我防御与自我显示。

4. 追随流行有个别差异

人们是否追求流行有很大的个别差异。追随流行有年龄与性别的差异。一般而言，女性比男性更追求流行；青年比老年更追求流行。在性格上，脾气容易变化的人，喜欢华丽的人，对流行特别敏感。此外，虚荣心、好奇心、好胜心强的人比较追求流行。

流行的研究对于公关工作有着重要的意义。一个公共关系活动很可能成为某种流行的倡导者，或者是某种流行趋势的引导者；一个广告传播活动也可能对某种流行有一种推波助澜的作用。对于流行产生的原因的深入分析，尤其是对与企业产品有关的流行趋势的把握，会给企业带来极大的市场效益。

（二）流言

流言是一种极为普遍的社会心理现象。流言一经发生，传播极为迅速。尤其是那些攻击流言、恐怖流言，对个人和社会都会产生消极影响。

1. 流言的定义及其类型分析

流言是指提不出任何信得过的确切根据，而在人们中相互传播的一种特定的虚假信息。流言的类型大致分为愿望流言、恐怖流言和攻击流言三类。

（1）愿望流言。愿望流言反映人们某种要求、期望、未实现的梦想以及未满足的需求。愿望流言是凭常识就能推测到这些流言是被有目的地、故意地传播给宣传对象。

（2）恐怖流言。恐怖流言反映出人们内心的恐怖情绪。这种流言常见于社会紧张时期（自然灾害、战争、政变等），以及人们对某些事物产生明显的恐怖和悲观绝望的时候。

（3）攻击流言。攻击流言与恐怖流言相似，一般产生于社会紧张时期，通常起因于群体之间的矛盾，其作用在于制造分裂。在激烈竞争的市场环境之下，也可能产生攻击流言。

2. 流言传播的消极影响

流言一经发生，传播极迅猛，成为一种精神上的传染。因而流言对个人、对社会都会产生消极影响。

流言对个人心理、行为的影响，是作为一种社会情境对个人发生直接的刺激作用。流言形成并广为传播着之后，就会成为一种社会心理环境。人们处于这种社会心理环境之中，就会自然而然受到影响。流言对社会、对群体的消极影响不容忽视，因为群体中人与人之间相互接触，会使流言不断地变化，进而增强它的力量。当不利于社会安定幸福的流言被散发时，往往会引起人们的恐慌，产生强烈的情绪反应。

3. 流言内容变化的特点

流言内容的变化经过一般化、强调和同化三个阶段。

（1）一般化。是指将流言内容压缩到只剩下有价值的若干具体细节，使流言越传越变得简略而扼要，遗漏掉许多其他细节。也就是说，流失了许多信息，越到后来越使人感到内容一般化。

（2）强调。是指突出流言的某些具体细节。听到流言的人，由于对其中有些内容比较容易注意和产生兴趣，留下了较为深刻的印象。经他再次传播时，就会强调其印象深刻的部分。

（3）同化。是指流言的接受者以自己的知识经验、需要及态度等主观因素来理解流言的内容，凡是他认为合乎逻辑的部分就接受下来，同时凭自己的想象对它进一步加工即“添油加醋”之后再广为传播。最后往往把流言套到某个对象身上对号入座，使流言内容与原来的事实相距甚远。

流言内容发生变化的主要原因是人们在记忆上的偏差所致。

4. 流言的制止

流言的破坏性很大，因此，必须及时制止流言的产生与传播。有以下意见可供公关机构参考。

（1）建立流言研究机构。

美国流言研究者纳普（Nape）根据他的经验总结出对付流言的六种方法，对我们从事公关工作很有启发。

① 提高新闻媒介的可信度，让人们藉新闻媒介获取完全正确的情报。

② 使人们对领袖人物具有信任感。

③ 为了消灭模糊的真空状态，要尽可能多而快地传达可信的情报。

④ 马上掌握可信的情报并做出权威的解释，以迅速而简便地否定虚报。

⑤ 要防止人们的生活情境过于寂寞和单调，这些是最易导致流言、传闻出现和传播的心理条件。

⑥ 要慎重开展宣传活动，以便揭露流言的有害影响及制造、传播流言的人的不良动机。

（2）及时制止各类流言的方法。

流言是完全可以制止的，因为它缺乏事实的根据。政府和企业的公关部门通过调查访问，向人们提供确切的消息，就可以彻底制止流言的传播。此外，在紧急情况下必须有针对性地及时制止流言。

（三）舆论

舆论是大众社会中的一种普遍存在的心理现象。

1. 舆论的定义及其特征

舆论是公众的意见与看法，是社会全体成员或大多数人的共同信念，是人们彼此间信息沟通后的一种共鸣。

英国《大不列颠百科全书》指出，舆论至少包括四个因素。① 必须有一个问题；② 必须有多数个人对这个问题发表意见；③ 在这些意见中至少要有某种一致性；④ 这种一致的意见会直接或间接地产生影响。

由此可见，舆论具有以下特征。

（1）舆论作为一种公众的意见，当然是为多数人赞成和支持的；反之，若社会上某种意见，即使有人大力宣传和提倡，但未能取得公众的赞成和支持，那么这种意见还不能称之为舆论。

（2）舆论总是涉及社会的安宁与幸福的问题。它总是针对社会上出现的某些特殊现象，这些特殊现象与社会固有的风俗传统、伦理道德相违反，人们感到此种情况与社会已有规范相悖，不利于社会的安宁与幸福时，于是作出种种议论。

（3）舆论本身含有合理性。由于舆论的形成是经过一个时期的酝酿与讨论，逐渐使人们看到其合理的部分，于是采纳它、赞同它、支持它。

（4）舆论是有效的。能否使某种意见成为舆论，最主要的是在于它的有效性，即这种意见能否发生社会影响。某种意见能推动或阻碍社会上的某种行为，这种意见就是舆论。

（5）舆论一般不是政府的意见，若是政府的意见，那就以政府的公告、宣言、政策等形式出现。舆论是广大民众的呼声。

2. 舆论的结构

舆论有三个基本要素。一是作为舆论对象的人或事件；二是作为舆论主体的公众；三是作为舆论现象本身的意见。一个完整的舆论须三位一体，缺一不可。

（1）舆论对象。舆论对象是指与人们的现实利益密切相关，能够引起大家共同兴趣，需要公众认真对待的社会事件。它有两个显著特点：一是功利性，对社会有重要意义；二是新异性，对人们有强烈的刺激性和吸引力。功利性、新异性越强，越容易形成舆论。舆论主要有以下四种形态：① 社会事件；② 社会问题；③ 社会冲突；④ 社会运动。

（2）舆论主体。作为舆论主体的公众与人群不同，它的内聚力来自于思想的沟通和平等的交流。称之为舆论主体的公众，具有以下一些特点：① 有共同话题；② 参与议论；③ 自发性与松散性；④ 有一定的层序性。

（3）意见。意见有多种含义，例如“对特点事物的观点、判断或评价”，“弱于知识、强于印象的信念”，“被作为确实的东西广泛流行、普遍接受的观念”，“专家们的想法、判断和劝告”，等等。

美国舆论学者艾尔贝格分析了意见与态度的关系，认为意见是态度的语言表达，而任何一种意见，都包含了三种成分：一是认识成分，如事实陈述，价值评价，思维观点，信仰和信念等，统称为见解；二是情感成分，如肯定或否定的价值取舍，喜怒哀乐的情绪选择等，称之为偏好；三则是意志成分，如动机、意图、愿望、要求等，称之为意向。在议论过程中，公众针对舆论对象用语言表达出来的态度，或见解、偏好、意向，总要有所赞成或有所反对，总要具有某种偏好和立场，这就是意见。

3. 舆论的作用

（1）舆论的制约与监督作用。（2）舆论的鼓动作用。（3）舆论的指导作用。

正因为舆论有上述的作用，所以任何一个国家和政府都十分重视对公众舆论的控制与引导，尽量利用广播、电视、报刊等宣传媒介作舆论宣传，使宣传内容反映群众的呼声，传达政府的希望和要求。舆论不是一成不变的，它随着社会的发展而不断地变化着。因此，国家的有关部门必须经常研究当前的舆论，并及时把握舆论的发展动向，给公众以正确的指导。

6.2.5　公众心理的其他方面

（一）团体压力与从众心理

1. 从众心理的定义

从众心理是指在社会团体的压力下，个人不愿意因为与众不同而感到孤立，从而放弃自己的意见，采取与团体中多数人相一致的行为，以获得安全感、认同感和归属感。这种现象被称做社会从众行为，或叫团体压力下的顺从现象，俗称为“随大流”。从众心理对于某些公众态度和行为的产生具有明显的影响。

从众行为的主观原因是不愿意被孤立。从众行为的客观原因是外来的影响和压力。正由于上述两方面的原因，通常从现象来看，团体成员都有顺从团体的倾向，但也不都是这样。哪些因素决定团体成员顺从还是不顺从呢？这取决于团体、个人及问题本身的性质这三方面因素。

2. 决定团体成员是否从众的因素

（1）团体方面。① 团体的性质起重要作用。人越需要这个团体，则越愿意顺从。②如果这个团体一贯是团结的，团体成员间的感情深厚，则容易顺从；反之，不容易顺从。③ 如果这个团体的气氛是民主的，允许不同意见发表，则个人的不同意见容易坚持；如果是专横的，排斥异己，打击报复，则个人不同意见不易坚持。④ 如果团体中绝大多数人的意见一致，仅有一人意见不一致，则易于顺从；如果有其他人或一些人与他意见一致，则不容易顺从。⑤ 如果团体的多数意见受到社会支持，个人意见不受社会支持，则容易从众；反之则不容易。

（2）个人方面。① 如果个人在团体中的地位比别人高，不容易从众；反之则易从众。② 如果个人的智慧与能力高，不容易从众；反之则易从众。③ 如果个人的情绪是稳定的，不易从众；情绪不稳定，则易从众。④ 重视人际关系的人，易从众；不重视人际关系的人，不易从众。⑤ 态度与价值观对个人是否产生从众行为也有影响。如果个人整体观念强，重视组织原则，则易从众；反之，则不易从众。

（3）问题本身。① 对非原则问题比对原则问题容易从众；② 对一般问题比对重大问题容易从众；③ 有明确答案的，不易从众；没有明确答案的易从众。

应该注意的是，团体压力与权威命令不同，它不是自上而下的命令，也没有硬性的条例规定，它并不是强制性的。它是通过多数人的一致意见和态度，形成一种无形的压力，对个人的心理构成影响，往往比权威更能制约和改变个人的行为。

（二）逆反心理与公众行为

逆反心理指作用于个体的同类事物，超过了个体感官所能接受的限度而产生的一种相反的体验，使个体有意识地脱离习惯的思维轨道，向相反的思维方向探索。逆反心理会造成逆反行为、抵触行为。

1. 心理感应抗拒理论

人们的态度是否转变，与本身内在的心理状态有关。心理感应抗拒理论就是阐明人们的逆反心理形成的主观原因的理论，是美国心理学家布林在其专著《心理感应抗拒理论》中首次提出的。

布林指出，当一个人的行为自由受到威胁时，他会处于一种动机唤醒状态，这种状态驱使他去试图恢复自己的自由。这种动机状态是人们对其行为自由减少的一种反应，也就是一种反作用力，布林称之心理抗拒。因为人们都有享有自由行动与思考的权利，大家都坚持认为“我就是我自己行为的唯一主宰者”。

所谓自由行为，对于一个人来讲，是在某一时期，他有一套可供自己选择的行为，这套行为中任何一种行为在什么时间发生都可以由自己决定，所以称为自由行为。自由行为只包括那些具有现实可能性的行为，例如，吸烟是自由行为，而到月球上漫步则不是自由行为。自由行为包括一切可能实现的行为，一个人做什么、怎样做，以及什么时候去做，等等。为此，人们必须具备从事某种行为的身体和心理能力，具备一定的经验、习惯，以及有关法律或其他相应的知识。根据布林的理论，如果一个人的一套自由行为中有一种行为被剥夺或者可能被剥夺的话，他将发生心理抗拒即逆反心理。

2. 影响心理抗拒的因素

布林认为，心理抗拒的强弱是由以下因素所决定的。

（1）对自由的期望。（2）对自由剥夺的威胁。（3）自由的重要性程度。（4）是否会影响到其他自由。

3. 心理抗拒阻止态度的转变

人们产生心理抗拒以后，将会影响其态度的转变。

逆反心理形成也可能是由于好奇心与好胜心（自我显示）。公众对于某些表现过分的东西，往往会产生十分厌烦、厌恶的感觉，从而形成抵触的情绪。在这种抵触情绪下，为了证实和论证自己的判断力，便力求搜集相反的信息和资料，从相反的方面得到支持和论据，形成相反的认识和判断，并根据相反的判断采取相反的行动，从而表现出个人能力的与众不同。

无论如何，逆反心理的产生会成为组织与其传播对象进行沟通的一种障碍。因此，要防止出现公众的逆反心理，公关工作人员应当细心研究公众对“自由”的看法与认识，充分尊重和顺应他们的“自由”，不能让他们感觉到自己的“自由”被剥夺。另外，从信息传达的角度来看，还要注意传播的信息量和刺激量要适度，信息量过大，刺激过度就容易使传播对象产生厌烦情绪，同样也会产生逆反心理。

漠视让爱立信输掉了中国市场

2001 年 6 月 21 日，来自全国各地的 36 名爱立信手机消费者集体向北京市朝阳区法院递交诉状，将爱立信告上法庭。事件的起因是，爱立信 T18、T28 这两款手机给这 36 位购买者带来了无休止的麻烦。原告之一杨建初称，他于 2000 年 5 月 1 日购买了爱立信 T18 手机，半年内共维修 7 次，更换主板 4 块，18 次往返于客户服务中心，可还是出现自动关机的毛病。杨建初第一次向法院递交的民事诉状的诉讼请求是：要求爱立信对其产品质量问题做出公开的、真实的解释，并向原告道歉；要求赔偿原告因在手机修理、更换、退货过程中发生的误工费、车旅费等；要求爱立信按照原告购机款的 10% 赔偿精神损失费；要求对爱立信进行惩罚性赔款；要求退还购机款；由爱立信承担诉讼费用。他在与爱立信公司最初的交涉中提出 4.5 万元的赔偿，而爱立信没有答应。他又提出另一个方案，要爱立信公司对中国公益事业进行资助，算是对他的赔偿，双方经过多次接触，在赔偿和赞助活动等方面，仍旧没有达成共识。杨建初的遭遇被媒体披露之后，引来上百名有类似情况的爱立信手机用户的声援与支持，致使这一事件由一个个案发展成一个公众性的问题。

应该说，善良的中国消费者已经给了爱立信补救的机会，只不过，爱立信没有好好把握。手机存在质量问题，本来就是一种错误，但更大的错误是爱立信漠视这一错误。

面对众多消费者对企业的投诉，爱立信公司邀请北京几家媒体召开了一个小型记者见面会，会上，爱立信公司表示："T18、T28 拥有国家颁发的合格证，质量没有问题。况且一部手机换了 4 个主板，都出同样的问题，这种情况太罕见了。"爱立信公司负责与媒体联系的一位先生还解释说，T18、T28 维修量剧增的原因是"爱立信手机的型号较少，出现故障就会非常集中，不像一些品种多的厂家可以分摊一下。"（仅这一点就犯了危机公关的大忌，自己的问题，为什么要牵扯对手呢?要知道，公然把没有牵扯的同行对手拉到对立面上来，实在是害人又害己）

此外，另一个情况也让中国消费者对爱立信失去了信心。

据《上海青年报》报道，2000 年年底，新加坡一些手机用户投诉三款爱立信手机——T28、T10 和 T18 有自动关机和线路差等问题，爱立信公司代表因此向新加坡用户道歉，向消费者协会保证要找出问题的原因，并呼吁使用以上产品的消费者一经发现问题，就将它送到其维修中心检查，承诺爱立信将为这些用户免费更换有故障的手机零件。

爱立信可以向新加坡的消费者道歉，为什么就不能给中国的消费者一个真诚的说法?截然不同的态度不能不让中国消费者感到愤慨。

随着媒体的深度报道，引发了消费者以及知名人士对爱立信的大规模批评，有消息说，爱立信的 768、788C 以及当时大做广告的 SH888，居然没有取得入网证就开始在中国市场大量销售，轻易不表态的中国电信管理部门的声明证实了此事。至此，爱立信手机存在问题这一事实得到了证实。但是，在整个事件中，爱立信一直采用掩耳盗铃的方式来解决问题，一方面拒不承认手机的质量问题，另一方面，试图掩盖已明显的事实真相，据说，爱立信曾试图拿出几万元广告费来封住媒体的嘴。既然爱立信选择了拒不认错，自然就不会去切实地解决问题。也许爱立信的产品真的一直做得很好，这起事故只是一个意外，但市场不会花费时间去探究事情的真相，你无视它，它就会无情地疏远你。拙劣的危机处理方式，让爱立信输掉了它从未想放弃的中国市场。

案例分析：从爱立信公司的表现来看，还是熟谙危机公关流程的，它对新闻媒体的作用也极为重视，但还存在着问题。

（1）信息的来源渠道值得反思。据爱立信公司的说法，知道消费者投诉是看到媒体报道之后，投诉都反反复复好几个来回了，公司决策部门竟然不知道，是推托之辞还是……要知道，危机信息的全面收集是危机公关的基础，知道了问题的症结，企业才好及时给予弥补、挽救。

（2）公关传播的内容值得推敲。在危机中，新闻媒体关注的是双方争执的过程、化解及内幕，是事件本身的新闻性。企业如果没有采取积极有效的公关举措，仅仅是恳求媒体客观公正地报道的话，正好适应了媒体深入报道的胃口。

危机发生后，公众都是在等待企业的表态——是否低姿态地承认错误、是否愿意承担责任、是否愿意改进等，这些应该成为企业危机公关传播的核心内容。实际上，危机公关正是通过这些积极的努力来赢得消费者的谅解与信任的，譬如，承认失误，做出高姿态的让步，也许企业不太乐意，但最终还是要走这条路。要进行有效的危机公关传播，花言巧语是没有用的，公众也不需要企业的什么花样表演，此时需要的是企业真诚的行动，行动是最关键的。

（3）对政府机构的忽视。政府相关机构，尤其是某些行业管理部门，对于企业的评价往往具有起死回生的力量。因而，向政府机构开展公关，让政府了解企业的难处，寻求其支持，是非常重要的。爱立信公司尽管声称自己的产品符合国家标准，但依据在哪里?从有关报道中可以看出，中国消费者协会对爱立信还是网开一面的，但是爱立信公司似乎并没有加以珍惜，对于已发生的投诉认识不足，缺乏积极主动的弥补措施从而导致了后来的局面，即使此时中国消费者协会想为之说话也为时已晚了。

（4）对问题根源的回避。可以说危机的苗头早已在企业内部有所反应——消费者的维修频率与投诉次数呈增多趋势。小问题往往会导致大问题的产生，这需要企业对一些看似没有关联的发生在消费者身上的小问题加以重新认识，思考为什么消费者会对自己提出这样的要求?爱立信手机之所以产生如此多的雷同投诉，不正说明自己的产品质量存在不足吗?也许企业有足够的理由证明自己的精益求精，但只要消费者看到企业的产品与服务有问题，就绝不会认为企业产品与服务百分之百的好，而会觉得是百分之百的差。

本章小结

公众是公共关系工作的对象或客体。没有公众，当然就没有公共关系可言。任何组织的公共关系活动的成败都是由公众来决定的。因此，每一个组织在开展公共关系活动之前都要确定和分析组织的公众。本章主要介绍公众的概念和分类及公众的心理分析。

公众是公共关系主体传播沟通对象的总称，它与人民、群众、人群、大众、受众等概念有区别。不同的组织有不同的公众，同一类组织有不同的公众，同一类型的公众又有不同标准的分类。

对于同一件事，不同的公众会有不同的反应，会采取不同的行为，这些反应和行为的差异与公众心理差异有关。大众心理主要包括知觉、需要、态度、流行、流言及舆论等表现形式。

综合练习

一、单选题

1. 按照公众对组织的重要程度分类可以分为首要公众、次要公众和（　　）。

A. 受欢迎公众　B. 被追求公众　C. 独立公众　D. 边缘公众

2. （　　）公众流动性大，分散性强，如飞机上的乘客、观光的游客、饭店的顾客等。

A. 流散性　B. 临时性公众

C. 周期性公众　D. 稳定性公众

3. 与组织自身相关性最强的一类公众对象是（　　）。

A. 内部公众　B. 顾客公众

C. 媒介公众　D. 政府公众

4. 边缘公众对组织所持的是（　　）。

A. 支持态度　B. 中间态度

C. 反对态度　D. 赞许态度

5. 组织开创阶段适用的公共关系活动方式是（　　）。

A. 维系型公关　　　　　　B. 建设型公关

C. 防御型公关　　　　　　D. 矫正型公关

二、思考题

1. 公众有哪些特征?

2. 知觉的偏见都有哪些?

三、分析题

为普通工人树碑立传

广州羊城药厂 1991 年建立了一座碑廊，碑廊内耸立着 5 块 2 米多高的大理石碑。上面篆刻的不是什么英雄人物的业绩或高级领导人的题词,而是本厂 195 位普通工人的名字。原来，他们都是立功受奖的人员，厂里为他们“树碑立传”了。

羊城药厂曾有一段时间境况不佳。为了扭转这种状况，该厂领导号召全厂职工振奋精神，积极献计出力，打好翻身仗。上述 195 位普通职工努力工作，为药厂的振兴做出了突出的贡献，立下了汗马功劳。1990 年，羊城药厂举行评奖活动，这 195 位普通工人分别荣获金羊奖、银羊奖和铜羊奖。

羊城药厂的领导认为，广大工人是企业的主人。这 195 位有功人员虽不是什么英雄，但是他们发挥了主人翁的精神，对药厂的振兴繁荣做出了突出的贡献，因此，他们的名字应该载入本厂的史册，让后人永志不忘。于是，该厂就为这 195 位普通工人树起了纪功碑。

这些纪功碑树立起来后，在羊城药厂引起了很大的反响。碑上有名者感到自豪，受到了鼓舞。老工人曹球抚摸着碑上自己的名字自语道，从没有想过自己竟有被“树碑立传”的一天!他决心为药厂的发展做出更大的贡献。而碑上无名者也感到学有榜样，干有方向，纷纷表示自己也要干出成绩来，争取自己的名字也被刻上纪功碑。因为他们看到，那 5 块纪功碑中的最后一块是空白的，它将留给后来人。一位小伙子说，他相信，通过努力，自己的名字终有一天也会被刻在碑上。

问题:

1. 树立和宣传先进典型对凝聚员工有什么作用?

2. 你所在组织在树立和宣传先进典型方面做了哪些工作？还能做哪些改进?

第七章

公共关系的工作任务

学习目标

知识目标：掌握组织内外公共关系协调的原理和方法，认识和掌握危机公关的方法和技巧。

素质目标：培养公共关系协调的素养，提高临危不乱的心理素质。

技能目标：能够运用公关技能协调内外部公共关系，初步具备危机公关能力。

案例导入

1981 年，美国马萨诸塞州巴莫尔的戴蒙德国际纸板箱厂，因市场萎缩，工人为前途担心。65%的员工感到管理层对员工不尊重，56%的员工对工作感到悲观，79%的员工认为他们没有得到因出色工作而该有的报偿。为此，管理层推出“100 分俱乐部”计划，即无论哪位员工，全年工作绩效高于平均水平的，则可得到相应分数，如安全无事故 20 分，全勤 25 分等，每年结算一次，并将结果送到每位员工家里，如分数达到 100 分，便可获一件印有公司标志和“100 分俱乐部”臂章的浅蓝色的夹克衫。

到 1983 年，工厂生产率提高了 16.5%，质量差错率下降了 40%，员工不满意见减少了 72%，由于工业事故而损失的时间减少了 43.7%，工厂每年多创收 100 万美元利润。

1983 年年底评议时，86%的员工认为管理层对员工很重视，81%的员工感到自己的工作得到了承认，79%的员工认为自己的工作与组织成果关系更密切了。

案例分析

公共关系的任务是“内求团结，外求发展”，内部团结是外部发展的前提，外部发展是内部团结的结果。从这个意义上来说，组织的员工是与组织最利益相关的公众。以提高凝聚力为目标的组织内部公共关系工作就成为任何组织都不可掉以轻心的大事了。

学习内容

根据公共关系学的划分，组织所面临的公众包含两部分：一个是组织的内部公众，另一个是组织的外部公众。内部公共关系是公共关系工作的基础和前提，它决定并影响着外部公共关系开展的质量和效果；但在特定条件下，外部公共关系的发展又会反过来影响或极大地影响内部公共关系活动的开展。因此，在一定意义上说，社会组织的内部公共关系与外部公共关系又是辩证统一的关系。现代公共关系工作重在帮助组织内求团结和外求发展，通过公共关系手段的有效运用为组织服务。但由于组织在经济活动中面对着复杂的内外公众和不断变化着的内外环境，从而使组织每时每刻都可能遭遇公共关系危机，如不采取措施防止最大可能的危机，任何事情都可能发生。因此，危机公关成为公共关系的工作任务之一，也是公共关系的一个特殊领域。

7.1 内部公共关系协调

现代公共关系首先是要求组织把自身的工作做好，然后才是对外进行传播沟通。组织的内部公共关系如何，直接关系到组织的生机和活力，并进而影响着外部公共关系的构建和组织目标的实现。所以，搞好内部公共关系是整个公共关系协调工作的基础和起点。

7.1.1 内部公共关系的基本理论

所谓内部公共关系，是一个社会组织内部横向的公众关系与纵向的公众关系的总和。组织内部纵向的公众关系包括一个组织机构里上下级（即领导与员工）之间的关系，横向则包括一个组织机构中各个职能部门、科室、班组之间和内部员工之间的关系。内部公共关系是组织公共关系的重要组成部分，又是组织开展各类公共关系活动的基础。

（一）内部公共关系的地位和重要性

内部公共关系是塑造组织形象的起点。内部公关开展的成败直接关系到一个企业的生产经营活动能否正常运行，关系到组织目标的实现和企业形象的塑造。

在现代社会，一个组织要想生存发展，必须具备高度的竞争能力。而顺畅的运行机制，高效的工作业绩以及全体员工的精诚合作是一个组织富有竞争能力的基本保证。团结组织内部的全体员工，协调组织内部各个部门科室之间，各类员工之间的合作关系，使组织内部上下左右各方共同为组织的目标而奋斗出力，这是内部公共关系工作的根本任务和宗旨，它本身也就表明了内部公共关系工作的必要性和重要性。

在形形色色的现代社会活动中，任何组织都不可能成为独立于社会关系网络之外的一个封闭系统。因此，如何协调组织自身与各界公众的关系，减少各类矛盾摩擦，进而达到“内求团结，外求发展”的目标，是每一个社会组织必然面临的公共关系问题。在我国，相当多的人认为，公共关系仅仅是对外联络，常常把公共关系看成是“企业外交”、“机关外交”。一提起公关活动，许多人会不约而同“向外看”，首先想到的是组织如何处理好同外界的关系，几乎把公共关系同外界关系画上了等号，这其实是一种误解。在欧美各国，专家们曾给公关下了这样一个通俗的定义：“PR=do good （做好）+tell them（告诉人们）”。很明显，现代公共关系首先是促使组织把自身的工作做得更好，然后才是开展各种与外界的交往活动，并在社会公众心目中树立自身良好的形象。美国著名公共关系专家亨得利·拉尔特（J·Handly Wright）也明确指出，公共关系 90%靠自己做，10%才靠宣传。

组织形象是指在一定时期和一定环境下，公众对组织及其日常行为所产生的各种感知、印象、看法、感情和认识评价的综合体现。它是通过其内在精神和外显事物显现出来的。内在精神是指组织的精神风貌、经营管理特色、创新与开拓精神、员工的思想意识和工作态度等；外显事物则表现为组织的名称、商标、产品服务、名片信笺、店容厂貌等。培养内在精神是塑造组织形象的中心任务和核心内容。正是从这一点来讲，内部公共关系是塑造组织形象的起点。

现代企业机构复杂，员工众多，难免存在着企业（组织）与各职能部门以及员工之间的误解或冲突。组织内部公关的有效开展，有助于加强企业与部门，员工与股东等内部公众之间的信息沟通，协调彼此之间的关系，把部门和员工的具体目标与企业的整体目标统一起来，彼此步调一致，这无疑有利于增强企业的凝聚力和竞争力。因此，内部公关的地位决定了它关系到企业的生存和发展。

（二）内部公共关系构成

1. 员工关系

员工公众包括一线操作人员、技术人员、业务人员、行政后勤人员、管理人员等。组织的一切工作均需依靠内部员工的合作努力才能完成。因此，员工公众是内部公共关系最重要的公众。只有充分调动广大员工的积极性、主动性和创造性，获得员工的真诚理解和精诚合作，才能为树立和维护组织的良好形象奠定基础。

按工作性质，可以划分成管理人员、技术人员、操作人员三种员工关系。

（1）管理人员关系。

管理人员是指组织内部各级业务部门主管人员和各个职能部门的主管人员，即组织的中层管理人员。管理人员好比主帅下的各将领，组织战略和各项经营决策以及管理措施，均需在各级管理人员的组织、安排下得以贯彻实施；同时，管理人员还是组织内部正式信息渠道上的关键人物，承担着上情下达、下情上传传播沟通的重任，是组织的中坚力量。管理人员往往期望值较高，比其他员工更为关心组织的前途、利益和形象，在内部公共关系活动中占有举足轻重的地位。为此，企业应开展公关活动来协调与管理人员的关系，了解管理人员的个性、兴趣和要求等，并采取相应的措施来激发管理人员的热情。

（2）技术人员关系。

技术人员是指在组织里专门从事技术工作的人员。现代社会里，“科学技术是第一生产力”，组织的技术水平和新产品的开发能力已经成为在市场竞争中制胜的关键因素之一。因此，我们应该认识到：技术人才是组织的宝贵财富。

技术人员是从事专业技能岗位工作的人员，分布在供、产、销各个环节，是组织生存和发展的核心力量。他们独立性很强，尊重专业技能，具有较高的创造欲望，是组织赖以生存和发展的主力军。由于技术人员的工作性质、特点和一般的事务性工作不同，因而，在处理组织与技术人员的关系时，也要根据具体情况，采用灵活多样的方法，例如不仅要在生活上对他们多多关心，更重要的是要为技术人才提供施展其才智的广阔空间。

（3）操作人员关系。

操作人员处于组织业务活动和日常工作的第一线，是产品或服务的直接创造者，如工业组织的工人、商业组织的售货员、宾馆饭店的服务人员等。操作人员的工作态度、工作热情、工作质量怎样，将直接影响到组织的声誉和形象。如果组织与操作人员关系不佳，彼此之间经常发生摩擦，就会直接影响到组织内部各项工作的开展。由于操作人员数量众多、知识水平参差不齐、性格各异、较为看重个人利益，因而在内部公共关系工作中，处理好操作人员关系所需要的时间、精力也最多。

（4）业务人员。

业务人员是指在组织中担负具体专项经济业务，如生产、计划、销售、采购、财会、统计、物价、广告等具体业务的工作人员。业务人员的工作对于有效发挥组织管理的各项职能具有重要的保证作用；同时，有关组织经营和管理重要信息的传递，主要也是依靠业务人员工作的开展得以实现。所以，处理好组织领导与业务人员的关系，充分发挥他们的积极性和工作热情，才能保证组织各项经营决策得以顺利贯彻实施。

（5）行政和后勤人员。

行政和后勤人员是指组织内部专门从事党政工团、行政（如人事、劳资）以及后勤保障工作的人员。这类人员虽然不直接参与组织的生产经营活动，但他们的工作对于组织生产经营活动的顺利进行起着不可缺少的支持、保障和服务的作用。

2. 部门关系

组织内部的部门，是介于组织与员工个人之间，具有某些共性而集合在一起的群体，包括各职能处、科室、车间、工段、班组、工会等正式部门，也包括如兴趣小组、业余爱好者聚会、群众结社等非正式团体，这些团体成员往往具有相同或相近的行为规范和工作目标。对组织来说，了解各个团体的志趣、特点，明确岗位责权，加强沟通交流，通过发挥团体作用，增强组织凝聚力，激发团体开拓性和创造力；同时，正确引导非正式团体的群体关系，丰富健康的团体活动，也是内部公共关系的一项重要任务。比如日本的丰田公司，除了各职能部门，还有质量管理小组、车间自主管理小组、零缺陷小组等与公司生产经营活动相关的非正式团体，也有与公司生产经营活动无关的体育俱乐部、文娱协会、同乡会、同学会等。

3. 领导关系

组织内部上级与下属的关系直接关系到组织的凝聚力与向心力。如果上级与下级相处融洽，则组织有一股强大的精神动力；相反，组织就如一盘散沙，毫无竞争力。在那些取得成功的组织中，员工们往往心情舒畅、士气高昂、工作积极主动，其中一个重要的原因就是上级与下属的关系处理得好。世界著名企业家松下幸之助曾经说过，一个企业家经营成败的关键，在于他能否建立起一个结构合理、感情融洽、能为实现其工作目标而拼命工作的员工群体。

4. 股东关系

股东是按一定比例出资，享有股东会表决权和利润分配权，并在工商部门备案登记的投资者，是企业的所有者。股东关系是一个组织与投资者的关系。从持有公司股份这一特点来看，股东是组织的"准自家人"，股东公众应算是组织的内部公众。但是，从行政隶属关系来看，绝大部分股东并不属于组织内部成员，因此，我们也可将股东公众看做是组织外部公众。良好的股东关系可以为组织赢得更多的投资者，保持公司股价的稳定和上升，还可以通过广大股东的"口碑"作用，扩大组织的知名度和信誉度，在更大范围内树立良好的组织形象。

（三）内部公共关系的特点

1. 稳定性

社会组织的外部公共关系对象要随外界事物不断变化而变更，而组织内部公众是组织环境中的成员，在一定时期和条件下，组织内部关系是稳定的。如果组织关心、尊重员工，保障其应有的利益，满足其合理要求，员工心情愉悦，就能处处为集体利益着想，并为维护良好的组织形象献力献策，组织内部有较强的向心力和凝聚力，则内部公众就保持基本稳定，故公关工作亦稳定。

2. 密切性

在公共关系公众中，内部公众关系紧密程度最高。这可表现在两个方面：一是内部公众与组织之间信息交流的频率次数，显然要比其他任何公众要多得多；二是内部公众同组织的整体利益息息相关，目标一致，关系密切。

一旦组织内部公众关系隔阂、疏远，必然会因矛盾、摩擦致使组织陷入形象受损、效益低下的困境。

3. 可控性

与各类外部公众相比较，组织的内部公众比较易于控制。这是因为：一方面，组织可以利用行政管理关系来控制和调节它，可以很方便地利用正式的管理手段和沟通渠道，引导内部公众，如通过奖惩等手段；另一方面，员工对组织有一种上下级之间的服从关系；同时，在员工身上或多或少常有一种自我控制能力，如遵守厂规厂纪，也能形成内部公共关系的可控能量。

实质上，内部公关的可控性是由内部公关的稳定性和密切性决定的。一个组织内部的公众关系，只要是相对稳定的，就易于控制协调；而一个组织内部的公众关系，只要是密切的，信息的交流沟通就易于反馈，因而也易于控制。所以，内部公众关系的三个特点是相互联系，相互依存的。

（四）内部公共关系活动的目标

1. 造就员工的价值观念

现代组织规模庞大，机构庞杂，员工人数较多。一个组织、企业能否取得成功，关键在于组织与个人之间目标是否一致，形成和谐一致的价值观念。许多一流的企业家和潜心钻研优秀组织成功经验的学者普遍认为：员工的价值观念是决定组织成败荣衰的一个根本问题，企业应认真重视和积极开展组织内部的各项公共关系活动；培养广大员工积极上进的精神风貌。每一个社会组织都必须有一个基本信念和目标宗旨，以维系动员和激励全体员工。公共关系人员通过培养员工正确的价值观念，有针对性地满足员工的需求，使员工的潜在能力充分发挥出来。

美国国际商用机器公司（IBM）的总经理小沃森提出该公司所有员工应有的价值观念有三项内容：尊重公司内部每一个人的尊严和权利；提供全世界所有同类公司中最佳的服务给广大用户；相信本公司的每一项目标任务是以卓越的方法完成实施的。经过几十年长期不懈的努力，“IBM 公司意味着最佳服务”这句口号已真正成为公司全体员工追求的目标。正是这一精神上的优势，促使 IBM 公司硕果累累。

2. 培养组织内部“家庭式氛围”

通过内部公共关系活动，使每一员工都从心里真正把自己归属于某一群体和组织，感到置身于组织集体之中犹如置身于自己的家庭之中，处处为组织的荣誉、利益着想，感到与组织的生存发展息息相关，并为是组织的一员而自豪。这种家庭式的情感需求的满足必然促使广大员工形成强大的工作动力和为事业献身的奋斗精神。

在这方面，日本的一些企业、组织具有独到之处。战后日本经济之所以得到发展和腾飞，用日本人自己的话来说就是“和魂加洋才”。“和魂”是指传统的家庭士族伦理，是构成日本企业精神的基本信条，家庭观念是当代日本企业管理和从事内部公关活动的基石。在日本企业里，“和”是人们向往并努力争取达到的一种公关目标。企业上下左右一致培养和维系和谐亲密的家庭式气氛，反对个人和内部互相倾轧，尽量避免不必要的内耗，把企业造就成彼此不可分离的命运共同体。儒家的“和为贵”的精神在今天已经扩展成为和睦相处，团结合作的集体主义思想观念。在互助互惠的基础上，员工们在生产经营活动中强调互相帮助，互相关爱，彼此亲如一家息息相关，企业利益和员工利益一荣俱荣，一损俱损。日本企业的成功经验促使我们要对自己的经营管理工作与内部公关开发进行探求，努力走出自己的成功之路。

3. 促进信息沟通，推动民主管理

社会组织通过内部公共关系活动，建立和疏通各种内部的信息渠道，广泛收集合理化建议，促进领导与员工沟通，建立领导信箱和领导接待日，同时定期向员工通报组织的发展状况，增加组织的透明度，做到下情上传、上情下达、及时沟通、民主管理，从而提高管理水平和效益。

（五）内部公共关系的功能

内部公共关系是传递信息、促进沟通、增进员工凝聚力和协作精神的桥梁，在组织中发挥着重要的能动作用，具有导向、规范、凝聚、激励、辐射五大主要功能。

1. 导向功能

内部公共关系依附组织群体文化而存在，在内部公关实践中，一个组织一旦确立了自己的价值观念和行为规范，就为组织自身的建设和发展树起了一面旗帜，向全体员工发出一种号召。这种号召一经得到广大员工的认可、接受和拥护，就会产生巨大的导向作用。

内部公关活动既然反映了广大职员共同的价值观念，共同的追求目标和共同的利益宗旨，它必然对组织内部的全体公众有一种强烈的感召力，把众多员工的言行引导到组织既定的公关目标上来。比如：IBM 公司始终强调“提供最佳服务”，并以此来教育引导每一个员工的一言一行，在工作中追求尽善尽美，为世界各地的用户尽可能提供满意的产品和服务，广大员工十分重视把自己的一举一动同公司形象联系在一起，使该公司成为举世瞩目的信誉一流的优秀企业。

2. 规范功能

内部公关往往是通过一些无形的、非正式的、非强制性和不成文的行为准则起作用的，它虽然不见诸文字却由于约定俗成而对每一位员工的思想观念和举止行为起着规范约束作用。在一个组织特定的环境氛围中，人们由于合乎组织特定准则的行为受到肯定和赞扬而获得身心的平衡与满足，反之，则会产生失落感和挫折感。因此，在内部公关活动中，作为组织的一员往往会自觉地服从那些根据组织成员的根本意志和利益愿望制定的行为准则，产生“从众行为”。内部公关工作在尊重个人情感的基础上，引导人们为实现组织共同的价值观念进行自我控制，自我约束。

3. 凝聚功能

内部公共关系活动能通过正确的引导和宣传，使员工的意识、行为、目标同组织的要求、目标高度一致，并能通过营造积极、进取、团结的人文氛围，增强员工的集体观念，积聚组织的向心力。具有强烈集体观念的各个成员会对本组织所承担的社会责任和发展目标有深刻的理解，组织目标成为强有力的“黏合剂”，把本组织全体成员的意志凝聚在一起。在内部公共关系实践中所确定的价值观念和行为准则，是广大员工共同意志的集中反映，为大家所认可、理解和接受，使组织内部上下左右各方面“心往一处想，劲往一处使”，成为一个协调和谐，配合默契的高效率的集体。

4. 激励功能

所谓激励功能就是通过各种形式的外部刺激使组织内部的个体成员产生一种士气高昂、发奋进取的精神状态。在一个“人人受到栽培，个个得到尊重”的组织环境中，每个成员的进步和贡献都会及时得到领导的赞赏、同事的夸奖和集体的褒扬，从而诱导和激发员工潜在的工作热忱和干劲，培养员工热爱集体、争创佳绩的开拓精神。激励犹如组织活力的“加压泵”，它能向员工输送力量，使他们做出为人称道的不凡业绩，它的适应性更广泛，作用力更持久。

5. 辐射功能

内部公共关系活动以营造相互信赖、精诚合作、亲密融洽、积极进取的人文精神，优化资源配置，提升组织形象为职责。良好的内部公共关系，不仅能使组织中各个员工产生感应，起到积极的带动作用，同时内部公关活动也是一种自我表现活动，它向社会展示组织的形象，包括员工的精神面貌，管理风格和特色，经营思想，价值观念和行为准则以及产品、服务、标识，不断提高本组织在各界公众心目中的知名度和美誉度，给广大公众留下良好的印象。

7.1.2 员工关系

任何组织因其性质、所面临的公众对象不同可能有所差异，但都有一个共同点，即每个组织都有自己的员工。员工是构成组织的“细胞”，组织的各项目标只有通过他们的分工协作、各尽其责，才能付诸实现，良好的员工关系是组织成功的动力和源泉。所谓“内求团结”方能“外求发展”的道理就在于此。

（一）员工公众及其双重身份

员工是企业组织的内部公众，在公共关系中具有双重身份。它既是组织内部公共关系的工作对象（客体），又是公共关系的主体。

员工是组织“内求团结”的首要对象。员工公众是组织的主人，是组织赖以生存的基本细胞，也是组织制定的一切方针、政策、计划、措施的对象，组织成员的素质、精神面貌、团结程度都将关系到组织的命运。因此，任何组织的存在价值、整体形象、目标及任务，首先应该赢得内部员工的支持和配合，组织才能得以生存和发展。如果组织中的成员都与组织离心离德，组织将破裂、崩溃而不复存在。北京长城饭店经理有一句至理名言：欲使长城饭店跻身世界一流饭店之林，有三件事至关重要——第一是员工，第二是员工，第三是员工。

员工是组织“外求发展”的支柱。员工是组织的成员，他们生活在一定的社会关系中，他们每天都要同许许多多的顾客打交道，可以认为，组织成员是任何一个组织第一线的公关人员。一个组织良好形象的树立，离不开每一个员工的努力和配合，外部公众对组织形象的了解是从每一个员工身上得到的，他们的一言一行都代表着组织，并且是组织与外界接触的触角。一个百货公司售货员的态度，就代表了整个百货公司的服务形象，一家企业推销员的一言一行也代表着企业的形象。由此可见，在强调“全员公关”的今天，组织成员在促进组织的发展中起着举足轻重的作用，它是组织“外求发展”的重要支柱。

（二）员工关系协调的焦点

企业与员工关系的焦点是利益。利益关系是社会组织内部最基本的关系。一个组织的产生和发展，最基本的动因是利益。同样，组织成员进行工作和活动，最基本的动因也是利益。离开了利益，员工就失去了最根本的动力机制。由于利益引起组织内部的种种关系就是利益关系。

虽然不同的员工有不同的利益需求，同一个员工在不同的时期也会有不同的利益需求，但总的来说，员工对组织的利益需求主要有工资报酬、奖金福利、工作环境等物质利益和参与管理、培训晋升等精神需求。毫无疑问，员工的这些利益需求都是正常的、合理的。组织的公关人员应认真了解员工的利益需求，尤其是员工在一定条件下最为迫切的需求，并尽可能地给予满足。

但是，我们也要清醒地认识到，员工的利益需求与组织的利益并不总是统一的。有时为了组织的长远发展，会影响员工的短期利益。而且，不同员工之间的利益矛盾也会时常发生。这就要求组织的公关人员一定要协调好组织与员工、员工与员工之间的利益关系。利益关系处理得好，其他关系就有可能迎刃而解。否则，协调其他公共关系就缺乏坚实的客观基础。

（三）协调员工关系的方法

在具体的公共关系工作中，应从员工对组织的期望与要求出发，采取适合员工特点的沟通方式和工作原则，主要从以下几方面入手。

1. 了解员工的期望与要求

处理好组织与员工之间的关系，首先必须清楚地认识员工对组织的期望与要求，以及这些期望实现或满足的程度如何，因为这是员工关系的焦点，也是开展员工公关工作的主要内容和出发点。只有在准确了解员工的状况、想法、需要和存在的问题，了解员工的身体状况和思想状况的基础上，才能做出具体计划和部署：沟通和传播什么？怎样去促进沟通和传播？能够提出哪些切实可行的建议？需要解决什么问题？

美国MBA课程的一个情景案例

唐·伍德（DonWood）在担任特里托普木材公司的生产主管时，在一次主管会议上，他听到令人震惊的发言。

——员工所关心的仅仅是通过工作获得外在的报酬，例如能够得到多少工资，他们根本不关心内在的报酬。

——员工们很懒，他们逃避责任，不全力以赴。问题在于，他们对工作本身根本不关心。

伍德感到主管们对员工的评价不够正确，于是他请来了人才专家对工厂员工进行调查，得到的结果同样也令人震惊。

——收集的资料表明，员工的需要没有得到满足。根据问卷调查，员工们并不认为他们懒惰，只要工作合适，他们并不在乎多做额外的工作。能让他们多用脑子，提供良好的回报，遇上融洽的同事，这样的工作是令人愉快的。

——员工们要求工作具有挑战性，能运用创造性，并激发他们的潜力；足够复杂多样的工作，能发展新的技能并提供进步和团结的机会。

——员工们表达了工作中需要友情的愿望，他们乐于在良好的合作关系中工作并互相帮助，分享快乐和痛苦，并能了解怎样才能把工作做得更好。

——导致员工不满意的三个最主要的原因是：报酬不够、工作单调和人情冷漠。

——公司的生产主管应该明白，他们对于什么激励着员工的理解是错误的。更糟糕的是，他们的激励和控制计划建立在错误理解的基础上，这些因素会导致员工的忿恨情绪和低下的工作效率，于是强调员工根本不关心自己的工作，这是一个恶性循环。

从上面这个案例我们可知，满足员工的需要，提高他们的积极性，发挥他们的潜能与创造力，是组织内部公共关系发展的关键。

2. 保证员工的物质利益

物质利益的需要是人类最基本的需要。员工参加工作的最直接目的是以劳动来获取报酬，员工也只有在满足基本生存需要的前提下，才能有其他需要的热情。在付出劳动之后，能否拿到合理的收入，享受到应有的福利待遇，是绝大多数员工首先关心的问题，也是能否维持员工劳动热情的基本保证。如果员工的收入较低，直接影响到他们的日常生活，他们就会失去工作的热忱，不能安心岗位工作。因此，公共关系人员对于广大员工的物质利益应给予足够的重视，及时反映员工的意见和要求。

（1）工资报酬。现代社会中，劳动仍是人们谋生的主要手段，工资是组织与员工发生关系的主要纽结。员工不但关心刚进入组织时的工资高低，而且关心进入组织后的工资晋升状况，关心如何评价工作成绩以及分配是否公平的问题。总之，员工希望得到公平的待遇和合理的劳动报酬，这是员工普遍的要求。

一方面，组织应尽量提高员工的工资收入，保证员工的物质利益不断增加；另一方面，为了更好地发挥工资收入对员工的激励作用，组织应严格遵守“各尽所能，按劳分配”的原则。其间，公关部门虽没有决策权，但是，可以通过内部的信息交流，使组织领导和员工双方互通情况，即组织领导层了解员工由于工资问题而造成的种种困难；员工也体谅组织所面临的问题；体谅虽不能解决工资问题，但可缓解其矛盾。

（2）奖金福利。奖金是在劳动之外用来奖励劳动比较突出、表现优秀的员工的一种物质激励手段。在奖金发放中，既要克服平均主义，又要考虑员工的承受能力；既要刺激进步，又要有利于团结，这是领导者必须恰当处理好的一件棘手的事。

员工的福利待遇是组织向员工提供的又一项物质利益，它主要包括：社会保险、医疗保险、教育培训、子女入学等。改善员工的福利待遇，不仅可以免除员工的后顾之忧，而且可以培养他们的集体主义精神，并使之转化为持久的工作热情。不同的社会组织能够提供给员工的福利条件不尽相同，社会组织要特别重视搜集员工日常生活中的各种要求，根据生产的发展和事业的进步，不断提高福利待遇；如果不能尽善尽美地解决员工的困难，就要向员工做适当的解释，及时消除误会，使员工与组织减少反差，实现心理上的平衡。如在一些日本组织中，福利待遇涉及员工生活的各方面。员工的衣、食、住、行、生、老、病、死，甚至连结婚纪念日，公司都要以经理的名义送上一份礼品。这样，无疑就极大地激励了员工的劳动积极性。

（3）工作环境。员工在生产工作中都希望有个安全可靠、优美舒适的环境。员工的工作环境不仅影响组织形象，也影响员工关系。不断改善劳动条件、劳动环境，认真做好劳动保护和安全工作，是组织应尽的义务，也是员工应享受到的合法权益，而且对提高劳动生产率、调动工作积极性、协调组织与员工的关系也具有十分重要的意义。

一般说来，员工对自己的物质利益是否满足，不仅取决于其已得的利益，还取决于各种参照模式。这种参照模式通常有三种类型：一是他们原有的工资和福利待遇，二是组织内部其他人员现有的工资福利，三是社会上其他同类组织或同种类型员工享有的工资及福利待遇。员工会通过各种参照模式的比较，产生他们对自身工资收入和福利待遇的期望值。因此，公共关系人员应设法弄清员工的期望值有多大，对于能够满足的就应设法给予满足，对那些不能满足的过高要求，需利用协调沟通手法使其降低期望值，尽量使员工对工资福利的期望值保持在合理的水平上，让他们对组织的扩大再生产、拓宽市场、新产品开发等予以理解和支持。

3. 尊重员工的精神需求

组织除了以物质鼓励的方法改善与员工的关系外，同时也不能忽视精神鼓励。据国外的一些研究资料表明，依靠物质利益的严格管理制度，只能发挥出员工工作能力的60%，而剩下的40%，是潜在的工作能力，只能依靠精神鼓励的方法才能充分激发出来。精神鼓励的目的在于引导员工通过工作本身寻求生活的乐趣和意义。培养员工对工作和组织的责任心、自信心和自豪感，使员工直接从工作中得到精神满足。

精神需要既包括人们自由地发挥自己的创造性的需要，又包括人们对各种精神产品的需要。不同的员工因其文化素养、工作性质、个人经历和志趣爱好的不同，其精神需要也存在明显的差异。一般来说，应该从以下途径满足员工的精神需要。

（1）切实保障员工主人翁地位。

员工只有以主人翁身份和感觉存在于组织时，才能把组织的发展看成是自我实现，才能以塑造良好的形象为己任，才能自觉地通过自己的具体工作，为组织良好形象增光添彩。

本田公司的企业文化

本田公司有一位工人，每天下午下班回家时，都要对停靠在路边的本田汽车注视一下，甚至把汽车前窗上的雨刷调整到合适的位置。对于他来说，只要看到本田车稍微有点毛病，心里就感到不舒服，直到将它弄好才放心。事情虽小，但从中我们可以看出，这位工人已将自己融入到本田公司的大家庭之中，将公司的声誉与自己的光荣与耻辱直接联系起来。本田公司之所以能有这样的员工，要归功于其优秀的企业文化。这种日本式的企业文化，继承了中国儒家学说中的“和、爱、诚、忠、信”等理念，企业员工团结，关系和谐，富有责任感，具有团队精神。而这种日本式的企业文化的培育，离不开以人本管理为中心的企业内部公共关系工作。

首先，让员工分享足够的组织信息。畅通组织内部的信息交流，将员工视为传播沟通的第一对象，通过闭路电视、组织内的有线广播、会议、内部刊物、布告栏等方式向员工介绍组织的运转情况，组织的决策目标，竞争对手的情况，领导工作的情况，模范业绩，组织的新产品、新技术、新设备，安全生产常识，员工新闻，福利情况等有关信息和重大决策，满足员工的知情权，使员工感到自己是组织的一员，得到应有的重视。

其次，让员工参与一定的组织管理决策。通过职代会、座谈会、意见箱、民意测验等形式，把员工的情绪、意见、建议加以归纳综合，作为决策的重要依据，从而在管理和决策中使员工名副其实地当家做主。让员工在一定程度上参与组织决策，可以使全体员工在精神上产生当家做主的满足感受，从而把他们引向同一目标。当员工参与一定程度的管理和决策时，他们对自己参与决策的管理制度和措施，总是会身体力行去做。反之，如果员工希望表现自我能力的心理需要被忽视和受到压抑，就可能转变为组织中的异己力量，就可能在“离心力”的影响下产生消极抵触和对抗行为。

再次，提倡自主管理。自己发现身边的问题，自己动手解决。在企业中有很多事对员工来说是“举手之劳”，其关键在于做与不做。自主管理的核心是自主性。唤起员工当家做主的责任感，培养员工热爱岗位、热爱企业的品行，使员工和工厂融为一体。而自主管理源于企业对工人的重视和尊重。

（2）承认和尊重员工的个人价值。

管理心理学家贝克发现，每个人的个性具有两种矛盾的欲望，既希望自己成为优势团体中的一分子，融化在杰出组织之中，又希望鹤立鸡群，有自我表现的机会。从公共关系的着眼点来看，在处理员工关系时要善于处理这种人性的矛盾，使团体中的每个成员都能在团体环境中追求和实现个人价值。

首先，完善职工建议制度。如果个人价值得不到尊重，个人就会自轻自贱，或者强烈不满，产生不负责的行为。应把个人价值和团体价值结合起来，相信和依靠员工，大胆放手让他们工作，及时肯定和赞赏他们的成绩和贡献，尊重其人格和自主权。公共关系实践中，建立健全合理化建议制度，广泛征求搜集员工改进工作方式、工作程序、操作技术的意见，既能开发利用员工的创造力和潜能，又使员工的精神需要得到满足，个人价值得以实现，从而产生自豪感和强烈的进取心。“柯达建议制度”为柯达公司建立了良好的民主管理气氛，极大地提升了员工参与意识。

其次，及时给员工升迁晋级。在适当的条件下，给予员工应得的升迁晋级，是对员工工作成绩的肯定，体现了组织对员工个人价值的尊重。科学的晋升制度能为组织吸引和稳定所需的优秀人才，并且激发员工的进取心，不断提高员工的业务能力和素质。美国3M公司（明尼苏达矿业制造公司）就是以晋升制度鼓励员工对公司的忠诚。

最后，对员工进行多种能力培训，开发潜力资源。组织的成功靠人才，而“人才”不仅指少数的“尖子”。在激烈的市场竞争中，只有提高组织员工的整体素质，才能从根本上增强组织的竞争力。因此，必须重视员工培训工作。此外，从组织的责任和员工需要的满足来看，重视员工培训，提高他们的业务素质、文化道德修养，更能促进其个人能力的发挥和自我实现感的满足，从而更加强化组织的向心力与凝聚力。培训既要有业务性的，也要兼顾非业务性的内容（如企业精神），可采取内部与外部、长期与短期、脱产与不脱产等多种形式，总的目的就是提高员工素质，发挥其积极主动性。例如，有些公司就组织全部销售员学习MBA工商硕士课程。

4. 采取灵活多样的工作方法

（1）启发员工进行自我教育。公关人员通过种种途径，启发员工进行自我教育，以解决和协调员工彼此之间的关系。比如某甲在地上写一个6，站在对面的乙硬说这是9，两个吵得不亦乐乎，丙来了，劝他们相互站在对面的角度来看看，甲和乙才恍然大悟，这就证明，只有站在对方角度才好理解对方。而公关人员就必须充当这个沟通和指点迷津的丙，沟通员工之间的彼此理解，有理解才会有和谐，而理解很大程度上就要靠公关人员的努力。如，日本松下公司为了调整员工情绪，在各个生产基地都设有一个专门的、很隐蔽的房间，叫“出气室”。

（2）开展各种联谊活动。诸如文艺演出、体育比赛、舞会、旅游等，以联络感情、调节精神，满足员工经济需求以外的社交、尊重等方面的心理需求。此外，组织应在可能的条件下为员工家庭生活排忧解难，减轻其家庭负担，使其能全身心地投入到工作中去。

惠普之道

美国十大电子公司之一的惠普公司（有员工8万人）向全体员工提供医疗保险和优厚的退休金，公司按照事先做好的登记卡，每逢员工生日就派人赠送生日礼物，员工搬家时，公司不仅提供方便，还给一笔补助。平时，每周提供三次免费午餐。每逢圣诞节，向每个员工赠送一份礼物，价值相当于员工的一个月的工资。为了使员工命运与企业紧紧连在一起，公司向员工推销股票，员工也踊跃入股。为了加强员工的责任感，公司规定，凡是工作满10年每人赠送10股股票，员工成为股东后，势必更关心公司的命运，激励员工的士气，当然不局限在物质上、金钱上，惠普公司更关心员工的发展，一是注重在内部选拔人才，逐级提升，给他们压担子。二是选派大量工程师赴高校进修、深造，学习期间工资照发，鼓励青年员工参加各种培训，公司为他们支付学费路费，通过这些举措，形成了良好的内部关系，从而使惠普公司成为世界最佳企业之一。

问题：企业应该如何建设员工关系？

7.1.3 股东关系

股东是组织的投资者，是组织的真正主人；他们的利益与组织的经营状况息息相关，他们的决策则关系到组织的生死存亡。因此，股东关系非常重要，妥善处理好组织与投资者的关系是稳定现有资金来源，增加新的资金来源的重要方面，还可以通过股东向外宣传组织的形象，扩大组织在社会上的影响。

（一）股东关系的概念和对象

股东，是企业的又一重要内部公众。股东关系是指社会组织与投资者之间的各种关系的总称，也称金融公共关系或财务公共关系。股东关系的主要特征是这些投资者对企业组织拥有一部分股票债券资本，所包含的公众对象大致有以下三类。

（1）持有不等股份的股东。他们人数众多，是组织的真正所有者，是组织各种权力之源、资金之源。股东也是真正与组织同甘共苦的公众，他们关心组织的经营状况，希望组织兴旺发达；一旦组织经营不善，他们受到的冲击也最大。当然，对于上市公司来说，那些很小股东（即所谓的“散户”）的行为可能更像外部公众。他们是出于投机的目的而选择组织的股票，只要时机合适，他们就会买进或卖出股票，很少忠诚地对待一个组织。

（2）董事会。董事会是公司的常设权力机构和最高决策机构，董事会成员一般是占有较多股份的个人、组织或社会名流，他们通常是由股东大会选举产生，并代表股东行使对组织的管理权。

（3）金融舆论专家。如证券分析家，股票经纪人，投资银行家及金融新闻人员。这些公众以他们的观点、评论、意见，影响甚至左右股东们的行为，对组织影响很大。

（二）构建良好股东关系的基本要求

（1）必须尊重股东。尊重股东，就要尊重股东的主人翁地位。在涉及组织发展、股金运用、红利分配等问题上，使股东享有知晓、参与、决策等各项权利；还要特别注意对股东不能厚此薄彼，要一视同仁，使各类股东利益同等、信息共享。

（2）必须对股东负责。股东是企业的所有者的“老板”，企业必须树立股东权益高于一切的意识，企业的各项决策和投资效果必须时刻考虑股东的利益需要；企业的各级领导和全体员工都要时刻牢记股东对企业的投资信赖，把企业的各项工作做好，努力实现企业的发展。

（3）必须为股东谋利益。这是保证股东应有权益的最终体现。股东利益包括经济效益和社会效益。一般而言，股东的投资目标是追求高于银行利率的股息，因此，必须切实搞好企业的经营管理，为股东创造经济效益，又要及时、合理地分配和发放股东红利，使股东投资最终受益。

随着社会的发展，股东关系将越来越重要，股东关系协调的要求也会越来越高，而企业的政策和行为是否对股东尊重、负责、有利，则是决定企业与股东关系的基础。

（三）协调股东关系的方法

加强信息沟通，是构建良好的股东关系的基本途径。组织要加强与股东的交流和沟通，应做好以下几项工作。

1. 了解股东需求，维护股东的正当权益

作为一个投资者，股东最关心的问题就是收益的最大化和风险的最小化，即其资产的保值增值。为了保证自己的利益不受侵害，他们一方面要行使自己的法定权力，另一方面要充分了解组织的相关情况。

股东自购买组织的股票之日起，就是组织的主人，就享有以下基本权利：

（1）人事权，选举组织的董事和监事，并决定他们的报酬；

（2）重大事项决策权，如批准和修改公司章程，批准公司的财务预、决算方案，决定公司的经营方针和投资计划等；

（3）收益分配权，按投资额取得相应的收益，如股息、红利等；

（4）股东财产所有权，如公司增减注册资本、合并分立、解散或破产清算时，须由股东大会做出决定。

组织的公共关系部门应充分尊重股东的这些正当权益，保证他们的正当权益不受侵犯。

由于在现代企业制度下所有权和经营权的分离，股东并不直接管理企业，因此，他们希望更多地了解组织的有关情况。根据国外公共关系专家的调查结果，股东们最想知悉的是以下几个方面的情况：组织的经营管理情况和赢利状况、组织的产品或服务范围、组织的业务拓展状况、组织在同行业中的地位、组织的综合实力和发展前景。

2. 建立畅通渠道，加强与股东的交流和沟通

股东是组织的主人，组织自然应该随时向股东汇报组织的经营状况，另一方面要尽可能地收集股东对组织的意见、建议和其他信息。对组织而言，数量众多、分散于各地的股东既是一个巨大的信息宝库，又是一个不可估量的决策智囊。如果能把这些资源充分利用起来，对组织的发展无疑是非常有利的，这就要求组织建立起通畅的信息流通渠道。

一般来说，组织通常采用以下的沟通方式。

（1）召开股东年会。股东年会是企业与股东直接沟通的重要方式，开好股东年会是企业公关部门的一项重要任务。一年一度，企业将股东们请来，听取企业代理人的年度工作报告，审核企业代理人一年来的经营管理情况，并对企业的重大事情和企业代理人的继任与否做出决定，这种会议就是股东年会。股东年会既是股东行使权力的机会，也是股东了解组织情况、组织收集股东意见和建议的极好时机。召开股东年会，公关部门应在两周前函告股东以提前做出安排；会场尽可能高雅、舒适，设备齐全；会议议程要庄重，不能走过场；会议设施事先要检查，确保无误；会议可在合理，适度的原则下，安排便宴、聚餐或点心，邀请新闻媒介参加，大会议程、股东发言要记录整理好，编成简报，寄给每一位股东。这种方式的长处是可以与股东有直接的接触，易于交换意见，但是，一般只有居住地较近而且股份数量较大的股东来参加。

（2）编发年度（半年、季度）报告。年度报告是组织和股东交流的主要方式。因此，年报内容应尽量详细。除了报告组织的一般业务（如生产、销售、财务、人事、行政等）外，还要说明年度赢利状况、分配政策、组织远景规划、存在问题及解决方案。年度（半年、季度）报告应该能够回答股东想要了解的、基本的、重大的问题，让股东相信组织经营有术、回报丰厚、管理良好、前程远大；即使是组织处在困境中，也要让股东感到组织管理层的种种努力以及组织的美好未来，坚定他们的信心，以获得他们强有力的支持。

年度报告还逐渐成为发给员工、顾客和新闻媒介的重要参考资料，受到企业领导的重视。公关人员在编制年度报告时应注意以下几个问题：内容的选择，既要简明扼要，又要具体明确，使不同对象的要求都得到满足；内容的编排，有共同点的放在前面，特殊团体的有关内容放在后面；致股东的信，要写好一封致股东的信，尤其是开头。

（3）编辑组织内部刊物。一年三百六十五天，经营信息庞杂，仅靠一份年终报告是不够的，编辑组织内部刊物，并及时寄往股东，也是组织和股东交流的有效手段。在向股东传递组织信息时，有一点要特别注意，即不能只报喜、不报忧，否则，股东们就会觉得组织不值得相信，进而导致人心动摇，抛售股票，给组织带来不良后果。

（4）信函来往。用通信的方式与股东交换意见，联络感情，不失为一种较好的方法。股东从购入第一张股票，企业就立即发出由总经理签名的欢迎函；即使股东抛出最后一张股票，也要发出告别信，表示遗憾和歉意。公司每试制成新产品或有重大经营决策出台，都可函寄材料给股东。专门就某些问题，设计调查问卷或意见征集表，收集股东对这些问题的意见和建议。有些时候也可以进行电话联系。

（5）召开临时性会议。除召开股东年会外，企业可在元旦、春节、中秋等节日，举行与股东的联谊会或茶话会，和股东面对面地交流感情；组织有新产品投产、重要生产指标突破以及有重大决策性问题时，邀请主要股东参加讨论，直接交换意见。

（6）组织股东参观。遇到组织的重要纪念日或隆重的礼仪活动，可邀请股东前来参加活动，或参观组织的某些活动过程，使股东感到备受组织的重视和尊重，从而产生与组织荣辱与共的感受，更积极地投入支持组织的活动。

（7）个人拜访。有些重大问题如涉及某几个重要股东时，公司代理人应主动登门拜访。

3. 尊重股东的优越感

股东作为投资者，无论投资多少，都是“老板”，其优越感是较强的，企业的公关人员要尊重股东的这种优越感，不要完全用经济的眼光来看待股东，不要把股东与企业的关系看成是单纯的“投资—分利”关系。特别是召开股东年会或寄发信函、材料和样品，都要使股东感到亲切，使他们感到自己与企业的命运是连在一起的；寄发的信函、材料和样品要考究，不能使股东感到寒酸；对股东要一视同仁，不能厚此薄彼。

7.1.4　部门关系

部门关系协调主要是对社会组织的内部各部门之间工作关系的协调，具体包括各部门之间的合理分工和有效协作。合理分工能保证任务之间的平衡匹配，有效协作既避免了相互之间利益分割，又提高了工作效率。

（一）部门之间产生冲突的原因

社会组织是由若干个部门或团体组成的。组织中部门与部门、团体与团体之间，部门、团体与组织之间，由于各种原因也常常发生冲突。组织理论者认为，组织中部门之间的冲突一般有这些原因。

（1）各部门之间目标上的差异。组织目标是依靠各职能部门完成本部门的工作任务来实现的，管理部门对职能各部门的绩效考核也就依据于此。在执行过程中，各职能部门首先考虑的不可能是部门间的协调问题，而只会是本部门的工作和任务，致使冲突与矛盾产生。

（2）各部门之间认识上的差异。组织各职能部门彼此缺少交流沟通，对组织的总体目标认识不足。由于彼此认识上的差异，致使两单位意见一时难以协调，也可能引起部门间的冲突。

（3）各团体之间的职责权限划分不清。如权力交叉或职责缺漏等引起的权力与责权纠纷。

（4）不健康的思想意识或反面的团体作风，也可引起团体间的冲突。

部门间的冲突，不仅会造成各部门之间关系的不协调，而且也会给整个组织领导工作带来反面影响。因此，协调好组织内部各部门之间的关系，对于形成组织系统的合力，发挥组织系统的整体效应，具有十分重要的意义。

（二）部门关系的协调

组织系统部门之间的关系，在很大程度上是部门主管人员之间的关系问题。各部门主管人员能否顾全大局，他们之间的人际关系是否融洽，对部门关系影响很大，因此，作为公共关系人员要协助领导处理好部门之间的关系，加强各自的配合与协调意识。

1. 做好部门之间的沟通工作

这既是做好部门工作的需要，也是处理好部门关系的第一步。沟通是双向的，也是多方面的，主要应当从目标、思想、感情和信息上加强沟通，进而达成共识，这是协调各部门领导关系的基础。

（1）在目标上沟通。首先强调整体目标，使他们认识到各部门对整体目标的作用，以及相互配合、协调的重要性，力争把部门利益与共同的目标联系起来，进而增强各自对组织目标的关切感，减少部门间不必要的冲突。其次要在具体目标上取得沟通和共识，各部门领导，在目标的确立上，要相互理解和支持；在目标的实施上，要相互帮助；在目标的冲突上，要相互调整和适应；在目标的成功上，要相互鼓励和总结。

（2）在思想上沟通。各部门领导不要只考虑本部门的利益得失，而应当从各部门利益的互相联系上考虑问题，包括设身处地地替其他部门着想，达成彼此可以接受的意见，以防止思想认识上的片面性。同时各部门领导在思想观念、思想方法、思维方式上也是互有差异的，由此而形成的观点上的争鸣和分歧，可以通过平等的交流、启发，缩小认识上的差距，以达到统一认识。对于因工作关系所引起的思想误会、隔阂，各部门领导之间应严于律己，宽以待人，必要时多作自我批评，求得互相谅解。

（3）在感情上沟通。感情上的联络和加深，对部门领导来说是很重要的。很难设想没有任何感情交流的部门领导之间在工作上可以配合融洽。要增加感情上的沟通，除了目标思想上的认同外，还可通过工作交流、参观访问、公共关系活动等不断加深，从而创造一种和谐共事的工作环境。

（4）在信息上沟通。沟通也是传达交流情报信息的过程。部门之间的矛盾与隔阂，都可以从信息沟通上找到原因。一般而言，凡缺乏沟通的部门，信息传递肯定不畅，极易造成部门之间的不了解、不理解和不协调，甚至造成冲突，既影响工作，又影响团结。凡主动沟通的部门，必然信息流畅，往往容易赢得对方好感，取得信息，形成部门之间的良好关系。

2. 部门之间要倡导相互帮助

各部门在强调自己部门工作的地位和作用时，不能贬低其他部门的地位和作用。只有各部门之间相互支持配合的组织，才是有力量的组织。工作的配合与支持是双向的给予，各部门间的互相支持，是圆满完成组织工作任务的前提，同时也是避免冲突、消除矛盾、友好相处的重要条件。

3. 要维护合理竞争

由于各部门在组织系统中处于不同的地位，具有不同的功能，部门之间既具有共同的利益和目标，也有各自不同的利益和目标，因此必然存在竞争。在组织内部，竞争是一种最活跃的因素和力量，具有使组织系统不断向前发展的功能。合理竞争要求部门之间形成一种正常的竞争关系，最大限度地发挥积极性和创造性，共同努力实现组织系统的整体目标。在合理竞争中，既反对封锁信息，相互拆台，制造矛盾，也反对满足现状，不求进取，得过且过。尤其应反对的是那种不择手段、尔虞我诈的倾轧式竞争。

7.1.5　领导关系

（一）协调上级同下级关系

协调上级同下级的关系，旨在解决领导在下级心目中的形象问题、领导对下级的公正评价问题、领导满足下级的合理需要问题。

1. 塑造良好领导形象

领导者的形象是领导者自身的“德、才、学、识”在其下级心目中的反映。它具有比权力更加广泛和更加深厚的影响力，能对下级的心理和行为产生巨大的作用。良好的领导形象能使下级产生信服和敬佩的心理，主动自愿地接受领导，积极地做好工作。怎样才能塑造良好的领导形象呢？

（1）必须努力提高自身素质。心理学研究表明，领导者形象好坏同领导者个人拥有的权力无关，而与其自身的品格、才能、学识、情感等因素有关。优良的品格会使人产生敬爱感；杰出的才能可以赢得众人的敬佩感；渊博的学识能获得人们的信赖感；深厚的情感能产生强大的亲和力。领导者必须努力学习，加强品格修养，提高自身素质，方能形成良好的形象。

（2）以突出的业绩赢得下级。业绩是个人素质高低的一面镜子。在下级面前，“酒香不怕巷子深”。工作取得了突出的成绩，有口皆碑，这就为树立良好的形象打下了坚实的基础。否则只说不干，工作多年业绩平平，甚至问题成堆，是不会形成良好形象的。突出的业绩是树立良好形象的根本途径，许多有才华的领导都是以业绩令下级信服从而形成良好的领导形象。

（3）加强沟通、增进了解。沟通是理解的桥梁，了解是树立形象的途径。上级领导是否善于同下级进行必要的沟通，对领导形象的建立影响很大。组织的公关人员必须善于协助领导做好同下级的沟通工作。①让领导充分认识同下级沟通的重要性。②在领导工作繁忙时，作必要的提醒和督促。③帮助领导学会灵活运用会议、演讲、座谈、个别谈话等形式，让下级了解组织现状和领导的主张，消除对领导工作的误解。④帮助领导征询、收集下级的各种意见和建议。只有通过上下级之间良好的沟通，才能增加下级对上级工作的信任度，为形成良好的领导形象奠定基础。

2. 尊重职权，公正评价

这是上级处理同下级工作关系的原则。作为下级，都希望能在自己职责范围内全权负责，创造性地完成上级交给的工作任务，并且得到支持与肯定。因此，上级必须尊重下级的这种愿望，给予积极的支持。充分信赖下级，支持全面履行岗位职责，才能充分发挥下级的积极性、主动性和创造性，高质量地完成工作任务。对下级的工作给予客观公正评价和相应的奖罚，才能使下级有公平感，令下级心服口服，产生持久的工作动力，发扬成绩，修正错误，取得更大的成绩。

（1）尽可能将下属安排在合适的岗位上，使其能扬长避短，充分发挥作用。

（2）不超越职权范围，不干预下级的工作，鼓励下级发挥聪明才智，独立解决问题，只对偶发事件作出必要的裁决。

（3）对下级在工作中遇到的困难主动过问，帮其排忧解难。

（4）对下级在工作中付出的努力和取得的成绩，给予客观公正的评价和相应的待遇和奖励。

（5）对下级在工作中出现的过失和差错，帮其寻找原因，处罚要合情合理。

3. 平等相待，热心关怀

这是上下级之间维持良好关系的关键。上下级之间在组织中的地位有高低之分，但在人格上却是平等的。上级不能自视高贵，盛气凌人，应和下级真诚相处，平等相待，热心关怀，甘苦与共，这样才能得到下级的真心拥戴。

人人都有“尊重”的需要。上级因为在权力和地位上比下级优越，就更希望在下级面前维持权威感，获得下级的尊敬。组织的公共关系人员应努力使上级认识到，权力并不等于尊重。尊重是相互的，是有独立人格的人的基本权利。上级欲使下级尊重自己，自己必须先尊重下级。尊重下级的人格、知识和工作权利，把下级看作和自己平等的工作伙伴，和下级真诚相处，平等对待。

组织的公共关系人员还必须使上级认识到：作为上级，只与下级平等相待是远远不够的，还需要真诚地关心下级生活上的疾苦，努力为下级的工作创造良好条件和良好的人际环境，帮助其选择能发挥特长的工作，以及为下级提供进修提高的机会等，这对协调好上下级关系将起到十分重要的作用。

（二）协调下级同上级关系

帮助下级协调好同上级的关系，获得上级领导的信任和支持，不仅有利于下级工作的顺利开展，而且对下级的健康成长也十分有益。因此也是组织公关人员的一项重要工作。公关人员怎样帮助下级获得上级领导的信任和支持呢？

1. 尊重上级

这是避免上级产生“心理屏障”，获得理解和信赖的心理基础。怎样表示对上级的尊重呢？

（1）尊重上级的职权。上级是接受组织委派，代表组织行使一定权力的人。对上级的尊重意味着对组织人事安排的尊重，是维持组织内部秩序必不可少的条件。因此，为了组织的大局和组织机构的协调运转，下级必须尊重上级。

（2）尊重上级的决策和构想。上级的决策、构想带有全局性和战略性的特点，一旦决定了，下级就应该尊重和服从。有时，遇到上级宏观决策在局部不合理的现象，下级应仔细研究，设身处地站在上级的立场上，找出决策不合理的原因，提出可行的修正方案，委婉巧妙地说服上级，使上级感到下级的建议是为了完善上级的战略意图，维护上级的威信，不是“出风头”，因而从心里乐于接受建议，支持下级的工作。

（3）尊重上级的人格。上下级之间在人格上是平等的，下级应以不卑不亢的态度和上级相处，真诚欣赏上级的优点，赞美他的长处。不可在背后议论、指责上级的缺点。对上级的缺点，应避免当众批评，须以委婉的方式单独向上级指出，不可伤害他的自尊心。

2. 了解上级

了解上级的性格、能力、特长、知识水平、工作和生活习惯、处事方式等，是获得上级有效支持的关键。

（1）根据上级的特长，寻求有效支持。上级最感兴趣的领域，往往是其知识丰富、最为擅长的领域，在这些方面适时适度向上级提出请求，往往能得到有效支持。对上级不感兴趣的工作，可以先打好基础，搞出眉目，引发上级的兴趣，再向他请示、汇报，效果往往较好。针对上级的不同特长，请示、汇报方法也应得当。对上级精通的业务，汇报要简明扼要，避免重复；对上级生疏的业务，汇报应详尽透彻，耐心解释，讲明得失。

（2）掌握上级的性格特点，采取针对性措施。上级的性格千差万别。有的暴躁，有的耐心；有的褊狭，有的宽厚；有的多疑，有的直率；有的爱计划，有的善实干。下级必须针对上级的性格特点采取不同的对策；对于生性暴躁的上级，千万不能当面顶撞、辩解，应在其心平气和时解决问题；对于多疑的上级，应多向其请示汇报，促使其掌握多方面情况，防止偏听偏信，让其为一些易于误解的事务拟定处理原则，下级依原则办事，便无懈可击；对于多谋、耐心、直率的上级，可向其多提供信息和自己对问题的见解，不可拐弯抹角；对于喜欢工作的上级，最好的相处办法就是努力工作，工作越有成绩，就越受信任。

（3）适应上级的工作和生活习惯，提高工作效率。上级都有自身的工作和生活习惯，这种习惯是难以改变的，下级必须适应之。有些上级工作时间和休息时间严格区分，休息时间切忌以工作打扰上级。有些上级却喜欢休息时间向下级登门拜访；有些喜欢同下级聊天了解情况；有些却需要下级书面陈明。重要问题应在上级精力最充足时提出，切忌在其疲劳和不愉快时请示。上级所厌恶的事情应避免发生；上级欲做的事应有必要的准备。总之，应积极适应上级，这样才能提高工作效率，争得有效的支持。

3. 显示重要性

下级应以有效的方式，使上级了解下级工作的重要性和可行性。这是上级愿意帮助下级的必要前提。只有当上级认识到下级的工作对上级的战略意图的实现有较大帮助时，上级才乐于支持下级的工作。作为下级怎样以有效的方式使上级了解下级的工作的重要性呢?

（1）反复强调。上级往往在整体上和宏观上比下级看得全面和长远，但在局部问题上，因时间和精力有限，知识专门化程度局限，使之不可能考虑得细致和深入。下级和上级正好相反，因考虑问题专一、时间充裕、知识专门化程度高，往往能对问题进行独到的分析，提出有创造性的见解。这种见解正是对上级工作的补充和完善。为了组织的整体利益，下级有责任将具体问题的重要性提醒上级注意。但上级由于更注重于整体，因此下级必须想方设法，反复强调，以加深上级的印象。

（2）侧面疏通。这是一种迂回方法，在下级进行反复强调作用不大时，可考虑用此方法。具体方法是，请上级的同级、老上级、老朋友、深得上级器重的同级进行侧面沟通。该法以通情为手段，以达理为目的。

（3）实绩启迪。当领导对某项工作的重要性缺乏必要认识时，除用上述方法外，还应注重用实绩来启迪。“事实胜于雄辩”，让上级在活生生的事例面前接受深刻的启示，从而转变态度支持下级的工作。展示“实绩”的方法很多，比如在下级职责范围内先搞小型试验，待取得预期成果后，让上级“耳闻目睹”；请上级参观同类的先进单位；向领导介绍报刊上的经验材料；让上级亲身感受该项工作带来的益处，提高对下级工作重要性的认识，从而转变对下级的态度。

让上级了解下级工作重要性和可行性的办法很多，不论哪种方法，只要能引起上级重视和支持便可应用。获得上级重视和支持是上下级关系的重要部分，必须妥善处理好这个问题。

7.2 外部公共关系协调

外部公众是组织生存和发展的重要外部条件，也是组织在活动中，遇到的数量最大、层次种类最复杂的公众。外部公众的理解和支持，是现代社会组织正常运转的必要条件。因此“外求发展”是公共关系工作的重点。

7.2.1 外部公共关系的基本理论

外部公共关系是对社会组织外部横向、纵向关系的总称，是指组织在市场经济活动中，与外部相关社会公众形成的一种相互依赖、相互影响的联系。它主要包括顾客关系、政府关系、社区关系、新闻媒介关系、竞争者关系、商业伙伴关系。一方面，社会组织要向社会各界提供自己的产品和服务，为社会和其他组织发展作出贡献；另一方面，组织需要依靠社会提供政策、法律、科学、技术、资金、劳务、原材料等多种社会服务。不言而喻，任何组织对其外部公众都有强烈的依赖性。

（一）外部公共关系的特点

组织在市场经济活动中，与外部相关公众形成的这种联系具有如下特点。

1. 广泛性

正如日本著名社会学家井尚一清所说：“组织外部公共关系是指组织在运行过程中所面对的社会关系和社会舆论的总和。”这种关系较内部公共关系而言，不仅从组成人员，而且从运行技巧与艺术上，都有其独到的特点。例如，处理与各级政府部门的关系，通过与这些部门的交往，争取各级领导的支持；处理与业务活动有直接联系的部门的关系，如企业的物资部门、交通运输部门、技术部门、金融部门、能源部门的关系，能有效地优化组织发展的外部环境，寻求提供各种方便和有力支持，从而有效地实现组织的目标；处理组织与顾客、经销商、批发商、代理商的关系，能有效地强化组织在市场活动的渗透力，促进销售活动的开展，这些都充分体现了组织外部公共关系的广泛性。

2. 目的性

在社会公众中树立良好的组织形象是外部公共关系的根本目的。组织通过对外交往活动，让社会组织和相关公众了解组织的团体精神，把握组织的风格形象，进而与组织结为良好的合作伙伴。在 1997 年年底，国内沿海省份 500 家成功企业开展公共关系活动的首次调查分析中说明，其中 92%的企业有明确可行、构思严谨的公共关系目标，并通过规范的程序和步骤将目的渗透其中。

3. 复杂性

由于外部公共关系活动面临的组织人员、事件多种多样，表现方式的差异性，导致了整个活动过程的复杂性。公关人员在其中要接触到外部各类不同的组织，接触到各个层次的不同类型人员，因而单纯地运用一种策略和方法，就很难收到预期的效果。

4. 社会性

开展外部公共关系活动，不可忽视对社会环境的认识和把握。成功的外部公共关系活动，往往取决于“天时”“地利”“人和”等多种因素的共同制约。只有在工作中有效地利用“天时”“地利”“人和”等多种外在因素，才能最终产生较好的社会效果。

（二）外部公共关系的目标

外部公共关系活动的目标，主要是增进组织与社会各类公众之间的相互了解，协调彼此间利害关系，消除可能出现的矛盾和冲突，建立良好的社会形象和信誉，为组织的繁荣和发展创造良好的社会环境。

1. 形象目标

组织形象的树立，必须运用各种传播手段向外部公众广泛地宣传组织各方面的工作成就，让公众全面深刻地了解组织，形成良好的社会舆论，塑造良好的组织形象。

2. 关系目标

外部公共关系工作必须与社会公众建立广泛的纵横向联系，争取外部公众的支持、帮助与合作，为组织生存和发展创造良好的外部环境。

3. 利益目标

外部公共关系的目的，并不是直接地宣传介绍某种新产品或服务，它的中心任务是协调各种社会公众关系，推销组织形象。这样就会使社会公众在了解认可组织的过程中接受相关的新产品或服务，从而提高组织的经济效益和社会效益。

7.2.2　顾客关系协调

顾客是组织面对的数量最多的公众，与组织具有直接利益关系，是组织对外公共关系的首要对象，是维系组织生命的动脉。当市场形式由“卖方市场”转变成“买方市场”后，在大多数情况下，已不是商品选择顾客，而很大程度上是顾客在选择商品。因此，组织要想外求发展，首先就要建立良好的顾客关系。

（一）顾客关系的含义

顾客关系又称消费者关系，是社会组织与其产品（物质产品和精神产品）的购买者和消费者之间的关系。顾客既包括经济组织为之服务的物质产品的购买者，也包括文化组织为之服务的精神产品的购买者；既包括有形产品的购买者，也包括无形产品（即劳务）的购买者。

（二）协调顾客关系的基本思想

协调顾客关系的基本思想是要尊重顾客的人格和需要，树立“顾客至上”的观念。在公关活动之前要研究顾客的需要，进行必要的社会调查，按照顾客的要求做好各种工作。在公关活动中要树立“顾客永远是正确的”观念，一切从顾客的需要出发，在政策、法律、道德许可的范围内，尽组织所能为顾客办实事、办好事。在公关活动之后要善于总结顾客的反馈信息，吸收顾客的建议，反思顾客的批评，不断地加以完善。此外，组织一旦发生了与顾客的纠纷，应该在“顾客永远是对的”这一顾客关系最高准则的指导下迅速做出反应，给予妥善解决，争取顾客谅解。正如日本松下电器公司的创始人松下幸之助先生所说：“身为制造厂商，我们的社会责任就是顾客购买、使用、满意我们的产品……因此，我们每天都要测量顾客的体温。”

（三）协调顾客关系的方法

1. 加强与顾客的沟通

协调消费者的关系，离不开搞好组织与消费者的双向信息沟通。一方面，要通过各种方式的调查研究，收集顾客信息，包括顾客年龄、性别、职业、爱好，顾客对组织产品的评价和要求，顾客对组织服务是否满意等，主动了解消费者的需求和认真听取消费者的意见，把握顾客的消费需求及其发展的总体趋势；另一方面，要通过各种媒介和渠道，向顾客传递组织宗旨、服务方式等信息，开展各种形式的教育活动，向顾客介绍有关产品知识和技术知识，积极做好对消费者的指导和引导以及咨询服务，不断提高组织的认知度、美誉度、和谐度。

与消费者沟通的方式主要有以下几种。

（1）口头联系，这是最常见、最普通的沟通方式，可以面对面或者通过电话对消费者提出的问题做出解释，同时积极提供有关企业的信息；

（2）利用私人信件，企业领导者或公共关系人员定期或不定期与消费者通信，可以使消费者感到受到企业的重视；

（3）利用传播媒介，如报刊、电台、电视、网络向消费者宣传介绍企业情况，也可利用公告栏上的公告、培训班、技术鉴定会、新闻发布会等形式，向消费者介绍企业及其产品，或一种新的、更完美的生活方式和生活观念；

（4）出版消费者刊物，企业可以编辑出版有关产品和企业的定期或不定期的刊物，使消费者可以及时、详细地了解企业及其产品，从而做出最佳选择；

（5）组织消费者参观企业。组织各类消费者到企业参观，使他们对企业有一个具体、翔实的了解，从而对企业产生好感。

2. 为顾客提供优质的产品

顾客关系的形成是由于顾客对产品的消费欲望和消费行为而产生的，没有适应顾客需要的优质商品就得不到顾客的支持，也不可能建立稳定、良好的顾客关系。因此，组织为消费者提供质量优良、价格合理、计量准确的适销产品，是建立良好的顾客关系的物质基础。这就要求企业需要在技术、产品上不断推陈出新，满足顾客不断变化的需要，以优质的产品来赢得顾客的信任与好感。企业没有顾客满意的产品，无论花多大代价去做广告、搞促销，最终都不会赢得顾客。

凡是成功的社会组织，都十分重视其产品的优异品质。例如，海尔集团在十几年的经营实践中，形成了独特的管理方式——OEC。其主要内涵是：“日事日毕，日清日高”，即在企业的生产过程中实行严格管理，切实把“质量是企业的生命”这一价值观落实到每一个员工身上和每一个生产环节中。

3. 为顾客提供满意的服务

所谓服务，是指不以实物形式而是以提供劳务的形式满足顾客的某种需要，为顾客带来更多的便利。以企业组织为例，任何企业在生产和组织商品销售过程中，向顾客提供热情的服务态度和周到的服务项目，比如售前、售中、售后全过程服务和各项方便服务，都是塑造良好形象的重要途径，也是企业与顾客建立良好关系的重要前提。不同的企业应根据所生产和经营的商品种类和特点，根据企业的规模、类型、地点、经营条件，为顾客提供多种多样的服务，如进货服务、安装服务、维修服务、加工服务、包装服务、信用服务、租赁服务、退换服务等，并创造深受顾客欢迎的新的服务制度和措施，如各种形式的“承诺”制度、“绿色通道”服务措施等，不断改进服务工作，不断提高服务水平，努力实现服务的系列化、规范化、制度化，以优质服务增强企业对顾客的吸引力。

4. 妥善处理顾客的投诉

协调好组织与消费者的关系，必须妥善处理消费者的投诉。企业组织在生产经营过程中，由于各种原因造成失误或与顾客之间发生矛盾，引起顾客投诉在所难免。顾客投诉种类很多，有电话投诉，信件投诉，当面投诉，有的甚至借助媒介或法律。投诉性公众不管其意见是否正确，但却在很大程度上左右大众舆论，影响组织生存和发展的环境，而且多数公众的意见都会有利于组织改善管理，提高产品质量、改进服务水准。因此，要处理好公众投诉就要善于分析公众投诉的原因，主动听取公众意见，尊重公众意见，学会换位思考，选择最佳时机处理公众意见，争取公众的理解、支持和信任。海尔“洗地瓜的洗衣机”就是在受理一位四川用户的投诉后，改进产品推出的。

处理好顾客投诉应注意以下几方面问题。

（1）处理要及时。对消费者的投诉能及时着手解决，顾客就会觉得组织重视他们的意见，会比较快地恢复平静。如果等几天再答复，那么在这段时间内顾客就总觉得不痛快，免不了会向他们的同事或亲朋好友诉说一番。拖延的时间越长，他们的气就越大，向别人诉说的机会就越多，对企业不信任的人也会随之增多。因为人们往往相信自己的亲朋好友的诉说而不会去轻信广告宣传，所以，即使一时不能解决的也要先有回复，告诉对方已经在研究处理。

（2）态度要诚恳。遇到消费者投诉，不管对方是否有理，首要的是不要让事态扩大，因此，企业公关人员都应心平气和，婉转地加以引导，耐心地问明情况。企业公关人员要抱着诚恳的态度设身处地为顾客着想，理解顾客心情，与人为善，宽以待人。决不能顶撞、争吵，以防止把问题闹大，尽量减小影响范围。对批评企业的来信都要答复，不可让对方感到企业缺乏诚意。

（3）分析要全面。对消费者投诉的问题，应该有较全面的分析。如果发现该问题具有普遍性，应该尽快通过大众媒介或公关宣传，在较大范围内予以说明；如果提出的问题比较重要，就要认真研究解决处理的对策，以最好的服务予以补救，努力取得顾客的谅解。

另外，不论顾客采用何种批评方式，都要以他们所提的意见为线索，对事实的真相做调查，在查清事实的基础上，与消费者充分交流意见，求同存异，达成谅解。纠纷的处理和解决，要努力使顾客满意。对顾客的承诺一定要及时实施。同时，还要将解决的结果通过新闻媒介加以传播，这样，就有可能把不利于企业的舆论引导到有利于企业的方向上去。

7.2.3 政府关系

政府是国家权力的执行机关，承担着管理国家和社会事务的责任，是国家对社会进行统一管理的权力机构。社会组织作为社会的一份子，必须接受政府的管理和制约。可见，政府是社会组织所有传播沟通对象中最具有社会权威性的对象，组织必须与政府各职能部门建立和保持良好的沟通，这是组织生存、发展的重要保障和条件。

（一）政府关系的含义

政府关系是指社会组织与其作为公众对象的政府各职能部门及其政府工作人员之间的关系。政府公众指政府各行政机构及其官员和工作人员，即组织与政府沟通的具体对象，包括工商、人事、财政、税务、市政、治安、法院、海关、环保、卫检等政府职能部门及其工作人员。政府公众历来被认为是一种特殊而重要的公众。协调好组织与政府公众之间的关系是公共关系的重要组成部分。

（二）协调政府关系的方法

1. 遵守政府的法律、法规、政策和各种规章制度

遵纪守法是组织处理好与政府关系的基础。各类组织在自身发展的过程中，必须注意全面收集国家已经出台的各项相关政策和法令，认真地学习领会，并将其作为制定和推动自身各项工作的依据。具体应做到四点。

（1）严格按照国家的政策和法规安排组织的各项活动。政府是社会的管理者，而社会中各种社会组织五花八门，具体条件和自身素质以及行为方式也千差万别，所以，政府对社会的管理是极其复杂和繁重的工作，政府期望每一个社会组织都能服从大局、服从管理。因此，组织就应当把国家利益放在第一位；应当模范遵守国家的法律、政策；应当替政府着想，为政府分忧。做政府的“模范公民”，是协调社会组织与政府关系的有效原则和方法，是公共关系协调中“公众第一”原则在政府关系协调上的体现。

（2）熟悉政府颁布的有关政策、法规。目前，政府对组织的行政干预减少，主要通过政策、法规来管理社会组织，因此，组织必须熟悉政府所颁布的政策、法规，并及时了解政策、法规的变动，根据变化及时修正组织的方针政策和实际行动。在公共关系实践中，组织应积极地同国家有关政策法律部门建立稳定持久的联系，使政策法令一经出台，组织就能得到国家有关部门的帮助和指点，吸收和借鉴对组织开展各项活动有直接帮助的内容，避免发生不必要的偏差。对于国家出台的有关方面专门的政策条例，组织也可以邀请政府机关的有关人员进行专门指导或举办专门讲座，解答组织的各种问题。

（3）创造性地贯彻执行政府的有关政策和法令。对于政府下达的宏观调控方面的条例要求，与组织自己的工作重点相一致的，社会组织要积极地加以采纳，在深刻理解之后形成自己的实施方案。对于政府下达的宏观调控方面的安排设想，如不太适合组织发展的实际，组织应仔细地加以分析，并有程序地向上级有关部门做出反映。

2. 加强与政府的信息交流

组织要与政府处理好关系，要加强与政府之间的沟通，扩大组织的影响，取得政府的信赖。一方面，政府是社会和经济各方面资料和信息的重要来源，组织可以从政府各主管部门印发的资料、文件、报告、各种会议、出版物等获取对组织有价值的信息，例如组织在寻求横向经济联合对象、学习先进管理经验、掌握国内外市场动态、寻求外商投资等方面，都可以从政府获得信息和帮助。另一方面，组织应及时、主动向政府有关部门提供组织信息（如经营业绩、发展规划、对社会的贡献、在承担社会义务方面的义举），在适当的时机、适当的渠道向政府部门进行汇报，这有助于政府部门能依据基层组织的情况，修订政策与条例，也有利于政府部门保持对组织的了解和支持，保持组织与政府沟通渠道畅通。

3. 熟悉政府机构的具体设置、职责分工和办事程序

政府机构上至国务院、省、市、县政府，下到街道办事处，其层次各不相同，有的是组织的直接领导，有的是间接领导。组织与政府日常交往的对象是其主管部门或一些相关的具体部门，而并不需要与所有政府部门打交道。熟悉政府机构的内部分工、工作范围、办事程序，可提高办事效率。

4. 扩大组织在政府部门中的影响

组织应把握一切有利时机，扩大本组织在政府部门中的信誉和影响，使政府了解组织对社会、国家的贡献和成就。如利用新厂房落成、新生产线投产、企业周年庆典、新技术新产品问世等机会，邀请、安排政府主管部门领导出席企业的重要活动，主持奠基仪式或落成剪彩，参观新设备、新产品，通过种种专题活动，提高政府部门对组织的信心和重视程度。还可以凭借组织的自身竞争优势和核心竞争力，实施名牌战略，不断提高组织的社会地位。例如，河北省安国市制药厂研究了老年人心脑血管疾病的情况，在保定市脑血管医院的帮助指导下，吸取国外同类药品易服用且长效吸收的优点，研制生产了疗效快，价格低的脑复苏系列药品，特别适用于中低收入病人的需要，产品远销华北、东北、华东部分省市，使一个即将面临亏损倒闭的企业重新获得生机，受到省市各级政府的高度重视。

5. 积极参加政府组织的各项公益活动

组织作为社会有机体的一个重要组成部分，必须为政府分担一定的社会责任，无偿提供必要的社会公益服务。一般来说，由政府提倡的有利于社会的公益事业和活动，组织都应积极参与。这样做，一方面可以赢得政府对组织的信赖与赞许，另一方面可以提高组织的声誉和知名度。

7.2.4 社区关系

社区作为组织的经营场所和办公地点的所在地，是组织赖以生存的环境，组织的活动和员工的生活与社区有着千丝万缕的联系。组织的生存发展依赖于所在社区的各种社会服务，如交通、水电供应、治安保卫、消防等；组织员工及家属都生活于所在社区，他们的日常生活依赖于社区内的各种公共利益部门，如社区内的商店、学校、医院、文化娱乐场所等。没有一个良好的社区关系，组织便难有立足之地。

（一）社区关系的含义

社区是一个社会学的概念，是指由共同生活于一定区域的人们因利益关系紧密而构成的一种社会集体。具体地说，居住于一定区域、具有共同联系并彼此交往的人们，就构成了一个社区。例如村庄、集镇、街坊邻里、城市的一个市区或郊区，甚至整个城市，都是在规模上大小不一的社区。社区是一个相对独立的地域性社会，每个社区都有其特定的人口和特定的地理区域，其居民之间有着某些共同的利益，以及重要的社会交往。

社区关系亦称区域关系、地方关系、睦邻关系，它是指社会组织与其所在地的地方政府、社会团体和其他组织以及当地居民之间的邻里关系。社区公众与组织之间有着千丝万缕的联系，社区居民可能成为组织的员工或是组织最稳定的顾客；社区的其他社团可以成为组织良好的合作伙伴；而社区所在地的政府，则是组织的“父母官”。因此，社区关系可能是顾客关系，员工关系，以及其他公众关系的延伸和重要组成部分，同时社区公众又是组织形象最可靠的传播者之一。

能否和社区公众建立良好的关系，关系到组织和组织员工能否拥有一个安静、和谐的生产、生活环境。

（二）协调社区关系的方法

谚语云：“金乡邻，银亲眷”、“远亲不如近邻”、“邻里好，赛珍宝”，这种传统用于组织就是说要搞好社区关系，使组织和社区之间建立和保持一种亲情和相互理解的关系。

1. 树立居民意识

从社区公众的角度来看，不论组织的性质、规模等方面如何，但有一点是共同的，那就是每个组织都是社区的一员。因此，组织应自觉遵守社区公约、行为规范等各种社区规定，承担为社区应尽的各种义务。服从当地政府的领导，做到安全生产，守法经营，照章纳税，保护环境等；尽可能避免或减少自身活动对社区其他公众正常活动的影响，如做好“三废”（废水、废烟、废气）的控制与治理、减少噪声、安全生产等。开放组织中的各项福利设施和娱乐场所，使社区公众都能分享。

2. 支持社区建设

组织在社区除了尽量做一个好“居民”外，还需要为社区建设尽职尽责，充分利用自己的技术、资金、人才、设备等方面的优势，积极支持社区的全面发展和建设，多为社区提供无偿的服务。一方面，组织应为社区承担一定的社会责任，特别是帮助社区发展文化、教育、艺术事业等，如举办联谊会、文娱体育活动等。另一方面，组织要积极参与社区的各项公益活动，给予资金、物质和精神的支持，如赞助社区文化、体育活动，资助养老院、残疾人基金会等社会福利机构的活动，资助社区办学，当社区发生天灾人祸等意外事故时积极为社区排忧解难等。以此，在社区树立好“人缘”，取得社区公众的理解和认同。

3. 加强信息交流

组织生存于社区之中，对社区公众的信息交流应该是经常的、充分的。信息交流是一个双向的过程，包括增进组织对社区的了解和促进社区对组织的了解这两个方面。一方面，要增进组织对社区环境的了解，比如开展各种方式的社区关系调查、意见征询和交流等，征求社区公众对组织的意见和要求，通过这方面的工作，组织的公共关系部门可以提高社区公共关系工作的针对性。另一方面，要促进社区公众对组织的充分了解，组织应当经常主动采用多种形式向社区公众通报情况，让社区公众及时了解组织的政策、经营状况、对社区事务的态度以及组织自己所存在的实际困难，需要提供的帮助等，比如，通过大众传播媒介和各种印刷品等努力宣传组织，通过邀请社区公众参加座谈、参观和联谊活动等方式加强情感交流，通过积极参加社区活动使社区对组织有更多更细致的了解和认识。

7.2.5　媒介关系

新闻媒介传递信息迅速，影响力大、威望高，它可以左右社会舆论、影响和引导民意，对社会的经济、政治、文化、军事以及消费的变化具有不容忽视的作用，许多时候它还能直接引发新闻，甚至是“制造新闻”。因此新闻媒介在欧美被看作是立法、司法、行政三大权力之后的“第四权力”，同时记者也被看做“无冕之王”。任何组织和个人都不能轻视新闻媒介这一重要舆论工具。

（一）媒介关系的含义

媒介关系是指社会组织与报社、杂志社、电台、电视台、通讯社等新闻机构和媒介人士（编辑、记者、节目主持人等）之间的关系。媒介公众是公共关系工作对象中最敏感、最重要的一部分，这种关系具有明显的两重性：一方面新闻媒介是组织与广大公众沟通的重要中介，具有工具性；另一方面新闻媒介又是组织公共关系的客体，是组织竭力追求的重要公众。媒介与对象的合一，决定了新闻媒介关系是一种传播性质最强、公共关系操作意义最大的关系。从对公共关系实务工作层次来看，新闻媒介关系往往被置于最显著的位置，甚至被称为对外传播的首要公众。

（二）协调媒介关系的方法

与新闻媒介处理好关系，赢得新闻媒介对本组织的了解、理解和支持，通过新闻界实现与公众的广泛沟通，就能形成对本组织有利的舆论氛围，提高组织对社会的影响力。为此，组织应努力做好以下几方面工作。

1. 熟悉各种新闻媒介的特点

公共关系人员要了解新闻界人士的职业特点，遵守他们的职业准则，尊重他们的职业道德；熟悉各种新闻媒介的报道特色、编辑方针、编辑风格、版面安排、发行时间和渠道以及各自拥有的读者、听众、观众的情况等；掌握基本的新闻写作知识和技巧，为新闻界提供优秀的稿件。只有这样，公关人员在与新闻界打交道时才能做到得心应手。

2. 与新闻媒介保持经常联系

在现实工作中，社会组织与新闻媒介之间是相互需要、相互支持的关系。一方面，社会组织需要借助新闻媒介形成舆论，塑造形象；另一方面，新闻媒介需要取得社会各界的支持，以获得大量准确的新闻信息。

公共关系人员应当加强与新闻媒介的日常交往，如重大节日向新闻界发送贺年片、纪念品，举办各种形式的联谊活动，增进组织公共关系人员与新闻界人士的个人友谊；也可以主动邀请新闻界人士参观，通过让记者了解组织的各方面情况，也可为组织提供新闻宣传的机会。同时，社会组织特别是其公关人员应及时向新闻媒介提供有新闻价值的素材或稿件，如有关新产品、新生产线投入使用，企业的重大庆典，产品价格的大幅度调整等，丰富新闻报道的内容和品种。在经常积极主动与新闻媒介取得联系的过程中，要注意通过长期的投入，使双方建立相互尊重、相互了解、相互支持的稳定关系。

3. 大力支持新闻界人士的工作

在与新闻媒介进行交往时，组织应本着本着实事求是、一视同仁、热情友好、以诚相待的原则，并充分尊重新闻媒介的职业特点，对记者的采访提供必要的支持和帮助。

新闻媒介的大忌就是新闻失真，在组织与新闻媒介的交往中，要特别注意真实地反映信息，做到不隐恶，不溢美，实事求是，这才是真正的合作与支持。有时组织也会出现一些对其形象或名誉不利的“家丑”，如决策上的失误、经营管理上的缺陷、产品质量上的问题等，对此不能采取遮遮掩掩的态度，而应主动与新闻媒介沟通，充分利用新闻媒介对社会舆论的影响，把事实真相如实地反映出去，并把自己的改正措施公之于众，争取社会公众的谅解与支持，从而把组织的声誉损失减少到最低限度。

新闻界由于其所属的内部层次不同，各个内部成分在社会活动中传播影响的作用也不相同。作为组织，无论面对哪一级新闻单位及其工作人员都要以礼相待，招待要热情，标准要一样，有礼貌地同对方进行交谈，协助对方完成对组织的宣传报道工作。千万不能重大报，轻小报；重电视，轻电台；重名记者，轻小记者。

组织在接待各级新闻记者时要热情周到，不论对方要宣传组织正面的形象，还是批评组织工作中的某些不当之处，甚至曝光组织的“阴暗面”，组织都要以自身的诚意，积极地给予配合。千万不要拒绝记者采访，更不要故意阻挠，要为记者设身处地着想，积极主动地为记者安排与组织领导人或有关专家见面，及时为记者提供有价值的信息，在积极配合中感动记者，共同使问题得到圆满地解决。

4. 主动采取行动以争取新闻媒介的注意

公共关系人员还应善于通过“制造新闻”去争取引起新闻界的注意，塑造组织的形象。所谓“制造新闻”就是组织以健康正当的手段，有意识地采取既对自己有利，又使社会和公众受惠的行动，去引起社会公众和新闻界的关注。因为有新闻价值的事件往往是大众传播媒介关注的目标，符合它的报道意图，因此，很容易引起大众传播媒介的注意，得到它的配合。例如，当年海尔的张瑞敏当众砸次品冰箱的事件就是很好的新闻事件，至今令人津津乐道。有了好新闻，媒体会主动来为你炒作，既是最好的软广告，又能促进与新闻媒介的关系。

5. 正确对待媒介的批评报道

对于媒介发表的不利于组织形象的负面报道，如果不失实的话，组织应立即承认错误并及时采取补救措施以挽回不良影响，同时恳请新闻媒介把自己的态度和行为传播出去，争取公众的理解，切不可对媒介的批评报道置若罔闻，甚至反唇相讥。如果媒介的批评报道有失实之处，亦应诚恳地向媒介指出报道失实之处，请记者一起参加调查并委婉提出予以更正的要求，切不可剑拔弩张、兴师问罪，或得理不饶人、轻率地对簿公堂。只要组织保持通情达理的态度，新闻媒介也会做出积极响应。而为了确保新闻媒体在报道时不会因犯错而损及组织的利益，公关人员也应采取“事前预防、事后补救”的策略。

联合利华媒介关系的处理

1999年10月，在内部条件成熟的情况下，联合利华决定推出两种新款奥妙洗衣粉，同时对原有价格进行大幅度调整。但日用消费品的价格大幅度变动势必引起新闻媒介的关注，新闻媒介在关注此类事件的过程中一方面会在客观上帮助联合利华传播"奥妙降价"这一重要信息，引起消费者的关注；但另一方面有可能引发不利于联合利华的舆论报道，比如"奥妙降价以牺牲质量为代价"、"奥妙降价冲击国有品牌"等，而这种社会舆论一旦形成，可能导致联合利华这一重大的市场举措失败。处理好媒介关系，形成有利于联合利华的社会舆论，关系到"奥妙"降价能否得到市场的认可，因此，媒介关系事关重大。为此联合利华委托中国环球公共关公司来处理围绕"奥妙"降价产生的媒介关系事宜。经过认真调查、精心策划、严格实施，在奥妙降价之后的一个月内，其销量大幅度上升。调查资料显示，有50%以上的消费者的信息来源是有关的新闻报道，同时绝大多数消费者认为，"奥妙"降价的原因是市场竞争，而不影响产品的质量。这说明，围绕"奥妙"降价事件展开的媒介关系协调工作最终取得成功。

案例分析：收集与本案例相关的资料，说明企业在处理媒介关系时的注意事项。

7.2.6 竞争关系

竞争关系是指组织与生产、经营同类产品或服务的同行业其他组织之间为了取得对各自有利的条件而进行较量形成的关系。在市场经济的条件下，同行业之间的竞争甚至冲突是不可避免的。随着社会的进步、经济的发展、市场竞争规则的不断完善，在现代社会里，竞争关系不仅仅只是一种利益对立、此消彼长、弱肉强食、你死我活的关系，更多地将表现为相互促进、相互支持、取长补短、共同发展的文明竞争态势。正当的竞争可以促使社会组织采用先进的技术和科学的手段，提高产品质量和服务质量，降低产品价格。因此，组织要协调好与竞争对手的关系，树立现代组织光明正大、勇于竞争、善于竞争的新形象。

（一）切实把握正确的竞争目的

同行之间首先是伙伴关系，然后才是竞争关系。组织间开展竞争，是为组织发展添动力，竞争的最终目的应该是你追我赶，友谊竞赛，以谋求相互促进、共同发展。尽管彼此间竞争都是为了提高各自的经济效益，但他们的基本目的仍是为社会多作贡献。因此，应在竞争中牢牢把握正确的目的，而不能单从本位主义或小集团的利益出发，倾轧对手，搞垮同行。

（二）竞争的手段要光明正大

组织要生存、要发展，就要参与竞争，而且要在竞争中取胜。然而，任何组织在竞争中，都应本着平等和公开的原则，以本组织科学的经营管理、先进的技术设备、优质的产品和良好的服务以及精湛的公共关系艺术，赢得竞争的胜利。绝不能违背社会公德，采取尔虞我诈、勾心斗角、损人利已的方法开展竞争，这种竞争即使取胜也是不光彩的。只有这样，才能使胜者心地坦然而成为表率，败者心悦诚服而奋起直追。竞争关系处理不当，结果将是两败俱伤，双方形象受损；反之，正当竞争可以在精神风貌和企业风度方面占上风。

（三）竞争中寻求合作

同行业之间虽是竞争对手，但由于彼此根本利益一致、最终目的一致，双方又是合作伙伴。既然是同行，就有许多共同点。双方完全可以在共同目的的基础上，既竞争又合作，相互取长补短，强调“共存双赢”，共同前进，共谋发展。具体如相互交流技术成果与经验，支援人力与物力、共同研究解决专业难点等。这一点表面看来与竞争不相关，其实这是另一种意义的竞争，或者可说是提高了竞争的层次，因为能主动协作交流的一方最起码在形象、精神竞争上占了上风。

（四）加强信息沟通

竞争者之间可以通过人际交往、电话、互联网等，及时沟通信息，相互为对方提供使对方产生效益的信息，使双方关系有一个可靠的基础。亦可通过主持召开同行业研讨会、座谈会，企业之间互送企业刊物、小册子等方式方法，加强竞争性企业间的相互联系与沟通，及时解决双方关系中出现的问题。通过信息沟通，从竞争到联合，做到优势互补，协作分工，提高组织的整体效益。

小百货店的竞争

在一个偏僻的小山村，有一个独家经营的小百货商店，产品单一，赢利并不多。后来和它相邻处又开了一家经营项目类似的百货商店，两家从此展开了竞争。老店新进的货，新店立即赶上，新店采用的服务，老店也不落后。渐渐地，两家因竞争而矛盾重重，有时甚至大打出手。可他们却没有注意到：他们各自的利润却比从前独一家时还多。后来，一个内行人一语道破玄机，两家才意识到自己的发展离不开对方的竞争，于是双方握手言欢。

问题：

1. 此例主要说明了公共关系的哪些问题？
2. 你从这个事例中得到什么启示？
3. 如果你是一个企业的经营者你将如何协调与同行业的关系？

7.2.7 商业伙伴关系

企业在生产经营过程中，离不开供货商和销售商的配合与支持。

（一）供货商关系的协调

任何企业都有离不开供货商为其提供货源，包括各种设备、能源、原材料、劳动服务等。供货商能否提供优质廉价的货源，直接关系到企业能否提供消费者所需要的优质廉价的产品和服务。同时，供货商还能为企业提供有关市场、原料、物价、消费倾向及其他企业的生产经营动向等信息。可见，搞好与供货商的关系，对于企业的经营和发展是十分重要的。要处理好与供货商的关系，应遵循以下原则。

（1）互惠互利原则。在企业与供货商之间发生利益冲突时，应力求在目标一致的前提下，以大局为重，通过协商，以互谅互让的精神，求得互惠互利。不应只考虑自己企业的利益，不顾对方需要和目标，更不应以损害对方利益的手段来达到自己的经营目的。否则，不仅违反商业道德，也将严重破坏双方关系和企业的形象。

（2）平等协商原则。企业与供货商之间虽然各自归属、职能、经营目标等不相同，但它们都是相对独立的经济实体，彼此都是平等的，不能以大压小，以强凌弱。应以平等的身份相互协商，了解彼此的需要和意见的异同，争取达成一致的协议。不应过分强调自己的利益和需要而全然不顾对方的利益和需要，甚至伤害对方的利益。

（3）真诚相待原则。企业与供货商之间是互相依赖、互相需要的，所以双方在解决利益矛盾时都应该真诚相待，树立整体观念，不存心欺骗对方和社会公众舆论，真心实意地解决存在的问题和矛盾。如果缺乏解决问题和矛盾的真诚愿望，以欺骗手段为企业赢得暂时利益，不仅损害对方利益，从长远看也将损害企业自身的利益，落得害人又害己的结果。企业在处理与供货商的关系时，除了要遵循上述原则外，还要重视与供货商之间的信息交流。作为企业公关部门还要重视对采购人员加强协调原则与技巧的培训。

（二）销售商关系的协调

尽管企业可以直接销售自己的产品，但由于资金、人力、物力和市场等原因，企业的产品大部分要通过销售商才能为消费者所获得。因此，与销售商建立良好的关系，不仅有利于产品和服务的推销，而且可以通过在销售商中树立良好形象，促使他们自愿宣传、推广企业的产品，提高企业在消费者中的声誉，充分发挥销售商的“桥梁”和“纽带”作用。搞好企业与销售商关系的方式有以下几种。

（1）为销售商提供适销对路的商品。为了与销售商建立良好的关系，企业必须为销售商提供各种适应市场消费者需要、质量优良、价格适宜、设计新颖的商品，这是良好销售商关系的物质基础。

（2）为销售商提供各种良好的服务，包括技术服务、销售服务、管理服务、广告服务等。技术服务是指企业应该为销售商提供各种必要的技术培训，帮助他们掌握产品的性能、使用、保管、维修等方面的技术。销售服务是指企业要帮助销售商掌握市场行情，改进销售方式和手段。管理服务是指企业应帮助销售商改善管理方式，提高管理水平，以适应经销商品的要求。广告服务是指企业为销售商提供必要的广告样本、广告工具或广告媒介，让他们能够很方便地做企业产品广告的宣传。企业帮助销售商提高技术水平、管理水平和销售水平，提供必要的广告服务，不仅是自己的责任，也有助于吸引更多的销售商，对本企业的生产经营活动也是一种帮助。同时，在销售商遇到与销售有关的困难时，企业应给予必要的资金、人力、物力和舆论等方面的支持，从而调动销售商对销售本企业产品的积极性。

（3）与销售商进行信息交流。企业应该与销售商建立经常、稳定的信息交流关系。这种交流不仅能够促进双方形成良好、和谐的关系，加深双方的相互了解，还能调动销售商的积极性。信息服务可以通过多种形式进行，如举行销售商招待会、订货会、协作会；发行各种刊物、小册子、年度经营情况报告，向销售商介绍企业的生产、经营、销售、赢利、社会公益等方面的情况；举办产品展览，邀请销售商来参观；通过电话、直接交谈、信函来往等方式与销售商保持联系，促进双方感情交流。

7.3　危机公关

英国公共关系专家弗兰克·杰弗金斯曾经谈到：今天我们生活在化学、核能、电气外加恐怖危机中，危险的出现还往往不止这些，必须承认，如不采取措施防止最大可能的危机，任何事情都可能发生。它要求具备阻止、准备及预防方面的管理技能，而不只是召集记者招待会的才能。

7.3.1 危机公关概述

“优秀的企业安度危机，一般的企业在危机中消亡，只有伟大的企业在危机中发展自己。”——INTEL 公司前 CEO 安迪·格鲁夫。

（一）危机公关的概念

人们通常所说的危机，其外延非常广泛，如财政危机、金融危机、经济危机、能源危机、军事危机、管理危机等。就社会组织而言，危机事件指的是严重危害组织正常运作的、对组织的公众形象造成重大损害的、具有比较大的公众影响的突发事件。如严重的毒气泄露、环境污染、火灾爆炸等安全事故，食物、药物中毒事故等。危机使组织面临十分困难的处境，陷入舆论压力之中，失去公众的信任，影响组织的生存和发展。因此组织处理突发事件，处理危机的能力如何，是关系到组织生死存亡的大事。

危机公共关系存在着狭义和广义两种类型。狭义的危机公关，主要指组织危机事件时，通过一系列的公关活动来获得社会公众的谅解，进而挽回影响的一项工作。广义的危机公关，是指组织对危机事件进行预测与防范、发现与处理，以及修复与完善组织形象的一系列活动过程。

公关危机是一种状态，是对所出现的问题的描述。危机公关则强调的是一种动态的行动过程，包括危机的预防、规避、控制、解决以及危机解决后的复兴等，但并没有表明危机的诱因或危机事件涉及的领域。

（二）危机事件的特点

对任何社会组织而言，要做好危机公关，首先必须了解危机事件的相关特点，透过现象解析事件发生的本质，对症下药，使组织的损失降低到最小。

1. 偶然性与必然性

组织的公共关系危机是必然会发生的，这是公共关系存在的必然结果。

危机的必然性是指危机不可避免，即只要有公共关系就会有公共关系危机，必然性是公共关系作为开放复杂系统的结果。任何社会组织，无论成功与否，无论规模大小，在发展的道路上随时都可能遇到危机。对《财富》杂志 500 强的董事长或总经理的一项相关调查中显示，80%的被调查者都认为，现代企业面对危机就如同人们必然要面对死亡一样，已经成为不可避免的事情。当然，危机的破坏程度不一定都是致命的，可能仅仅是组织发展道路上的一小块绊脚石，但危机是时刻存在的，即便我们不希望它的到来。

诱发危机产生的原因，却是偶然性的。

危机的偶然性是指危机的爆发往往是由偶然因素促成的，一次小小的失误、一个突发的意外、一场误会，不期而至的偶然事件，使平静发展的组织公共关系突然失衡，导致公共关系危机的出现。由于公共关系大系统是开放的，每时每刻都处于与外界的物质、能量信息的交换和流动之中。其任何一个薄弱环节都可能因某种偶然因素而致失衡、崩溃，形成危机。特别是那些组织外部的原因造成的危机，如自然灾害、国家政策的改变、科技新发明带来的冲击等，它们往往是组织始料不及并难以抗拒的。可口可乐的危机就是可口可乐公司在全世界有许多分公司，组织受到各个地区的媒介的监督与关注。2000 年 2 月 27 日，由于英国《星期日泰晤士报》的错误报道，从而引发组织的一次危机事件，这种报道是组织无法预测和无法控制的，只能在这样的问题出现后，组织采取相应的办法去处理。对于这些难以预测的在暗中起作用的因素，任何公关社会组织都要有专门的研究、清醒的认识和高度的防范。

2. 突发性与渐进性

冰冻三尺，非一日之寒。一个危机的出现，事实上是发挥不良作用的因素，由量变到质变的结果。酿成危机的因素是一个累积渐进的过程，通过一定的潜伏期的隐藏和埋伏后，如果未能得到有效控制，它就会继续膨胀。在不经意的情况下出现，形成组织公共关系危机的总爆发，给人的印象就是突然爆发。

一个组织突然爆发了危机，事实上不会没有任何潜在的因素，无论是来自主观，还是客观，还是两者都有的原因，都是公关人员平时疏于警觉的后果。事实上，一次突然的毒气泄漏，会是管理或器具性能的漏洞造成的；一次突然的食物中毒，往往是平时不注意严格把握细节造成的；一次突然出现的恶意中伤，即对组织形象、信誉的伤害是组织平时在人际关系中疏于努力造成的。由于来得突然，又有很强的力度，往往使企业措手不及，给组织造成很大冲击，使企业有突临泰山压顶之感。央视 2011 年 3•15 特别节目《“健美猪”真相》的报道，将我国最大肉制品加工企业双汇集团卷入“瘦肉精”漩涡之中，双汇产品在全国遭遇销量前所未有的“滑铁卢”。究其原因，该事件的爆发并非一朝一夕，而是双汇长期对进货管理的松懈与纵容所致。

3. 破坏性与建设性

从火灾、爆炸、飞机失事、有毒气体和放射性物质的泄漏到原油、化学物品、工业废料的排放，以及恐怖分子的活动、计算机灾难，现代危机的种类已变得繁多复杂，涉及面广，危害性大。危机一旦出现，在本质上或事实上都会起破坏作用，不只是对组织而言，也是对社会而言的。对组织来说，它不仅会破坏目前的正常生产秩序，使组织陷入混乱，造成巨大的经济损失，而且还会使公众与组织关系突然恶化，对组织未来的发展、经营带来深远的影响，特别是发生了有人身伤亡的事故之后。从社会角度看，组织危机会给社会公众带来恐慌，导致了社会一定的无序状态和混乱状态，有时还会给社会造成直接的物质损失，如产品不合格或是机毁人亡的事故，抑或污染公害，给人造成终生残疾或对生态环境造成不可逆转的破坏。

根据系统学的观点，危机既有破坏性特征，又有建设性特征。危机发生后一段时间内，媒体和公众的目光被高度吸引。这对企业组织来说其实是一种不可多得的外部传播资源，如果抓住合适时机转移公众的目光，或者借力发挥，找准新闻点制造出另外一个公关事件，将能迅速提升组织和品牌形象。认识危机的破坏性，才不会掉以轻心、麻痹大意；认识到危机的建设性，才会采取主动姿态，沉着冷静而满怀信心地面对危机，为组织建立富有竞争力的声誉，树立组织的形象和为组织的重大问题创造机会。正如伟达公关公司一位经理所说：“危机，即危险加机遇。”对受损的组织形象的恢复要有迅速的切实有效的危机对策。例如，“洽洽”香瓜子借“甜菊风波”弘扬民族品牌，不但有效化解了危机，而且增加了企业美誉度和知名度。

4. 急迫性与关注性

组织公共关系危机总是在短时间内猛然爆发，具有很强的紧迫性。危机一旦发生，就有飞速扩张之态势，它就会像一颗突然爆炸的“炸弹”，具有在短期内向更大范围、更多领域蔓延的能量，在社会中迅速扩散开来，对社会造成严重的冲击。例如发生在加拿大、英国、日本等国的疯牛病，非常严重，所以必须在最短的时间内做出判断、提出应对方案、做出决策。

危机爆发会造成巨大影响，刺激人们的好奇或恐惧心理，组织的一举一动都成为媒体、公众及政府密切关注的焦点。它往往是新闻传播媒体最佳的新闻素材与报道线索，成为竞争对手发现破绽的线索，成为主管部门检查批评的对象。随着现代传播业的发展，特别是互联网的出现，组织所发生的危机，像一根牵动社会的“神经”，迅速引起社会各界的不同反应，令社会各界密切关注。所以必须牢记“兵贵神速”这一兵法格言，强调危机公关的时效性。例如，2011 年 5 月 24 日爆发台湾塑化剂事件，波及全台食品生产销售领域，各大传统媒体也进行了实时报道，塑化剂事件从而成为整个社会关注的热点。

7.3.2 危机的主要类型及成因

（一）组织行为不当引起的危机

组织行为不当引起的危机是指在社会组织发展过程中，由于组织在指导思想、工作方式、运行机制等组织本身方面的原因引起的公共关系危机。一般是由于社会组织的政策失误或管理不善所造成的，如过度地追求经济利益而不顾公众利益和社会利益造成毒气泄漏、废水污染；宾馆酒楼发生的严重食物中毒；因产品质量问题引起的企业信誉急剧下降；因某种政策失误引起社会舆论的强烈谴责；因管理工作不完善造成浪费等由此而引发的危机事件。因这类原因导致的公共关系危机完全是组织的责任，最易激起公愤，受到公众和社会舆论的强烈抨击，对组织形象的损害是极其严重的，造成的影响也很恶劣。为求得到公众谅解，公共关系活动的难度相应要大些。

1. 危机的类型

组织行为不当引起的危机主要有以下几种。

（1）严重的内部事件。如劳资纠纷、财务丑闻、领导危机等。

作为一家庞大的代工企业，富士康有着成熟的企业运营经验，但对于危机公关成熟度却没有上升到相应的高度。2006 年，富士康与《第一财经日报》打了一场轰动全国的诉讼战，就显示出这家庞大企业严重欠缺的危机公关能力——官司最后的狼狈收场不仅使富士康名声扫地，而且给公众造成其傲慢、自大、对抗舆论的负面形象。2010 年的跳楼事件教训，使得富士康不仅认识到危机公关重要性，更认识到在一个透明化的时代企业进行透明化管理的重要性。而我们呼唤的是，富士康在经历这次危机事件后，能够好好反思企业内部存在的问题，包括对内的公关和对外的公关，在如此沉重的代价之下进一步完善企业内部机制，重塑品牌的形象和美誉度。

（2）组织的产品与服务缺陷所造成的危机公关。

随着人们生活水平的提高，对卫生、安全的要求越来越强烈，一旦营利性组织提供给大众的产品存在产品与服务缺陷，对人体的健康、人类的生存发展带来危害时，就会成为公关危机事件。例如南京老字号“冠生园”的月饼事件就是典型的此类公关危机。“冠生园”将往年没有销售出去的月饼回收后，用陈馅重新制作新的月饼，这一行为被中央电视台记者曝光后，在社会上引起了轩然大波，南京“冠生园”在各方面的压力下被迫停产整顿。

处理此类危机公关的首要任务是尽快赔礼道歉以防止敌意的产生和蔓延，宣传已采取的（或将采取的）回收和其他补救措施，以消除消费者的不信任感，尽快挽回声誉，减少业务上的损失。美国的可口可乐公司曾由于消费者在可乐瓶中发现玻璃碎片而遭投诉。可乐公司公关部门面对这一事实，及时采取措施回收该批饮料，并刊登广告及时向公众公开承认了错误，同时也宣布了今后的预防措施。由于处理及时得体，成功地控制了事态的发展，避免了一场危机。

（3）公害（环境污染）问题而引起的危机公关。

随着人们对环境的重视，对社会组织环保、绿色的要求日趋强烈，一旦社会组织在追求自身利益过程中，不注意公众和社会利益的保护，那也就是站在社会的对立面上，将受到社会舆论的谴责和惩罚，会使企业形象受到很大的影响。

社会组织应该充分重视社会利益，并积极承担自身应尽的社会责任，尽量事前能利用现代科学所提供的一切可能的手段，以减少和避免对环境的损害。一旦危机发生，应迅速采取积极有效手段，并在事后着重考虑如何设法补偿社会的损失、挽回组织的声誉，维持与社会公众的良好关系。正所谓解铃还须系铃人，一味地隐瞒事实真相，甚至置社会利益于不顾，结果只会是自取灭亡。埃克森公司曾经是美国《幸福》杂志排名中的第三位，业务范围曾遍布全世界。然而，一次突发的油轮漏油事故却使该公司在企业形象和经济上遭受了巨大的损失，对“埃克森”人来说，其教训是惨痛的。

2. 危机的成因

（1）组织成员公关理念淡薄，缺乏危机意识。

组织成员包括管理人员和员工两类。

在现代组织中，还有相当一部分管理者没有正确的公共关系理念，对社会利益、社会责任的认识仍停留在口头上，在组织利益与社会利益相矛盾时，首先想到的是如何维护组织自身利益。以致危机发生前，不知道“患忧”，一般不会有“未雨绸缪”的防范意识和战略考虑；发生后，也往往是“病急乱投医”，进行无序的媒体危机公关，或者想方设法要“置身事外”，拖延、隐瞒甚至谎报，放任危机恶化，使问题演变成一场危机。

员工是组织形象的直接代言人，尤其是某些服务型组织的一线员工，他们直接与公众对话，他们的素质会反映企业组织的形象，他们服务能力强弱就直接关系到公众对企业的认同程度。往往个别员工的不良态度就会给组织形象带来恶劣后果，引发公关危机，轻则使组织陷入民众谴责、舆论曝光的困境；重则直接影响组织的生存。

（2）组织存在侥幸心理。

由于中国社会发展的阶段和特点，有些组织管理者把危机仅仅定义为特殊现象，认为此类事件发生几率比较低，不一定需要上升到日常管理的层面和达到时时关注的程度。即使同行或竞争对手发生了危机事件，但由于时间或区域的原因，并非本组织的危机，此时组织会认为危机与自己无关，从而任由事态发展。存在“危机不一定发生，发生不一定扩大，扩大不一定与我有关”的侥幸心理和观望态度。

（3）组织自身决策违背公关基本原则要求。

在现代社会，组织的决策与行为应自觉考虑到社会的利益，“与公众互利互惠，共同发展”。如决策背离公众和社会环境的利益与要求，就有可能使组织利益目标与社会利益目标相对立，从而引发公众对组织的抵触、排斥和对抗，使企业陷入危机之中。

（4）没有建立正常有序的传播沟通渠道。

信息的有效传播对于组织的生存发展非常重要，在危机出现时更是如此，信息的有效传播甚至如同血液在人体中流动一样重要。许多组织在传播沟通意识上还存在两大“盲点”：一是危机发生后无限制扩大企业机密范围，追求事事保密、层层设卡，唯恐公众知晓企业的决策内容。更有一些组织，甚至不让员工知晓内部有关信息，这种视公众为敌人，视员工为愚民的行为又怎么能使员工对组织忠诚、公众对组织理解。二是只知道信息的单向发布，对外界发展变化缺乏迅速反馈的机制，失去了对传播媒介的监控，使得危机不能得以有效控制。组织犯了无视沟通或传播沟通意识淡薄的毛病，从而酿成组织形象危机。

（5）法律法规知识匮乏。

组织经营活动的正常开展，除了必须遵循组织经营的基本准则和社会伦理道德之外，还必须要守法，严格依法办事。现代社会是法制社会，市场经济是法制经济，组织的任何一员是否具有法律意识，是否知法、守法，是否将组织的经营活动置于法的监督、保护之下，这对于正常开展经营活动，规范组织管理行为，树立良好的组织形象有十分重要的意义。然而，事实上，有的企业法律观念淡薄，置国家法律于脑后，霸气实足，随意践踏公众作为人的起码权利，最终酿成危机。

（二）外部环境引发的危机

1. 危机的类型

（1）组织因社会环境的变化而导致的危机。

任何一个组织都生活在某种社会环境中，包括政治、经济、科学技术与文化等，社会环境任何一个因素的变化均可能给组织带来正面或者负面的影响。

出于新中国成立初期经济建设的需要，当时国家对商用车行业的扶植远大于乘用车，这就造就了解放、东风、中国重汽等一批颇具实力的卡车企业，在中国商用车市场上卡车自主品牌一直占有着强势地位。中国汽车工程学会 2006 年统计的数据显示，在商用车领域，中国自主品牌的市场占有率超过 90%，其中载货车销量中自主品牌占 94.2%。然而随着经济的迅速发展，在国家倡导节能减排的大环境下，目前我国的卡车企业在燃油的经济性、排放技术和驾驶室的安全性等几项关键指标却离未来的国家标准尚远。国家在安全和环保等方面的新强制性标准一旦出台，自主品牌产品能否达到规定的标准将直接关系到卡车企业的生死存亡。

（2）意外灾难性事件引发的危机。

一般讲，这类事故属于天灾人祸，组织主体的直接责任不大，关键在于处理是否及时、得当。如 1976 年我国唐山大地震、1990 年厦航飞机在广州白云机场发生的撞机事故等。

意外灾难性事件引起的危机的处理，一是采取公关补救手段，尽可能做好善后处理工作，使受损害的公众及社会有关方面感到满意，让人们对组织留下高度认真、负责的印象。

灾难事件处理好会使组织在公众心中留下美好的形象，会大大提升组织的美誉度；二是做好舆论宣传工作，制止各种谣言流传，确保危机处理有一个较公正、有利的舆论环境。

（3）负面宣传报道引发的危机。

传媒的舆论导向作用是非常显著的，在某种程度上讲，传媒宣传还起到树立某种社会评价标准作用，往往直接影响着民众对某种社会现象的评价态度与关注程度。因此对任何一种舆论负面报道，都必须引起足够的重视。

这种负面报道有两种情况：一种是对组织损害社会利益行为的真实报道，如违章排污、生产的产品有质量问题或不符合卫生标准、内部员工有伤害消费者的言行等，处理这类危机事件，组织首先以负责的态度向公众承认错误，并主动采取行动解决引起负面报道的有关问题，再进一步向公众表明将以此为鉴；另一种则是对组织情况的一种失真报道，它往往是由部分公众向媒体的投诉而引起，也有部分是因为组织与传媒界的个别记者有过节，而受到恶意中伤。处理这类负面报道，组织则应以严正的态度，用最有说服力的证据如专家鉴定、权威部门评议、各类证明等，通过舆论告诉公众，进行公开驳斥，并利用包括新闻发布会、公开声明等手段进行正当的声誉防卫，抑制谣言误导，还组织及相关产品以清白。

“高露洁牙膏致癌”事件

事情起源于国内媒体2005年4月17日关于“高露洁牙膏可能含致癌成分”的报道。其大意是，据美国最新研究显示，数十种牙膏、洗手液等抗菌清洁品，包括高露洁等品牌的产品，含有化学物质三氯生，这种物质与经氯消毒的自来水接触后会产生三氯甲烷，而三氯甲烷是一种可能致癌的物质。

2005年4月18日，高露洁公司首次就“牙膏事件”召开新闻发布会，在新闻发布会上，牙膏事件的始作俑者——美国弗吉尼亚理工大学助理教授威克斯兰博士，通过录音发表了澄清声明；欧洲化妆品、盥洗用品和香料协会主席 Christopher Flower 博士的信函，英国首席牙科主任 Raman Bedi 教授的声明，以及中华预防医学会和中华口腔医学会的说明都在新闻发布会上被出示或者提及。

（4）竞争对手或个别敌对公众的故意破坏引发的危机。

由于社会的复杂和人们的道德水平差异，一些社会组织可能会遭遇由于人为的恶意破坏所造成的公关危机事件。比如，其他组织假冒本组织名义行骗、假冒本企业生产伪劣产品、重大盗窃案件、敌对行为等，都可能对某些社会组织造成重大伤害，形成公关危机事件。作为当事的组织，第一反应不是为自己如何辩护，而应迅速采取举措，抢救受害公众，最大限度地降低人身危害程度，同时完善、强化组织内部管理和相关产品的安全保护措施，争取以真诚的态度求得公众的谅解与支持。

2. 危机的成因

（1）政府监管体制的乏力。政府工作与企业管理脱节表现在政府部门对企业的管理滞后，事前教育极为稀少，事后处罚层出不穷。

（2）行业协会自律作用的淡化。行业协会的主要功能在于联系本行业或本分支的从业者，进行行业自律方面的建设，同时为同业者提供交流的机会和场所，进行政府组织的公关活动，替本行业争取利益。由于市场竞争的加剧，片面追求组织的经济利益，忽视了社会利益，行业协会自律作用的淡化，导致公共关系危机的发生。

（3）媒体监督与媒体竞争的加强。拼抢新闻永远是媒体竞争的第一战场，重大的独家新闻永远是稀缺的紧俏物。然而一个地方的新闻资源是有限的，新闻记者每天不得不四处找新闻，作为庞大而复杂的组织往往成为记者关注的对象，尤其是组织经营行为的不当之处更加具有新闻价值。新兴媒体尤其是国际互联网（Internet）的发展，将全世界许多国家和地区的用户联系起来，形成一个全球范围的网络，任何一个不满的顾客都可能成为高破坏力的危险分子，这就增加了公关危机出现的几率。

（4）社会公众的误解。公众对组织的了解并不是全面的，有的公众会因获得信息的缺乏或听取一面之词对组织形成误解。尤其是当组织在产品质量、原料配方、生产工艺、营销方式、竞争策略等方面有了新的进步、新的发展、新的探索，但公众一时还不能适应，或一时认识跟不上，用老观念老眼光，主观判断，草率下结论，更易弄出一些危机事件来。特别是传播媒介和权威性机构的误解，更可能使误解范围扩大，程度加深，形成极为不利的舆论环境。

（5）公众自我保护意识的增强。随着现代科技的发展和保护消费者的法律的不断完善，消费者正在觉醒，并且学会用法律的手段保护自己，组织原来认为合理的、正常的东西，现在在消费者的思想中已经变成不合理的，他们对组织的所作所为提出抗议，如反暴力行动、反污染行动，这使得企业面临新的危机。

总之，除了上述列举的危机发生的原因之外，还有下列原因：供应商讨价还价能力增强、销售商拖延欠款，竞争对手结盟、市场成长放缓、股东丧失信心、具有敌意的兼并、谣言、大众传媒泄露组织秘密、恐怖破坏活动等。组织只有在广泛收集有关信息的基础上，对公共关系危机的原因进行深入分析，才能拿出充分的依据，为危机公关奠定坚实的基础。

7.3.3 危机公关三阶段

（一）危机预防阶段

英国危机公关专家迈克尔·李杰斯特认为，预防是解决危机的最好方法。虽然说任何企业都可能遇到危机，但是这并非说危机不可预防，而事实上几乎所有的危机都是可以通过预防来化解的。最好最完善的危机公关是把公共关系危机“扼杀在摇篮中”，这是危机公关中最艰难也最有价值的部分。“凡事预则立，不预则废”，所以一些企业等到危机无法收拾的时候才出面调停，但往往是大势已去，难以扭转乾坤。

1. 强化全体员工的危机意识

危机意识是危机预警的心理基础。企业要想更好地生存发展，就要强化全体员工的忧患意识、危机意识，首先应从全员的观念上入手，只有观念上有危机意识的存在，员工才会在日常工作中用行动为企业注入活力，并使他们处危不乱，提升全员应对公关危机的能力。例如，小天鹅集团实行“产品有末日，企业也有末日”的“末日思想”强化员工的危机意识，促使“小天鹅”人经常与国内外同行业之间找差距，不断改进其产品。

2. 成立危机公关的常设机构

企业要避免危机，仅靠全员的危机意识和防控危机的预警系统还不够，还要依靠健全的组织机构和完善的管理系统，以便根据预警系统的信息制订应急措施和采取必要的行动，将危机损失降到最低程度，或消灭于萌芽状态，从而保证组织健康顺利地发展。真正做到从各个方面来防范危机的出现。平时，公共关系部门应在掌握各方面信息的基础上，对组织可能发生的事件做好预测和分析，对可能产生的影响范围及事件性质、规模、后果等进行分析，根据分析情况与组织的各有关部门共同对此订出基本应付方法、措施，并做好统一安排。

危机公关机构的组织形成可以是独立的专职机构，也可以是一个跨部门的管理小组。其人员组成应包括组织领导、公共关系部、生产、后勤、人事、安全、销售等部门的人员。如果组织有分支机构，每个分支机构、子公司、分厂都应向委员会派一名代表，以便发生问题时能迅速在各地协调行动；特别是当分支机构也都生产同样的产品，采用同样的质量标准、同样的购销渠道，具有同一组织形象时更有必要。

（1）危机公关机构的主要职责是：对各种危机情况进行全面、清晰的预测；为处理危机制订相关的策略和计划，并根据情况的变化适时修订调整更新计划；安排调配组织现有的人、财、物力落实任务，并监督和引导有关方针和步骤的正确实施；有计划地组织危机公关培训和演习，提高组织应对危机的能力；建立健全信息沟通网络，根据组织可能发生的危机，应与可能参与处理组织危机的有关单位保持顺畅联络，并向这些单位告知可能出现的危机及要寻求的帮助，以便危机出现后能及时有效地进行沟通与合作；在危机发生时，对全面工作进行有效的解决。

（2）危机公关机构应配置的设备与材料有：足够的通讯设备（包括内、外线电话和无线电通讯工具）、各类图纸（平面图、建筑施工图、水电线路图、社区方位图等）、员工名册、重要人物的地址、联系电话及应急车辆、人员，各类专用设备等，以保证危机处理能有条不紊地进行。

此外，还可以根据危机内容和可能的发展趋势，确定是否聘请外部专家介入对危机的处理，有些危机只有靠专业的、经验丰富的公关专家，才能帮助组织控制灾难。

3. 建立防控危机的预警系统

对于一个组织来说，敏锐的危机意识和灵敏的危机预警系统是非常重要的。公关危机时企业的内外部环境出现问题造成的危机爆发之前必然要显示出一些信号。因此，为了预防危机的发生，防患于未然，组织应建立预警系统。预警首先是寻找危机环境，一种是找出组织在历史上曾发生过的危机，另一种是找出国内外同行或类似企业组织已发生过的危机；其次是分析上述两类危机发生时的条件、成因，并结合近期社会环境因素的变化进行相关分析，从中判断危机发生前的环境“预兆”（如同地震前动物骚动、水质变化一样），进而通过监测，确保随时能做出第一反应。因此，建立防控危机的预警系统，一方面要设立自己的情报信息网络，对公众、竞争对手、政府、有关部门以及自然环境中有可能威胁组织生存和发展的各种因素和危机的表象进行严密的监测，并做出科学的预测，分析危机出现的可能性以及出现后会对企业产生多大的负作用；同时，统计出企业存在的弱点，把这些弱点视为企业可能发生的潜在危机，然后把这些可能出现的危机按照发生的概率大小和对企业的危害大小分别列表排序，并针对引发企业危机的可能性因素，采取应对措施和制定各种危机预案，以有效地避免危机的发生或尽量使危机的损失减少到最小。

4. 制订危机应急计划

在危机发生之前制订完善的计划，以便一旦出现危机即刻能做出反应，这是减少危害的有效措施。危机应急计划是指组织在全面分析预测的基础上，针对出现概率较大的危机事件而制订的有关工作程序、施救方法、应对措施等的书面计划。计划应包括对付各类不同危机的不同方法，安排好危机中、危机后在各个工作环节中负责处理各种问题的适当人选，同时让这些人员事先了解面对不同危机时他们的责任和应该采取的措施。这项工作也涉及其他部门，所以往往是公关部难以独立完成的。

5. 建立处理危机关系网

国外危机管理专家指出，在危机时，你要与各级政府部门和顾客打交道，如果你不认识政府有关部门中的任何人，或者你从来也没有与顾客组织进行过交谈的话，你就会遇到困难了……根据预测的组织可能发生的危机，与处理危机的有关单位加强平时联系，建立合作网络，以便危机到来时能很好地合作。这些单位有上级主管部门、新闻媒体和公安司法系统、医院、消防队、邻近的驻军、相关的科研单位、同行业兄弟单位、保险公司、银行等。对方的单位地址、电话、传真、电子邮件地址、重要人物的家庭住址等要准备好，并进一步确认在特殊情况下与谁联络，平时就要通过互相沟通使他们了解组织的基本情况，以及在危机中组织会向他们寻求哪些帮助等。

6. 开展危机公关培训和模拟演习

危机公关是公关工作中的一项重要内容，但由于危机并非经常发生，所以大多数工作人员，对处理危机都缺乏经验。组织专门对全体员工进行培训和演习，内容包括：背景阅读与研讨，即通过对应急计划中危机发生环境的理解与体会，加深对危机的认识，并能在危机一旦来临时能形成一种“条件反射”；录像观摩与案例学习，用录像（包括对同类危机的记录和场景模拟），形象地展示危机的内容与处置措施，通过典型案例的分析评议，让他们从各类事变中吸取经验和教训；计算机模拟危机训练，让受训学员做出迅速的反应，以锻炼他们面对危机，处理问题的能力；实战性小组演习与整体性学习，要对关键系统和关键人员进行反复演练，让所有的相关人员和部门清晰准确地了解自己在公关危机到来时的“角色”，并通过反复的“仿真”案例演习，来熟悉整个危机预案的启动实施程序。

培训与模拟演习的目的不仅在于进一步强化员工的危机意识，更重要的是让员工掌握危机公关知识，提高危机处理的技能，如沟通能力、合作能力以及面对危机的心理素质，从而提高整个组织的危机公关能力和水平。危机的发生是很难预测的，因而危机管理应常备不懈，各种方案、计划、培训都不能一劳永逸，应常备常新，万万不可心存侥幸。

（二）危机处理阶段

不是组织有完善的运行机制就不会出现危机了，危机是一种客观存在的现象，它是不速之客，会经常与组织打“恐怖”的招呼。面对危机进行妥善处理是组织迫切需要的一种公关工作。

所谓危机处理，是指危机事件发生后，在危机调查的基础上，制订一系列应急措施，化解各种矛盾，协调公众关系，做好善后工作，重塑企业声誉和企业形象的危机管理过程。危机一旦发生，组织形象就会不同程度地遭受损害，事实不能改变，但是可以改变公众对组织的看法。公共关系人员要做的是整合所有信息，有目的、有方向地管理对内和对外的信息传递。公共关系人员在危急时刻要将危机事件对组织的不利影响缩小，并发掘机会点，化危机为契机，这才是危机公关的最高境界。

1. 危机处理原则

公共关系部门在处理危机事件、实施危机公关时，决不是随心所欲，跟着感觉走的行为。必须按照一定的处理原则，妥善地加以处理，用稳妥的方法赢得公众的谅解和信任，尽快恢复组织的信誉和形象。所以在危机公关中应当遵循的基本原则有下面几项。

（1）及时性原则。

在危机管理理论中，著名的“危机曲线”包括突发期、扩散期、爆发期、衰退期四个时期（见图 7-1），如果在危机开始的突发期和扩散期积极反应，扼制危机，往往成本较低，效果也较理想；一旦到了爆发期，处理和平息危机的成本将呈几何倍数地增长，情形就难以收拾了。在危机出现的最初 12～24 小时内，消息会像病毒一样，以裂变方式高速传播，而这时候可靠的消息往往不多，充斥着谣言和猜测。公司的一举一动将是外界评判公司如何处理这次危机的主要根据。媒体、公众及政府都密切注视公司发出的第一份声明。对于公司在处理危机方面的做法和立场，舆论赞成与否往往都会立刻见于传媒报道。

危机公关的目的在于尽最大的努力控制事态的恶化和蔓延，把因危机造成的损失减少到最低程度，在最短的时间内重塑或挽回企业原有的良好形象和声誉。因此，事件发生后，公共关系人员要争取在“黄金 24 小时”内迅速及时地做出恰当的反应，启动应急计划果断进行处理，与媒体和公众进行沟通，阻止危机进一步蔓延，尽可能地降低组织损失。危机发生后，能否首先控制住事态，使其不扩大、不升级、不蔓延，是处理危机的关键。

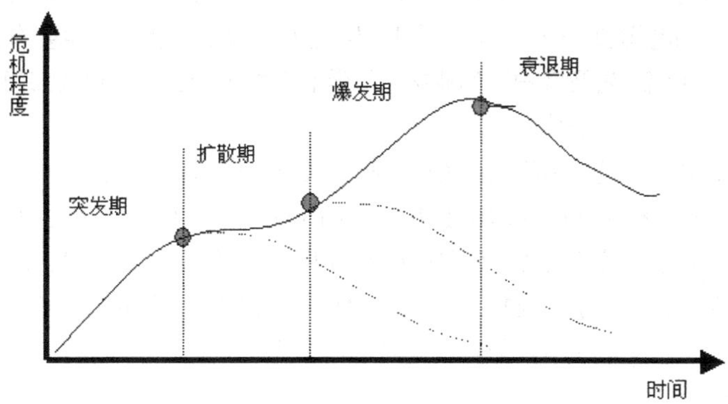

图 7-1　危机曲线

（2）承担责任原则。

危机发生后，公众会关心两方面的问题：一方面是利益的问题，利益是公众关注的焦点，因此无论谁是谁非，企业应该主动承担损失和责任。即使受害者在事故发生中有一定责任，企业也不应首先追究其责任，否则会各执己见，加深矛盾，引起公众的反感，不利于问题的解决。另一方面是感情问题，公众很在意企业是否在意自己的感受，因此企业应该站在受害者的立场上利用简短而有效的、持积极态度的声明表示同情和安慰，如“某某公司对于受害的顾客们表示深切的关心”。必要时还得通过媒体向社会公众发表谢罪公告以解决深层次的心理情感问题，从而赢得公众的谅解和信任。

实际上，公众和媒体往往在心目中已经有了一杆秤，对企业有了心理上的预期，即企业应该怎样处理我才会感到满意。因此企业绝对不能选择对抗，态度至关重要。如果可能的话，做出超过有关各方所期望的努力，显示企业对消费者的真诚，以赢得受害者和所有消费者以及社会公众和舆论的广泛理解和同情，而万万不可只关心自身形象的损害，拘泥于眼前的名利得失。应注意的是：在危机当中，法律争端或策略不应该支配危机公关决策的制订，有时法律上赢得了胜利，也许失去了人心。

（3）真诚沟通原则。

公关危机一旦爆发，立即会引起政府部门、社会大众和相关媒体的关注与报道，此时作为事件的当事人，要坦诚公开真相，采取信息透明政策。在现代高度信息化的社会空间中，一个组织很难隐瞒信息，特别是对自己不利的信息，及时透明公布信息，可以避免流言蜚语、小道消息所造成的负面影响。

真诚沟通是处理危机的基本原则之一。这里的真诚指“三诚”：诚意，在事件发生后的第一时间，公司的高层应向公众说明情况，并致以歉意，从而体现企业勇于承担责任、对消费者负责的企业文化；诚恳，一切以公众的利益为重，及时与媒体和公众沟通，向公众说明事件的进展情况，切忌用一些具有保护性的法律用语，例如，“在调查没有完全完成之前，我们不作任何评论”；诚实，实事求是地向公众讲明事件的真相，不可回避和被动应付甚至欺骗，一旦媒体和公众得知企业在撒谎，新的危机又会马上产生。诚实是危机处理最关键也最有效的解决办法。

危机沟通包含两个方面：一是危机事件中组织内部的沟通问题，二是组织与社会公众和利益相关者之间的沟通。概括来说，企业组织危机沟通的覆盖范围主要有：企业内部管理层和员工、直接消费者及客户、产业链上下游利益相关者、政府权威部门和行业组织、新闻媒体和社会公众五类群体。

人无完人，孰能无过，组织同样如此。把事实真相告知公众、新闻媒体、主管政府部门，以诚恳的态度，配合新闻媒体和上级主管部门调查，及时向社会与组织的对象公众通报相关信息，把信息传播的主动权掌握在自己的手里。勇敢承认错误，及时补救及时改正，就可以最终得到大众的谅解与支持。相反一味地隐瞒和掩盖只会引起更多的误解和不良猜测，更会激怒公众，同时也有可能被竞争对手恶意炒作。

（4）统一性原则。

在公关危机来临的时候，组织的反危机行动必须遵守统一原则，统一原则包括信息发布口径的统一，避免多种不同声音的出现，造成外界更大的猜疑和混乱。行动的统一、目标的统一和整个组织反应协调活动的统一。社会组织的人力、物力、财力和组织各机构部门都应该统一在最高危机处理小组的领导下，以组织的全部力量尽快平息公关危机所带来的不良影响。

（5）灵活变通原则。

事实上，从危机事件爆发前的预防、危机事件发生后的应对和危机后期处理环节，既要遵循一些危机公关的基本程序和规则，又无绝对统一的模式可以照搬。由于公关工作中出现的危机事件是形形色色的，而且随着情况的发展会不断地发生变化，可能原订的预防措施或抢救方案考虑不太周全，因此，为使企业的形象和声誉不再继续受到损害，处理工作必须视具体情况灵活地运作，针对不同情况下的危机事件要具体问题具体分析，随客观环境的变化而有针对性地提出有效的措施和方法。

2. 危机处理的程序

（1）采取紧急行动。

① 了解危机事件。当危机事件发生时，社会组织负责人首要的事便是召集组织高层听取关于危机事件的报告，搞清是什么人，在什么时间、地点，发生了什么事，事故的原因是什么。报告应由一线员工或亲历员工汇报，力求准确、全面、详尽、客观，不能对危机事件的重要细节隐而不报且必须站在客观的立场进行报告。听完汇报之后，必须在最短的时间内对危机事件可能带来的影响和后果、公司能够和可以采取的应对措施以及对危机事件的人员、资源保障等做出初步评估和决策。

② 成立临时专门机构。当企业最高负责人对危机事件作出了初步的评估和决策之后，紧接着的工作便是立即成立临时的公共关系危机处理专门机构。临时的专门机构是危机处理的领导部门和办事机构，一般由企业的主要领导负责，公关人员和有关部门负责人参加，危机严重时要由企业一把手挂帅。假如企业已成立危机公关机构，可在该机构的基础上增加部分人员。在事件处理过程中不随意更换负责处理工作的人员。成立这样一个机构，对于保证危机事态能够顺利和有效地进行处理是十分必要的。危机处理的专门机构主要有三方面作用：一是内外通知和联络，二是为媒介准备材料，三是成立公共信息中心，加强对外界公众的传播沟通。

③ 确定新闻发言人。危机处理机构要统一信息发布口径，指定新闻发言人，一个声音对外。在企业危机发生之后，企业针对媒体的沟通渠道如果超过一个，那么随时有可能因为主渠道之外那些渠道的一个细微的错误而使企业陷入被动。这时社会组织必须做的一点就是：组织内部所有针对媒体的沟通渠道只能指定一个，这个渠道或者是 CEO，或者是新闻发言人。要知道，媒体有“窥阴”的嗜好，他在挖空心思地寻找漏洞、捕捉和挖掘负面的新闻，越离奇就越轰动，越有争议就越能吸引读者的眼球。因此，企业面对媒体时，只能由新闻发言人出面，但态度要认真，不得敷衍或不耐烦。这样，就可以有效避免公司对外口径不统一，也避免触怒记者造成事件恶化。

④ 制订危机处理计划。处理危机的机构成立之后，首要的工作便是根据现有的资料和情报以及企业拥有或可支配的资源来制订危机处理计划。计划必须体现出危机处理目标、程序、组织、人员及分工、后勤保障和行动时间表以及各个阶段要实现的目标。其中还须包括社会资源的调动和支配，费用控制和实施责任人及其目标。计划制订完成并获通过后，策应小组便立即开始进行物质资源调配和准备，而核心小组成员则要立即奔赴危机事件现场，展开全面的危机处理行动。

（2）迅速处理危机。

① 迅速隔离危机，阻止危机蔓延。首先，危机发生后，企业应主动承担责任，积极进行处理，阻止危机蔓延。危机事件若造成伤亡，一方面应立即进行救护工作或进行善后处理，另一方面应立即通知其家属，并尽可能提供一切条件，满足其家属的探视或要求；

如果是由不合格产品引起的危机事件，应不惜代价立即收回不合格产品，或立即组织检修队伍，对不合格产品逐个检验，并通知有关部门立即停止出售这类产品。

危机发生后，组织内部的全体人员，除了有明确的授权之外，必须明确地被告知不可随便为组织代言，并告诉有关部门马上停止一切与危机事件处理不协调的宣传。

② 深入现场，调查情况。社会组织出现危机事件后，应及时组织人员，运用有效的调查手段，迅速开展事故调查工作。一是危机处理机构要安排调查组深入事故现场，了解事实。看危机是在继续发展还是得到了有效控制，控制情况如何；若还在进一步发展，要迅速查明原因，并明确怎样控制事态发展。二是深入公众，尽力找到目击者和当事人，尽快查明基本情况，了解危机事件的各个方面，并同事故见证人保持联系，记下其姓名、单位、地址及证件号码，必要时可请公安机关加以协助。三是尽量邀请技术权威机构介入对危机事件真相的调查与论证，可提高信息的可信度，对于减少谣传、寻求传媒与公众的理解尤有好处。收集危机事件的综合信息，包括事故发生和发现的时间、地点、直接原因、事态现状和发展趋势，人员伤亡数量和程度，对财产的破坏情况及已造成的或可能进一步造成的社会影响等，并形成基本的调查报告，为处理危机、制订相应政策及应急措施提供基本依据。

组织对于突发性公关危机的处理，最终是建立在针对事件真相，采取相应、得体的公关措施的基础之上，因此，调查危机事件的真相就显得非常重要。危机型公共关系调查，不同于一般公共关系活动的调查，在方法上强调灵活性和快速性。因此，一般主要运用公众座谈会、观察法、访谈法等方法进行调查。

③ 联络媒体，引导舆论。危机事件发生后，各种传闻，猜测都会发生，媒体也会纷纷报道。这时组织应委派“发言人”主动与媒介联络，特别是首先报道事件的记者，务必尽可能以最快的速度来召开新闻发布会或记者招待会。在确定各种已知的因素，分析问题的性质和程度的基础上，一方面向新闻界介绍危机有关情况，公布组织正在和即将采取的措施，另一方面，恳请新闻媒介密切配合，防止不利的消息和舆论。

组织还可以通过网络、直播节目等与公众面对面交流，澄清事实真相，如果确有错误，也要以真诚的态度博得公众的谅解。真实、准确地传播，才能获得公众的信任，才能把握舆论的主动权，才能尽量减少危机事件对组织形象造成的损害。

④ 确定对策，有效行动。企业危机处理人员提交危机事件的专题调查报告之后，应及时会同有关职能部门，进行分析、决策，针对不同公众确立相应的对策，制订消除危机事件影响的公关方案。

然后，根据危机处理的对策和有关安排，迅速、扎实、全面开展工作。认真了解受害者的情况，实事求是地承担责任，并诚恳地道歉，冷静地听取被害者的意见，了解和确认有关赔偿损失的要求，给受害者以安慰和同情，并尽可能提供其所需的服务，尽最大努力做好善后处理工作。财产损失核准后应赔偿经济损失，做好致歉工作，诚恳向公众致歉，以期迅速获得公众的谅解、宽容，了解公众需求，及时弥补公众的损失，伤亡人员要及时治疗与抚恤。

⑤ 运用参观活动来协助危机解决。开放现场或组织专门参观，让公众了解组织是敢于经受检验的。某一酒店，顾客发现菜有异味，找到公关经理。公关经理及时赔礼道歉后，

带着顾客参观了菜肴操作间，顾客看后对该酒店卫生环境非常满意，对菜的新鲜度亲自作了检测后也安心了。

（三）重塑组织形象阶段

危机事件解决方案的达成和实施，并不意味着危机处理过程的结束。组织形象再塑阶段是整个危机公关的最后环节。除通过具体措施继续关注、关心和安抚公众和相关利益群体外，还应该包括对危机发生的原因和处理的全部措施进行系统的调查，对危机公关中存在的各种问题综合归类，及时总结经验教训并提出相应的改革措施，改进对公众的服务。实事求是地、及时地把事件真相向公众和领导部门汇报，并定期报告事态发展情况以取得帮助和指导。

危机过后组织应尽最大努力再塑组织形象。首先，通过媒体刊发谢罪启事，向公众公开致歉，报告危机事件处理的措施和落实情况等，并发表受害者或其家属对组织表示谅解的讲话和文章；其次，继续通过媒体向公众传达组织的信息，用正面形象去引导和涵盖其过失，以实际行动表明组织重振雄风的决心和期待今后公众支持、帮助的愿望，让危机良性延伸；再次，通过举办富有影响的公共关系活动，如组织各界公众到事故现场参观检查，主动创造良好的公共关系氛围，借此提高组织的知名度和美誉度，重塑组织形象。

（四）危机发生后的基本公众对策

由于危机事件出现的情形、背景、原因以及面临的逆境、公众不同，我们要具体问题具体分析，选择适当的工作策略、方式、方法，才能取得良好的效果，消除危机事件带来的影响。

1. 对组织内部公众

组织的所有内外部公众中，员工是最复杂也是最敏感的。他们关心自己的工作、前途，进而关心组织的前途和命运。当危机来临时，他们担心组织效益下降、裁员乃至破产，他们时刻关注着危机的进展，而且他们还会成为一些媒体、机构挖掘信息的目标。因此，与员工沟通的首要工作是稳定军心。

组织与员工沟通时要设身处地地想员工最关心的事情，要善待员工，能不裁员就尽量不要裁员。一方面裁员是件很麻烦的事，这时裁员会分散危机处理的精力，另一方面裁员会给人以“组织不行了”的感觉，会严重影响投资者、分销商、供货商的信心。如中美史克制药公司在康泰克危机发生后，很快宣布不裁员，许多员工感动得流了泪，表示一定要与组织共渡难关。如果有人员伤亡，应立即通知家属，并提供条件满足家属探视、吊唁的要求，组织周到的医疗和抚恤工作，由专人负责。

与员工的沟通可以采取多种形式，比如开全体大会、部门分头开会、召开员工代表大会、发布告员工书等。在沟通中，应把事故情况及组织对策告诉全体员工，使员工同心协力共渡难关。

2. 对危机受害者

组织出现危机时，特别是出现重大责任事故，导致社会公众利益受损时，组织必须承担起责任，给予公众一定的精神补偿和物质补偿。在进行善后处理工作的过程中，组织也必须做到一个“诚”字。要努力做到以下几点。

（1）及时了解受害者情况，对他们及其亲属公开道歉以示诚意，并实事求是地承担相应的责任。对于那些确实存在问题的产品应该不惜代价迅速收回，立即改进组织的产品或服务，以表明组织解决危机的决心。

（2）慎重地同他们接触，冷静地倾听受害者的意见和他们提出的赔偿要求。这时应避免与受害者及家属发生争辩与纠纷，即使他们的意见并不完全合理，也不要马上与之辩论、讨论；即使受害者本身对事故负有一定责任，也不应马上予以追究或推出门了事，或立刻诉诸法律。

（3）了解、确认和制定有关赔偿损失的规定与处理原则，向受害者及家属公布补偿方法与标准并尽快实施。同时给受害者安慰与同情，并尽可能提供他们所需要的服务。

还要注意在处理事故的过程中，没有特殊情况，不要随便更换负责处理事故的人员和探望受害者的人员，以便保持处理意见的一致性和操作的连续性。

3．对消费者

迅速查明和判断消费者的类型、特征、数量以及分布等情况，及时开设消费者热线来解答消费者的疑问。针对公众的特点，借助不同的传播媒介，告知消费者有关事故概况。通过多种途径，广泛听取受到不同程度影响的消费者对事故处理的意见和愿望。利用不同的渠道及时公布事态的发展、处理方法和组织今后的预防与改进措施。

4．对新闻媒体

媒体对组织发生的危机永远都会感兴趣，这是媒体的行业特点和职业特点决定的。所以组织发生危机必须做好与媒体的沟通工作，与新闻媒体通力合作，这样才有利于危机的化解。

如果需要的话，面对记者，要保持冷静，尤其在记者情绪激动时，当媒体要求证实他们自行获取的信息的真实性时，不要推测。

（1）设立专门的新闻发布办公室，实行 24 小时工作制，统一信息发布口径，专人负责集中处理与事件有关的新闻采访，向记者提供权威的资料。

（2）对新闻界表示出合作、主动和自信的态度，积极主动向新闻界提供事实真相和相关的信息，对记者提出的问题要尽力给予答复，以客观公正的态度表明组织的立场和态度，以减少新闻界的猜测，帮助新闻界作出正确的报道。不可采取隐瞒、搪塞、对抗的态度，不要与记者辩论有关报道的新闻价值，对确实不便发表的消息，亦不要简单地“无可奉告”，而应说明理由，求得记者的同情和理解。

（3）为了避免报道失实，向记者提供的资料应尽可能采用书面形式，介绍危机事件的资料应简明扼要，避免使用技术术语或难懂的词汇。同时，必须谨慎传播，只能证实那些不可改变的事实，在事情未完全明了之前不要对事故的原因、损失以及其他方面的任何可能性进行推测性的报道，不轻易地表示赞成或反对的态度。

（4）以公众的立场和观点来进行报道，在刊登有关事件消息的媒介上发歉意广告，向公众表示道歉及承担责任。并不断向公众提供他们所关心的消息，如补偿方法，善后措施等组织在危机事件中所采取的一系列对社会负责的行为，以增强社会公众对组织的信任度。

（5）对记者所提问题中的错误含义应当给予明确指正，对新闻报道中与事实不符的也应及时指出并要求更正，同时向该媒介提供全部与事实有关的资料，派重要发言人接受采访，表明立场，要求公平处理。特别应注意避免产生敌意。对一些造谣中伤行为，应以严正的态度要求肇事人撤回并表示歉意。

5. 对上级领导部门

这类特殊公众处于权威地位，很可能会在危机中成为第二信息来源，其发出的信息对组织与公众影响力是不容忽视的。因此，政治领袖意见往往会对危机处理能起到决定性的作用。

（1）危机事件发生后，应以最快的速度向企业的直属上级部门实事求是地报告，争取他们的理解与支持。

（2）在处理过程中应定期将事态的发展，处理、控制以及善后的情况，陆续向上级报告，求得上级领导部门的指导。

（3）事故处理结束后，应将事件发生的原因、处理的经过、解决的方法及今后预防的措施、组织应承担的责任形成详细的综合报告，送交上级部门。

6. 对有业务往来单位

（1）危机事件发生后，应尽快如实地向有业务往来的单位传达事故发生的消息，并表明企业对该事件的坦诚态度。如有必要，还可派人直接到各个单位去面对面地沟通、解释。

（2）在事故处理的过程中，以书面的形式通报正在或将要采取的各种对策和措施。

（3）事故处理完毕，应用书面形式表示歉意，并向理解和援助的单位表示诚挚的谢意。

7. 对企业所在社区

社区是企业生存和发展的基地，如果危机事件给社区居民带来了损失，组织应专门向他们致歉。根据危机事件的性质，也可派人到每一户家庭分别道歉。必要时可以在全国性或有影响的地方报刊上刊出致歉广告，这种致歉广告应该面向有关公众，告知他们急需了解的情况，明确表示出组织敢于承担责任、知错必改的态度。此外，应向社区居民赔偿经济损失或提供其他补偿。

除上述主要公众外，还应根据具体情况，分别对与事件有关的交通、公安、市政、友邻单位等公众采取适当的传播对策，通报情况，回答咨询，巡回解释，调动各方面的力量，协助企业尽快渡过危机，使企业形象的损害控制在最低限度。

“危险”与“机遇”，是现代企业永远离不开的两个永恒命题，但“危险”与“机遇”的并存，并不是所有的人都能深刻地认识到，我们只有不断培养危机公关意识，并能够把握住危机发生中潜在的机遇，时刻意识到危机的双面性质，我们才能从容面对危机，在危机中把机遇创生出来。

本章小结

如何协调组织自身与各界公众的关系，减少各类矛盾摩擦，进而达到“内求团结，外求发展”的目标，是每个社会组织必然面临的公共关系问题。本章主要介绍了内外部公共关系协调和危机公共的方法与技巧。

内部公共关系协调包括员工关系、股东关系、部门关系和领导关系，外部公共关系协调包括顾客关系、政府关系、社区关系、媒介关系、竞争关系。要处理好组织的这些关系必须遵循一定的原则并采取相应的方式方法。

危机公关是任何社会组织都会面临的重要课题，不仅要认识危机的特征，还要学会分析危机产生的内外原因。在危机来临前，要建立预警机制，积极预防，防患于未然，尽量避免危机的产生；在危机来临后，要掌握危机公关的原则和处理程序，正视危机，认真对待；在危机事件解决后，应尽最大努力争取化危为机，消除危机负面影响，再塑组织形象。

综合练习

一、问答题

1. 组织内部公共关系有哪些？如何处理？

2. 在有些公司的办公室，已开始安装闭路电视监控系统。你觉得这种做法可能给员工带来的什么影响？

3. 组织外部公共关系协调的特点和目的是什么？

4. “顾客就是上帝”，你认为对吗？如何协调组织和顾客的关系？

5. 组织如何处理好同政府部门和新闻媒介的关系？

6. 组织如何有效协调与社区公众的关系？

7. 什么是公共关系危机？它具有哪些特征？

8. 公关危机的主要类型和成因有哪些？试举例说明。

9. 简述危机处理的一般程序，并联系实际阐述危机公关的处理原则有哪些。

10. 很多组织有报喜不报忧的传统，员工们似乎也适应了这一做法；但是，这对员工是不公平的，他们有权知道真相。为了改变这种局面而又不引起员工恐慌，组织应该怎么做呢？

二、分析题

（一）特殊客房

某宾馆设计了一间专门用于开生日晚会的特殊客房，经常根据住客登记的身份证查找住客的生日，给恰逢生日的住客开生日晚会，送上生日蛋糕，并让员工共同为住客唱“祝你生日快乐”的歌曲。住客因此夸奖宾馆的热情服务。

问题：试运用公共关系学中的相关知识分析评点这一案例。

（二）音乐起，摩擦生

北京某大学校园旁边有一家服装厂，这家服装厂的生产车间与这所大学教学人员的住宅区隔墙相望。有一段时间，这家工厂借鉴国外的先进经验，为消除工人在重复劳动中产生的疲劳感和单调感，每到上午 9～10 点，就在车间内播放各种流行音乐。可是在这段时间内，正是大学的教学科研人员从事科学研究的“黄金时间”，他们需要一个安静的环境，使自己的大脑进入正常工作状态。然而，从仅隔一墙的服装厂传来的“震耳欲聋”的流行音乐，却破坏了他们的工作环境，使他们无论如何也无法进入正常的思维状态。这引起了大学里的教学和科研人员的不满和愤怒，他们多次找厂方交涉，但始终没有得到结果。无奈，不得不采取行动，投书报纸，呼吁社会舆论的支持及政府的干预。

问题：

1. 假如你是服装厂的公关部主任，请你进行公关策划，解决大学教学科研人员与服装生产厂的矛盾。

2. 结合实际谈谈发展社区公共关系的意义。

（三）比尔·盖茨的政府公关

2003 年，美国微软公司的董事长比尔·盖茨匆匆访问了中国，向中国政府和企业公布了微软视窗系统的设计原代码。谁都知道，一套电脑操作系统的原代码是其核心机密，公布了原代码，也就可以使他人在自己软件系统的基础上发挥创造，生成新的操作系统。所以很长一段时间以来，微软公司一直对其视窗系统的原代码严格保密。但是为什么这时比尔·盖茨突然改变了保密的初衷呢？一个重要的原因就是微软在几次中国政府的招标采购中，败给了中国的金山公司，中国政府宁愿采购金山公司的办公操作系统，也不买微软公司的视窗系统。有一个重要的原因，就是担心在视窗操作系统中留有“后门”，将来可能会泄露中国政府的机密。这次盖茨公布视窗的原代码，就是为了向中国政府表示视窗没有秘密可言，中国可以放心采购。所以社会各界将比尔·盖茨的这次访华，看成微软公司一次重要的“政府公关”，意在营造中国市场的发展环境。

问题：

1. 请说明建立良好政府关系的重要意义？

2. 你对比尔·盖茨的政府公关有何看法？

（四）某电扇厂是如何克服形象危机的

四川某地一位消费者，购买了重庆某厂生产的一台电风扇。可是，在他使用的时候却触电身亡。此事在报纸上披露以后，立刻引起了消费者的恐慌，人们大都认为，这家工厂生产的电风扇一定有质量问题。一些购买了该厂产品的消费者要求退货，原打算购买该厂产品的消费者转而放弃了这一念头。该厂的形象发生了严重的危机，并导致该厂产品销售额直线下降，企业陷入了困难境地。为了克服这种形象危机，该厂开展了一系列带有公关性质的活动。首先，该厂请有关部门和专家对此事进行认真的调查，对该企业的电风扇的质量进行科学的鉴定。通过调查和鉴定，发现该顾客触电身亡不是由于电风扇的质量问题（漏电）而造成的，而是由于他不懂电工知识，乱接电线造成的。其次，当把这些事调查确凿以后，该厂立即通过新闻媒介把事实真相公布于众，平息消费者的恐慌心理。同时，他们也把专家对该厂电风扇质量的鉴定意见，连同事实真相一并公布，利用消费者对“专家崇拜心理”来化解这场危机。经过该厂的积极努力，终于使消费者克服了对该厂的不信任情绪，使企业从形象危机中解脱出来，企业产品的销售额也出现回升趋势，为企业避免了巨大的经济损失。

问题：

1. 四川某电扇厂采取了什么程序和措施克服其形象危机，为什么？这个程序能倒过来吗？

2. 谈一谈新闻媒介关系有什么特点，企业处理与新闻媒介关系应遵循什么原则？

（五）国美“3·15”曝光丑闻

每年的央视“3·15 晚会”都会曝光一些不法商家的行为，在 2011 年的晚会上，央视将镜头对准今年以来处在媒体报道风口浪尖的国美电器，主要曝光了国美电器员工借节假日套取消费者赠品及返赠的现金卡。并且，这些违法人员还借用家电以旧换新政策，通过购买旧家电、盗用消费者身份信息等多种手段，骗取国家补贴资金，这种情况在国美电器多家门店存在。据了解，国美并非初次使用这样的伎俩。

3 月 16 日凌晨，国美针对此事件做出回应，称将严查各门店违规操作人员，并将通过回访对造成损失的消费者进行补偿。

3 月 22 日，商务部新闻发言人指责国美家电“以旧换新”骗补的事件性质非常恶劣，相关部门已经取消了国美电器在天津的相关门店以旧换新业务开展的资格。同时商务部门也约谈了国美电器总部的负责人，要求国美电器进行内部的调查、整改、处分。

问题：假如你是国美的公共关系人员，面对这样的危机事件的发生，你应该怎样处理?

三、实训题

1. 以小组为单位为你所在的组织写一份如何处理好内部公共关系的建议书。

2. 以小组为单位，通过网络、报刊等媒体，收集整理一个公关危机的案例，并完成以下操作练习。

（1）列出该公共关系危机产生的原因，要求三条以上。

（2）如果你是该事件中的公共关系主管，你如何处理，请列出你的处理方案。

3. 以小组为单位，用本章所学过的危机知识，分析学校中存在的各种危机，每个小组制定出一个危机预警方案。

第八章

公共关系的工作过程

学习目标

知识目标：掌握公共关系管理的基本概念与意义，了解管理系统的构成及相关要素。

素质目标：理解公共关系策划相关内容。

技能目标：熟悉公共关系计划和预算。

能力目标：能够运用所学公共关系管理的基本概念与意义、分析现实中的公关问题。

案例导入

蒙牛OMP风波

2009 年 2 月 2 日，国家质检总局指出蒙牛特仑苏牛奶违法添加了安全性尚不明确的 OMP，并责令蒙牛禁止这一添加行为。国家主管部门叫停知名乳企热卖的高端牛奶产品，特仑苏 OMP 安全风波骤起。此前，OMP 是蒙牛特仑苏高端牛奶的主打卖点，现在却被主管部门叫停，蒙牛该如何应对。

作为知名企业，蒙牛在进行危机应对时坚持系统运行原则，在迅速回应的同时，也与有关上级主管部门进行积极沟通，以期获得第三方的权威证实。经过一系列努力，2 月 14 日，卫生部就该事件回应，称经过六部委专家联合认定 OMP 并不会危害健康，从而为特仑苏牛奶平反。与此同时，蒙牛方面也得到了多个有关国际组织的声援与支持，特仑苏 OMP 的安全性得到了多方的权威证实，至此事件得到平息，产品销售得到恢复。

案例分析

蒙牛特仑苏 OMP 风波是一起典型的食品安全危机事件，主打高端产品被国家主管部门叫停，这对于任何一家企业来说都是致命的。蒙牛对于事件的应对策略可圈可点，抓住了“OMP 安全性”的关键点，坚持系统运行原则，在做好媒体沟通的同时，积极与有关主管部门沟通，最终得到了权威证实，事件得以圆满解决。

学习内容

8.1 公关工作过程的基本模式

8.1.1 公共关系管理概述

公共关系工作的科学性和有效性很大程度上取决于公共关系的管理和策划。

（一）公共关系管理概述

公共关系管理指对组织与社会公众之间传播沟通的目标、资源、对象、手段、过程和效果等基本要素的管理。它是组织经营管理或行政管理重要组成部分，因而对组织管理意义重大。

公共关系管理是一个组织为创造良好的生存环境、发展环境，通过一系列有目的、有计划、持续的传播沟通工作，与其特定的公众对象建立起来的一种和谐的社会关系。

公共关系管理是一个组织机构从事公众信息传播、关系协调与形象管理事务的一种艺术和科学，它是涉及调查、策划、实施和评估的一种实践活动。

（二）公共关系管理的意义

（1）加强公关管理能增强组织公关工作的系统性。公关工作纷繁复杂，要把它变成有机的操作系统，发挥其整体效应，必须对其加强管理。

（2）能够提高公关工作的可控性。公关工作弹性较大，加强管理能够有效地控制组织公关目标、进程，提高公关工作质量。

（3）可以加强公关工作的预测性。公关工作必须预测社会公众环境的变化，以使组织公关符合环境的要求，加强公关管理能够强化其预测功能，使其参与组织决策。

（4）能够促进公关工作成熟发展。作为一项新兴事业，公关还很不成熟，加强管理工作，能够有效地促进其逐渐成熟和健康发展。

（三）公共关系管理过程的基本模式

1. 四步工作法

即将整个公共关系工作过程划分为四个基本阶段：

（1）公共关系调查：通过环境分析、舆论分析或形象分析，确定公共关系的对象和问题；

（2）公共关系策划：根据公关问题确定公关目标，制订公关计划和设计公关方案；

（3）公共关系实施：根据公关的目标、计划和方案实施各种传播沟通活动；

（4）公共关系评估：根据调查、反馈的信息评估公关活动的效果，寻找新的问题，确立新的公关目标，调整原有的公关计划。

以上四个步骤相互衔接，不断循环上升，形成一个动态的环状模式，体现了公共关系工作的计划性、整体性、系统性。

2. 六步工作法

即将公共关系工作过程分解为六个基本环节：（1）估计形势；（2）确定目标；（3）确定公众；（4）选择媒介；（5）编制预算；（6）评价结果。

8.1.2　公共关系管理过程中的相关因素

（一）环境因素系列

环境因素系列即对公关主体的决策和行为构成直接或间接影响的外界因素。国外的学者将影响组织公共关系政策的环境因素归纳为五个变量（引自格鲁尼格，1996 年在北京中国国际公共关系大会的演讲《美国公共关系研究和实务发展趋势》）：

（1）社会的政治经济体制；

（2）社会的文化背景，包括语言环境；

（3）社会公众群体的行动主义程度（各种利益群体、压力团体的活动状况）；

（4）社会的发展水平；

（5）社会的媒介体制。

（二）主体因素系列

主体因素系列即公关决策和行为过程本身涉及的组织内部因素。这属于主观方面的要素。

（三）传播技术因素系列

传播技术因素系列即公关活动实施过程中的技术性因素。这属于媒介技术方面的要素。

8.2　公共关系调查分析

8.2.1　组织自我形象分析

组织自我形象即一个组织自己所期望建立的社会形象，这是一个组织公共关系工作的内在动力、方向、目的和标准。组织自我形象的设计要注意主观愿望和实际可能相结合。公共关系工作首先需要通过组织内部的调查分析，了解组织的自我评价，揭示组织对公关工作的期望值，这是公共关系调查的第一个环节。自我形象分析包括以下几个方面。

（一）组织实态的调查分析

组织实态是指组织客观的实际状态和基本条件。

（二）员工阶层的调查研究

即了解本组织广大基层和一线人员对自己组织的看法和评价。

（三）管理阶层的调查分析

一个组织的行政和技术业务管理阶层，是一个组织的核心力量，他们对组织的看法和评价既对基层员工产生影响，也对决策上层产生影响。因此需要重点了解和分析管理阶层的观点、意见和态度，从中分析本组织的优势和劣势。

（四）决策阶层的研究分析

一个组织的形象蓝图最终来源于决策阶层。决策阶层决定着组织的总体目标，从而决定着组织形象的基本定位，决定着公共关系的总政策。决策阶层的价值观和行为方式，也影响着组织形象的个性和风格。在进行组织形象设计之前，必须尽可能领会和熟悉决策阶层的观点、意见、态度，以此作为组织自我形象规划的重要依据。

8.2.2 组织实际形象分析

组织实际形象即组织的实际状态和行为在公众舆论中的投影、反映，也就是社会公众和社会舆论对组织实际状态和行为的认知和评价。这种认知和评价体现为组织在社会公众中的知名度和美誉度。组织实际形象分析就是通过舆论调查和民意测验，了解组织在社会公众中的知名度和美誉度，测定和分析组织在社会上的实际形象状况，这是公共关系调查的第二个环节。组织实际形象分析包括以下三个步骤。

（一）公众辨认与分析

公众是反映组织形象的镜子，要分析组织的公众形象首先需要找到这面镜子。谁是本组织的公众对象?他们在哪里?通过辨认、甄别公众对象，确定形象调查的对象和范围。如果关系对象不清楚，就无法实施形象调查与分析，不可能获得正确的调查结果，或者增加不必要的调查成本。

（二）组织形象地位测量

在综合分析公众评价意见的基础上，可以根据知名度和美誉度两项最基本的形象指针，测定组织的实际形象地位。知名度指一个组织被公众知晓、了解的程度，是评价组织名气大小的客观尺度，侧重于“量”的评价，即组织对社会公众影响的广度和深度。美誉度指一个组织获得公众信任、好感、接纳和欢迎的程度，是评价组织声誉好坏的社会指针，侧重于“质”的评价，即组织的社会影响的好坏。

知名度与美誉度的关系在于：良好的组织形象是由知名度和美誉度构成的，缺一不可。但实际上知名度和美誉度并不一定能够同步形成和发展，有知名度不一定有美誉度，没有知名度也不意味着没有美誉度；反过来也一样。美誉度高不一定知名度高，美誉度低也不意味着知名度低。总的来说，知名度需要以美誉度为客观基础，才能产生正面的积极的社会效果；美誉度需要以一定的知名度为前提条件，才能充分显示其社会价值。

根据知名度和美誉度在现实状况中的不同构成，可以将组织的实际形象区分为四种状态。

1. 高知名度/高美誉度

组织处于这种形象地位，属于最佳的公共关系状态。但同时要注意，知名度越高，美誉度的压力就越大。因为在公众高度注目的情况下，公众对组织美誉度的要求会变得更加严格和苛刻，美誉度方面即使发生微小失误，都有可能造成较大的负面影响。因此，组织处于这种公共关系状态绝不是高枕无忧、万事大吉。如果知名度超过了美誉度，就更应该警觉，以防美誉度跟不上而造成知名度方面的负面压力。

2. 高美誉度/低知名度

组织处于这种形象地位，属于较为稳定、安全的一种公共关系状态，其美誉度高于 50

点，知名度则低于 50 点。由于美誉度是形象的客观基础，因此这种状态具有良好的形象推广基础。其缺陷是知名度偏低，美誉度的社会价值得不到应有的体现，因此，公共关系工作的重点是在维持美誉度的基础上提高知名度，扩大其美誉度的社会影响面。

3. 低知名度/低美誉度

处在这种形象地位，组织的公共关系处于不良状态，知名度和美誉度都处于 50 点以下，既没有名气，公众评价也不好。但因为其知名度低，公众不良印象和评价的影响面也比较窄，负面作用相对比较小。在这种情况下，公共关系传播工作应该保持低姿态，甚至从“零”开始，首先努力完善自己的素质和信誉，争取改善组织的美誉度，然后再考虑提高知名度的问题；或者通过良好的传播控制，使组织的知名度和美誉度协调发展。如果在这种情况下片面地扩大知名度，便会使组织的形象地位滑至第四象限的恶劣状态。

4. 低美誉度/高知名度

处在这种形象地位，组织的公共关系处于“臭名远扬”的恶劣状态：不仅信誉差，而且知之者甚众。在这种情况下，首先应该设法降低已经享有的负面知名度，向第三象限转移；再努力挽救信誉，为重塑形象打基础。或者在特殊的情况下，利用已享有的公众知名度，大刀阔斧地改善信誉，将坏名声迅速转变为好名声，直接向第一象限跳跃。

可见，测量组织的形象地位，不仅可以确定公共关系的实际状态，初步诊断公共关系的问题，而且为制定公共关系的方针、策略提供依据，是公关决策的必要步骤。

（三）组织形象要素分析

组织实际形象调查还要具体分析构成某一种组织形象状态的点。这就需要将组织形象分解为公众对组织的各类具体评价，通过统计分析各种具体评价，确定组织形象的要点和特征，勾画出组织形象的细节。

在具体操作上，可根据“语意差别分析法”（又称“SD 法”，即 Semantic Diffexentials test）制作“组织形象要素调查表”，作为分析形象要素的工具。其方法是，将事关组织形象的重要项目分别以正反相对的形容词表示评价的两个极端，在这两个极端中间设置若干程度有所差别的中间档次，以便公众可以根据自己的感觉，对每一个调查项目作出不同程度的评价。调查时，请受访人（被调查者）就自己的看法给出评价。公共关系人员对所有调查表格进行统计，计算每一个调查项目中各种不同程度的评价所占的百分比。

8.2.3　组织形象差距分析

组织形象差距分析即将组织的实际形象与组织的自我形象作比较分析，揭示二者之间的现实差距，指明公共关系工作的目标和任务，这是公共关系调查的第三个环节。

“形象要素差距图”可以帮助我们较为直观地显示组织的自我形象和实际形象之间的现实差距。方法是把“组织形象要素调查表”上表示不同程度评价的七个档次相应数字化，转化成为数值标尺，然后根据调查统计结果，计算公众对每一个调查项目评价的平均值，将各个平均数值分别标定在数值标尺相对位置上；连接各点，即成为组织的形象曲线。粗线部分是组织的实际社会形象，细线部分则是组织的自我期望形象，两条曲线之间的差距就是组织的“形象差距”。找出差距、发现问题，是公共关系工作程序中的第一个步骤。

8.3 公共关系策划设计

8.3.1 公共关系策划概述

（一）含义

公关策划即“公共关系策划”，是公共关系人员根据组织形象的现状和目标要求，分析现有条件，谋划并设计公关战略、专题活动和具体公关活动最佳行动方案的过程。

公关策划的目标是指组织通过公共关系策划和实施达到理想的形象状态和标准。

知名猎头烽火猎聘公司资深顾问认为公关策划的核心，就是解决以下三个问题：一是如何寻求传播沟通的内容和公众易于接受的方式；二是如何提高传播沟通的效能；三是如何完备公关工作体系。

（二）公关策划的原则

（1）求实原则。实事求是，是公关策划的一条基本原则。公关策划必须建立在对事实的真实把握基础上，以诚恳的态度向公众如实传递信息，并根据实事的变化来不断调整策划的策略和时机等。

（2）系统原则。指在公关策划中，应将公关活动作为一个系统工程来认识，按照系统的观点和方法予以谋划统筹。

（3）创新原则。指公关策划必须打破传统、刻意求新、别出心裁，使公关活动生动有趣，从而给公众留下深刻而美好的印象。

（4）弹性原则。公关活动涉及的不可控因素很多，任何人都难以把握，留有余地才可进退自如。

（5）伦理道德原则。伦理道德准则的核心内容是：组织公关活动及其策划与从业人员行为的道德要求日趋加强。

（6）心理原则。要运用心理学的一般原理及其在公关中的应用，正确把握公众心理，按公众的心理活动规律，因势利导。

（7）效益原则。要以较少的公关费用，去取得更佳的公关效果，达到企业的公关目标。

（三）公关策划的程序

（1）分析公共关系现状。应做好以下三项工作：审核已收集的公关资料，分析公关现状；明确公共关系存在的主要问题及原因；了解企业形象的选择和规划。

（2）确定公共关系目标。公关目标分成以下几类：全新塑造目标；形象矫正目标；形象优化目标；问题解决与危机公关。

（3）选择和分析目标公众。

（4）制定公关行动方案。主要涉及以下四个基本问题：做些什么？怎么做？谁来做？什么时候做？

第一个问题提出了明确公关活动项目的要求；第二个提出了明确活动策略的要求；第三个提出了明确活动主体的要求；第四个提出了明确活动时机的要求。尤其要注意：公关时机选择；重视细节；策动传播；选好公关模式等。5 种模式：宣传性公共关系、交际性公共关系、服务性公共关系、社会性公共关系、征询性公共关系。

（5）编制公关预算。主要分两类：一是基本费用，人工、办公经费、器材费；二是活动费用，招待费、庆典活动、广告、交际应酬等。

大型活动的公关策划

日常经济生活中，经常见到一些大型公关策划活动。比如，当年的白兰地酒进入美国市场就是一个成功的公关策划案例。在现实的经济活动中还有类似的展览会、宴会、文艺演出，以及众多的房地产开发业，这都是通过大型活动这种传播媒体，把组织重要的信息传播出去。从某种意义来说，大型活动本身就是一个媒体，这个媒体本身就为我们集中传播了大量的各种信息。

在此基础上，我们可以给大型活动做这样一个定义：大型活动是一个有目的、有计划、有步骤地组织众多人参与的社会协调行动。

首先，活动要有鲜明的目的性。因为大型活动要耗费很多资金、人力、物力，假如一个公司要上市，在上市活动过程中所涉及的公关活动，需要耗费一两百万的宣传费用，没有目的耗费巨资做宣传活动是不可取的。有些厂家，看到人家做了一个 50 年厂庆或公司庆典活动，就立刻找公关公司给自己进行策划，把公司周年活动、庆典搞的热闹非凡，但是为什么搞的这么热闹却不做研究？所以，盲目进行厂庆活动易导致目的不明，传播信息模糊。

其次，活动要有清晰的计划性。凡事预则立，不预则废。一个活动要组织好，没有计划性是不可能的。既然是大型活动，就要涉及众多的单位、部门和人员，计划不周就会导致问题重重。在组织大型活动的过程中，企业成功与失败的机会只有一次。在现实中，很多活动由于缺少清晰完善的计划而导致出危险、出问题的案例并不鲜见，比如，某个城市会因为一个灯的安全问题没有做好安排，发生了踩踏事故，死伤十几个人。

公共关系学是一门应用性和综合性极强的学科，这主要表现在公共关系策划上。因此，可以这么理解，公共关系策划是将公共关系学的基本理论应用于社会现实需求的一门科学和艺术，通过策划，使人们利用公共关系的知识、手段、技巧为政府、企业和非营利组织服务。

从 20 世纪 80 年代初至今，我国公共关系事业经历了 30 年的成长历程，从最初的接待型公关到后来的营销型公关再到现在的策划型公关，不仅是价值的提升、功能的回归，也是公共关系在社会发展中日益展示其魅力的过程。

8.3.2　组织形象的构成

（一）含义

组织的产品（是组织形象的基础）形象、管理形象、人员形象（组织的人员是最活跃的形象载体）、环境形象、文化形象（是构成组织形象的“软件”部分；组织的特定文化制约着组织形象的个性，标志着组织形象的特定风格）、社区形象（是一种睦邻形象，地方形象，左邻右舍的形象，首先表现为社区的认知程度和评价状况）、标识形象（是组织形象识别系统 CIS 的基本构件）、媒介形象。

（二）组织的总体形象的建立是受众多具体要素影响的。以企业为例，其构成组织总体形象的要素有以下几种

1. 实力形象

它是企业形象存在的物质性基础。富有强大的经济实力，便使形象的其他因素具有了附着的落脚点。实力形象主要包括企业固定资产、总资产、流动资金、产品销售与生产规模、员工人数、装备先进性等。

2. 文化形象

它是组织形象的精髓所在。它以组织的价值观念为基础，以组织系统和物质系统为依托，以组织员工的群体意识和行为为表现，形成具有特色的生产经营管理的思想作风和风格。文化形象主要包括组织使命、组织精神、组织价值观和组织目标。

3. 人才形象

它是组织现有人才状况对组织形象的影响。一个人才济济、阵容整齐的组织，会使组织的形象培增光彩。人才形象主要包括人才阵容、科技水平、管理水平等。

4. 品牌形象

品牌形象即组织的产品质量和服务、组织的标志等给公众的总体印象。品牌形象是组织形象的生命线。如果在其他要素上存在缺陷仅仅会影响其他形象的话，品牌形象的低劣则会使组织形象毁坏殆尽，从而直接威胁到组织的生存。

组织的形象是一个有机整体，每一个要素都会对组织形象产生效应。要树立良好的组织形象，必须使每一个要素都发挥作用。

（三）了解形象是由哪些具体要素构成的

组织形象的策划与管理是一个系统工程，需要从不同方面去塑造和维护一个组织的形象。就组织形象的共性而言，组织形象的构成大致包括以下八个方面。

1. 组织的产品形象

组织的产品形象，即公众对组织的产品所形成的认知和评价。产品是组织形象的物质载体，是公众对组织进行认知与判断的主要依据，通过产品体现出来的组织形象最为直观，产品形象是整个组织形象的客观基础。产品形象的基本要素包括质量、性能、款式、包装、品牌商标等。不同的组织有不同的产品形式。

2. 组织的管理形象

组织的管理形象即公众对组织的管理行为所形成的认知和评价。通过组织的管理行为展现的形象是全面的、整体的，综合地反映着一个组织的管理形象。结合组织的特点，针对公众的需要，完善组织的服务管理，增加服务的种类，扩大服务的范围，延长服务的时间，挖掘服务的深度，改善服务的态度，提高服务的效率等，对于树立组织形象相当重要。

3. 组织的人员形象

组织的人员形象，即公众对组织的人员所形成的认知和评价。组织的人员是最活跃的形象载体，通过组织成员所展现出来的组织形象，组织领导人的形象，管理群体的形象，全体员工的形象，都是组织形象的缩影和化身。

4. 组织的环境形象

组织的环境形象，即公众对组织的内外环境所形成的认知和评价。环境对组织起着烘托的、装饰的作用，通过组织内部及外部环境设施所展现的形象，属于组织形象的“硬件”之一，构成现代办公文明、生产文明、工程文明、商业文明的一部分。

5. 组织的文化形象

组织的文化形象，即公众对组织的特定文化所形成的认知和评价。通过组织文化系列要素展现出来的形象，构成组织形象的“软件”部分。组织的特定文化制约着组织形象的个性，标志着组织形象的特定风格。组织文化鲜明地体现出一个组织的形象内涵。

6. 组织的社区形象

组织的社区形象，即公众对组织的社区生活形成的认知和评价。组织的社区形象是一种睦邻形象、地方形象、左邻右舍的形象。社区是组织生存和发展的根基，组织的各种社会关系是通过社区形成和延伸的，组织的社会形象首先表现为社区的认知程度和评价状况。一个组织如果不能得到社区公众的认同，就很难在社会上获得良好的名声。

7. 组织的标识形象

组织的标识形象，即公众对组织的标识所形成的认知和评价。标识本身就是组织形象的标志，能够帮助公众识别和记忆组织的形象。通过标志和识别系统所展现的组织形象，是视觉形象或听觉形象，是组织形象识别系统 CIS（Corporate Identity System）的基本构件。

8. 组织的媒介形象

组织的媒介形象，即公众对组织在大众媒介上有关的宣传报道所形成的认知和评价。公众对组织的认知与评价，很大程度受媒介宣传的引导，媒介宣传的概貌影响和制约着组织的社会形象。组织必须高度重视和谨慎处理自己的媒介形象，包括宣传的对象、内容、渠道、方法、时间、地点的选择和设计，都应该纳入传播管理的范畴。

以上组织形象的各个要素，都可以进一步分析其形象的内涵和形象的外显两个方面。

（四）组织形象规划的基本特性

组织形象规划是一种艺术性、创造性很强的工作，需要了解和把握它的基本特性才能形成公关形象策划思维的基本原则。公共关系策划的目标决定了它不同于其他策划的特性主要有三个方面。

1. 主观性和客观性的统一

（1）主观性。组织形象的形成离不开组织自身的规划和传播，同时也离不开公众的主观认知和评价，从而使形象带有主观性。

（2）客观性。组织形象的建立具有客观的基础和内涵，并受到社会公众对组织总体评价和要求的客观制约，从而形象又具有客观性。

把握主观性和客观性的统一，是围绕组织形象主题进行策划的第一个思维原则。

2. 统一性和差异性的结合

（1）统一性。组织形象应该是统一的，讲究整体效果和系列组合，并需要适应公众整体的共同要求。

（2）差异性。组织形象自身必须有个性特征，对公众目标必须要有鲜明的针对性。

追求统一性和差异性的结合，是围绕组织形象主题进行策划的第二个思维原则。

3. 恒定性和变通性的统一

（1）恒定性。组织形象应该是相对稳定的，对公众具有长期、稳定的影响效果。

（2）变通性。组织形象不会一成不变，会随着主客体和环境的变化而变化。

把握恒定性和变通性的统一，是围绕组织形象主题进行策划的第三个思维原则。

一个组织的形象构思与策划成功与否，取决于三个方面的协调与平衡：组织利益与公众利益的协调与平衡；总体形象与特定形象的协调与平衡；知名度与美誉度的协调与平衡。

8.3.3 公共关系计划和预算

在确定公共关系的目标后，必须围绕目标制订详细的计划和方案，作为传播活动的蓝本。

（一）制订公共关系计划与方案的原则

（1）实用性与可行性

（2）重点性与平衡性

（3）科学性与灵活性

（4）连续性与衔接性

（5）创新性与独特性

（二）公共关系计划与方案的基本内容

1. 年度公共关系工作计划的内容

年度公共关系工作计划的内容包括：① 年度公共关系的具体目标和活动专题；② 根据目标和主题设计的公共关系活动项目和具体传播计划；③ 每一个项目的主要内容、涉及的媒介目标公众；④ 各个项目实施的时间表和财务预算；⑤ 各个项目的组织、人员及其职责分工；⑥ 预计获得的效果等。

2. 公共关系项目具体方案的内容

公共关系项目具体方案的内容包括：① 项目名称及目标、宗旨；② 项目负责人、实施者及各自的职责；③ 项目筹备、实施的程序设计和时间表；④ 项目涉及的关系人及必要的分析；⑤ 项目所需的传播媒介、器材设备，外部环境条件等；⑥ 项目的经费预算；⑦ 项目成效的预测标准和考核方法等。

（三）公共关系预算的编制方法

1. 编制公共关系预算的主要方法

（1）“按销售量抽成法”，即按企业的总产值或销售量，抽取一定的百分比作为公共关系预算。这种方法的优点在于能够很快决定预算。其主要缺点在于预算缺乏弹性和计划性，不一定适合实际需要。

（2）“目标作业法”，即先制订出公共关系期望达成的目标和工作计划，然后将完成任务所需的各项费用项目详细列举出来，核定各单项活动和全年活动的预算。这种方法的优点在于计划性强，弹性较好。但需要事先的审慎计划和预测，如预测不准确，就可能超支、短缺或浪费；且主观性较强，容易影响预算的控制。

2. 公共关系预算的基本构成

（1）劳务工时报酬。（2）行政办公经费。（3）专业器材和成品制作费用。（4）公共关系广告费用及各项大众媒介宣传费用。（5）实际活动费用。（6）赞助费。

编制正式的公共关系预算，标志着公共关系工作正式纳入管理的职能。良好的公共关系计划和预算，是公共关系工作顺利进行、健康发展的重要保证。

8.4　公共关系实施

8.4.1　公共关系实施概述

公共关系过程的第三个步骤是将公共关系的计划和方案付诸实施，为组织塑造、推销良好的社会形象，影响公众舆论，优化组织环境。为此，需要正确应用传播媒介和选择公共关系的活动方式。

（一）选择和应用传播沟通媒介的原则

1. 联系目标原则

根据公共关系的具体目标和工作要求选择和使用传播媒介和沟通方法。即选择和使用的手段和方法必须符合公共关系的性质和要求，才能充分发挥其功能。

2. 适应对象原则

根据公共关系对象的特征，选择和使用传播媒介与沟通方法。即根据不同的公众对象选用不同的传播方法，不同的传播对象，适用不同的传播媒介。

3. 区别内容原则

根据传播内容的具体特点来选择和使用传播媒介与沟通方法。即根据传播的内容来决定传播的形式，使传播形式的优势得以充分发挥。

4. 合乎经济原则

根据具体的经济能力和最经济的条件选择和使用传播媒介和沟通方法。即根据组织的公共关系预算和传播投资能力，量力而行，争取在最经济的条件下获得尽可能大的传播效益。

（二）公共关系的行为特征

（1）从宏观角度上看，公共关系是一种战略行为。

（2）从微观上看，公共关系又经常作为一种战术行动。

（3）国外的学者根据不同的行为特征，将各种公共关系活动划分为以下四种模式（参见格鲁尼格《美国公共关系研究的发展》）。

① 新闻代理模式，是一个单向的传播模式。新闻代理模式（The Press Agentry Model）认为公共关系工作的主要目标就是使组织在大众传媒上获得良好的宣传。这一模式在宣传推广某一运动、影星、产品和政治家的工作中十分常见。新闻代理模式是一个单向的传播模式。

② 公共信息模式，也是一种单向传播模式。公共信息模式（The Public Information Model）把公共关系主要看做是信息的公布。即组织利用新闻稿、宣传册和直接邮件等媒介，通过大众传媒向公众传播相对真实的信息，但往往只提供组织所选择的愿意让公众知道的事实。公共信息模式也是一种单向的传播模式。在新闻代理模式和公共信息模式下所进行的传播工作不是建立在调查研究和战略策划的基础上。新闻代理模式和公共信息模式

是不平衡的，因为它们试图改变公众的行为，却不准备改变组织的行为。

③ 双向不平衡模式，是一种“自私”模式。双向不平衡模式（The Two-way Asymmetrical Model）运用调查研究来帮助组织设计传播的信息，这些信息能够更加有效地促使战略公众按组织所需的方式行事。这一模式把公共关系看成是组织与公众之间的对话，但这种对话是由组织所控制的。因为双向不平衡模式调查公众的态度，它往往比新闻代理模式和公共信息模式更能达到目标。然而，双向不平衡公共关系还是个“自私”的模式，因为使用它的组织相信自己是正确的（公众是错的），而且解决冲突所需要的变化必须来自公众而非组织。当组织与公众的冲突不大而且公众能从自己行为的改变中获益时，这种模式还是有效的。

④ 双向平衡模式。双向平衡模式（The Two-way Symmetrical Model）建立在调查研究的基础上，它运用沟通来处理冲突，并且与战略公众采取相互理解与合作的态度。因为双向平衡模式使公共关系建立在协商和妥协的基础之上，它不强求组织在某些具体问题上做出对与错的选择。相反，双向平衡的公共关系模式通过对话与协商来解决“什么是正确的”这一问题。双向平衡模式使组织更有效地建立与公众的关系。同时双向平衡模式也是最在乎道德的公共关系方式，是最能有效地达到组织目标的模式。作为一个过程，双向平衡的公共关系为组织和公众共同感兴趣的问题提供了对话和探讨的论坛。在双向平衡的模式中，组织和公众双方都需要根据对方的观点和要求来进行自身的定位，双方都要作出自我调整以适应对方。

在实践中，上述这些行为特征不同的公共关系模式经常是混合起来的，比如新闻代理模式同公共信息模式混合起来，双向平衡模式同双向不平衡模式混合起来。

8.4.2 确定与选择公共关系活动的方式

（一）公共关系活动方式

公共关系活动方式是以一定的公关目标和任务为核心，将若干公关媒介和方法有机地结合起来，形成具备特定公共关系功能的工作方法系统。公共关系没有包医百病的处方。不同类型的组织机构，或同一组织的不同发展阶段，或同一阶段中针对不同的公众对象及公关任务，都需要有不同的公共关系活动方式。

（二）公共关系活动的业务方式

根据公共关系工作的业务特点，公共关系活动方式可以分为以下几种。

1. 宣传型公关

宣传型公关主要是运用印刷媒介、电子媒介等宣传性手段，传递组织的信息，影响公众舆论，迅速扩大组织的社会影响；特点是主导型强，时效性强，传播面广，推广组织形象的效果快，特别有利于提高组织的知名度；具体形式有发布新闻、公共关系广告、演讲或表演等。

2. 交际型公关

交际型公关主要运用各种交际方法和沟通艺术，广交朋友，协调关系，缓和矛盾，化解冲突，为组织创造“人和”的社会环境；特点是直接沟通，形式灵活，信息反馈快，富有人情味，在加强感情联络方面效果突出，具体方式包括社团交际和个人交际。

3. 服务型公关

服务型公关主要以实际的行为作为特殊媒介，吸引公众，使组织与公众之间关系更加融洽，为组织提高社会信誉度；特点是以活动作为最有力的语言，实在实惠，最容易被公众所接受，特别有利于提高组织的美誉度；具体形式有：售后服务、社区服务、消费指导等。

4. 社会活动型公关

社会活动型公关主要以组织的名义发起或参与社会性的活动，在公益、慈善、教育等社会活动中充当主角或热心参与者，在支持社会事业的同时，扩大组织的整体影响；特点是社会参与面广，与公众接触面大，社会影响力强，形象投资费用高，较有效地提高知名度和美誉度，具体形式有：扶植新生事物、慈善事业、支持社区福利等。

5. 征询型公关

征询型公关主要运用收集信息、社会调查等信息反馈手段，了解舆情民意，为决策提供咨询；特点是以输入信息为主，具有较强的研究性、参谋性，具体形式有：分析新闻舆论、开展社会调查等。

（三）公共关系活动行为方式

针对不同的组织环境和组织公共关系的具体状态，可以采取不同的公共关系行为方式。

（1）建设型公关，适用于组织的开创阶段，以及某项事业或产品服务问世阶段，采用的是高姿态的传播方式，形成舆论，扩大影响；形式有：隆重的开业典礼仪式、落成典礼、开业广告等。

（2）维系型公关，适用于机构的稳定、顺利的发展时期，要保持一种潜移默化的渗透力，维系良好的形象。

（3）防御型公关，适用于出现潜在的公关危机的时候，及时调整自身的政策或行为，以适应环境的变动。

（4）进攻型公关，适用组织的公共关系严重失调、形象受到严重损害时候，采取的一系列有效措施，重塑组织形象。

（5）矫正型公关，适用于组织的公共关系严重失调、形象受到严重损害的时候。

公共关系传播，是资讯交流的过程，也是社会组织开展公共关系工作的重要手段。离开了传播，公众无从了解组织，组织也无从了解公众。如果我们把社会组织看做公共关系工作的主体，把公众看做公共关系工作的客体，传播就是二者之间相互联系的纽带和桥梁。组织与公众的沟通，在很大程度上依靠资讯传播，组织与公众之间的误解，也往往是由于资讯不畅造成的。因此，一个社会组织不但要有明确的目标、符合公众利益的政策和措施，还要充分利用传播手段开展公关活动，赢得公众的好感和舆论的支持，获得良好的经济效益和社会效益。

也许“公共关系”、“传播”与“交际”、“拉关系”、“拉拉扯扯”在词义上容易产生混淆，也许在公共关系实践中确实出现过偏差，从这门学科引入我国之日起，对它的疑惑和误解就没有停止过。由于缺乏系统的理论研究与指导，公共关系人员在利用媒介进行传播的过程中，也往往带有很大的盲目性，这就在一定程度上影响了宣传效果。

8.4.3 公共关系传播界说

为了弄清楚公共关系传播的基本内涵，有必要将它与含义相近的几个概念进行比较，找出它们的“同中之异”。

（一）人际传播泛指人与人之间的相互接触与彼此往来

它与公共关系传播有许多共同点：两者都属于社会范畴，都是能动的交流行为，都是以人为主体的活动过程，都具有相互作用的功能。而且，人际传播可以作为公共关系传播的辅助手段。但是，它们也有着明显的不同之处。

第一，人际传播和公共关系传播的主体——人的含义不同。前者指单个的个人，后者指组织化了的个人；前者研究的是人与人之间的交往及资讯交流活动，后者研究的则是代表组织的个人有目的、有计划地传递组织资讯的过程。

第二，从社会关系的总体上看，人际关系是一种较低层次的社会关系，而公共关系则是从社会群体或组织的基础上建立起来的一种较高层次的社会关系。与此相适应，它们所采用的传播手段各不相同。人际传播手段一般比较简单，而公共关系传播手段相对复杂一些。

第三，人际传播的对象可以是一群人，也可以是一个人，而公共关系的传播对象则是组织有着某种特定联系的群体。

（二）公共关系传播与大众传播的区别

大众传播是专业化群体通过各种技术手段向为数众多的读者、听众、观众传递资讯的过程。它具有公共关系传播的一般特性，是公共关系传播的组成部分。

但是，它们之间又有着明显的区别。

第一，大众传播的主体是以传播资讯为职业的团体或个人；公共关系传播的主体则是一般的社会组织，是代表组织行使传播职能的公共关系机构或公共关系人员。

第二，大众传播的内容是由职业传播者根据新闻价值规律采编的、需要告知公众的资讯；公共关系传播的则是由组织部门行使传播职能的人根据公共关系计划编制的对组织有利的资讯。

第三，大众传播的渠道一般不由感官和简单的表达工具组成，而是包括大规模的、以先进技术为基础的分发设备和分发系统。因此，专门的资讯传播机构既需要充足的资金、设备，又需要大量的专业化人才。公共关系传播则不受技术水准和专业化人才的限制，它的制作过程也相对简单一些。

第四，大众传播的流程在很大程度上说是单向的，因为它的主导者始终是传播者，受传者既不确知，也不稳定，很难取得直接的回馈。而公共关系的传播物件是可知的和相对稳定的，它的传播过程具有明显的双向性特点。具体表现在：组织通过资讯传播将自已的目标、政策和具体措施告诉公众，公众则通过被调查或主动回报两种方式把自已的要求、意见和建议告诉组织。与大众传播相比，公共关系传播能够更加及时、有效地取得回馈。

（三）公共关系传播的基本内涵

公共关系传播是一种有组织、有计划、有一定规模的资讯交流活动。它的目的是沟通传播者与公众之间的资讯联系，使组织在公众中树立良好的形象。

公共关系传播可以利用的媒介很多。比如，各种会议和讲演可以聚集数十、数百人，发传单、贴海报可以让成百上千的人看到，用扩音器做报告可以让成百上千的人听到，举办展览或表演可以吸引成千成万的人。但是在今天的社会里，要想与公众取得广泛的资讯交流，最有利的手段莫过于大众传播媒介了。这是由大众传播媒介本身的特点决定的。

首先，它具有普遍性的特点。大众传播媒介，无论是报纸、广播还是电视，几乎家家必备，人人必听、必看，影响面非常广，可以满足不同职业、不同年龄，不同文化程度的受众的需要。因此，借助于大众传播媒介，能够达到与理想的传播物件接近的目的。

其次，它具有迅速、及时的特点。由于科学技术的发展以及交通、通讯条件的改善，今天的大众传播媒介能够以最快的速度向公众传递资讯。在这方面，电子传媒的作用更加明显。因此，只有借助于大众传播媒介，资讯传播才能不失时效。

公共关系传播的客体是公众。公众一般由两部分组成，一部分是组织内部公众，另一部分是同组织有着某种特定联系的外部公众。内部公众是构成组织的基本因素。它对于组织，犹如人民对于国家一样，是不可或缺的。公共关系传播的目的之一，就是沟通、疏导组织内部上下之间、成员之间的资讯联系，消除各种不利因素，为组织发展创造有利的条件。

外部公众是公共关系传播的主要物件，对于政府机构来说，它是自己所面向的那一部分群众；对于工商企业来说，它是与组织密切相关的协作者、竞争者、用户和消费者。公共关系传播的一个重要任务，就是影响这一部分公众，改变他们的态度，引起与组织期望相应的行为。

公共关系传播是组织通过报纸、广播、电视等大众传播媒介，辅之以人际传播的手段，向其内部及外部公众传递有关组织各方面资讯的过程。

这个定义包括三方面的内容。

第一，公共关系传播的主体是组织，不是专门的资讯传播机构。

第二，公共关系传播的客体由两部分组成，一部分是组织内部公众，另一部分是组织外部公众。

第三，公共关系传播以大众传播媒介作为主要手段，以人际传播作为辅助手段。

8.4.4　公共关系传播的基本要素

1948 年，美国著名的政治学家哈乐德·拉斯韦尔补充提出了传播过程五因素的公式：“谁？说什么？通过什么管道？对谁说？产生了什么效果？”这个公式描述的虽然是单向传播现象，却为我们提供了一个分析传播过程的简易的模式。因为其中包含了构成传播的基本要素：传播者、传播内容、传播管道、受传者和传播效果。

公共关系传播是组织运用传播手段向公众传递资讯的过程，它经历了由传播者到受传者的全过程，因此，也应当包含传播过程的五个要素。

（一）公共关系传播者

公共关系传播者是组织资讯的采集、发布者，是代表组织行使传播职能的人。在我国政治组织中，该角色一般由党和国家的新闻发布机构、新闻发布人以及各级党和政府的新闻、宣传部门担任；在各种福利组织和营利性组织中，该角色由组织内部的宣传部门、公共关系部门或宣传人员、公共关系人员担任。

公共关系传播者是公共关系的主体，因为它是构成传播过程的主导因素。在协调公众关系、改善周围环境的过程中，在树立自身形象、提高信誉的过程中，在沟通内外联系、谋求支持与合作的过程中，公共关系传播者居于主动地位，起着控制者与组织者的作用。它的任务，是将外部的资讯传达给组织内部公众，将有关组织的资讯发布出去，传递到目标公众那里。

（二）公共关系传播内容

公共关系传播内容是指传播者发出的有关组织的所有资讯。它大体上可以分为如下两类。

一类是告知性内容，即向公众介绍有关组织的情况：它的目标、宗旨、方针、经营思想、产品和服务品质等。在资讯传播过程中，告知性内容往往以动态消息或是专题报道的形式出现。前者是关于组织新近发生的某一事件的基本事实的描述，通常包括五个“W”，比如关于商店开业、展览会闭幕、新产品问世、超额完成产值等情况的报道。后者是对事件全景或某一侧面进行的放大式描述，它不但包含五个“W”，而且包括对基本事实具体情节的勾勒。例如，介绍新产品的设计过程、制作工艺、用途、专家鉴定情况等。

另一类是劝导性的内容，即号召公众响应一项决议，呼吁公众参与一项社会公益活动，或者劝说人们购买某一种牌子的商品。在利用大众传媒进行宣传的过程中，政党、政府及其他非营利性组织发布的劝导性的内容，往往以社论、评论、倡议书的形式出现，而营利性组织发布的此类内容，则多以商业广告的形式出现。

（三）公共关系传播管道

所谓传播管道，是指资讯流通的载体，也称媒介或工具。人们通常把用于传播的工具统称为传播媒介，而把公共关系活动中使用的传播媒介，称为公共关系媒介，可供公共人员利用的传播媒介有两种：一种是大众传播媒介，另一种是人际传播手段。具体来说，公共关系传播媒介是各种各样、丰富多彩的。常见的是语言媒介，像报纸与杂志、书籍与纪念刊、海报与传单、组织名片与函件等；有电子媒介，像广播、电视、录音、录像、幻灯片和电影等；有标识，像摄影与图片、商标与徽记、门面与包装、代表色等；此外还有非语言传播媒介，像表情、体态、目光等。我们也可以把公共关系媒介分为基本媒介和综合媒介两种。所谓基本媒介，主要包括人与人之间的传播、广播、电视、印刷品、摄影作品、电影等；综合媒介则包括与新闻界的联络、特别节目、展览、会议等。显然，所谓综合媒介是各种基本媒介的集大成。

（四）目标公众

目标公众即组织外部公众，是指那些与组织有着某种利益关系的特定公众。他们是大众传播受传者中的一部分，是组织意欲影响的重点对象。这类公众的特点如下。

第一，目标公众是有一定范围的，是具体的，可知的，也是相对稳定的，即每个组织都有自己的特定公众。

第二，公众是复杂的。尽管某些个人由于某种共同性构成了某一组织的公众，但他们之间还是有着明显的差异。

第三，公众趋向集合。当组织与公众之间的利益关系变得突出时，原来松散的公众集合体就会趋于集中，显示出它特有的集体力量。

第四，公众是变化的。当组织与公众之间的利益关系结束了，这一类公众就不复为该组织的公众。

组织要想有效地开展公关工作，分辨自己面对的公众是十分重要的。一般说来，辨认公众可分几个步骤，层层深入。比如，首先把组织面对的公众无一遗漏地罗列出来，然后按需要对他们进行分类。根据组织内外有别的原则，可以把公众分为内部公众和外部公众；根据公众对组织的影响程度，可以把他们分为潜在公众、知晓公众和行动公众；根据公众对组织重要性的不同，可以把他们分为主要公众和次要公众。当组织开展一项具体活动时，还可以对公众作出更进一步的分类，以便确定具体活动针对的目标公众。

（五）公共关系传播效果

公共关系传播效果是指目标公众对资讯传播的反应，也是公共关系人员对传播物件的影响程度。

人们对传播效果的研究经历了半个多世纪，先是提出“传播万能论”，继而提出“有限效果论”（以“两极传播”为主要内容），后来又由“两极传播模式”发展为“多级传播模式”。传播效果理论的演变告诉我们，大众传播媒介固然能够改变受众原有的观念，但其效果不是无限的。在实际工作中，公共关系人员不能把大众传播媒介作为唯一的手段，而应当将它与人际传播、组织传播等多种方式结合起来，以便收到更好的效果。同时，受众的被动地位是相对的，他们对资讯的注意、理解和记忆都是有选择的。公共关系人员可以通过各种调查手段（如观察、访问、文献分析、抽样调查等）了解公众对资讯的接受程度，知己知彼，百战不殆。此外，在资讯传播过程中，还要重视专家、学者、社会名流等“意见领袖”的中转作用，设法通过他们影响公众。

8.4.5　公共关系传播模式

公共关系传播的出发点是组织，是代表组织行使传播职能的个人或机构。

从组织内部结构看，一般组织（营利性组织比较明显）可以划分为三个层次：决策层、管理层和执行层。决策层是组织的实权机关，一般由组织内部的决策性人物，如董事长、总经理、副总经理等组成。它负责确定组织的目标、纲领和实施方案，进行宏观控制。管理层是决策层的下属机构，包括生产管理部门、计划管理部门、物资、销售管理部门等。其职责是把决策层制定的方针、政策贯彻到各个职能部门的工作中去，对日常工作进行组织、管理和协调。执行层在决策层的领导和管理层的协调下，通过各种技术手段，把组织目标转化为具体行动。这三个层各自独立，又彼此联系，共同维系着组织自身的发展。

在这里，组织传播担负的任务是多重的：首先，他要把组织内部的资讯传递给大众传播媒介，经媒介传递给目标公众；其次，他要想方设法吸引媒介，使大众传播媒介主动了解并采集有关组织的资讯（这一过程用 CAC 表示），并传达到目标公众那里；此外，他还要在组织成员之间进行资讯联络，充当组织关系的黏合剂；最后，他还要代表组织同目标公众进行面对面的接触，为组织取得直接的资讯回馈。由此可见，作为一个社会组织的参谋，公共关系人员仅有可人的外貌和善于交际的本领是远远不够的。他必须具备与公关职业相应的素质：合理的知识结构、良好的心理素质、较强的工作能力和必备的工作技巧。

需要对公共关系传播者在组织中的位置问题作一说明。在一些有关的学术论著中，作者常常把公共关系传播者，即公共关系部门或类似的部门安置在管理层中，与生产管理部门平行。这或许有它的道理。但是笔者认为，公共关系传播者的地位是比较特殊的，它是决策层的助手，是管理部门的协调者，又是上、中、下三个层次之间的资讯沟通者；它处于决策层的直接领导之下，又很难说属于哪一个层次。因此，在公共模式中，我们赋予它一个特殊的位置。

在公共关系传播链条的第二个环节——传播媒介中，也就是由美国社会心理学家库尔特•卢因提出来的“守门人”的概念，现在已经得到美国大众传播学者的普遍承认。学者们认为，大众传播媒介在向公众传递资讯的过程中，起着过滤的作用。拿新闻来说，通讯社决定发布的新闻只占已发生的重要新闻的百分之一，而读者最后从报纸上看到的新闻又只占通讯社发布的新闻的百分之一或二。主管这种过滤工作的记者和编辑，就是大众传播媒介的守门人。公共关系传播者发出的资讯，只有顺利通过守门人这一关，才能经媒介流向公众。对于公共关系人员来说，这将是一个考验。

公共关系传播的下一个环节是公众。公众分为非目标公众和目标公众。前者指大众传播媒介面对的分布广泛的、不确定、不确知的公众，后者指与组织有着某种特定联系的集合群体。公共关系传播的目的，就是要使组织发出的资讯经过传播媒介准确无误地传达到目标公众那里，并通过直接和间接的管道取得资讯回馈进一步调整自己的传播行为。

公共关系传播不但借助于大众传播媒介，还要利用人际传播的某些手段。因此，公共关系传播模式还包括人际传播部分。

公共关系传播中的人际沟通主要表现在两个方面。其一是组织内部的人际交流，如组织内部的员工大会、工作情况汇报会、工作经验交流会等。其二是公共关系人员与目标公众之间的面对面的接触。它的形式也是多种多样的，如接待来访、举办展览、召集消费者开座谈会等。

下面我们对公共关系模式中的两个主要部分——想方设法吸引媒介使大众传播媒介主动了解并采集有关组织的资讯和组织内部的资讯传递给大众传播媒介的运行过程进行简要的说明。

想方设法吸引媒介使大众传播媒介主动了解并采集有关组织的资讯和组织内部的资讯传递给大众传播媒介的传播过程都是借助于大众传播媒介实现的。不同的是，前者指传播者通过制造和发现具有新闻价值的事件，引起媒介的注意，促使它主动进行宣传报道的方法；后者指传播者向媒介提供有关组织的资讯，通过它传播出去，或是花钱购买新闻媒体的时间和空间，为自己的产品和服务作宣传的形式。想方设法吸引媒介使大众传播媒介主动了解并采集有关组织的资讯过程是一种无须付费的宣传方式只要传播者肯动脑筋，善于挖掘和策划，把媒介吸引来，就能收到良好的效果。例如，20 世纪 60 年代初期，精工表品质和性能均属上乘，虽然生产精工表的公司花去大笔广告费，却很难打入国际市场，在激烈市场竞争中，这家公司采用了吸引舆论的手段，一举获得成功。他们派飞机在澳大利亚投下许多精工表，阳光下，人们被天空中突如其来的金光闪闪的东西惊呆了，当捡起一块块从高空坠地后依然完好无损的精工表时，无不为之叹服。新闻界对此进行了绘声绘色的报道，精工表从此打开了销路，精工产品也成为人们追求的目标。

这种传播形式的优点如下。

第一，既可不花一文，又可以达到扩大影响、提高组织知名度的目的。

第二，精心策划出来的新闻事件，具有较高的新闻价值，容易引起记者们的注意，得到他们配合。

第三，这类事件大多带有戏剧色彩，奇特有趣比起一般的商业广告，更容易吸引公众。

组织内部的资讯传递给大众传播媒介过程是组织最常采用的一种原料形式，它包括传播者向媒介提供新闻稿件和利用媒介做广告宣传两个部分。

撰写新闻稿是公共关系人员利用大众传播媒介对公众施加影响的必要手段，利用这种形式进行宣传，要求公关人员了解新闻媒介的性质、特点，熟悉新闻报道题材，掌握新闻写作技巧，以便向媒介提供具有新闻价值、合乎新闻学原理、符合新闻传播规律的稿件。与“吸引媒介”的宣传方式相同，这种宣传亦无须付费，不同的是公关人员提供的新闻稿不能直接发布出去，而要经过媒介“守门人”这一关，这就有被选用和不被选用两种可能性。

刊登广告也是组织（尤其是营利性组织）利用大众传媒的最常见的形式。这是一种付费的宣传方式。以这种方式进行的宣传有两种，一种是报纸、杂志、广播和电视节目中常见的产品或商品广告，如各类家用电器广告、化妆品广告以及金银首饰广告等。我们熟知的许多商品，像海尔、佳雪等品牌，就是通过这种形式名扬四方的。刊登商业广告的目的在于宣传企业的产品和服务，引起人们的注意和兴趣，使之产生购买欲望和行为，促进产品销售额的增长。

另一类是非商品性广告，主要指大众传播媒介中以广告形式出现的有关企业的生产、产品、经营管理、领导与员工等方面情况的介绍，包括节目祝词、节目赞助、开业及庆典消息等等。我们常见的“××向全国人民拜年”的广告，即属此类。与商业广告不同，这类广告的侧重点不在推销商品，而在于与公众进行感情交流，树立良好的组织形象，提高它的知名度。

这两类广告宣传形式的优点如下。

第一，利用这种传播方式，组织具有较多的自主性，可以自行决定广告的形式与内容，选择媒介的时间与空间，不必受外界的左右。

第二，组织可以有充分的时间编制广告计划，确定宣传方案，在比较的基础上对费用、媒体等问题做出通盘考虑，而不必临时磨枪、仓促上阵。

第三，由于组织花钱买下了新闻媒介的频道或版面，可令其反复播放或刊载，并持续一段时间，因而能突出商品的特性，加深人们的印象。

总而言之，想方设法吸引媒介使大众传播媒介主动了解并采集有关组织的资讯和组织内部的资讯传递给大众传播媒介两种传播形式对于组织来说都是不可缺少的，它们各有特点，也各有利弊。在实际工作中，公共关系人员可以根据组织面临的具体情况对此加以选择和利用。

8.4.6　公关效果评估的方面

（一）公关效果评估的注意事项

1. 选定目标

区分或者明确目标是评估公共关系工作效果的第一个纬度，比方说同是一个会射箭的人，如果他今天的任务是射箭靶，那准确度是最关键的，评估的结果是射了多少环；如果其任务是打猎，那评估其结果是看猎获了多少只猎物，至于射中了心脏还是腿是无关紧要的……

企业对公共关系的投入，或者说公共关系部门的预算，大部分情况下是几种目标同时存在的，企业往往会根据自身的发展阶段、行业特点等赋予公关部门不同的职责范围，通常包括对销售的支持、对企业声誉的帮助、对品牌形象的管理、与关键利益关系群体关系的维护、对企业新闻发言人的培训、对危机传播的管理等，对于很多大型的企业，这些职责都是需要的，而对于某些成长期的企业，可能只是用到其中一个或者几个，支持销售是最常见的，企业往往会把公关手段视为成本较低的营销手段。但无论如何，说到对公共关系效果的评估，首先需要界定的是公关的目标是什么？就像那个射箭选手一样，目标不同，评估的方法和指标有着天壤之别。

APC 是一家销售不间断电源的专业化 IT 公司，其公关部门是设在市场部下面，部门的工作目标是维护品牌在客户中的形象。在这样的目标下，APC 选择了年终问卷调查的方式来评估一年的工作，评估的标准是看不间断电源的用户群中，APC 的品牌形象在所有竞争厂商中所处的位置。索爱的公共关系部门相对独立，管辖着媒介传播和市场活动，公关的职能聚焦在支持销售，因此，有多少顾客是因为在媒体上看到有关索爱的报道而选择购买了索爱的产品，是评估公关绩效的重要指标，据索爱公关总监宁述勇介绍，通过问卷调查这个比例在索爱高达 40%，远远高于广告的影响力。

2. 处理好局部与整体的关系

在机械制造领域里有个概念叫“总成”，比如汽车制造里的动力总成、转向器总成等，这些总成合到一起，再加上一些其他的零件，就是一辆完整的汽车了。发动机是动力总成的一个重要部件，一辆汽车的最终动力性能，取决于包括发动机在内的每一个零件的表现和之间的配合。并不是最好的汽车零件就可以造出最好的汽车，需要许多方面的准确配合才能提升汽车的整体性能。

从这个角度出发，我们应该做的是从局部到整体两个角度同时来评估公关的效果。首先要评估整体的效果，没有整体，局部再美也是枉然。其次也要看局部，整体是每一个局部拼接而成的。公关方案中的每一项是否做得很出色，新闻发布、事件策划、活动管理等，信息表达清晰准确，项目执行到位，才有可能带来整体的传播效果，同时还要考察项目之间的关联性和配合，对局部的有效评估，目的是要规避整体效果会影响公关以外因素的问题。

在任何一个类似“最受尊敬的企业”、“最佳社会声誉”评选中，IBM 都会榜上有名，毫无疑问，IBM 公关部的整体目标是实现得很完美的。但是 IBM 依然非常注重每一个传播活动的效果评估，细到一篇文章和一个采访，都会有完备的评估方法，考量信息的准确性和传播对象的匹配。从项目之间的关联性和配合上，IBM 提出的“One Voice”和“One Image”原则则体现了局部服务整体的观念，因此，IBM 做到如此好的社会形象就不奇怪了。

3. 关注过程才能达到好的结果

毫无疑问，老板们最关心的是结果。就像 F1 方程式赛车，游戏规则是以跑完多少圈为前提，来计算谁用的时间最短，谁的速度最快。如果中途退出，即便单圈速度是第一，也没有名次、没有积分。可是，同时我们也可以注意到，假设最终都跑到了终点，不一定是单圈速度第一的先到，也不一定是过程中跑第一的先到，根据提前战术的安排和过程中环境和形势的变化，要评估过程中的每一个环节。

对公关的效果评估同样道理，如果最终结果的输出是企业的良好社会声誉的话，那么这个结果的达到是有一个过程的，过程中每一个策划、每一个传播战役互相叠加或者彼此抵消，最终得到社会的一个综合评价。没有最后结果的预期和评价不行，但没有对过程的评估亦不行，毕竟只有不断的纠正过程中的方向才能达到最终结果。

在这个纬度失败的案例很多，最典型的是那些已经倒下的“标王”们，秦池、爱多……一个战役的成功，并不意味着最后的胜利。可口可乐赞助奥运已经有长达 70 年的历史，已经不可能像联想成为奥运 Top 赞助商、蒙牛赞助超女那样吸引眼球和引起轰动效应，但正是在 70 年的漫漫征程中，可口可乐做到了锲而不舍和每一次的精准到位，才成就了世界第一的品牌。

4. 定性与定量

体育比赛有两种，一种是竞技项目，一种是表演项目，田径、游泳都属于前一种，运动员的姿势好不好看，动作是否标准都不管，比赛只看最终的成绩，而这种结果往往是没有任何争议的。而像体操、跳水、花样滑冰等项目则属于后者，这类项目的特点，必须有一个评委会给他们打分，分数是定性和定量的结合。从单杠上掉下来几次是可以定量的，但其姿势是否优美，或者说艺术表现如何则是定性的。虽然最终得到的还是一个看似定量的分数，但完全是依靠评委的眼光和诚信，最终靠多个评委综合评分，给出一个运动员的得分，这种结果只能说是相对公正。但是在不可能有绝对公正的情况下，这种相对性就成了约定俗成的绝对。

说公共关系是科学加艺术，大概没有人会提出疑义，写了多少篇公关文章、发到了多少个媒体、收到多少篇剪报、举行了多少次活动、现场来了多少人、事后有多少反馈电话等这些都是可以定量来计算出数字的；对于关键信息提炼得是否准确、表达得是否到位和新颖、到会媒体是否有效覆盖目标受众、参加活动的人是否匹配传播的目的、活动策划的创意性有多高等则只能通过定性的方式来评估。

讲故事是最常用的公关手法，媒体发稿更是最常用的传播手段，企业的公关部和公关公司每天都在挖空心思找故事和发稿件。张瑞敏砸冰箱的故事大家都耳熟能详，在 Goole 上同时输入“海尔”和“砸冰箱”两个关键词，立刻可以找到 9450 篇相关报道。更说明问题的 IBM 的“人机大战”，在 Goole 上可以找到多达 19 万篇相关报道。主动的传播让故事为人所知，同时艺术化的创意则让传播倍增而广为传颂。

5. 胜者为王败者寇——纵向与横向

IBM 的营销部门订计划时，除了有具体的销售额指标外，还有一个重要的指标就是“Market Share”——市场份额，而其传播部门订计划时，则把“Mind Share”——印象份额放在第一位，投入产出比固然重要，占据领先更加重要。微软的 Windows 操作系统，每隔一段时间，就要出一个补丁程序，来修补源程序中的漏洞，可见如果纵向评估的话，Windows还有很大的提高余地。但是这并不妨碍它占据着操作系统领域的绝对优势。

对自身的评估是为了未来做得更好，但有没有必要更好，或者要好到什么程度则需要进行横向的评估，因为并不是做得无限制的好就是对的，更好一定意味着更高的成本。

6. 第三方评估的作用

不管评估的内容和方法如何，最终都需要解决的一个问题到底是由谁来评估？谁来评估决定了评估的公正性、可靠性和评估成本有多大。就像跳水比赛一样，我们一方面需要完全由第三方组成的评委会来打分，给众多选手的表现评出个高低上下，另一方面，对于达到这个结果的过程的评估，则还是有赖于运动员和教练员自身，这是裁判员无法代替的工作。从成本和效率方面考虑，自身的评估是必要的，从公正性和客观性的角度考虑，则必须借助第三方的评估结果，此时第三方的专业性和公信力以及在行业里的影响力尤为重要。有效把自身评估和第三方评估相结合，就可以知道自己处在什么位置和下一步应该如何改进。

不管是奥斯卡、诺贝尔奖，还是财富500强排名和IDG市场占有率排名，都是在不同领域内的第三方评估，都被企业在各自的行业领域作为评估自己的标杆。目前，在公共关系行业还没有这样权威的机构或奖项存在，我们在期待中……

总结上述提到的公共关系效果评估需要关注的六个方面，实践中需要做到的不是选择甲，还是选择乙的问题，而是需要同时进行。是在每个纬度里找到侧重点，然后在不同纬度里一一找到对应。其难度也就产生于此。但无论如何，企业欲让公共关系带来更大的价值，公关部门欲得到更多的支持，甚至公关这个行业欲得到更大的发展，效果评估必须走向前台并且落到实处。正像公关专家Linda Childers Hon说的："在一个精简机构和零基预算编制法的组织环境中，没有可测定的结果作依据，公共关系很难信服地说明这一功能是有效的。"

（二）公关效果评估的步骤

1. 重温公共关系目标

公共关系目标是评估公共关系效果的标尺。根据这把尺子，来检查公共关系目标是否实现了。在评估时既不要抬高标准，也不要降低标准。

2. 收集和分析资料

公共关系人员可以运用在上文中介绍的调查研究的方法，收集关于公众的各项资料（如知名度、美誉度资料、态度资料和行为资料），然后进行分析比较，看哪些达到了原来的目标，哪些还没有达到，哪些甚至超过了预期的效果，原因何在？

3. 向决策部门报告分析结果

负责评估工作的公共关系人员必须如实地将分析结果以正式报告的形式报告决策部门以至企业的最高决策层。

4. 把分析结果用于决策

这是企业公共关系工作评估的最后一个步骤，也是最终目的。分析的结果，一方面用于别的或将要制定的公共关系项目，另一方面用于企业总目标、总任务的调整。

企业公共关系效果评估实施的四个环节，是一环扣一环并不断循环的，每一循环都是一次进步，不断累进直至达到公共关系的最高目标。

公关效果评估的关键

1. 覆盖率（Gross Impression）

覆盖率是广告效果评估中常用的一个词汇，用在公关中也一样，特别是对传播活动的效果评估，必须搞清楚覆盖到了多少人群，如果不清楚覆盖率，做出来的媒体计划以及活动都是盲目的。

所谓的覆盖率也不仅仅是指一家媒体的覆盖率，比如一家企业的市场遍布全国，通过中央媒体的宣传是不是就能覆盖率100%呢？当然不是。一家发行量才5万的中央媒体，肯定不如一家发行量10万的区域媒体的覆盖率，前提是企业在那个区域有市场。

可以用这样一个的公式来表达覆盖率：覆盖率=传播受众/市场所属区域的受众。

传播受众就是我们通过媒体影响到的受众，包括直接影响和间接影响。而市场所属区域的受众要这样理解，如果企业只在北京有市场，就不必要把宣传做到河南去，或者用中央媒体在全国范围内宣传。

2. 有效率（Effective Reach）

有效率是指，虽然覆盖到了，但有可能重复覆盖，或者覆盖是不一定有效的。针对不同的企业，每份报纸杂志都会有其不同的有效率，企业当然要选有效率高的。通常，企业顾及了有效率，却又忽略了覆盖率，需要两者兼顾。

另一个相关概念叫品牌发展指数，即品牌在一个地区的销售占总销售的比率除以该地区占总人口的比率，用以评估品牌在该地区的相对发展状况。山区的消费能力是不能和城市相提并论的，在某些经济发展落后地区发行量很大的媒体，其有效率就很低。光看发行量，不问有效率，亦不可取。

综合覆盖率以及有效率，即可得出有效受众，它的作用可以直接用来表述宣传效果。

3. 千人成本（CPM–Per Thousand）

媒体每接触1 000人所需支付金额，在计算上是以媒体单价除以接触人口，再乘以1 000。

以千人成本能计算出企业推广需要的总费用，以企业的总目标受众除以千人成本，就是宣传总费用。企业在做年度宣传预算的时候，可以以此为依据进行推算，费用要求达不到时选择重点市场进行建设。

4. 准确性（Correctness）

失之毫厘，谬以千里。准确性的评估，是不可缺少的一个内容，做到覆盖率、有效率，还是效果不好，原因可能就是准确性差。信息被有效覆盖了，不等于被有效传递了，准确性包括的主要内容有传播定位的准确性、媒体策略的准确性、发布内容的准确性、传播方法的准确性等。

5. 传播力度（Power）

业内也有人称之为爆破力，或者说引爆。当然，这不能说明全部问题，爆破力只能说明在某段时间内的爆破，但传播力度还包括长时间的影响。针对爆破力而言，主要是指在某段时间内让企业的信息迅速充满媒体，并持续一段时间，这也是公关常用的一种方法，通常的一个事件营销就属于此类。通过对信息的占领，可以一下子吸引关注，并加强人们的记忆或者好感，从而达到公关的目标。关于爆破力的统计，可以选取一段时间，以媒体发布的数量、转载的数量、媒体跟进报道的数量进行分析统计，其中媒体跟进报道的数量能集中体现传播力度。

6. 公关指数提升（Improve of PR）

以上多是以传播为主的一些效果评估，当然公关绝不仅仅是传播，比如一些公众关系维护、项目游说、危机处理也都属于公关的范畴，对于这些内容的效果显然需要特殊的方法，而公关指数是一个较好的评估方法。比如，很多企业都需要建立和维护媒体关系，通过与公关公司的合作，以在媒体关系层面获得一定的提升。如果企业不能做到媒体在刊出负面报道之前就得到相关消息，说明媒体的关系还不够到位。这可以量化为一共建立了多少家核心媒体的关系，也可以从单家媒体的关系提升上取得评估。可见，在公关效果的评估时也要考虑这一点——公众关系是否有下降，这也回归到了公关的本质，否则，对于企业来说将得不偿失。

8.5 公共关系检测评估

公共关系的第四步是检测公共关系活动的效果，在肯定成绩的同时发现新的问题，以便不断调整组织的公关目标、公关政策和公关行为，使组织的公共关系工作成为有计划的持续的过程。检测评估公共关系效果的方法包括：

（一）公关形象效果检测

通过民意测验和舆论调查，借助“组织形象地位四象限图”，检查组织知名度和美誉度的改善情况，借助“组织形象要素调查表”，检查组织形象要素的具体构成有了哪些进步，借助“组织形象差距分析图”，检查组织的实际形象与期望形象之间的形象差距有多少改善。

（二）公共关系年度工作报告

以本年度的公共关系计划和预算为根据，将一年来的实施结果与预期目标和计划相比较，就公共关系各层次的目标及计划的实现程度和存在差距，提出有说服力的总结报告。

（三）公共关系社会效益评价

“公关社会效益报告”可以提供给更广范围的公众作评价。公关社会效益评价是借助于“费用效益分析”，就企业组织与社会公众有关的活动事项作出正、反两方面的分析报告，用一定的货币量来反映和衡量公关的社会效益。应指出的是，一个企业的良好社会形象不能单纯用金钱上的贡献来衡量。一个社会贡献投资不多的企业，形象不一定不好，一个社会贡献投资较多的企业，也不能保证其形象一定好。“社会经济业务报告”只是检测公共关系效果的一种方法。

（四）新闻舆论分析报告

新闻舆论分析的内容包括以下内容。

1. 新闻报道量的分析

（1）统计报道的总次数，包括本组织的年度见报次数和上镜次数。

（2）统计报刊关于本组织报道的篇幅（以字数计算）。

（3）统计广播、电视关于本组织报道的时数（以分钟或秒计算）。

（4）统计报道本组织的各类媒介的总数量——参与报道的媒介种类、数量。

（5）统计关于本组织新闻报道的涵盖面——参与报道的媒介的发行量和涉及的区域。

2. 新闻报道质的分析

（1）分析参与报道的媒体的层次、重要性——报刊的级别（全国、省、市、行业性等）；报刊在国内外的影响性、权威性（读者面、读者层等）。层次高，影响力大，有重要读者层次或重要市场的报刊，更有利于提高知名度和信誉度。

（2）分析新闻媒介对本组织的新闻资料的使用方法：有关本组织的报道是正面的、反面的还是侧面的；全面报道还是摘要报道；重点报道还是一般性报道；是发表在重要、醒目的版面还是次要版面等。这些差别均会使新闻报道对组织机构的有利程度产生重要影响。

（3）分析各方面对有关本组织报道的舆论反响程度：如编辑部的反应（对于本组织所提供的资料是否满意；是否适合报刊的性质和方针：是否及时；是否容易编发；是否需要作较大改动等）；读者的反应（读者的注意程度如何，因报道引起的来电、来信、来访等）；政府和其他方面的反应；其他海内外新闻媒介的反应。通过分析社会舆论的反响程度，可鉴别出新闻报道的影响效果。

3. 新闻报道时机的分析

（1）分析有关本组织的报道的及时性和适时性，能否恰好配合组织的实际发展。

（2）分析有关本组织的报道与当时新闻舆论主题的关系，如能否成为当时舆论注意的中心，能否成为被报道的主角等。

本章小结

公共关系活动的开展应遵循一定的程序有条不紊地进行，公共关系工作的基本程序可分为公共关系调查、公共关系策划、公共关系实施和公共关系评估四个步骤。

公关调查是运用科学的方法，有计划、有步骤地搜集相关信息并进行综合分析，了解组织面临的公共关系方面的实际问题，从而为组织的形象设计、公共关系活动的策划提供依据。公共关系调查应包括制定调查方案、搜集调查资料、整理分析资料、撰写调查报告四个步骤。

公共关系策划是指公关人员根据组织形象的现状和目标要求，分析现有条件，设计最佳活动方案的过程。公共关系策划应包括确定公关目标、确定公众、设计主题、选择媒介、编制预算、审定方案六个工作步骤。

公共关系实施是将方案所确定的内容变为现实的过程。实施时应遵循准备充分原则、目标导向原则、控制进度原则、整体协调原则、反馈调整原则。并注意有效地排除实施中的障碍、及时妥善处理突发事件及正确选择方案实施时机。

公共关系评估是对公关计划实施工作的总结和最终效果的评价。通过公关评估，可以总结成功的经验，分析失败的教训，进一步提高公关活动质量与水平；同时可以发现公共关系活动的不足之处，为组织今后公共关系具体目标政策和行为调整的依据。

综合练习

一、单选题

1. 公关调查的对象是（　　）。

A. 社会　　B. 组织

C. 公众　　D. 群众

2. 某企业在开业之初拟采用开业典礼的形式树立企业形象，这属于（　　）。

A. 宣传性公关　　B. 交际性公关

C. 服务性公关　　D. 矫正性公关

3. 公关调查中使用最广泛的方法是（　　）。

A. 资料分析　　B. 随机抽样

C. 公众代表座谈会　　D. 民意测验

4. 公共关系的主体是（　　）。

A. 团体　　B. 组织

C. 个人　　D. 集体

5. 公关工作过程包括调查、（　　）、实施、评估。

A. 策划　　B. 分析

C. 决策　　D. 部署

二、实训题

1. 联系某一组织根据需要确定调查主题，设计调查问卷，进行实地调查，并撰写调研分析报告。

2. 以小组为单位为你所熟悉的学校或企业设计一项公共关系活动，并撰写公共关系活动策划书。

3. 假定你所在的学校近日有一次重要的公共关系活动，但由于恶劣的天气，致使活动不能如期开展，请拟定一个应急方案，以消除或减少不利影响。

4. 对近期举行的某一次公共关系实施活动进行评估，并撰写评估报告。

第九章

公共关系专题活动

学习目标

知识目标：掌握举办各专题活动的方法与技能，了解举办公共关系专题活动的注意事项

素质目标：领会公共关系专题活动是公共关系工作的重要内容，培养根据实际的状况和条件，组织和实施一系列公共关系专题活动的素质。

技能目标：能够在实践中灵活运用各种公共关系专题活动；能运用有关理论知识分析各种公共关系专题活动案例。

案例导入

1992 年 10 月 1 日晚上，美国纽约港湾的一艘很大的豪华油轮上面，克林顿的助选大会正在热烈进行中。健力宝美国公司的工作人员之前就知道会有这么一个助选大会，而且获悉克林顿夫人希拉里和副总统候选人戈尔的夫人都会到场。所以，健力宝美国公司的总经理以及团队成员，在这艘豪华油轮上希拉里或者戈尔的夫人各个可能出现的地方安排了他们的人。当希拉里跟戈尔夫人来到现场，跟健力宝的总经理握手的时候，后面的礼仪小姐就把健力宝的饮料打开，送到美国第一夫人、第二夫人的手里。就在健力宝美国公司总经理给希拉里夫人献上饮料说明之后，两个夫人当然是笑脸盈盈地举杯畅饮。美国夫人在喝健力宝，大家当然就拍她们在喝健力宝。第二天健力宝就跟美国的第一夫人和第二夫人结缘，两位夫人畅饮健力宝的照片就变成历史的一部分，并且传送到世界上所有的媒体中。

案例分析

健力宝没有花大钱打广告，而是通过公关赞助的方式，获得了助选大会的门票。同时，又把握这个机会，能够及时把赞助的饮料递出来交到第一夫人和第二夫人的手里，马上就成了一个全世界最便宜的免费新闻，这是一个非常成功的把健力宝打进美国的案例。

公共关系专题活动，又称为特别活动或特殊事件，是社会组织为了实现组织特定的公共关系目标，围绕某一特定主题而精心策划的专题性的公共关系活动。包括制造新闻、记者招待会、展览会、参观活动、联系活动、公益活动、典礼、节庆活动等各种专题活动。它通常是企业或组织就某一方面的问题与公众进行重点沟通，公共关系的目标正是通过一系列的专题活动而实现的。

几乎所有的社会组织在建立、发展和壮大过程中，都要定期或不定期地举办一些专题活动来宣传自己、协调关系、塑造形象、争取公众。富有新鲜感和纪念意义的专题活动，能使参与者在融洽和谐的气氛中感受到活动组织者的各种意图，接受各种信息，增强对组织者的亲善感，达到提高组织知名度和美誉度的目的。在当今社会里，公共关系专题活动在社会组织的公共关系信息交流中占有十分重要的地位，发挥着十分重要的作用，它已成为社会组织公共关系活动的一种重要形式。

当然，要充分发挥公共关系专题活动的功能和作用，不是随意而为就能做到的，需要公共关系人员的精心策划和精心组织。在本章中，主要介绍新闻传播型、展示型、社区型、庆典型四种常见类型的公共关系专题活动及其组织策划的一般知识。

学习内容

9.1 新闻传播型公关专题活动

新闻传播型公共关系专题活动是以传播新闻信息为目的的公共关系活动。此种类型的公共关系专题活动包括以下基本内容：主动向新闻媒介提供本组织的信息，如企业文化建设信息、体制改革信息、产品与服务信息等，以便新闻媒介对组织产生良好而深刻的印象，并帮助组织宣传；举办记者招待会，以便及时而广泛地发布重大新闻、扩大社会影响、提高本组织的知名度；巧妙地制造新闻事件，吸引新闻媒介及时报道，以便引起社会公众的普遍关注；与新闻媒介的人士建立联系并经常沟通，以便通过他们了解社会动态和经营环境，掌握消费者需求变化，预测市场的发展趋势等活动。

下面重点讲解公共关系人员如何组织谋划新闻事件，如何举办记者招待会。

9.1.1 制造新闻

（一）制造新闻的含义

制造新闻也叫谋划新闻事件或策划新闻，是指社会组织以组织中发生的真实事件为基础，有计划、主动地策划并举办有新闻价值的事件活动，以吸引新闻媒介和公众的注意力，争取被报道的机会，从而把组织信息或组织形象传播出去的活动。

新闻策划与广告的不同主要表现在三方面。

一是，广告是通过直接购买报刊版面和广播、电视播出时间来传递组织相关信息，以达到宣传组织的目的；而新闻策划是通过构思、举办有新闻价值的事件活动，吸引新闻界注意，然后以新闻报道的方式出现在新闻媒体中，以达到宣传组织、传播组织形象之目的。

二是，虽然新闻策划也需要投入一定的人力、物力、财力，但这些投入不是用于购买报刊版面广播、电视播出时间，版面和时间是新闻媒体主动提供的、是免费的。新闻策划也需要做付费广告，但这只是策划的一部分，其策划效应体现在组织所获得的其他免费报道上。

三是，新闻策划的效果也比广告强得多。由于新闻报道的权威性、真实性和新闻受众的广泛性，新闻策划一旦成功，便会形成良好的公关效应和宣传效应。而且，由于其隐藏了经济目的，少了一些劝说色彩和自吹自擂之嫌，更容易取得公众的信任和好感。因此，一次成功的新闻策划会使组织受益无穷。

杭州西泠电器公司的广告

1993 年 1 月 25 日，春节刚过，上海《文汇报》破天荒地在其头版刊出了一个整版广告。广告的主人是杭州西泠电器公司。广告的标题是“今年夏天最冷的热门新闻”，字体大小与《文汇报》的报头相当；中间是一台西泠牌豪华分体壁挂式空调机的照片，几乎占据了整个版面；下面是与标题字体同样大的八个字：西泠冷气全面启动；再下来是三段朗朗上口的广告词，在报眼处则向读者说明，本版广告收入（100 万元）全部捐赠给第一届东亚运动会。广告播出后，引起了强烈反响。上海东方电视台在当天的早间新闻率先报道，还在东视新闻、东视晚间新闻、东视夜间新闻滚动播出。与此同时，日本的《朝日新闻》、《读卖新闻》、新加坡《海峡之声报》和加拿大的一些报纸也竞相报道。一时间，《文汇报》新闻大楼电话不断，询问和要求采访的电话竟达 200 多起，西泠电器集团总经理张平也因此成为新闻人物。东方台要求采访、美国《新闻周刊》来电话了解详细情况，《杭州日报》在 2 月 3 日登出了长达万字的报道《一百万元的反弹力》。这则广告取得了超乎寻常的成功，起到了很好的宣传效果。

（二）制造新闻的原则

1. 创新性

策划新闻第一要义便是创新。无论是主题、报道方式、角度都要出新，即做到“人无我有”。特别是在媒体泛滥、信息爆炸的今天，平平淡淡的事件、普普通通的行为是入不了新闻记者们的“法眼”的。第一次有人吃螃蟹是新闻，第二次、第三次就是普通事件了。因此，在策划新闻时，一定要注意想人所未想、做人所未做，而不是重复和模仿别人，这样才能真正带来新闻效应。

2. 客观性

制造新闻并非哗众取宠、无中生有地编造新闻，而是有组织有计划地利用一些具有新闻价值的由头引起新闻界关注的行为，因此，制造新闻必须以客观存在为基础，决不能以假象或者被扭曲了、肢解了的事物为策划依据进行造假和欺骗。同时，制造新闻受到现实客观条件的制约，策划要可行则必须是在现有的条件下完成的。

3. 积极性

“制造新闻”是一种创造性、周密性和组织性很强的活动过程，它力图通过行动去吸引公众，影响舆论。因此，这类活动的主题必须有益于社会和公众，并能激起公众的广泛兴趣。活动过程中，必须将实际的社会效益放在首位，并具有典型意义，从而使事件的报道引起良好的社会效应，能明显提高组织的社会知名度、美誉度。

4. 系统性

制造新闻是一项完整的、系统的工程，它涉及多个领域，多个部门，是“多兵种的联合作战”，因此，要有统一筹划，统一安排。同时，策划是对未来活动的规划，在策划制订阶段要尽可能地考虑到将来会发生的情况。另外，策划是公共关系部门集体智慧的结晶，是公共关系部门甚至是组织的集体行动，实施策划也要内外人员的群众配合、支持。

SB公司的新闻营销

数年前日本SB公司为推销其滞销的咖喱粉推出了“富士山的旧貌换新颜了”的广告：“本公司将雇数架直升飞机，把黄色的咖喱粉撒在雪白的富士山顶。届时，人们将会看到一个金顶富士山”。此言一出，SB公司立即成为议论中心，斥责之声铺天盖地地袭来，富士山乃日本国民所有，岂容SB公司胡来？面对各种议论指责，该公司又在报上声明：“本公司考虑到社会各界的强烈反对，决定撤销飞撒咖喱粉计划……”峰回路转，SB公司因此名声大振。诧异之余，人们又用“财大气粗”、“实力雄厚”等词语来赞誉SB公司。该公司的咖喱粉马上由滞销变为畅销。SB公司策划该案例可谓用心良苦，富士山乃日本国山，SB公司要在它头上“动土”，不能不引起日本全体国民的关注；富士山不算小，SB公司竟有能力使它改变颜色，给人留下印象深刻；日本社会各界对SB公司的议论，使其一时成为新闻中心，有利于知名度的扩大；SB公司接受公众的指责，顺应民意改变初衷，使美誉度极大提高。

（三）制造新闻的途径与方法

与其他的公共关系专题活动相比，公关新闻的策划和操作都比较难，没有固定的模式可以套用，这就需要公共关系人员开动脑筋，寻找时机，大胆创新。具体说来，可参考以下几点做法。

1. 借助新闻机构来制造新闻

制造新闻能不能成功，其标志是能不能引起新闻界注意并加以报道，新闻媒体是最后的“把关人”。所以在某种程度上，新闻策划“谋事在组织，成事在媒介”。

一方面组织的公共关系人员要了解新闻界的经营宗旨、经营风格、报道重点和工作方式，以便有的放矢地策划新闻；另一方面，组织要注意与新闻机构联合举办活动，在活动中增进与新闻媒体的关系，而且因为新闻机构参与了这一活动，自然会在自己的新闻媒介上报道这一活动的，从而增加组织被新闻媒体报道的机会。例如一家电视台同某大学联合举办一次大型热门话题讨论会活动，这家电视台全力以赴地把这次活动拍摄成节目在电视上播放，于是这所大学在整个活动和发奖过程中有多次露面的机会。此外，组织还可以主动地向媒体提供新闻稿件来增加亮相机会。据有关资料统计，在国外的媒体上，超过1/4的新闻是由工商企业公关人员直接提供的。

2. 抓住社会热点，制造新闻

不同的公众群体，关注的话题不同；不同的时期，同样的公众群体关注的话题也不同。世界杯足球赛和奥运会牵动亿万球迷、体育迷的心；到了春节、中秋、端午等传统节日，与家人、朋友团聚，叙亲情、讲友情又成为人们首选话题。所以，公共关系人员应深入了解公众心理，并洞悉新闻媒体的运作规律，知道什么时间记者对什么新闻感兴趣，把自己的活动与社会热点有机地结合起来，就会对一大批公众产生影响，并引起新闻媒介的关注。如长沙白沙酒厂包飞机送长沙学生进北京读书，就是巧妙地利用了每年 7~8 月这个高考季节；重庆国光瓷厂重奖湖南高考状元也有异曲同工之妙。

3. 事先制造一些悬念或热烈气氛

在媒体高度竞争、“眼球稀缺”的今天，要想成为新闻并不容易。因此很多组织在制造新闻时，会有意识地制造一些悬念以吸引公众和媒体的注意力，或者事先就制造一些热烈气氛，使公众有一种先入为主的感觉。如某出版商为了推销他的一本书，在书还没有上市前，就广为宣传，并且煞费苦心地编了这么一段宣传词：“该书在排版时，书稿已为工人传阅；装订时，厂长三令五申：私拿一本，罚款百元!”广告一出，果然读者议论纷纷。等到此书推出后，其翻阅率自然高人一筹。感兴趣的，立即购买；犹豫不决的则想那么多人议论，也许是好书，买一本吧!即使那些最后不买书的，也忍不住要翻翻，因为大家都在议论，连翻都不翻一下，好像有一点说不过去。像当年太空酒上市之前，也是想方设法在制造气氛。他们的广告每天一变：“今天距太空酒登陆还有 30 天”，“……29 天”，“太空酒明天登陆”。

4. 利用名人效应谋划新闻事件

社会名流、明星、权威人士往往是媒体的宠儿，他们的一举一动都会成为媒体追逐的对象。有意识地把新闻事件与某些权威人士、社会名流联系起来，被报道的机会就会大增。长城饭店借里根总统名扬世界，天津的飞鸽牌自行车在被作为礼物送给美国总统老布什后名声大振，自从乔丹成为耐克的签约明星后，耐克公司的财源就滚滚而来。

5. 借助公益活动来制造新闻

企业的发展离不开社会的发展，近年来随着公益活动越来越受到人们的关注，赞助公益活动能引起公众和媒体的关注，为企业树立一个负责、积极的社会公民形象。如 2008 年汶川发生地震后，广州加多宝集团以一亿元人民币的国内单笔最高捐款诠释了最值得树立的民族企业精神，更加吸引了众多媒体的报道。

9.1.2 记者招待会

在北京申办 2008 年奥运会的过程中，我国政府以及北京奥申委曾多次举办各种规模的记者招待会，从各方面回答了世界各地记者们提出的有关问题，随着电视台对记者招待会的现场直播以及记者们在会后发表的各种有关北京奥运会准备工作的报道，国内外各界人士都对北京成功举办 2008 年奥运会充满了信心，并且用实际行动给予了关注和支持。其宣传效果甚佳。

（一）记者招待会的含义

记者招待会又称新闻发布会，是社会组织或个人把各新闻机构的有关记者召集在一起，宣布某一或某些重要消息并让记者就此进行提问，然后由召集者回答的一种具有传播性质的特殊会议。它不仅是传播信息、谋求新闻界对某一事件客观报道的有效的手段，而且也是社会组织搞好与新闻界关系的最重要方式之一。

一般说来，新闻发布会的主体可以是任何社会组织或个人；新闻发布会的客体，主要是代表公众舆论的报纸、杂志、电台、电视台、通讯社等新闻媒介和代表公众采访新闻的记者们，不排除也可以就某种特殊原因聘请一些对公众具有重要影响力的民意领袖或舆论先导；传播形式是利用新闻发布会使新闻记者了解组织信息，并产生兴趣，通过新闻媒介，以新闻报道、新闻特写等形式将这些重要信息传播出去。

新闻发布会是一种两级传播：组织先将信息告知记者，再通过记者所属的大众传播媒介告知公众。它一般具有以下特点。

（1）以新闻发布会发布消息，其形式比较正规、隆重、规格较高，易于引起社会广泛的关注。

（2）在这种形式下的双向沟通，无论在深度上和广度上都较其他形式更为优越。记者招待会的召开，一方面组织发布有关信息，回答记者的提问；另一方面记者直接听取和收集组织信息，对自己感兴趣和公众普遍关心的问题向组织发言人进行提问，同时在提问中记者们还可相互启发，能更深层地掌握信息。

（3）新闻发布会往往占用记者和组织者较多的时间，经费支出也较多，因此，成本较高。

（4）新闻发布会对于组织的发言人和会议主持人要求很高，如发言人和主持人需要十分敏感，反应迅速，善于应对各类问题等。

（二）记者招待会的组织

从事过新闻发布会策划的人都曾有过这样的担心：举办新闻发布会的那一天，记者们会如约而至吗？如果他们来了，会不会唇枪舌剑般向新闻发言人质询呢？

这样的担心并非多余。美国《编辑与出版》杂志曾刊登过一则卡通漫画。画面Ⅰ是前总统克林顿夫妇躺在床上；画面Ⅱ中，克林顿站在床边，眼睛瞪得大大的，希拉里显然被突然惊醒了。克林顿说：“好可怕的一个梦啊！我梦见我举办了一次新闻发布会，但一个记者也没露面！”希拉里反唇相讥：“那不是梦，亲爱的——那是一个先兆！”

成功地举办记者招待会的关键是准备充分，工作细致，真正做到“事无巨细，追求完美”。通常情况下，举办记者招待会的程序大致有以下几个步骤。

1. 会前的准备工作

（1）确定举行招待会的必要性。

记者招待会是既严肃又正规的公共关系专题活动，记者得到的不应该只是趣味性的故事，还应该包括信息。因此，在招待会举行之前必须对所要发布的消息是否重要、是否具有广泛传播的新闻价值及新闻发布的紧迫性与最佳时机进行分析和研究。只有在确认召开的必要性和可能性后，才可决定召开新闻发布会，不能随意召唤记者，否则，后果不堪设想。

社会组织举行记者招待会可以选择开业典礼、庆祝活动、组织喜获殊荣、导入 CI 工程、质量认证、企业面临重大转折（如开张、倒闭、重组、转产等）、新技术开发或新产品试制成功、组织对社会做出重大贡献或善事、重大突发事件发生等时机。

在选择了恰当的时机之后，就要确定记者招待会的主题，主题是新闻发布会的中心议题，整个活动都要围绕主题开展。组织要从新闻媒介和社会公众的角度出发，考虑这个主题的重要性，看是否具有广泛传播的新闻价值，能否对公众产生良好的重大影响。一般来讲，记者招待会的主题可归纳为以下四种类型：一是宣传组织的整体形象；二是宣传组织形象并宣传某项产品；三是宣传某项活动、某种技术、某种新观念；四是说明突发事件、平息舆论风波。记者招待会的主题应清晰明了，切忌含糊不清，体现招待会主题的标语口号应准确精炼，便于记者报道。

（2）确定应邀者的范围。

一个成功的记者招待会也应该有目的地选择媒介单位和与会记者。组织应根据要发布信息的内容涉及的范围和事件发生的地点等因素，来确定应邀参加者的范围，一是确定邀请哪些新闻媒介的记者，如哪些报纸、杂志、广播、电视等方面的记者；二是确定邀请哪些地区新闻媒介的记者，如是本地还是外地、省内还是省外、国内还是国外等。如果事件涉及较为专门的业务，则请专业性的报刊和新闻单位内部从事专门报道的记者、编辑出席，如发布工业产品信息，就不用邀请《少儿报》等报刊的记者参加。如果事件涉及全国，则要邀请中央新闻单位的记者出席；如果事件影响仅限于本埠，则邀请当地新闻单位的记者出席。选择了媒介单位之后，再进一步落实参会记者名单，每一家媒介请几位，请谁，都要提前确定。邀请的记者应该有较大的覆盖面，既要有报纸、杂志方面的记者，也要有广播、电视方面的记者；既要有文字方面的记者，也要有摄影方面的记者。以便使本组织发布的重要新闻在社会上形成立体传播的态势。除新闻记者以外，凡事情涉及的其他单位、部门或公众群体，也应在邀请之列。

特别注意对记者要一视同仁，不能厚此薄彼。发请柬时，为了表示对记者的尊重，应该以举办记者招待会组织的名义或组织领导人的名义邀请，并且派专人呈送，切忌随意让别人捎过去。认识的应邀者可以发给本人，不认识的可发到所在机构。请柬应提前一周左右送达，以便记者安排时间，请柬内容应包括记者招待会的主题、主要发言人姓名、举办时间、地点以及联系电话。招待会正式举行的前一两天，再给被邀请的记者打电话，确定一下他能否来参加，是否要车接。对于突发性的重要新闻事件，可以直接进行电话或电报联系。

（3）确定主持人和发言人。

由于记者的职业要求和习惯，他们常常在会上提出一些尖锐深刻甚至很棘手的问题，这就对主持人和发言人提出很高的要求。

主持人的作用在于把握主题范围，掌握会议进程，控制会场气氛，促成会议的顺利进行，在必要时还承担着消除过分紧张的气氛，化解对立情绪、打破僵局等特殊任务。这就要求主持人不仅要有庄重的仪表，高雅得体的举止，还要具备高超的语言表达力，善于活跃气氛、随机应变、驾驭会议发展趋势的能力以及丰富的主持经验。一般可由具有较高公关专业能力的人来担任，如公共关系机构的负责人。

发言人是代表组织出面的，记者招待会成败与发言人的素质密切相关，因此会议的主要发言人一般应由组织的高级领导来担任。因为只有他们才能准确全面地回答有关本组织的方针、政策、经营、生产等重大问题，而且领导人在记者招待会上的发言具有权威性、可信性。若高级领导尚不胜任，需要在会前进行必要的训练和准备，以达到在会上应付自如的能力。如果记者招待会是为了公布某项新成果、新产品、新技术或是公布面临的重大突发事件，那么主要发言人除了领导之外，还可以选择分管这方面工作的部门负责人。

不论是组织领导还是部门负责人担任记者招待会的主要发言人，都应做到掌握情况，对答如流，头脑灵活，思维敏捷，最好还要宽容随和，豁达幽默。

（4）准备会议资料。

新闻发布会需用的资料主要有两个方面：一是会上发言人的发言提纲和报道提纲；二是有关的辅助材料。

发言人的发言是记者招待会的中心内容，应具备实事求是、资料全面、严谨深刻、生动具体等特点。因此，应根据会议主题，组织熟悉情况的人成立专门的发言起草小组，全面收集有关资料、信息，准备发言提纲，其内容要求全面、准确、简明扼要，主题突出。而且主要发言稿还要通过本组织有关领导人审阅，最后交给主要发言人熟悉。报道提纲是记者招待会宣传内容的要点和背景，要求简洁、系统、用事实说话，有条件的话还可以附上照片。要特别注意发言提纲和报道提纲内容的统一性，否则，会引起记者怀疑，甚至导致报道混乱或失真。此外，为了做到有备无患，会议组织者应就一些主要问题事先拟定答话的要点，把拟定好的谈话要点和准备回答记者的基本答案，提供给发言人参考。

为使记者能充分理解所公布的新闻信息，在招待会召开之前应充分准备有关辅助材料，包括文字、实物、图片、模型、音像资料等。辅助材料的准备，应围绕会议主题和内容的具体要求，尽量做到全面、详细、具体和形象。如果记者招待会现场有拍照的机会，应事先通知相关的摄影记者，同时主办者也应该及时拍摄照片或现场摄像，事后既可以提供给新闻媒介作参考也可以供本单位作为资料保存；如果是某项产品，甚至还可以请记者亲身体验和试用，使记者在撰写报道时更加准确生动。如有必要，还应提前向与会记者提供与本次新闻发布会有关的背景材料，以便让记者对会议有更多的了解。

（5）选择会议地点和举办时间。

记者招待会的地点应根据会议的主题择定，可以选择户外（事件发生的现场，便于摄影记者拍照），也可以选择在室内。室内发布会可以直接安排在本单位办公场所或者选择酒店，或到外地举行均可。如果记者招待会侧重于介绍新产品或本单位发展情况，宜在单位内部举行；如果要澄清某个事实，挽回影响，涉及的范围达到全国，为邀请新闻记者的方便，也可到北京等大都市租用会议场地举行。另外，在地点选择上还要考虑给记者创造各种方便采访的条件，例如，场地选择要尽可能交通方便、易于寻找，会议地点环境要求安静不受干扰；会议厅的大小是否能够容纳得下所有记者与嘉宾；会场设施要齐全，具备录像、拍摄的辅助灯光，视听和通讯辅助设备，电影、电视、录像、录音、幻灯的播放设备等；场内的桌椅设置要方便记者们提问和记录。

记者招待会的时间安排，应尽量避开节假日、重大社会活动和其他重大新闻发布的日子，以免记者不能参加会议，影响招待会的效果。同时，要考虑到大多数新闻媒介的截稿时间要求，使得记者们可以在会期或会后可以有时间编发报道，及时地将招待会的相关消息报道出去。一周之中，周二至周四通常较合适，一天之内最好安排在上午 10 点和下午 3 点左右。小型记者招待会不宜时间过长，一般以二十至三十分钟为佳，不超过一小时。

会议的时间和地点一旦确定下来，必须按时举行，没有极特殊的情况，不能随意提前或拖延。

（6）组织参观和宴请的准备。

在新闻发布会的前后，可以配合会议主题组织记者进行参观活动，给记者创造实地采访、摄影、录像等机会。为使参观活动达到预期目的，应该在会前安排好将要参观的地点、参观的路线、参观的内容，并派专人陪同、接待及介绍情况。

为了使记者招待会收到最大的实效，在时间和组织财力允许的情况下，可以在招待会或参观活动后安排小型宴会或者工作餐招待与会的记者和其他来宾。

（7）策划纪念品。

为了感谢记者光临，更好地与记者交朋友，可以向记者赠送纪念品。在策划纪念品时应考虑以下因素：第一，突出本组织特色，例如，在纪念品上印上本组织的标志，经营宗旨，典型的广告文词等；第二，为本组织作宣传，例如，某煤矿向记者赠送乌黑发亮，光洁美观的煤雕，记者一看见这特殊的艺术品，就会想起煤矿；第三，纪念品应新颖、小巧、具有艺术观赏价值，保存价值或具有实用价值；第四，纪念品不同于奖品，其造价应便宜，不应太昂贵，在策划纪念品时应考虑少花钱，多办事，尽量为本组织节约资金；第五，纪念品最好是特制的，其做工应精益求精，千万不能把残品、次品、假冒产品赠送给记者，否则会起反面作用。某工厂曾经把本厂生产的手提包赠送给记者，结果，由于产品质量差，记者们在返回报社的路上，就惊奇地发现手提包的拉锁坏了，随后就打电话批评该厂，该工厂在记者的脑海中留下了不良印象。即使是购买其他厂家的产品赠送给记者，也应注意产品质量，千万不要买处理品，最好买质量靠得住的优质产品或名牌产品。

（8）制定经费预算。

经费预算可按记者招待会不同的规格和规模去进行制订，预算时应留有余地，以备急需，其经费预算一般包括场租费、会场布置费用、印刷费、饮食费、礼品费、文书用具费、音响器材费、邮费、交通费、电话费、传真费、上网费等。

（9）布置会场。

记者招待会的会场应突出招待会的主题和对新闻媒介朋友的欢迎。一般在大堂、电梯口、转弯处有导引指示欢迎牌，用悬挂条幅、张贴标语、摆放鲜花、开放音响等方法烘托会场气氛，还要预先准备好与招待会有关的图表、画片、地图、放大的照片、实物、产品、模型、录音带、录像带等视听辅助工具。

会场内应保持灯光柔和，空气新鲜，温度适中。会场内应摆放舒适的座椅，且要安静而无噪音。主持人、发言人、嘉宾、记者、特邀人士等各种区域与席位都应布置安排合理，按席位顺序摆放席位卡，特别注意嘉宾的安排，使其处在突出的地位，借以扩大自己的影响。大型记者招待会应选用长方形桌子，主要发言人与记者面对面而坐，就像教学课堂一样突出庄重、严肃的特点；小型记者招待会最好选用圆形桌子，大家围圈而坐，显得气氛和谐，主宾平等。准备好的文件材料袋和文书用具应放于每个席位上，并适量放置简单饮料。另外，还要准备好签名簿、留言簿，会前请记者签名，会后请记者挥毫题字或书写留言。

会场内最主要的道具是麦克风和音响设备。一些需要做电脑展示的内容还包括投影仪、笔记本电脑、连线、上网连接设备、投影幕布等，相关设备在发布会前要反复调试，保证不出故障。最后检查进出通道与上下台的路线是否安全畅通，准备好会议所需要的其他设备，检查好用电是否安全等。

新闻发言人制度

组织机构的新闻发布制度是从国家的新闻发言人制度中衍生出来的。新闻发言人制度是当今世界大多数国家推行的一种基本的信息发布制度。这项制度的首创者是美国前总统富兰克林·罗斯福。1933 年，罗斯福执政后为挽救严重的经济危机而采取了被称为“新政”（the New Deal）的施政纲领。此后罗斯福为了推动“新政”的顺利实施，就“新政”的推行情况定期约请广播电台的记者到自己的办公室或寓所，以“炉边谈话”的形式向社会发布新闻，从而开创了新闻发言人制度的先河。

我国政府 1983 年 4 月开始设立新闻发言人制度，国务院设新闻办公室和新闻发言人。此后每年的全国人大会议和全国政协会议期间和举行其他重大活动时都要举行大规模的中外记者招待会。这一体现公开性和透明度的行之有效的政治制度也在工商企业界和其他社会服务领域得到了普遍的推广。

与国家的新闻发言人制度一样，组织机构新闻发布制度的实施，不仅为组织的信息传播开辟了一个更具有权威性的途径，而且对促使工商企业和其他社会组织由传统的封闭型经营方式向现代开放式经营模式的转变具有特别重要的意义。

2. 会中的组织工作

（1）迎宾接待。

在接待处设签到处，并安排足够的接待人员，提前恭候在门厅或会场门外；每位来宾要有专人引导至签到处，恭请来宾签到，并将写有姓名和机构名称的标牌和会前准备的资料有礼貌地发给来宾；签到后，服务人员引导来宾至休息室或直接到会场，安置席位奉茶水或饮料等。在接待服务中应注意对所有来参加招待会的记者一视同仁，不能厚此薄彼。如果有特殊的记者参加，在正式开会时应为其安排一个能够听清楚所有来宾讲话的位置，这并不是搞特殊，而是为了方便工作。

接待最好有组织的一个主要人物出面迎宾，一方面表示出主人的礼貌和会议的郑重，另一方面也可以通过问候寒暄加强接触了解，建立感情。

（2）会议开始。

会议开始时，首先由会议主持人向来宾介绍出席会议的领导、重要嘉宾、各新闻机构及其记者；接着，说明召开会议的原因、所要公布的信息或事件发生的简单经过；然后，介绍发言人情况，如姓名、职业和职位等。

（3）发言人发言。

组织的发言人的发言要紧扣主题，就事件的内容实事求是地做详细、准确的讲述，不夸夸其谈。一般安排一位主要发言人发言，若安排多人发言时，应排好顺序，发言内容上不要重复。

（4）回答记者提问。

会议发言人和主持人代表组织出现在记者面前，应相互配合以确保所发布的消息准确无误，口径一致。

主持人要充分发挥主持和组织作用，以庄重的言谈和感染力，活跃整个会场气氛，并引导记者踊跃提问。当记者的提问离会议主题太远时，要善于巧妙地将话题引向主题。会议出现紧张空气时，能够及时调节缓和。另外，对于记者的提问时间、招待会的总时间要做适宜的控制，对无关或过长的提问应有礼貌地予以制止。

发言人要准确、流利自如地回答记者提出的各种问题。对于不愿发表和透露的内容，应委婉地向记者做出解释，不要吞吞吐吐地试图回避，更不要不计后果随意说“无可奉告”或“没什么好解释的”或“这是保密的问题”，否则便会使记者追根究底，造成难堪的局面；遇到回答不了的问题时，应告诉记者如何去获得圆满答案的途径，不能简单地说“不清楚”或“不知道”；不要随便打断或阻止记者的发言和提问，也不要以各种动作、表情和语言对记者表示不满，即使是记者提出很片面、偏激，甚至带有挑衅性的问题，也要以平静的言语、确凿的理由给予友好地纠正或反驳，切不可拍案而起、针锋相对地进行反驳。

（5）会议结束。

主持人简短评述会议，同与会者致谢，并表达日后继续合作的意图，然后宣布闭会。

（6）参观和其他安排。

会议结束后还应由专人陪同记者参观考察，可以请记者们参观实物展览、图片展览或进行现场参观，并且允许参观时自由采访、拍照、录像等，增加记者对会议主题的感性认识。如果有条件，社会组织还可举行茶会和酒会或宴会，利用非正式交谈相互沟通，融洽与新闻界的关系，同时还可以在这种轻松愉快的气氛中，方便个别记者单独提问，解答招待会上没有解决的问题

（7）欢送记者。

举行记者招待会要善始善终地做好一系列事务工作。会议结束，组织应准备好交通工具，安排专人负责接送，使来宾感到一种热烈、诚恳、友好、亲切的气氛。

3. 会后的总结评估

作为一项公关活动的完整过程，招待会结束之后，要及时检验会议是否达到了预定的效果，认真地搞好总结评估。

（1）收集信息，纠正错误。收集分析与会记者在各种媒体上的报道，并进行归类分析，检查是否达到了举办记者招待会的预定目标，是否由于工作失误造成消极影响。若出现不利本组织的不正确或歪曲事实的报道，应立即采取行动，说明真相，向报道机构提出更正要求；若报道的虽然是正确事实，但不利于本企业，这种情况完全是企业内部错误造成的，对此应通过该报道机构表示虚心接受并致歉意，以挽回企业声誉。

（2）核对发稿情况。对照会议签到簿，查看与会记者是否都发了稿件，对已经发稿的记者，要电话致谢；同时对稿件的内容进行分析，找出舆论倾向，以此作为以后举行记者招待会时选定与会者的参考依据。

（3）总结归档工作。收集与会记者以及其他与会公众对记者招待会组织工作的反应，检查招待会在接待、安排、提供方便等方面的工作是否有欠妥之处。同时，整理出新闻发布会的记录材料，对会议的组织、布置、主持和回答问题等方面的工作做总结，从中认真吸取经验找出不足，并将总结材料归档备查。

在现代社会，人们称新闻媒介记者为“无冕之王”，他们是社会组织与广大公众进行沟通的桥梁。一个社会组织与新闻媒介的关系如何，直接关系着社会组织的发展。因此，公共关系人员在接待新闻记者时应做到情意周至，滴水不漏，事无巨细，追求完美。利用接待新闻记者的机会为组织塑造良好形象。

新闻传播型公共关系专题活动，除了上述的制造新闻和举办记者招待会之外，作为组织，还要与新闻媒介联合举办一些活动，如联合举办文艺演出、各种竞赛等，对于组织来说，此时的投入可谓“一石三鸟”。首先，在公众中树立了关心社会文化、体育事业的良好形象；其次，给媒介留下了良好印象；第三，新闻媒介在向社会宣传这项活动时，必然提到协办者的名字，这等于给组织做了广告扬了名。组织对社会献出了爱心，新闻媒介也会对组织给予支持。因此，只要组织经济条件许可，公共关系人员就应当谋划一些与新闻媒介联合举办的公共关系专题活动，这对于组织扩大影响，提高知名度和美誉度有百利而无一害。

海蒂饮料进山西

1993年11月10日，山西大正建设实业公司在太原的山西现代化体育场高档歌舞厅举行了“海蒂饮料进山西”新闻发布会。海蒂饮料是一种保健型天然饮料，由中国医学科学院药物研究所研制，中美合资福建东方保健品有限公司生产。采用纯天然高级食品为原料精制而成，富含18种人体必需的氨基酸，多种维生素和稀有元素硒及其他营养成分。具有营养滋补，益气养神，抗衰防老，解酒益肝等独特功效。随着生活水平的提高，人们保健养生观念逐渐增强，大正建设实业公司将此饮料引进山西市场，它对于增加饮料家族类型、活跃饮料市场，增强人们的健康观念，确是一件好事。通过新闻发布，迅速、及时、广泛地将此消息告知山西公众很有意义。新闻发布会的组织者们精心策划，认真准备，严密组织，主要做了以下工作。

（1）把省市主要电台、电视台、报纸杂志社的记者们作为邀请的对象，也把国家级的一些新闻机构驻太原办事处或记者站的记者作为邀请对象，提前发出了邀请信或请柬。

（2）布置了会场，在原豪华高档的舞厅风格上进一步设计处理，突出了自然、轻松、欢快的格调。

（3）安排了礼仪服务，包括迎宾、签名等，准备了水果，并把新闻发布会上的主角“海蒂饮料”作为会议上的招待饮品、加深记者对饮料的感受。

（4）确定了大正建设实业公司刘总经理为主要新闻发言人，公关部王小姐为主持人，规定的议程为：① 总经理致词，介绍了引进“海蒂饮料”的意义和过程。② 福建东方保健品有限公司的代表董副总经理讲话。③ 中国医学科学院药物研究所专家作饮料保健功能科学报告。④ 观看饮料研制和功效及厂家情况介绍等内容的录像。⑤ 答记者问。

（5）准备了招待午宴和联谊舞会，一方面加深情感沟通和信息交流；另一方面使代表们能更好地体验饮料功能特别是解酒功效。

（6）为感谢记者的到来，准备了纪念品“海蒂饮料”。新闻发布会顺利地召开并取得了成功。通过新闻发布会，传播了组织的商品信息，初步打开了商品市场，塑造了组织形象，密切了组织同新闻界及记者的关系。

问题：

（1）此次新闻发布会的召开对海蒂饮料打开山西市场有什么作用？

（2）结合此案例谈谈新闻媒体的介入对商品推销有什么影响？

9.2　展示型公共关系专题活动

展示型公共关系专题活动就是通过实物展示、环境展示、图片与模型展示，广泛吸引公众的注意和参观，并吸引新闻媒介的关注和报道，以提高组织的整体形象或产品的知名度、美誉度。

展示型公共关系专题活动主要包括各种类型的展览会、展销会和对外开放参观。作为一个企业可以自己举办小型展览会，也可以有目的地去参加专业机构举办的大型展览会或展销会。

下面主要介绍组织如何举办展览会、企业如何去参加商品展览会以及组织如何成功地举办对外开放参观活动。

9.2.1　展览会

世界博览会

世界博览会是人类文明的驿站。自 1851 年伦敦的“万国工业博览会”开始，世博会正日益成为全球经济、科技和文化领域的盛会，成为各国人民总结历史经验、交流聪明才智、体现合作精神、展望未来发展的重要舞台。

作为首届以“城市”为主题的世界博览会，在上海世博会 184 天的展期里，世界各国政府和人民围绕“城市，让生活更美好”这一主题充分展示城市文明成果、交流城市发展经验、传播先进城市理念，从而为新世纪人类的居住、生活和工作探索崭新的模式，为生态和谐社会的缔造和人类的可持续发展提供生动的例证。

展览会是社会组织通过实物的展示，并辅以文字、图形或示范性的表演，来展现社会组织成果，以提高组织形象、促进产品销售的专题活动。展览会通常以边展边销、以展促销为主要表现形式，通过实物、模型和图表来进行宣传，不仅可以起到教育公众、传播信息、扩大影响的作用，还可以起到使组织找到自我、宣传自我、增进效益的作用。正因为如此，商品展览活动越来越受社会组织的重视，并已成为当前公共关系实务活动的重要内容之一。在不少工厂和商店的商品展销会，就是展览会的一种形式。

无论是推广产品或宣传形象，展览会均是一种常用的传播方式，它属于缩微了的、综合性的传播媒介。要搞好展览活动，除了要有一个良好的客观基础，即企业的优秀成果、优质产品及良好的服务素质，还要注意把握展览会的目标公众，分析目标公众的特点和需求，有针对性地设计布展，加强展会的宣传。办好各展览会是公共关系部门的日常工作和基本技能之一。

对于公众来讲，可以触摸、使用、品尝或其他方式对展览商品加以检验，能形成较完整的感性认识；同时，由于展览展销会集中许多行业不同的产品，而且价格也较优惠，可以为公众节约大量的时间和费用。因此，很多公众都比较喜欢这种形式，新闻媒介也常对其追踪报道。

（一）展览会的特点

商品展览活动之所以能作为公共关系专题活动的一种重要方式为广大的社会组织，尤其是企业组织所重视，主要原因在于商品展览活动有其他公共关系专题活动所不具备或不充分具备的许多特点。认识商品展览活动的特点，对于我们有效地策划和组织商品展览活动具有重要的意义。

1. 传播方式的复合性

所谓复合性传播方式，指的是同时使用多种媒介进行交叉混合传播。一是文字媒介，如展品的文字注释、组织的宣传手册、产品的活页广告等；二是实物媒介，如展品、模型、展台及展厅布置等；三是声音媒介，如讲解、交谈、广播录音或现场广播等；四是图像媒介，如各种幻灯片、照片、录像及电影等。再有其他，如工作人员在现场的示范、表演等。

2. 传播效果的直观性

展览会一般以展出实物为主，并进行现场的示范表演，给人以“亲眼目睹”、“眼见为实”的感受，更加真实可信。如雕塑作品展览会上，艺术家当场雕刻作品，民间艺人现场捏泥塑品，纺织品展览会上的时装表演等。此外，展览会所运用的实物、图表、动人的解说、优美的音乐和造型艺术相结合的直观形象、声情并茂的传播方式，比一般的文字和口头宣传更能产生吸引力，使参观者对组织和产品留下深刻的印象。

3. 与公众沟通的双向性

展览会更多地体现了双向性的信息交流。一方面，展览者不仅能通过展览会的布置、专人讲解并回答参观者的问题，向公众传播信息，使公众可以在有限的时间内了解到不同参展者的不同产品和技术发展状况。另一方面，展览者不仅可以直接观察参观者对社会组织及其商品的反应，而且可以非常自然地与参观者面对面地探讨某些问题，听取社会公众对产品的意见和建议，并进行解释或解决问题、消除误会等。同时展览者还可以举办公众座谈会和公众意见征询会等辅助活动，借这些辅助活动，有组织、有目的地了解公众需求及其需求满足度的信息，了解公众对社会组织及其商品的意见和建议，了解本组织的商品、服务在公众心目中的地位，了解竞争对手的长处和短处，与公众形成信息和情感的双向交流。

4. 沟通方式的高效性

展览会可以集中许多行业的不同展品，也可以集中全国甚至全世界各种品牌的同类产品，是一种高效率的公共关系活动。首先，商品展览活动使参展厂家的推展效率大大提高。商品展览活动通常是一种大型的商品推展活动，一般都集中了大量的厂家来参展，这样就使各厂家的推展成本大大降低，推展效率大大提高；其次，商品展览活动使公众的购物活动效率大大提高。大量的厂家和商品参展，给采购员看样订货和参观购物者参观购物提供了更多的方便和选择余地，节省了时间和费用，提高了选购效率。

5. 活动的新闻性

展览会通常是综合的大型活动，展览会期间，大批厂家、商品、客户在有限的时间、空间内汇集一处，政府部门、公共关系系统、餐旅企业都随之加速运转，往往能形成节日气氛，创造轰动效应，在当地公众生活中造成巨大影响。因此，除社会组织本身能进行自我宣传外，展览会往往是新闻报道的好题材，成为新闻媒介追踪的对象。新闻媒介的介入，更能广泛地传播社会组织的形象信息，从而使社会组织的形象传播效率得到进一步提高。参展单位可以利用展览会制造新闻，扩大影响，并利用这一机会搞好与新闻界的关系。

（二）展览会的类型

对展览会进行分类，有利于我们了解不同类型展览会的特点和作用，并在此基础上根据社会组织商品展览活动的主题需要及各种主客观条件来选择合适的展览类型策划和实施商品展览活动。商品展览活动的类型很多，根据不同的区分标准，可以将商品展览活动划分为许多不同的类型。

1. 按展览会的性质分

（1）贸易展览会。是“展”且“销”，目的是做实物广告，促进商品销售，如“迎春节吃穿用商品大展销”。

（2）宣传展览会。是只展不销，目的宣传某一观点、思想或知识、成就等，或者让人们了解某一段史实，如“交通安全展览”、“科普知识展览”、“企业改革成果展览”等。这种展览会通常通过展出图片资料、图表和有关的实物来达到宣传效果，公共关系特性十分明显。

2. 按展览会内容分

（1）综合性展览会。它的规模一般很大，展示的商品类型较多，又称为横向商品展览会。它往往是综合展示一个国家、一个地区或一个组织的情况，要求内容全面，既有整体概括，又有具体形象，力求给观众以完整的印象。例如，我国举办的“改革开放成果展览会”，每年春秋两季在广州举行的“广州商品交易会”等，都是规模宏大、内容丰富。

一般来讲，综合性展览会的展示条件要求较高，策划设计和组织并施的难度较大，通常是由专门性的组织机构或单位负责筹办，企业应召参加。综合展览会的时间一般都较长，影响也相当大，是组织宣传形象的好机会。

（2）专题性展览会。它的规模一般较小，展示的商品类型较少。它往往围绕某一专题、某一专业或某类产品举办的展览会，要求主题突出，内容集中，有一定的深度。例如我国举办的“中国酒文化博览会”，就是专门以酒为核心，通过酒来展示企业文化和中国传统的酒文化。专题展览会不像综合展览会那样繁杂，故比较多见。如“北京计算机产品展示会”、“全国医用设备展览会”、“摩托车展览会”、“科技图书展览会”、“羊毛衫精品展览会”等，都是以某一专题为主要内容的展示活动。

专项商品展销活动的举办则较为简便，策划设计和组织实施的难度相对要小，通常是由企业或行业性社会组织举办。更有一些小型展览会，是由企业自办的，所以灵活性很强。企业自办的小规模新产品展览会、企业产品（样品）陈列、与产品销售相结合的展销（以展为主）和橱窗展示，也都是专题展示活动。

3. 按展览会的规模分

（1）大型展览会。一般由一个地区或一个系统举办，参展的组织多、项目多，需要较复杂的程序和较高的布展技巧，要由有经验的人统一筹划，统一指挥，还需要各方面的具体工作人员做很多细致的工作。如“世界博览会”、“全国糖业烟酒订货会”。

（2）中型展览会。一般是由大型社会组织或中小型组织联合举办，如大型批发企业的展销订货会。

（3）小型展览会。多由组织独家举办，主要是应时应季的商品展览，灵活性强，组织工作简便。展览会的地点常常选择在各类建筑的门厅、图书馆、旅馆房间、候车室或专辟陈列室、样品室等。

（4）微型展览会。这是最小规模的展览会，有的只需一个展台或一个橱窗就可开办。

这类展览看似简单，但技巧性要求较高，要求更具吸引力。例如，上海蓓英商店为吸引人们购买服装，在橱窗里摆放了一件特大号牛仔裤，旁边特地标明："合身者免费赠送"，这一招引来了不少"巨人"试穿，展览产生了轰动效应。

4. 按展出地点分

（1）室内展览会，一般是在展览馆和其他室内场所举办的商品展览活动。这是较常见的一种方式，显得较为隆重且不受天气影响，举办时间较灵活，长短皆宜。但所容纳公众量有限，展览设施、会场布置的要求较高，所需费用相对较多。可展出较为精致，价值高的小商品。

（2）露天展览会，是在条件较好的开阔地上举办的商品展览活动。这种方式可容纳参展单位和参观公众较多，会场布置较为简单，所花费用较少，而且活动气氛热闹。但容易受天气影响，组织管理工作的难度较大。因此，宜安排机械、汽车等大型工业品，农副产品展览和花卉展览等。

（3）流动展览会，是以船只或车厢为流动场地开展的商品展览活动。随着现代社会交通工具的大量增加，流动展览会举办得越来越多。

5. 按展出时间分

（1）长期展览会。展览形式是长期固定的，如故宫博物院、自然博物馆等。

（2）定期展览会。展出内容定期进行更换，如北京的工业展览馆、农业展览馆等。

（3）一次性展览会。这是一种展出时间较短，展览结束后即行拆除的展览会，如食品展销会、服装展示会等。

此外，还有特殊展品，在现场展示样品让人反复试用证明其性能，如在铁路站台及机场铺设地毯，以便证明经受了成千上万旅客的踩踏，引起顾客的兴趣及有价值的询问；名城街，指具有重点历史文物价值的历史城街，是重要的旅游地点，也是开放的城街博览，如北京的"大观园"，天津的"食品街"等。

（三）展览会的策划与组织

策划展览会的基本原则是：展览主题明确，布局结构合理，陈设美观大方、解说精炼流畅，给人以深刻的印象。商品展览活动的开展并不是件轻而易举的事情，它需要社会组织的管理者和公共关系人员精心的组织策划才能有效地实施。通常来讲，一项展览会的组织策划，往往需要着重做好如下工作。

1. 明确展览会主题

每次展览会都应有一个明确的主题，并将主题用各种形式反映出来，如主题性口号、主题歌曲、徽标、纪念品等。主题在展览会中起着提纲挈领的作用。突出主题，围绕主题的展览才会成功。如果把参展物品、图表、照片、数字比作散乱的珍珠，那么，主题便是串连这些珍珠的锦线，用这条锦线串连起来的珍珠，才能形成一条美丽的项链。主题鲜明的展览，能给观众留下明确、清晰的印象，形成一定的思想观点，从而达到为组织传播信息，在公众中树立企业知名度和美誉度的目标。与此相反，如果展览会的主题不明确，就必然造成展品和版面的混乱，观众抓不住要点，也不会形成完整的印象，这就不会达到展览会的目的。

2. 确定参展单位和参展项目

如果不是本组织独自举办展览，应采用广告、给有可能参展的单位发邀请、重点单位上门联系等方法吸引单位参展。广告和邀请信应写清楚展览会的宗旨、展出项目类型、对参观者人数和类型的预测、展览会的要求和费用等。总之，要给潜在的参展单位提供决策所需的资料。要尽快确定参展单位、参展项目和展位需求情况。

展览内容的确定集中体现在参展项目的选择上，与主题无关或者不利于主题的商品不能入选。同时，入选商品既应有个体特色，又能够互相辉映，以形成一个有机的整体。一般来讲，各种展览会，特别是大型的和国际性的商品展览会，参展商品应在精选的基础上确定，应选择那些技术水平高，市场效益好的优质产品参展。对于刚开发成功的新产品，尤其要把握住产品质量，否则负面效应很大，既降低了展览活动的规格，也不利开拓新产品的市场。

3. 明确参观者的类型

展览会在策划阶段必须考虑所针对的公众，参观者的类型将影响到信息传播手段的复杂性和多样性。如果参观者对展出项目有较深的了解和研究，就需要展览会的讲解人也是这方面的专家，介绍的资料要较为专业和详细、深入；如果参观者只是一般消费者，则应采用通俗易懂的语言进行直观的普及性宣传。

4. 选择展览的时间、地点

展览会时间的选择一般按社会组织需要而定，同时要考虑展览的主题、内容。有些展览则要顾及季节性，如花卉展览、农副产品展览等。

在地点的选择上，首先要考虑的是方便参观者，如交通要方便，易寻找等；其次，考虑会场空间大小和周围环境情况，会场空间大小能不能够容纳展览内容，周围环境是否与展览会主题相得益彰；第三考虑辅助设施是否容易配备和安置等；第四考虑展览会地点的社会发展，如社会治安状况和精神文明情况等。我国的展览会一般都选在闹市区举办，而国外一般选在郊外，因为闹市区很难解决大量停车问题。

5. 构思整个展览的结构

展览是实物、版面、解说词之间的合理组合。

（1）总体设计。根据展览主题要求和参加展览的具体内容，指定一名展览主编，由他负责构思展览会的整体结构与规划，确定总体设计图，并向各分部的编辑或负责人员交代布局及处理各部分之间的衔接。整体结构与规划要布置安排好参展单位的展区、展位、展台等。展出商品的编排要充分体现商品展览活动的主题思想，符合商品展览活动的总体要求，反映商品展览活动的基本特点。参展单位的安排既要从整个展览布局考虑. 又要按照参观者的心理特点和习惯来进行。比如，在综合性商品展览活动中，贵重的、重要的展品应安排在进口处，较笨重的安排在底楼且接近出口处，轻工展品安排在搂上，相互有联系的展品应安排在邻近的区位。

此外，主编还应设计围绕展览会的其他活动，例如，设计传播活动、设计展览会效果评估标准以及收集反馈信息的方法。

（2）精心制作。根据总体设计图，设计与制作各展区的展品、展板布置小样，待确定后再做成实样。具体操作流程是：根据商品展览活动的总体构思及展览类型，有关文员要到各参展单位采集实物和有关材料，撰写展览脚本，然后提交设计师；由设计师画出展版大样及展品排列方式，交美术师绘制；美术师按照展版大样的要求绘制展板；版面上文字、图表的制作，图片的裱贴和版面的加工美化，要组织专门小组负责。同时，精心制作好展览会的会标、主题画、海报和说明书。

（3）其他准备。写出前言、解说词和结束语。展览会的前言要有信息性，并要文辞优美、引人入胜；解说词要真实客观、生动具体、朗朗上口；结束语要求高度概括、前后呼应，并向参观者致谢。准备好各种辅助宣传材料，如录音、录像带、幻灯片、各种宣传小册子、招贴画，以及展览会目录表、展览会平面图、展览会组织机构、日程安排等。

6. 成立专门向外发布新闻的机构

不论是宣传型展览会还是产品促销型展览会，都要有专人负责向外宣传。所以，在筹划展览会时就要考虑成立专门对外发布新闻的机构，在展会期间应自始至终保持开放，随时收集参观者及展览会的有关信息，并负责和新闻媒介联系的一切事宜。其主要职责是：负责制订新闻发布的计划和组织实施计划，如确定发布的内容、时机、形式等，代表组织对外发布新闻；负责与新闻界保持友好的联系，为新闻媒介提供具有新闻价值的新闻稿；积极主动地邀请和接受新闻记者采访，最大限度地争取新闻媒介的正面报道，以扩大展览会的影响。

此外，当遇到重要情况或有重要活动，向外发布新闻的机构可以单独对新闻媒介举办一次特别记者招待会；在展览进行期间，如果遇到优惠、表演、重要领导参观等情况时，要及时地通过现场广播等形式加以宣传，以期扩大影响。

7. 培训展览会的工作人员

展览会上，公众当然可以直接感知展销物品，但如果辅之以人员讲解及操作示范，则效果无疑会更佳。这就要求在举办展览展销会之前，就精心挑选和训练工作人员，尤其是商品展览活动的讲解人员和示范操作人员更加需要严格的培训。培训内容包括：各项目、内容的专业基础知识；公关接待和公关礼仪的基本知识；各自的职责、各种可能发生的突发性事件的处理原则和基本程序。使工作人员具有现代公共关系意识，表现出对工作、对观众的极端热情，尤其是讲解员应该有知识、有修养、有口才，在讲解时应仪态大方、充满热情、发音清晰、语速适当。

8. 做好相关服务

备好有关辅助设施，如准备纪念品，印好入场券（参观指南、展览会示意平面图）、备好售票点、设置咨询台。提供相关服务，大型的展览会要设立文书、邮政、运输、保险等专业服务部门；国际性展览会还应设立处理对外商检贸易的业务部门；一般的展览会应设置广播室、卫生保健室、贵宾接待室、保安处、会议室、谈判或签字室、停车场等。

9. 选用展览方法和技巧

为扩大展览会的传播效果与影响，提高展览会的地位与层次，还需要适当选用展览方法和技巧，如邀请政府要员、社会知名人士和专家学者等出席或剪彩，邀请有关文艺团队助兴等。

10. 编制展览会费用预算

具体列出展览会各项费用、加以核算，有计划地分配展览所需的各项资金，防止超支和浪费。展览会的费用通常包括：场地和设备租金、设计布置费、材料费、印刷费、劳务费、广告费、联络及交际费、运输费、保险费等，要根据展览所要达到的效果来考虑这些费用的标准。在做这些经费预算时，一般应留出5%~10%做准备金，以作调剂之用。

11. 检测展览效果

设计展览会的评估标准；设计有关展览会的知识测验题；召开参观者座谈会；会后登门访问或发出调查问卷；整理观众留言等。

（四）开办展览会应注意的事项

1. 举行开幕式

重视展览会的开幕式。展览会开幕式的成功举办，关系到展览会的传播效果，因为新闻媒体报道展览会活动情况，开幕式总是聚焦点，所以开幕式的举办一定要隆重、热烈和喜庆。

开幕式的一般程序。首先是主办者致辞，说明举办展览会的目的、宗旨，向协办组织致谢，向各位嘉宾、与会者表示欢迎与感谢；其次来宾代表讲话，表示祝贺之意；第三是剪彩；第四是开展。

2. 观展阶段工作

（1）做好接待和咨询。做好接待服务，形成良好印象。参观者进入展出场地，接待服务人员要热情诚恳地迎接、周到礼貌地服务。作为接待服务人员，不仅要热情大方，而且应具备良好的修养和素质，能为参观者提供产品、业务方面的咨询服务。为参观者讲解展品，做好服务咨询工作。

（2）宣传资料，满足精神需求。参观者进入展厅，最渴望的是对展厅有个全面的了解，这时服务人员应礼貌地送上有关宣传资料，使参观者得到精神上的满足，并进而认真地参观展厅的产品。

（3）讲解介绍，展示展品价值。有时参观者进入展厅后，很可能不是对每一件产品都认真、仔细地观看，但解说员娓娓动听地解说，会使展览充满生机，仿佛给展品注入了生命的活力，使得参观者明显感受到它的存在，明了其实际价值。

（4）开展有关活动，丰富参观者生活。如安排现场演示，举办相关的知识测验、竞赛和小型文艺表演，赠送奖品、纪念品等。

3. 闭展阶段工作

主要有撤除展览、答谢公众、效果评估和工作总结等。展览会效果评估是指展览会结束后，充分了解公众对展览会的意见和建议，测定展览的实际效果，为以后的展览会提供参考。展览会效果评估的具体的方法主要如下。

（1）举办有奖测验。当场举办有关展览会内容的知识竞赛。有重点、有选择地确定试题，答题方式以填空、选择、判断为主，当场测验，当场解答，然后根据成绩，当众发送奖品。既活跃了展览气氛，也起到了宣传教育的作用，而且能为测定展览效果提供统计的依据。

（2）设置公众留言簿。举办者或参展者可在展览会出口处设置公众留言簿，主动征求公众的意见。

（3）召开公众座谈会。在展览会过程中，随机地找一些公众进行座谈，了解他们对展览会的观后感，并征求他们对展览会的意见或建议。

（4）借助记者采访。展览会期间，组织者可以邀请一些新闻记者对公众进行采访，随时随地提出一些双方感兴趣的问题让观众回答，来收集观众意见，并做好录音或记录，以备组织测定效果之用。

此外还可以通过登门访问、问卷调查等形式评估展览会的实际效果。

（五）社会组织参加展览会应注意的问题

目前，名目繁多的商品博览会、商品展销会、交易会层出不穷，企业经常接到这方面的邀请函。那么，企业应该怎样对待这些商品展销会呢？是否应邀参展呢？企业如何去参加商品展览？

一般来说，企业应该主动、积极地参加有关的展销会。因为交易会能使企业全面分析市场动态、掌握市场趋势；还能摸清竞争对手的情况。“在为期几天的交易会上，你所接触到的客户，比你所有雇员在一年内所见到的顾客还要多”。因此，任何一个企业都不会轻易放过比较重要的交易会。如果不去参展，无形之中会给别人留下该企业不景气的印象。香港商品展览会执行主席德瑞克·狄更斯提醒说：“展览交易会将给企业开辟新的渠道，寻找新的代理商和发展新的客户提供机会。”那么，企业如何参加展销会呢？

1. 了解并选择

由于各种展销会层出不穷，参加展销会费用较高且不能保证立刻带来经济效益，所以，并非所有的展销会都要参加。企业公共关系人员应想办法了解展销会，并且有选择地参加。判断一个展销会是否值得参加，需了解以下情况。

（1）了解展销会的历史和组织者的成绩。一个经常性的展销会能吸引更多的参加者；一个经验丰富的组织者，更能妥善处理交易会过程中出现的问题，以保证展销会的成功。

（2）了解参展者数目。了解有多少参展者是你的权力。有信誉的组织者会提供这方面的细节。

（3）了解是否有国际参展者。一般较大规模的展销会都应有15%~30%的国外参展者。

（4）了解展销会的信誉。展销会是否被国际机构认可，这是展销展会信誉的保证。而要获得“国际联合商品博览会”的认可，必须具备三个条件：其一，同一展销会在同一城市连续举行三次；其二，提供一套完整的产品检测系统；其三，吸引一定比例的外国参观者。

2. 明确参展目的

参加展销会的目的是什么，缺少经验的参展者往往只关注订单的多少，而有经验的参展者，则更注重在展销会上宣传和提高企业形象，巩固原来的贸易关系，挖掘潜在市场。

3. 构思参展结构

组织经营生产的产品，其组合的深度、广度、密度各不相同，项目和品牌差别也很大。哪些产品参展，其参展产品的深度、广度、密度如何确定，参展产品项目和品牌怎样搭配，都需要认真构思。

4. 精心布置展台

参加交易会，一般需要搭展台、布置展台。展台必须提前布置好，切忌在临开幕前才草率完工。交易会的规模越大，展台就越要醒目，可利用“CI”企业形象设计原理，使用系统的视觉识别材料，有可能的话在展台或布展上搞特殊装修或对样品进行特殊安排，以增加其独特性和新鲜感。

如果在外地参展，应找展销会组织者帮忙。一般大会组织者都会提供一些官方的展台代理人，他们熟悉环境，熟悉程序，而且有优先于其他代理人提前进入展厅布置展台的权利。也可认真听取当地人的意见或是雇佣一个当地代理人布置展台。不过有一点要注意，自己请的本地代理人往往只能办简单的事而把一些关键性的工作转包给别人。

5. 积极促销

组织参加商品展销会不是要在展台前坐等客来，应该积极主动地进行信息传播活动。首先，展台场地的合同签订，马上同展览会的新闻发布机构或人员取得联系，预先提供组织关于展览的详细情况，至少也应提供有关该组织的情况和展出的主要内容。借助展览的组织方对组织及产品进行宣传。其次，提早了解清楚官方揭幕者或剪彩者的身份，预先直接同其接洽，争取在正式开幕仪式举行时参观组织展台，这对于提高组织声望极为重要。另外，注意挖掘有新闻价值的素材主动制造独特新闻（例如，有大宗买卖成交或接待了一位重要的参观者，一种很有潜在价值的新产品将要展出等），或者直接邀请新闻记者在展台旁组织记者招待会，还可通过展览会新闻发布机构的新闻报道或信息发布进行宣传。最后，展览会结束后，应争取记者给予报道，或者通过努力使本组织的展览成为有关的广播和电视节目构思的内容。

欢迎试坐：奥迪厂家有魄力

1996年夏天，国内外近千家厂商参展的第四届北京国际汽车展览会，气氛火爆异常。展厅里，一辆辆靓车光彩夺目，引得满场人潮涌动。更为精彩的是，各参展厂商公关高招迭出：法拉利跑车旁有“法拉利小姐”的狂歌劲舞和歌星签名；绅宝车前有异国淑女迷人的微笑；福特公司则让金发碧眼的姑娘，与活泼可爱的中国儿童同台演出……所有这些，俱令观众耳目一新。

强中更有强中手，奥迪厂家破天荒地使出了绝招——所有奥迪展车，欢迎观众试坐。只见一个个试坐的观众喜形于色，乐不可支：打方向，踩刹车，点油门，揉离合，俨然就是车主，实实在在地过了一把车瘾。更多的围观者则看得眼热心跳，跃跃欲试。一时间，观众对奥迪厂家的做法赞美有加，纷纷前去试坐，奥迪车展台前成了展览的新闻热点，各路记者纷至沓来，奥迪车随之声誉鹊起。

问题：

（1）该展览会有什么特点?应用所学理论逐条分析。

（2）此种形式的展销对促销有何作用?

9.2.2　开放参观

开放参观实际上是一个组织的公开展览，是指社会组织向社会各界开放，有计划地组织和邀请有关公众（主要是外部公众）参观本组织的工作条件、环境设施、成就展览等。开放参观有助于提高组织经营管理的透明度，增进外界公众对组织的了解和认同，故应列入企业经常性的公共关系活动计划。例如，湖南经济电视台定期举办公众开放日，让公众参与了解节目的制作过程，安排节目主持人与观众进行面对面的交流与沟通，从而与公众建立了良好的互动关系。

（一）开放参观活动的对象

参观活动的对象既要考虑参观者的代表性，又要重视特定的目标公众，同时也要考虑组织的承受能力。如果参观者像潮水般涌来，组织就可能疲于奔命和应付，因此参观对象要仔细选择和确定。参观活动的对象如下。

（1）目标公众：包括顾客、经销商、原材料供应者、生产协作者等。

（2）一般公众：包括社会团体、学校、文化单位、研究机构、社会各界代表、职工家属、社区居民等。

（3）股东公众：包括股东、证券商、证券专家和从业人员，证券主管部门等。

（4）党政部门：包括各级党政部门、主管部门、上级部门等。

（5）其他相关部门：包括银行、金融机构、保险公司、新闻媒介、司法部门、环保部门等。

（6）社会名流：包括专家学者、各类明星、新闻人物等。

（7）国外投资者、外国客商、观光者、新闻人物等。

（8）各类慈善组织和社会福利团体等。

（二）开放参观的组织

1. 明确参观目的

任何一次对外开放参观活动都应有明确的目的，即想通过这次活动让参观者留下怎样的印象，达到这样的效果，是否有真正值得报道的材料。

最常见的目的如下。

（1）扩大组织知名度。通过组织参观，增加组织的透明度，让公众了解组织的宗旨、功能、优点、特色，显示组织存在有利于社会、有利于公众。

（2）促进业务。通过组织公众参观组织的厂区、生产流程、产品，让公众产生信任感，便于推销产品、谋求投资或相互协作、拓展业务。

（3）和谐社区关系。组织社区公众参观本组织完善的设施、优良的工作环境、可靠的安全系统，表明组织对社区公众不产生危害，以求得社区公众的理解与支持。

（4）增强员工或家属的自豪感。规模很大、地位重要的组织可组织某一所属部门的员工或家属参观组织的全局性设施、先进的设备，使他们感到组织规模的宏大、地位的重要。从而产生自豪感，激发工作热情，或使家属全力支持员工的工作。

（5）消除公众对组织的误解或疑虑。

一个组织难免会由于某些客观或主观因素的影响，让某些公众产生误解或疑虑。在这种情况下，对外开放参观就是一剂消除误解，排除疑虑的良药。例如，靠搞炸药起家的杜邦公司最初生怕新闻媒体找麻烦，因而层层戒严，绝对不让记者进门，更不能采访报道。但是，在公众中传播的谣言却越来越多，最后，社会上甚至形成了一种可怕的印象：杜邦——杀人。杜邦心想，自己搞炸药，本是一项化学工业，也是为民造福，怎么偶尔有几下砰砰声，就成了杀人犯了呢？为此杜邦好不苦恼。一位在报界工作的朋友告诉他：与其“闭关锁国”，不如“对外开放”。杜邦听此妙言，茅塞顿开。不仅采纳了这一建议，遇事干脆让记者进厂参观，介绍情况，由他摇动笔杆，将真相告诉公众，很快，杜邦公司纠正了过去由于各种爆炸事件和遮遮盖盖给人们造成的坏印象，开始得到公众的好评。

2. 成立专门机构

从有开放参观的构想起一直到活动的结束，都应有高层主管人员参与其事。组织大型的参观活动，应成立一个专门的活动筹备委员会。委员会成员应包括：企业领导、公关人员、行政和人事部门人员等。还要根据参观的不同目的，选择不同的人参加，如果参观的目的是强调服务或产品，还要请销售部门人员参加。

3. 宣传准备工作

应充分重视宣传工作，最好事先通知新闻部门，利用新闻媒介来扩大影响。同时，也应对组织内部的全体员工进行宣传教育，使每个人理解对外开放参观工作的意义与目的，人人自觉地参与并配合这项活动。

4. 安排参观时间

不但要考虑开放参观的时间，也要考虑整个参观活动所需的时间。

开放参观的时间适宜安排在一些特殊的日子，如周年纪念日、企业开业、逢年过节等。参观时间不宜太长，以一天完成为好。在喜庆的日子里进行参观，可以增添公众的兴趣，获得更好的开放效果。如上海电视台每逢元旦、中秋节、春节便邀请本台职工家属来电视台参观，让他们为自己亲属在这里工作而感到骄傲，使他们支持并协助本台职工的工作。要有足够时间准备对外开放参观活动。规模较大的开放参观活动需要 3～6 个月的准备时间，如果还要准备大规模的展览、编印纪念册或其他特别节目，则需时更多。

5. 确定参观内容

参观的内容非常广泛，例如，组织的展览室，组织环境，学校的观摩课、企业的工程设备和工艺流程，企业产品，员工的教育和培训设施，组织的福利、娱乐、服务、卫生等设施。

参观活动一般包括三部分：情况介绍、现场观摩和实物展览。情况介绍一般是事先准备好深入浅出、图文并茂、印刷精良的宣传小册子，发给参观的公众；也可在现场观摩时，以口头讲解的形式，边走边结合具体场景进行介绍。现场观摩就是让公众参观工作现场，以厂房布置、厂区环境、工作流程或员工的实际工作来说明社会组织的内在面貌。实物展览是以资料、模型、样品的陈列等，对公众作补充说明。

6. 划分参观线路

提前规划好参观线路，防止参观者越过参观所限范围，出现不必要的麻烦和事故。有些组织的主管人员往往顾虑开放参观活动会使某些秘密技术或某些制造过程的细节泄露，其实，只要安排得当、向导熟练，就可以防止这种情况。因此，不必在这方面有过多的顾虑。

划分参观路线的主要要求是既可以引起参观者的兴趣并保证他们的安全，又对组织正常工作的持续干扰最小。参观路线应有明确的路标，且事先需采取安全措施；安全人员应在必要的地方设置警告信号和障碍，以防止意外发生。在参观路线中，应设置休息处，并发放一些小型纪念品和有纪念性的宣传小册子。

7. 做好解说和接待工作

对导游或解说人员要事先进行挑选和培训，使他们熟练掌握参观过程中每一个参观点的解说内容。解说员工应该佩戴标志明显的胸牌，有礼貌地向参观者说明工作情况，耐心认真地回答参观人员提出的各种问题。

要热情周到地做好参观者的接待工作，如安排合适的休息场所并备好茶水饮料；需要招待用餐的，也要事先做好安排；如果参观者有儿童，更要特别小心，要准备点心、休息场所、必要的盥洗设备等，也可送一些印有介绍组织材料的玩具。

8. 做好欢送工作

参观结束后，要做好欢送工作，并认真听取他们对组织的看法和建议，注意收集参观者的意见，整理分析后提交有关部门。对组织予以采纳的意见，还应把实施情况反馈给提议者。

解放军驻港部队3个军营国庆对香港市民开放

据香港大公报报道，中国人民解放军驻香港部队三个军营将于国庆日再度开放给香港市民、社会团体和各界人士参观。三个军营分别是港岛赤柱军营、九龙昂船洲军营和新界石岗军营，开放时间为十月一日上午十点至下午两点。参观券将于九月二十五日派发。

军营开放当日，市民可于上述三个军营参观升国旗仪式、武器展示和连队生活设施。此外，三个军营将展示各具特色的活动。其中，赤柱军营侧重陆军展示，有机炮连兵器操作表演，拳术团体操表演和二百米障碍演练；昂船洲军营侧重海军展示，有海军模拟训练，仪仗操枪表演和舰艇展示，还有文艺演出和足球友谊赛，并举办国防知识图片展览和“香港青少年军事夏令营”图片展览；石岗军营侧重空军展示，有侦察兵拳术与攀登表演，还有威风锣鼓及舞龙舞狮表演，并向市民开放空军模拟训练中心。赤柱军营和石岗军营还将开放文化活动中心，并向市民展示小菜糕点制作过程。

此次活动的参观券将于二十五日派发，合计一万二千张。其中，个人参观券九千张，由上午八点半至下午三时，于中环军营东门、枪会山军营南侧正门和石岗军营北侧正门派发。市民凭自己的香港居民身份证，最多可领取三张参观券。团体参观券则有三千张，由下午三时开始于中环军营东门派发。团体凭团体证明文件和领取人士的香港居民身份证，可领取最多三十张参观券。

驻港部队对香港市民的开放，使得香港市民对中国人民解放军有了直观的印象，展示了中国人民解放军是有文化、有纪律、有战斗力的现代化威武之师的形象，拉近了军民之间的距离。

问题：结合案例，谈谈开放参观活动对组织而言有什么作用？

9.3 社区型公共关系专题活动

社会组织所在区域的人群集合体称为社区。社区是组织生存和发展的基础，也可以说，不论是服务性公益组织，还是营利性商业企业，其生存和发展都离不开社区，社区公众是社会组织的重要公众。与社区公众进行沟通和交流，通过系列的公共关系专题活动搞好社区关系是各类社会组织在公共关系实务中的一项重要任务。社区型公共关系专题活动的主要目标有四方面：一是利益社区化，赞助文教、卫生、体育、社会福利事业等；二是信息社区化，有效地与社区公众进行信息上和情感上的沟通；三是活动社区化，积极参与社区活动，为社区的发展提供方便，使社会组织的自身活动与社区活动协调一致；四是感情社区化，通过各种形式让公众了解本组织，并且在理解的基础上赢得社区公众的支持、信任与合作。社区型公共关系专题活动是多种多样的，下面重点讲解社区联谊活动和赞助活动。

9.3.1 联谊活动

为了联络与社区公众的感情，企事业单位的公共关系部应经常地有计划地举办一些有社区公众参加的联谊活动，联谊活动的名称和主题可以灵活多样，如在节假日举办的联谊会可以称为春节联欢会、元旦联欢会、中秋联欢会等；在平时举办的联欢会可根据主题内容或参加者命名，如社区共建联谊会、美好家园联谊会、青年联谊会、老年联谊会、妇女联谊会等。

（一）联谊活动的类型

社会组织公共关系活动中的联谊活动可以是参加者自娱自乐，也可以邀请文艺界专业人士参加。内容丰富多彩，形式多种多样。一般而言，可作为公共关系活动的联谊活动大致可以区分为以下几种类型。

1. 文娱晚会类

文娱晚会是把各种文娱节目编排组合起来，以一个有机的节目整体向观众全面推出的联谊活动形式。文娱晚会轻松愉快的氛围有利于驱散人们紧张工作与学习中的倦意，也有利于人们之间的信息交流与情感沟通。常见的文娱晚会有：文艺晚会、游艺晚会、朗诵晚会、赏月晚会、联欢晚会、化妆晚会、音乐晚会、歌舞晚会、小品晚会、电影招待会、联谊舞会等。文娱晚会一般比较通俗简便，适应面广，老少皆宜，而且较易举办，是社会组织较为广泛、经常采用的一种公共关系活动。

2. 艺术欣赏类

艺术欣赏是社会组织经常举办的高雅文化娱乐活动之一，它通过有组织有准备的文艺活动，让有组织的听众或观众自行欣赏，从而让公众在高雅艺术的熏陶中受到鼓舞，受到教益，受到启发。属于这类活动范围的有：音乐欣赏活动、诗歌欣赏活动、名曲欣赏活动、名片欣赏活动、戏剧欣赏活动和书画欣赏活动等。这里值得注意的是，艺术欣赏属于高雅艺术之列，在举办这类活动时，一定要考虑参与者的欣赏水平和审美能力，否则其效果难以保证。

3. 知识竞赛类

知识竞赛是知识普及性的一种联谊活动。现代社会是一个知识社会，社会组织经常地开展一些知识性的竞赛活动，既可以表现社会组织尊重知识的态度，传播社会组织尊重知识的形象，同时还可以帮助人们丰富知识，鼓励人们获取知识。属于这类活动的名目有：百科知识竞赛、历史知识竞赛、文学知识竞赛、科技知识竞赛、读书活动竞赛、智力竞赛、演讲比赛、辩论比赛、书画比赛、征文评奖活动等。

4. 体育竞技类

体育竞技类活动也是社会组织经常举办的一种联谊活动。社会组织与其他社会组织之间、社会组织内部各部门之间、社会组织与社区居民之间等，都可以安排开展一些体育竞技类活动，如篮球、排球、足球、乒乓球、羽毛球、保龄球、跳绳、拔河、赛跑、滑冰、体操、扑克、桥牌、象棋、围棋比赛等，以使人们振奋精神，开发智力，陶冶情操，增强体力，保持旺盛的精力，增进竞赛各方的友谊和团结。属于这类活动的名目有：联谊赛、友谊赛、邀请赛、杯赛、大赛、大奖赛、冠军赛、对手赛等。

（二）联谊活动的组织策划

联谊活动的内容丰富，形式繁多，要使联谊活动既起到活跃气氛、丰富精神文化生活的作用，又最大限度地发挥其公共关系效益，就必须用心地策划与组织。组织策划无一定式，但一般地讲，基本的程序还是有的。联谊活动应遵循的基本程序如下。

1. 明确活动目的

开展联谊活动，不应是简单的玩耍，而应是一种有目的的公共关系工作。通常联谊活动的目的，主要是活跃社会组织的气氛，丰富参加者的精神文化生活，增进社会组织内外公众之间的人际交往和感情交流，培养社会组织内外公众的精神文明，提高社会组织内外公众的思想文化修养，陶冶社会组织内外公众的情操，增长社会组织内外公众的才干，从而创造一个有利于社会组织与公众共同进步与发展的组织氛围。当然，具体某一项联谊活动也有其具体的目标，公共关系人员在具体组织策划联谊活动时，更应明确认识，绝对不可含糊，以保证所开展的联谊活动取得实效。

2. 选定活动项目

选定项目是开展联谊活动的重要环节之一，在联谊活动的组织策划中占有重要地位。联谊活动类型繁多，形式各异，选择何种活动项目，对公共关系人员来讲，是一个展示其公共关系才干的工作内容之一。通常来讲，联谊活动项目的选定，要认真考虑和设法满足以下几个要求：第一，要从联谊活动的根本目的出发，注意选择那些具有时代气息和民族风格，并且有一定教育引导作用的活动项目，以更好地实现联谊活动的目的；第二，要从公众的特点和兴趣出发，注意选择那些适合公众特点，为公众喜闻乐见的活动项目，或广大公众在一定时期内兴致所在的活动项目；第三，要从可能性原则出发，量力而行，注意选择那些社会组织本身有条件实现的活动项目，或社会组织创造一定的条件就可能实现的活动项目，而不选择那些自己根本不具备实现的可能性的活动项目。

3. 制订活动计划

在确定了联谊活动项目的基础上，要制订一个细致缜密的联谊活动计划。制订一个好的联谊活动计划是联谊活动取得成功的保证。联谊活动计划的内容应包括联谊活动的项目名称、活动目的、活动对象、活动内容、活动形式、活动项目构成、活动参加人员、活动场地、活动设备器材、活动经费预算、组织人员分工、活动时间安排等。联谊活动计划是联谊活动项目的具体化，它应使组织活动和参与活动的人员在活动的准备与实施中都能做到有的放矢，有章可循。联谊活动计划拟定之后，还应提交组织领导人审查批准，以求得领导的把关，确保其切实可行。

4. 制定活动规程

但凡联谊活动，特别是竞赛性的联谊活动，都应编制一定的活动规则和活动程序，如选拔办法、比赛办法、评分办法、奖励办法、演出程序、比赛程序等，以作为具体实施的依据。如果是球类竞技性体育活动，还应制定比赛的编排办法。在公共关系活动中，比赛一般采用循环编排，这样，能使各队都可相遇一次，有利于大家相互了解、相互交流、相互学习和相互提高。总之，作为公共关系专题活动的联谊活动，其规程的编制应从公共关系工作的角度出发，既要有利于参加者水平的发挥，又要有利于各参加者之间的交往，同时，还要保证参加者各方都能够接受。它在规程编制上与正式文体组织开展的有关联谊活动的规程编制是有一定区别的。

5. 做好准备工作

联谊活动牵涉面广，不能打无准备之仗。大致说来，除做好上述一般准备之外，还要做好以下几项具体准备工作：① 人员准备，包括组织主持者和应邀参加者；② 场地准备；③ 设备、器材、道具准备；④ 节目准备；⑤发出邀请，包括对参加活动者的邀请和对观众的邀请，必要时，还应包括对新闻记者的邀请和对上级领导、社会名流的邀请；⑥ 准备好节目单或比赛程序表，重要节目最好附以一定说明；⑦ 召开领队会议，安排各队走场，文艺表演还要安排配器、彩排的时间；⑧ 安排致开幕词、闭幕词或其他致词讲话人员，并准备好有关文稿；⑨ 妥善地安排好观众座位，按客人的身份事先做出安排并给出标识。⑩ 做好迎送、招待、摄影、献花、颁奖以及其他各方面的一切准备工作。

6. 组织活动的实施

联谊活动的各项准备就绪后，便是其实施过程了。在联谊活动的实施过程中，公共关系人员应担当起调度与协调责任，具体负责组织好活动计划中各项事务的落实，使执事者各就各位，各执其事，各负其责。当然，任何活动都有其不可预见性，联谊活动亦然，计划和准备工作中不尽完善之处总是有的。遇有这种情况时，公共关系人员还需要灵活应变，妥善处理，以保证联谊活动的正常进行。此外，在联谊活动实施过程中，公共关系人员还必须运用各种有效的公共关系手段和方法，尽量借助联谊活动多角度地开展公共关系工作，以取得更为全面有效的公共关系活动成果。例如，在举办舞会时应确定邀请的客人名单并发出请柬，要注意不能使客人在联谊活动中被冷落；在单纯的文化形式的联谊活动中，主办者应注意避免主动过多商谈经济问题。

社区联谊会丰富多彩、活泼欢快、轻松自如，而且花费不多、操作简便、成功率高。各种类型的联谊会对于社会组织与社区公众之间的良好沟通，加强与他们之间的联系，改善双方的关系都具有十分重要的作用。尤其是服务性行业，如商场、酒店、银行等，如果能把社区公众与消费者公众统一起来，经常举办一些联谊活动，这不仅对维系社区公众关系有好处，而且对开拓市场，赢得顾客大有裨益。例如，高碑店城市信用社曾经在本市举办“迎千禧、跨世纪”联谊会，邀请本市各界人士参加，在这些参加联谊的人士中，有的是信用社的老客户，有的是新客户，也有的是潜在客户。在联谊会上，举办者很自然地向顾客传递“优质服务新举措”、“感谢社区公众支持”等信息，并征求客户的意见、建议。这种社区公众联谊会很巧妙地把社区公众和消费者统一起来，把联谊活动和开拓市场结合起来，从而使公共关系专题活动成为企业经营、管理的有机组成部分。

海尔公司岁末联谊活动

海尔公司每年的年终岁末，都会组织全国乃至全球的经销商到公司参加公司联谊活动，在参加各种娱乐活动之外，公司会对当年成功和失败两方面的案例进行剖析，及时为各经销商提供一个交流生意经验教训的平台。针对国际经销商对中国和海尔公司了解不多的情况，公司会让大家了解中国博大精深的文化，了解公司“真诚到永远”的企业文化，并且深入到公司的生产第一线，切实感受海尔的企业文化和对产品质量一丝不苟的追求。此举极大地调动了各位经销商的热情，树立了对海尔产品的信心，促进了公司产品的市场开拓和销售。

9.3.2 赞助

赞助活动是社会组织无偿提供资金或产品、设备、设施等形式的物质支持某一项社会事业或社会活动，以提高社会声誉，树立良好社会形象的公共关系专题活动。

赞助活动是一种对社会的贡献行为，是一种信誉投资和感情投资，是社会组织协调政府或社区关系最有效的方式之一。赞助既可以为社会公益事业的顺利进行提供保障，同时又可以为各类组织的不断发展创造和谐的社会环境。因此，越来越多的营利性组织纷纷以自己收益的一部分回馈社会公益事业，以表示它们乐于承担一定的社会责任。特别是一些效益比较好的企业，由于具有经济实力，经常被广泛邀请进行赞助。

（一）赞助的主要作用

赞助活动在现代社会中十分普遍，离开了商业赞助，当今许多大型的公益活动几乎很难进行。在我国，随着组织公共关系意识的提高，社会组织的赞助数量越来越多，金额也越来越大。为什么社会组织对赞助活动会乐此不疲呢?主要原因有以下几点。

1. 赢得良好声誉

组织通过对公益活动的赞助，可以在社会公众心目中留下勇于承担社会责任、为社会无私奉献的美好印象，受到社会舆论的好评，从而赢得公众的赞美和良好的声誉。例如，社会组织赞助有关部门共同修建一所敬老院，照顾孤寡老人，并派员工定期看望他们，节假日组织慰问活动，那么公众就容易为社会组织热心公益事业的行为所打动，从而赢得公众的赞美。

2. 融洽社会关系

社会组织在发展过程中，除了盈利及其他目标外，还必须自觉履行一定的社会责任和社会义务，以表明自己是社会的细胞，要为社会贡献一份力量。同时，也可以借此培养社会组织同目标公众的情感，使公众在内心深处认同社会组织，从而融洽社会关系，获得生存和发展的可靠保障。如在 20 世纪 70 年代，日本轿车在印度尼西亚不受欢迎，常常在雅加达街头遭到焚烧。日本人在印度尼西亚开展了一系列公益活动，如赞助慈善事业，从而改变了在印度尼西亚的贸易环境，到 80 年代初，印度尼西亚的轿车大多数是日本所生产的。

3. 扩大社会影响

一方面可以通过赞助作为广告宣传的载体，在公众获益的过程中产生对组织的好感和心理倾向，并获得所赞助社会活动的“冠名权”和优先宣传权，提高广告的效果。另一方面，开展赞助活动，能使企业赢得与赞助项目直接相关的组织与公众的好感，同时也能使企业赢得其他社会公众的好感，从而产生一种口碑效应。如广东“健力宝”集团，它的前身是一个小酒厂，产值仅为 130 万元。1984 年 7 月生产健力宝饮料，1984 年 9 月，为时隔多年重新参加奥运会的中国体育代表团提供专用饮料。在这届奥运会上，中国体育健儿取得了 15 块金牌的好成绩。通过赞助活动使“健力宝”在海外名声大噪。在中国人心中更具有功不可没的地位，为企业树立起一个令人交口称赞的形象，成为国内知名的大企业。

4. 展示社会组织的实力

社会组织在赞助中，往往需要投资大笔经费，尤其是一些重大社会事业，动辄上百万，这对显示社会组织的雄厚资金、展示社会组织的实力形象是极其有益的。

（二）赞助的类型

赞助活动的对象和内容非常广泛，这里介绍几种常见的类型。

1. 赞助体育活动

这是组织赞助中最常见的一种方式。随着我国人民生活水平和体育运动水平的提高，人们对体育运动越来越感兴趣。体育活动成为广大群众所喜闻乐见的活动，也是许多公众热心的活动，涉及的公众层面宽、范围大，使赞助活动影响的广度和深度都很大。因此，社会组织通过对体育运动的赞助，往往较易于增强对公众施加影响的深度和广度，可以最大限度地提高企业的知名度。赞助体育活动一般出于增强广告效果，或扩大与体育有关的许多产品的销路，或测试新产品的性能以便改进，赢得更多用户。社会组织赞助体育活动的常见形式有：提供经费、场地、饮料、食品、服装、器械、人员和其他便利条件；组织体育比赛；承包运动队，提供生活补贴、奖金和训练、比赛经费等，如上海申花足球、北京国安足球、广东万宝足球等。

2. 赞助文化活动

文化生活是社会生活的重要内容之一。组织进行文化生活方面的赞助，不仅可以促进文化事业的发展，丰富公众的生活内容，而且可以培养与公众的良好感情，大大提高组织的文化品位和知名度。这类赞助方式有两种：一是对文化活动的赞助，如对大型联欢晚会、文艺演出、电影电视节目拍摄和书画摄影作品展等赞助，一般能给人以一种愉悦、温情、富有修养的感受，如“蒙牛”赞助湖南电视台 2005 年超级女声总决赛；二是对文化事业的赞助，如对科学与艺术研究、图书出版和文化艺术团体等赞助，一般能给人一种尊重知识、尊重学术的感受。

由于公共关系工作的需要，社会组织一般可以选择赞助某些能显示社会组织社会声望和社会地位的较高层次的社会文化活动和社会文化事业，以提升社会组织的社会形象。扩大社会组织的广泛社会影响。例如，1993 年 3 月，海南国际招商股份有限公司无偿赞助中央乐团 60 万元，资助一些严肃音乐的高水准演出以及聘请一些专家进行艺术指导和交流，就曾受到社会各界的普遍好评。

3. 赞助教育事业

教育事业关系到一个国家的兴衰，日益受到社会各界的重视。社会组织赞助教育事业，不仅有利于教育事业的发展，而且为组织与有关院校建立良好关系打下了基础，有利于组织的人才招聘与培训，还可以为社会组织树立关心教育事业的可敬形象。赞助教育事业的方式很多，常见的赞助方式有：一是赞助学校的基本建设。如图书馆、实验楼等的建设，或者为贫困地区建校办学、修缮校舍或场地；二是赞助学校专项经费。如设立专项科研基金、奖学金、助学金和其他有关教育方面的奖金或奖励等；三是赞助教学用品。如设备、器材和图书资料等。例如，香港企业家霍英东、李嘉诚、邵逸夫、曾宪梓、包玉刚、田家炳等人先后捐资设立各种教育奖励基金，支助国内教育事业的发展，其中邵逸夫一人即捐资 20 多亿元，支助数十所学校建设图书馆和教学楼。

4. 赞助学术科研活动

这是一种高层次的，直接追求组织的社会效益和长远影响的赞助活动。社会组织赞助学术理论活动，既可以利用学术理论活动在公众中的影响，提高社会组织的知名度，又有利于得到专家的咨询和建议，从而改进社会组织的工作。各种学术理论研究活动，有的是直接服务于整个社会，如医学方面的研究、经济和改革理论的研讨；有的是某些社会生产技术的发展战略研究，组织可以自己设立机构，也可以长期支持某些学术研究机构的研究活动。这项活动的主要方式有：与科研机构挂钩，提供科研经费，资助科研项目；赞助学术会议，赞助征文评奖活动，赞助学术刊物出版等。如浙江淑江市东港公司专门设立“资助博士生基金”，和青年知识分子培养了良好的感情，吸引了许多高层次的人才前来就职和献计出力，使东港公司获得了很大的经济效益。

在我国，这种赞助活动还不太普遍，有待于企业组织重视和开拓这一领域。从公共关系的角度来讲，学术理论活动的赞助项目需经一定的选择，社会上的重要学术理论问题研讨活动，或与组织形象建设目标相关的学术交流活动，通常是学术理论赞助活动的首选项目。

5. 赞助社会福利和慈善事业

这类赞助活动对象主要是社会需要救济的对象，有具体困难的公众和社会弱势群体等。社会慈善、福利事业是受社会普遍关注的事业。赞助社会慈善、福利事业是社会组织积极承担社会责任、主动关心社会弱者的优良行为，因而最容易获得公众的好评，提高组织的美誉度，成为组织谋求政府和社区两大公众关系的最佳手段。这类活动的对象主要涉及社会救济对象。其主要方式有：对敬老院、孤儿院、康复中心、福利院提供物质、经费帮助或开展服务活动，兴办残疾人事业，兴办医院、提供医疗设施，在一些地区或单位遭受灾难时提供资助等。

6. 赞助市政公共设施建设

社会组织出资参加市政公共建设，一方面，既为政府减轻建设压力又能为广大社区公众带来方便，赢得政府和社区公众的认同与支持，是协调政府关系和社区关系的有效途径。另一方面，有些道路、桥梁以赞助单位命名，更能大大提高组织的知名度。市政公共设施形式多样，涉及地域广泛，如马路、天桥、候车棚，公园的座椅，街头的路灯、路标，公共汽车的站台、站牌、停车场等。例如，2002 年 2 月长沙友谊阿波罗公司为支持长沙市市政建设捐资 150 万元，在长沙公众中很快产生了广泛影响，并获得长沙市政府和市民的交口称赞。

7. 赞助建立职业性奖励基金

有经济实力的企业组织，可资助或者组办某一领域的专项基金，通过冠名或者参与能获得很好的社会效益。专项基金主要形式有三种：专项发展基金，如少数民族地区社会信息化发展基金、特殊教育发展基金等；专项保护基金，如野生动物保护基金、文物古迹保护基金、环境保护基金等；专项奖励基金，如抗击“非典”医护人员奖、发明家奖、见义勇为奖等。

一般来讲，作为社会公益活动，社会组织赞助设立专项基金要优先考虑那些落后地区、艰苦行业以及对社会文明和社会进步影响较大的领域和事项，如环保基金、野生动物保护基金等。例如经卫生部、民政部批准，由中国医师协会、中华护理学会和上海雅虎制药股份有限公司共同发起的抗击非典殉职医务人员子女助学基金管理委员会已经正式成立。助学基金管理委员会名誉主席由吴阶平担任，主席为中国医师协会会长殷大奎。设立助学基金的目的是为因抗非典殉职医务人员的子女提供受教育的费用，帮助他们顺利完成小学到高中的学业，以此表达全社会对为抢救非典病人不幸以身殉职医务人员的敬意和关爱。

此外，还有赞助公共宣传用品的制作，各种展览会和社会竞赛活动的开展等。总之，组织进行赞助的形式很多，采用哪种赞助形式要根据赞助目的来确定。例如，要扩大组织的影响和知名度，可选择赞助体育活动；要培养与社会公众的感情、增进相互理解，可赞助社会慈善、公益事业。此外，公关人员可以根据社会的需要和组织的能力，认真研究，不断开发各种新颖的赞助形式，以增强赞助活动的效果。

（三）赞助的策划

赞助活动是一种技术性很强的公共关系专题活动，一次完整的、成功的赞助活动，需要做好以下工作。

1. 进行赞助研究

组织的社会赞助活动并不是无计划无目的地大把扔钱，也不是谁找上门来就给谁赞助，而是要减少被动和盲目，主动地开展赞助活动。主动赞助的前提是进行赞助研究和策划。公共关系人员应该从组织的实际情况和经营政策入手，根据组织公共关系目标，制订赞助的方向和赞助政策，在落实每一项赞助资金之前，要分析赞助成本和赞助效果。然后，公共关系人员应该把组织的赞助政策，通过适当的传播渠道和传播方式，传递给可能向本组织提出赞助要求的单位。

2. 制订赞助计划

在赞助研究的基础上，根据社会组织的赞助方向和政策制订赞助计划，组织的公共关系部应该在上年年底或本年初制订出年度赞助计划。赞助计划的内容应该具体、详实，一般应包括赞助的目标、赞助对象的范围、赞助形式和宗旨、赞助的费用预算、赞助的具体实施方案等，并把赞助计划向有关人员通报。

3. 确定赞助项目

确定赞助项目是开展社会赞助活动的重要环节之一，也是影响社会赞助活动效益的关键因素。一般地说，社会组织赞助项目的确定，必须考虑以下三个问题。

（1）作为一种一般的赞助活动，必须坚持组织需要与社会需要相结合的原则来确定活动项目，其中尤其必须重视考虑社会的需要，包括社会的近期需要和长远需要。

（2）作为一种公共关系的专题活动，必须坚持优化组织行为与传播形象信息相结合的原则来确定活动项目，即这种活动项目应能引起社会公众和传播媒介的广泛注意，得到大众传播媒介的广泛传播。

（3）作为一种出资为主的赞助活动，必须坚持美好愿望与现实可能相结合的原则来确定活动项目，即要在保证目标得以实现的情况下做到量力而行。

4. 制定实施方案

根据社会组织开展赞助活动的目标和已经确定的赞助项目，制定出一个赞助项目的具体实施方案。这是保证赞助活动有效实施的必不可少的环节。赞助活动实施方案的内容一般包括：活动名称、活动目的、活动对象、活动范围、活动方式、活动人员、活动设备、活动预算，辅助性活动内容、活动的组织管理、活动的实施步骤及时间安排表等。具体的实施方案是赞助项目的具体化，它可以使赞助活动的每一个细节都有的放矢，有章可循。

5. 审核赞助项目

这一步主要是针对具体赞助项目进行的。组织每实施一项具体的赞助活动之前，都应按照年度赞助计划，由组织的高层领导或公共关系人员对每个赞助项目的子计划和具体实施方案进行审定。充分论证此项目赞助的可行性及赞助方式是否合适，赞助款项是否合理，此项赞助是不是组织的最佳选择，从而最终确定赞助活动的具体实施方案。

6. 实施赞助活动

在具体赞助项目实施方案确定以后，赞助机构应派出专门的公共关系人员与接受赞助的组织联系赞助事宜，签约前要尽可能争取到社会公益活动开展过程中的一切宣传机会。然后，公共关系人员应根据签订的协约组织实施赞助方案，在实施过程中要做到以下三点。

（1）分工负责落实。对整个赞助活动中的各个项目或环节，应分派具体人负责落实，各负其责，密切配合。

（2）运用公关技巧。在实施过程中，公共关系人员应充分运用各种公共关系技巧与方法，创造出组织内外的“人和”气氛，以求最佳效果。

（3）扩大组织影响。赞助活动本身就是为了扩大社会组织的影响，因此在赞助活动中，应尽量利用多种传播方式、途径，帮助主要活动的开展，扩大其影响。如利用大众传播媒介广泛宣传报道，利用广告传播烘托气氛，强化效果。

此外，还应该建立经常性的检查制度，使计划能保质保量地完成，同时避免费用超出预算。

7. 测定赞助效果

赞助是组织的一次重大公关活动，因此一项赞助活动结束后，应对照计划检查完成了哪些预定的目标，分析完成目标或未完成的原因。检测过程中，大量的工作是检查、收集各个方面（如公众、新闻媒介、受赞助组织）对此次赞助的看法、评论，看是否达到预定目的，还有哪些差距，原因是什么。并把这些写成总结报告，归档储存，为以后的赞助活动提供参考。

（四）赞助的注意事项

1. 主动寻找赞助机会

赞助活动项目的确定有两种情况：一是社会组织主动选择对象，提供赞助，例如 2008 年四川汶川县发生里氏 8.0 级地震后，很多大中小型企业主动捐钱捐物支持灾区；二是应某机构、某活动的请求予以赞助，例如，第 23 届奥运会在筹备阶段发出赞助请求，两个月内就收到 1.2 万余家企业的申请。就目前来讲，社会组织的赞助活动多数属于第二种情况。但若想获得更好的信誉投资，理当采取主动形式，把握一切与公众生活或社会组织的经营内容相关联的机会，有计划地开展赞助活动。同时，对各种明显不能满足要求的征募者，特别是那些与组织整体目标和公共关系目标毫无关系的赞助，应坦率而诚恳地解释组织的有关政策，委婉拒绝，不被威胁利诱所屈服，必要时也可诉诸法律和社会舆论，以保障自身合法权利。

2. 优先考虑赞助社会福利事业、教育事业及公共设施

社会组织开展赞助活动的目的是表明社会组织积极承担社会责任和义务，赢得良好的声誉。因此，开展赞助活动必须着眼于社会效益，以获得公众的普遍好感。一般地说，社会组织要优先考虑对各种社会福利事业和活动、公共设施及教育事业的赞助，特别是对其中社会公众所关注的焦点和热点问题进行赞助。这样既能表明组织对社会的责任和义务，又比较容易获得社会公众的好感和赞誉，树立起组织的良好形象。

3. 选用别具一格的赞助方式

一般来说，凡是符合社会及公众利益的赞助活动，都会引起社会各界特别是新闻界的关注。但是，如果能够以新鲜、别致的方式来实现赞助，效果必定会更好。例如，赞助急待发展、高度敏感而又鲜为人知的社会集团和社会问题，通过设立基金、做广告等各种形式提高该基金的知名度，变冷门为公众注意的热点，吸引其他组织也来赞助，从而扩大赞助活动的影响范围。

4. 注意赞助的合法性

合法是开展赞助活动的基本要求。主要有两方面含义：第一，赞助的对象要合法，即遵守法律道德要求，符合社会利益和公众利益。否则，就会给公众以“助纣为虐”之感，不仅不利于实现赞助活动的目的，反而会损害组织形象。第二，赞助的方式要合法，即严格遵守政策法规。违背政策法规，利用赞助搞不正之风，也会破坏社会组织的形象。

5. 注意赞助后的宣传

活动的主办方只能给赞助者提供机会，而怎样利用赞助宣传则是赞助者需要考虑的事情。在赞助活动结束之后，社会组织可以考虑进一步延伸赞助活动的影响，比如，社会组织可向接受赞助单位有关人员或一般社会公众做一项与赞助活动相关的调查，以增强人们对社会组织开展的社会公益活动的记忆，实现延伸赞助活动效果的目的。

6. 保留一部分机动款项，量力而行

赞助计划要留有一部分机动款项，作为遇到临时性赞助机会和重大活动时的备用款。同时，社会组织开展赞助活动应当量力而行，根据社会组织的经济实力和利润额，支出合理的赞助经费。赞助经费的数额，必须在社会组织能够承受的范围之内，避免做力不从心的事情。

赞助活动的公共关系效果不一定与赞助金额成正比，这其中的奥妙就在于巧妙地赞助。例如，有的企业赞助社区举办的文化周、艺术节、旅游节、音乐会、歌咏比赛、体育比赛、书画展览、节日游园、灯会等，花钱不多，效果很好。也有的企业有针对性地长期扶植赞助具有地方特色的文化艺术、体育活动项目，就更有价值。还有的企业协助地方发展教育事业，如设立奖学金、奖教金，以鼓励学生好学，教师治学；捐献教育设施，以改善地方办学条件；提供专项教学经费，如专项的美育教育经费、体育教育经费等，以填补教育内容的不足。赞助教育不仅能够扩大企业在教育界的影响，而且能够赢得方方面面社会公众的赞誉；不仅能够对成年人产生影响，而且能够在青少年学生中留下深刻而美好的印象。由此可见，只有精心谋划，才能实现组织的赞助目的。

阿迪达斯借体育扬名

阿迪达斯公司是世界上最大的体育用品公司之一，赞助体育活动使其踏上成功之路。

1936 年的奥运会开幕前夕，阿迪·达斯勒兄弟发明了短跑运动员用的钉子鞋，并无偿赞助给美国著名短跑运动员欧文斯试穿，结果欧文斯在比赛中获得 4 枚金牌，一举成名，阿迪鞋也成了国内外的畅销货，鞋厂也发展成了阿迪公司。此后，阿迪公司屡次使用赞助体育运动的手法，均获得了成功。

问题：请结合以上资料分析赞助活动的目的、类型及赞助中应注意的问题。

9.4 庆典型公共关系专题活动

隆重的庆祝典礼谓之庆典。庆典型公共关系活动是组织利用自身或社会环境中的有关重大事件、纪念日、节日等所举办的各种典礼仪式、庆祝会和纪念活动的总称。组织通过这些庆典公共关系活动，可以使广大公众潜移默化地接受举办者的各种信息，增加对举办者的亲近感，引起新闻界的注意，提高举办者的知名度和美誉度，为组织创造一个良好的社会关系环境。

庆典活动可以是一种专题活动，也可以是大型公关活动的一项程序，内容包括典礼仪式、节庆活动、纪念活动和其他活动。组织庆典活动总的要求是喜庆的气氛，隆重的场面，热烈的情绪，灵活的形式，需要较高的规范性和礼宾要求。

9.4.1 典礼仪式

典礼仪式包括各种典礼和仪式活动，如开幕典礼、开业典礼、项目竣工典礼、毕业典礼、颁奖典礼、就职仪式、授勋仪式、签字仪式、捐赠仪式、升旗仪式、揭幕仪式、剪彩仪式等。社会组织遇有重大意义的成果和事件，如列车段安全运行一千天，企业销售额超亿元等，也可以举行庆祝仪式。

在实际工作中，典礼仪式的形式多样，并无统一模式。有的仪式非常简单，如某个企业办公楼的开工典礼，放一挂鞭炮，企业老总喊一声“开工”，仪式便宣告结束；有的仪式非常隆重、庄严，如英国女王登基、国外皇室婚礼及葬礼等，甚至还有一套严格的程序和繁文缛节。许多重大的典礼仪式一般都要邀请上级领导、社会名流、新闻记者参加，有利于提升社会组织的形象，扩大社会组织的社会影响。同时，重大的典礼仪式一般都比较隆重，有利于鼓舞社会组织内部员工的士气。

（一）开幕典礼

开幕典礼又可称开幕式，指第一次与公众见面的展现组织新风貌的各种庆典活动。包括各种博览会、展览会、运动会和各种文化节日的开幕典礼；组织或企业的开业典礼；重要工程的开工典礼或奠基典礼；重要设备及工程首次运行或运转的庆祝活动，如通邮、通车、通航等典礼活动等。诸如此类的“第一次”，为强化其作用，扩大影响，公共关系人员均可精心设计安排庄重而热烈的开幕式。

开幕典礼的形式并不复杂，历时也不会太长，但要办得热烈隆重、丰富多彩，给人留下深刻而美好的印象却并非易事。公共关系人员往往是开幕典礼的具体设计者和组织者，为办好开幕典礼，大致可归纳为：准备工作、开幕活动、结束工作三项内容。

1. 开幕典礼的准备工作

（1）邀请嘉宾。公共关系部门要拟定出席典礼的嘉宾名单，这些人中包括政府有关部门负责人、社区负责人、社团代表、新闻记者、员工代表及公众代表。嘉宾名单经组织领导审定后，开始印制请柬。请柬制作应尽量精美，语言诚恳并准确无误，写明活动事由、事件、地点、方式等。请柬最好提前一周送达，以便对方及早作出安排，活动前一天再核实一次。

（2）确定致词和剪彩人员。事先确定致辞的宾客名单，并为本单位负责人拟好相关发言词。开幕词、贺词和答词都应言简意赅、热情庄重，起到沟通感情，增进友谊的作用。

同时，预先准备新闻参考资料或报道提纲，为前来的新闻记者提供新闻素材。

剪彩者可以是一个人，也可以是几个人，但是一般不应多于五人。剪彩人员最好由客人担任，或是上级领导，或是主管部门负责人，或是某一方面的知名人士。有时也可由本组织负责人和来宾中地位最高、有较高声望的知名人士共同承担。但人数不宜太多，应事先将有关事宜通知剪彩者。

（3）拟定典礼程序和接待事项。拟好开幕典礼的程序，对开幕式环境、会场、照明、音响等应做详细的准备。活动程序一般为：主持人宣布典礼开始、介绍重要来宾、致贺词、致答词、剪彩、参观、座谈或宴请等。要事先确定迎宾、签到、接待、剪彩、摄影、录像、播音等有关服务人员，并在典礼前到达指定岗位，按照典礼程序有条不紊地进行工作。

（4）物质准备和后勤、保安等工作。典礼仪式的现场，需要有音响设备、音像设备、文具、电源等。需要剪彩的，要有彩绸带、新剪刀。有助兴节目的，鞭炮、锣鼓等也要有所准备。宣传品、条幅和赠予来宾的礼品，也应事前准备好。赠送的礼品要与活动有关或带有企业标志。

2. 开幕式典礼的组织工作

（1）专人负责宾客签到接待。宾客到场时，有专门的工作人员接待，请他们签到后，引领到备有茶水饮料的接待室，让他们稍事休息并互相认识，接待室应有本组织人员陪同宾客交流。

（2）典礼开始。由主持人宣布典礼开始，介绍重要来宾。然后由来宾致贺词，主方致答谢词。

（3）剪彩。剪彩者登台时，宜从右侧出场。剪彩者若不止一人，则其登台时亦应列成一行，并且使主剪者行进在前。在主持人向全体到场者介绍剪彩者时，后者应面含微笑向大家欠身或点头致意。礼仪小姐应排成一行行进。从两侧同时登台，或是从右侧登台均可。托盘者应前行一步，到达前者的右后侧，以便为其递上剪刀、手套。

在正式剪彩前，剪彩者应首先向拉彩者、捧花者示意，待其有所准备后，集中精力，右手持剪刀，表情庄重地将红色缎带一刀剪断。若多名剪彩者同时剪彩时，其他剪彩者应注意主剪者动作，与其主动协调一致，力争大家同时将红色缎带剪断。按照惯例，剪彩以后，红色花团应准确无误地落入托盘者手中的托盘里，而切勿使之坠地。剪彩者在剪彩成功后，放剪刀、手套于托盘之内，举手鼓掌。接下来，可依次与主人握手道喜，并列队在引导者的引导下退场。退场时，一般宜从右侧下台。

（4）答问。剪彩过后，一般由主方负责人回答记者或嘉宾提出的各类问题。

（5）助兴节目。在开幕式进行过程中，为营造热烈欢快的喜庆气氛，可在典礼过程中安排一些必要的助兴节目，如锣鼓、鞭炮礼花、舞狮耍龙、乐队伴奏、民间舞蹈、歌舞节目等。助兴节目最好由本企业员工担任，这样可以培养员工的职业自豪感。本企业没有这方面人才当然也可以邀请外单位的人来助兴。另外，还可以邀请来宾为本组织题词，以便留下永久纪念。

3. 开幕典礼的结束工作

（1）组织来宾参观。典礼结束后，可以组织来宾参观本企业的生产设施、服务设施以及产品或商品陈列，增加宣传组织、传播信息的机会。这既是让上级、同行和社会公众了解自己的好机会，也是宣传产品或服务的机会。此外，还应考虑是否发放纪念品或礼品，是否有提供小型宴请的必要。

（2）广泛征求意见。通过座谈或留言簿的形式广泛征求意见，并把这些意见或建议及时整理出来，以达到总结经验，鼓舞士气的目的。

总之，不论何种规模的开幕式，活动结束做好嘉宾的送别、征求意见、感谢致意等，都是必不可少的。

4. 开幕典礼的策划技巧

常见的方法有下列两种。

（1）常规的开幕庆典形式，改变其程序或内容。许多组织在剪彩的人选上进行创意，以增加新鲜感和独特性。例如，青岛星火家具大世界的开业仪式上，既听不到震耳欲聋的鞭炮轰鸣，也看不到成群结队的领导光临，伴随阵阵悠扬悦耳的军乐声，商店工作人员向在场的第一批顾客散发了 20 束鲜花，然后由得到号码 8、18 的两位顾客当众为公司剪彩。此时此刻，此情此景，人们感到顾客就是“上帝”已不再仅仅是商店里装点门面的标语条幅。

（2）打破常规，利用或结合其他活动的方式来搞开幕庆典。开幕庆典的中心内容通常是组织成立的挂牌、大型工程落成后第一次同公众见面的揭幕，大型运动会的升旗和一般开幕庆典的剪彩等仪式。这些仪式可以利用专题演唱会或组织联谊活动等形式来进行，可以结合赞助等内容进行，以增加活动的隆重和新意。长沙友谊华侨公司为了招引顾客，以“友华”名义，在报刊电视上发出通知，邀请长沙市区内在元旦出生的人在元旦“友华”重新开张之际来店同庆节日之喜，虽生日礼品发出千余份，但商店客流量却超过 25 000 人次，销售额达 100 万元，相当于过去平均数的 18 倍，创该店历史上的最新纪录，并为以后销售奠定了良好的基础。

香港新展厅开业典礼

香港美时集团在我国是最早代理进口名牌办公家具的公司之一，业务范围包括全线办公家具系列、建材及家具生产。美时集团目前拥有近 50 个经销商遍布全国，在广东东莞还投资近三个亿建立了全国最大的占地十万平方米的大型生产基地。随着中国入世，美时以新展厅的开幕为契机，不断推出新产品，全面推进美时在全球的发展战略，为积极拓展中国及亚太区市场，创造了有利条件。

9 月 20 日，香港美时集团在招商局大厦举行了美时新展厅开幕仪式。开幕式在友好、祥和的气氛中进行。此次活动邀请了（北京电视台新闻节目）著名主持人时雨作为此次活动的主持，前中国足协主席年维泗等领导为开幕式作了简短致辞。美时集团的代表同嘉宾进行了现场剪彩、香槟祝酒。

为了营造现场热烈气氛，美时集团施放礼花庆祝此次开幕式的举办成功。TACTICS 现场组装屏风演示让来宾耳目一新，体积庞大却轻松流畅的组装让与会人员从传统的观念中解放出来，流行与时尚是此次开幕式传达的一道别样风景。

与会的各界嘉宾同美时集团的代表进行了相互的沟通，就现代办公家具的发展方向及前景进行了深入的探讨。

问题：

（1）开业典礼如何策划才能达到聚焦的作用？

（2）香港美时集团开业典礼的可取之处在哪里？

（二）签字仪式

签字是一种常见仪式，作为组织中负责对外交往和礼宾的公关人员，应当熟悉签字仪式的程序。安排签字及签字仪式是一项细致的工作。

1. 签字仪式的准备工作

（1）确定签字人员。

签字人是代表一个国家、政府或企业进行签字的人员，所以，签字人选择十分关键。签字人应视达成协议和文件的性质由相关方面确定。有由国家和政府领导人签字的，也有由有关部门的负责人签字的，但不管是哪一级，双方签字人的身份应大体相当。

出席签字仪式的人员应基本上是参加会谈或谈判的全体人员。如一方要求让某些未参加会谈或谈判的人员出席签字仪式，应事先取得对方的同意，另一方应予以认可。但应注意双方人数最好大体相等。

（2）安排助签人。

助签人的职能是洽谈有关签字仪式的细节并在签字仪式上帮助翻阅与传递文本、指名签字处。助签人一般由熟悉情况的人员担任，并事先洽谈好有关细节。有的组织为了塑造形象，常招聘公关小姐或公关先生担任助签人员。

（3）签字物品的准备。

首先应是签字文本的准备。负责为签字仪式提供待签的合同文本的主方，应会同有关各方一道指定专人，共同负责合同的定稿、校对、印刷、装订、盖火漆印工作。按常规，应为在合同上正式签字的有关各方，均提供一份待签的合同文本。必要时，还可再向各方提供一份副本。此外，还要准备好签字用的文具、国旗等物品。

（4）布置签字现场。

签字现场应在正面中间悬挂“××签字仪式”横幅，涉外签字仪式中横幅文字以东道主文字为主。

我国举行的签字仪式，通常是在签字厅内设置长方桌作为签字桌，桌面上覆盖深绿色的台呢。桌后放两把椅子，面对正门主左客右，作为双方签字人的座位。座前桌上摆放各方保存的文本，文本前方分别放置签字用的用具，中间摆放一个旗架，同样按主左客右的原则悬挂签字双方的国旗，即各方的国旗须插放在该方签字人座椅的正前方。另外，还要与对方商定助签人员的安排，以及安排双方助签人员洽谈有关细节。

2. 签字仪式的程序

签字仪式是签署合同的高潮，它的时间不长，但程序规范、庄严、隆重而热烈。签字仪式的正式程序一共分为四项。

（1）签字仪式开始。

双方参加签字仪式的人员步入签字厅，按事先排好的位置就位。双方的助签人员分别站立于签字人员的外侧，协助翻揭文本及指明签字处。双方其他随员，可以按照一定顺序在己方签字人的正对面就座。也可依照职位的高低，依次自左至右（客方）或是自右至左（主方）列成一行，站立于己方签字人的身后。当一行站不完时，可按照以上顺序并遵照“前高后低”的惯例，排成两行三行或四行。

（2）正式签署合同文本。

工作人员送上签字文本和签字工具，助签人员协助翻开文本并指明签字的地方。签字人员先签署已方保存的合同文本，助签人员相互传递文本后，再接着签署他方保存的合同文本。助签人员在旁用吸水纸按压签字处。

（3）交换文本。

签字人正式交换已经由有关各方正式签署的合同文本。同时，各方签字人应热烈握手，互致祝贺，并可相互交换各自方才使用过的签字笔，以示纪念。全场人员应鼓掌，表示祝贺。

（4）饮香槟酒，合影留念。

交换已签的合同文本后，有关人员，尤其是签字人当场干上一杯香槟酒，并合影留念，这是国际上通行的用以增添喜庆色彩的做法。在一般情况下，商务合同在正式签署后，应提交有关方面进行公证，才正式生效。

多边条约的签字仪式大体与上述仪式相同。只是相应地增加签字人员的座位、签字用具和国旗。在签订多边条约时，也可只设一个座位，先由公约保存方代表签字，然后由各方代表依礼宾次序轮流在公约上签字。

9.4.2 节庆活动

节庆活动是指利用盛大节日或共同的喜事而举行的表示快乐或纪念的庆祝活动。百里不同风，千里不同俗。不同的国家，甚至一个国家的不同民族和地区都有自己独特的节日和庆祝活动。节庆日是社会组织，特别是酒店、宾馆等接待服务类单位，开展公共关系活动的绝好时机。所以，每年 6 月 1 日前后，大小商店都会在小孩商品上绞尽脑汁；中秋节前，则会爆发一轮又一轮的月饼大战；五一和十一长假前夕，旅游胜地和饭店就会大张旗鼓地宣传和推介其优质的特色服务。要恰到好处地开展节庆活动并达到预期效果就要注意下两点。

（一）要区分公共关系节庆活动的重点

各国、各民族的节庆日名目繁多，大体可分为法定节日、民间传统节日两大类。

法定节日，除宾客所在国的国庆日可向其表示庆贺外，逢我国国庆日，亦可酌量安排一些电影、文艺招待等活动。其他的法定节日，无论是我国或他国的节日，一般由国家、政府首脑或军事首长主持，具体单位的公共关系部门，则不必另行安排庆祝活动。

民间传统节日，除各国基本相通的元旦外，世界各国都有各自传统的民间节日和宗教节日。重要的民间传统节日和宗教节日，应列为公共关系节庆活动的重点。

另外，还有很多地方根据各自的特点举办了各种具有浓郁地方特色的特殊节庆活动，如哈尔滨冰雪节、潍坊风筝节、岳阳国际龙舟节、长沙金鹰电视艺术节等，这些节庆活动往往由地方政府牵头，各部门和工商企业参与，本身就具有公共关系活动的性质。对于此类活动各组织应积极参与，不着痕迹地开展公关活动。例如，杭州西湖电视机厂利用哈尔滨举办冰灯节这一时机，把冰雕和电视巧妙地结合在一起，他们将西湖牌电视机放在一个个冰雕之上，接通电源，让西湖牌电视机接受冰天雪地的“磨练”，当人们看到西湖牌电视机在寒冷的户外正常工作，图像和声音都十分清晰时，这次“有机则乘机”的公共关系专题活动已被人们传为佳话，并为新闻媒介广泛报道。

（二）开展节庆活动，贵在富有传统特色

目前许多宾馆酒店，在我国传统的春节、中秋节等节日，及时按我国的传统方式，给宾客吃“年夜饭”，组织员工向他们“拜年”，请他们中秋赏月，品尝优质月饼，组织他们观看一些富有我国民族特色的文艺节目等。这样做，对国内的同胞可使他们感到分外亲切，缓解思乡之情；对国外宾客则能使他们领略异国他乡的特殊风情，增添旅游生活的欢乐和愉快。同样，对于重要的宗教节日，对相关的宾客能按宗教的特殊规定和要求，予以庆贺并开展相应的特殊服务，均能起到尊敬顾客、增进友情的作用。对信奉基督教的西方宾客来说，在“圣诞节”祝他“圣诞快乐”，或赠送一张别致的“圣诞卡”，往往能使宾客感到分外亲切。

节庆开展公共关系活动，并非仅限于餐饮、旅馆等组织的公共关系部门。触类旁通，其他组织的公共关系部门也可视自己服务的公众，因地、因人制宜，开展相应的活动。只是要从本组织的实际出发，量力而行，讲究实效即可。

9.4.3　纪念活动

纪念活动是利用社会上或本行业、本组织的具有纪念意义的日期而开展的公关活动。通过举办这样的活动，可以传播组织的经营理念、经营哲学和价值观念，使社会公众了解、熟悉进而支持本组织。因此，举办纪念活动实际上又是在做一次极好的公关广告。

纪念活动大致可以分为两类，属于社会的纪念活动，如历史上的重要事件发生纪念日、本行业重大事件纪念日、社会名流和著名人士的诞辰或逝世纪念日；属于组织的纪念活动，如本组织的周年纪念日、逢五逢十的纪念日及重大成就的纪念日等。社会组织即可以根据本组织所有的特定纪念日策划和组织纪念活动，也可以选择社会上某些纪念日开展纪念活动。无论是哪种类型的纪念活动，只要主旨鲜明，策划得当，组织到位，都有利于树立社会组织的良好形象。

电信公司借“题”发挥

××市电信分公司利用今年5月17日第37届“世界电信日”，举行了丰富多彩的庆典活动。结合本次“世界电信日”的主题“行动起来，创建公平的信息社会”，举行了“携手电信之旅，世界触手可及”的大型文艺演出和现场抽奖、千人大游行、小灵通手机展示、小灵通吉祥号现场拍卖等活动。市委副书记、常务副市长×××观看了演出活动并现场抽取了“携手电信之旅，世界触手可及”××本地一等奖，××市电信分公司总经理××现场抽取了“携手电信之旅，世界触手可及”××本地二、三等奖。

案例分析：通过此次庆典活动，扩大了××市电信分公司的社会影响力，不仅给××市民留下了深刻的印象，而且由于市级领导的参加，密切了组织与政府部门的关系。

（一）周年庆典

组织周年庆典指组织在发展过程中的各种内容的周年纪念活动，包括组织“生日”纪念，如工厂的厂庆，商店的店庆，宾馆的馆庆，学校的校庆以及大众媒介机构的刊庆或台庆等，还包括组织或企业之间友好关系周年纪念，也包括某项技术发明或某种产品和问世的周年纪念和其他内容的周年纪念活动。

组织利用周年庆典，举办庆祝活动，借机振奋员工精神，扩大宣传效应，协调公众关系塑造组织形象也很有意义。组织公关人员在策划和组织周年庆典活动时，应注意以下问题。

（1）作为组织发展过程中的里程碑，周年庆典需体现总结过去，继往开来的内涵。

组织周年纪念日是组织发展的里程碑，需要借庆典活动之机对组织的过去进行回顾和总结，对组织未来进行展望。如许多组织在周年纪念日时编写或修订厂史或校史等组织的历史记录，举办组织历史展览和未来规划展览。

（2）作为组织自己的节日，周年庆典应强化对内部员工进行热爱组织教育，热爱本职工作教育的主题。

组织周年庆典应该要求全体员工统一着装。如工厂厂服或店服；戴厂徽或店徽；庆典仪式上奏厂歌或店歌，为配合周年庆典纪念活动，可组织类似学校的校园文化节或者其他的系列主题活动，起到欢庆和教育的双重作用。

（3）作为庆典活动，周年庆典应突出节日的喜庆气氛。

组织周年是组织自己的纪念日和节日，庆典仪式或者纪念活动采取各种方式来渲染节日喜庆的气氛，并为来宾提供良好的礼宾服务。

（4）周年庆典应围绕组织周年纪念中心内容进行创意，以增强活动独特性和对公众的吸引力。

组织周年庆典活动不能总是一样的模式，组织公关人员应发挥其创造性。如美国某连锁商店开业 30 周年纪念日时，为了使这次庆典活动在公众心目中产生轰动效应，满足社会公众的求奇心理和塑造良好形象，培养员工对本公司的认同感、归属感，进一步增强凝聚力和向心力，公司总裁为一位在公司商店门口擦了 25 年皮鞋的老人举办了一次活动。利用这个颇具影响的事件，引起新闻界和公众的好奇心，调动了公司员工的积极性。

（二）特别庆典

特别庆典是组织为了提高其知名度和声誉，利用某些具有特殊纪念意义的事件或者为了某种特定目的，策划组织的庆典活动。

一般来说，根据不同的目的，组织的特别庆典可采取不同的方式。

（1）制造新闻，吸引外界为主要目的。如酒店宾馆可策划组织迎来 10 万名宾客的庆典活动，大型展览会上企业可策划组织本展台迎来第 1 万名参加者的庆典活动。

（2）以强化观念，引起注意为主要目的。如邮政部门策划组织 300 日无错邮纪念活动，交通部门策划组织安全行车 100 日纪念活动；采矿企业举办安全采煤 800 天纪念活动等。

（3）以关心组织员工，增进内部团结为主要目的。如学校为年满 18 周岁的青年举行成人仪式；企业为婚龄男女员工举办集体婚礼，为退休老职工举办银婚纪念等活动。

（4）以关心社会，宣传自己为主要目的。如组织根据其特点策划世界环境日纪念活动，消费者权益法颁布 10 周年庆祝活动等。

组织人员应注意辨别选择时机，策划组织具有独特创意的特别庆典活动，为实现组织的公关目标服务。

布什政府“9·11”周年纪念公关

美国东部时间2001年9月11日上午，美国纽约和华盛顿的主要建筑接连遭到恐怖主义分子袭击。9时前后，纽约101层的世贸中心姊妹楼分别遭恐怖分子劫持的两架飞机撞击。就在世贸中心遭到恐怖袭击大约30分钟后，位于美国首都华盛顿的两座标志性建筑——国防部五角大楼和美国国会也分别发生大火。10点22分，美国国务院附近发生汽车爆炸事件。9月11日的一系列的恐怖事件，致使2 801人死亡。

一年之后，也就是2002年9月11日，美国政府决定隆重举行“9·11”事件一周年纪念活动。

（1）以总统为中心的中央政府纪念活动。

在此次纪念活动中，布什总统的所言所行，紧紧围绕哀悼、力量和决心三个主题，受到了全美人民、各国政府和国际媒体的极大关注。

8时46分，一年前“9·11”事件中第一架客机撞上纽约世贸中心的时刻，华盛顿国家大教堂的钟声响起，布什与夫人劳拉在白宫南草坪，率领全国默哀一分钟。这一环节设计，布什旨在以国家最高领导人的身份，表示国家对死难者的哀悼。

9时37分，一年前第二架被劫持的客机撞向五角大楼的时刻，布什出现在五角大楼广场，率领100名儿童进行现场宣誓。随后，在这里发表了他在整个纪念活动中的第一个正式讲话。布什的讲话充分渲染了美国人面对灾难表现出的力量、勇气与信心。这一环节的设计，布什旨在以三军总司令的身份，在国家的军事象征地纪念死难者、弘扬英雄主义、表达反恐必胜信心。

中午12时35分，来到坠机的地点齐膝深的草丛中，向遇难者敬献花圈。布什与遇难者家属在仪式上低头默哀。随后，布什与参加仪式的家属握手致意，并与他们交谈。这一环节的设计，布什旨在以国家领袖的身份，“祭奠美国英雄”，弘扬美国精神。

21时1分，在象征着宽容和独立的爱利斯岛上，以自由女神像和已永远改变的曼哈顿地平线（世贸大厦在未遭到袭击之前，是公认的曼哈顿地平线）为背景，布什向全国发表了电视讲话，鼓励在悲伤中度过了一年的美国人摆脱恐惧，自由地生活。在电视直播中，在黄金时间发表讲话，最直接也最有力地将美国政府对于死者的哀悼和对于生者的抚慰，对于国民的激励和对于恐怖分子的仇恨，以及美国必胜的决心传达给了全美国人民。

（2）以纽约州政府为代表的地方性纪念活动。

纽约州政府也于当日举行了隆重的纪念活动。活动主题设定为：为了所有民众——纪念死难者、抚慰遇害者亲属、安抚人们受伤的心灵。

由政府机构工作人员组成的乐队引领游行；

纽约州长乔治·帕塔基朗读林肯著名的《盖茨堡演说》；

前纽约市长朱里亚尼等人朗读世贸大楼2 801名罹难者的名字；

点燃长明火，对“9·11”事件遇难者表示怀念。

（3）其他细节。

公开征集纪念活动意见。为了做好“9·11”纪念活动，纽约市政府主动征求了市民及“9·11”受害者家属的意见，公开了电子邮箱、电话号码和通信地址，收集普通公民的意见。

问题：社会组织举行纪念活动有何意义？

本章小结

公共关系专题活动是一个有计划地进行准备、实施和总结的过程，策划和举办成功的专题活动，要求公关人员不仅要有广博的知识，而且还要熟练掌握进行专题活动的技能。公关专题活动常见的形式有：制造新闻、记者招待会，展览会、开放参观，联谊活动、赞助，典礼仪式、节庆活动、纪念活动。本章主要对这些常见的公共关系专题活动的操作方法、技能与注意事项进行了介绍，并列举了有关的案例辅助说明，以便读者对公共关系专题活动内容的理解。

综合练习

一、思考题

1. 什么是公共关系专题活动？常见的公共关系专题活动有哪些？
2. 什么是制造新闻？组织为什么要制造新闻？怎样制造新闻？
3. 你认为在什么情况下社会组织应举办记者招待会？

4. 一些企业在举办产品展览会时，展览的大都是积压品、处理品。作为公关部门的一员，你如何看待这一现象呢？
5. 如何组织和安排开放参观活动？
6. 赞助有什么作用？赞助活动如何策划？
7. 庆典活动的特点及策划要求是什么？举一例谈谈组织庆典活动中如何体现其创意性。

二、分析题

（一）巧借“特富龙”事件——格兰仕“阳谋”新闻公关

（1）案例背景

古人云：“高手做势，中手做事，低手做市”。2005 年 7 月 10 日，美国环保署表示杜邦“特富龙”的关键原料全氟辛酸铵，可能会致癌或影响生育，消息传开后，不仅杜邦公司遭受重大危机，对于使用“特富龙”为原材料生产不粘锅的厂家来说，更是打击沉重，这场风波在中国市场引起了强烈的反映，杜邦不粘锅销售急剧下降，众多商场停售杜邦不粘锅，国家相关机构开始介入。杜邦“特富龙”事件使杜邦公司遭遇一场夏日寒流。为控制局面，杜邦公司在短时间里展开了强大的危机公关，而格兰仕公司则“借力用力”、“借势、做势、造势”，运用其惯用的新闻传播策略，进行了强大的正面媒体公关，进行品牌传播，借机蚕食竞争对手市场，可谓“识时务”。

（2）迅速反应，全国媒体强势出击

在“特富龙”事件开始升温后，2005 年 7 月 12 日，格兰仕的相关负责人接受媒体采访时表示，“特富龙”作为先锋的不粘材料，已被不粘锅生产企业视为卖点，因此“特富龙事件”将对以不粘锅为主业的生产企业打击会很大。格兰仕的不粘锅大部分都是出口海外，但欧美市场对产品的质量等各项市场准入指标比国内还要严格，因此公司目前做两手准备，正在寻找相应的替换性材料，以便消除消费者的疑虑。

采访一结束，这位格兰仕负责人表达的态度立马被全国各大报纸引用报道，网上有关“特富龙”的报道，其中的内容大部分都有“格兰仕”的出现，其新闻公关可谓无孔不入。

（3）签订“健康保证书”，发表“材料健康声明”

当媒体上的讨论、质疑等各种声音越来越激烈的时候，格兰仕开始了它的媒体公关第二步，向竞争对手争抢炊具市场，同时渲染其微波炉的健康诉求。

杜邦“特富龙”引发了不粘锅的生存危机后，其负面效应扩展到了整个炒锅业。就在“特富龙”惨遭健康危机与媒体讨伐之际，格兰仕与两家国外高端材料技术公司达成了宇航 DYH 材料技术和宇航 5T 涂层技术联合产销及研发意向，应用于电饭煲、微波炉、光波炉内胆上，并立刻要求 100 多家国内外材料供应商与之签订“材料健康保证书”，向外界表明格兰仕与“特富龙”两不相干，格兰仕微波炉是健康的。此外，格兰仕还向广大下游经销商发表“材料健康声明”，稳定经销商和市场。格兰仕率先发起了中国家电业的“健康材料革命风暴”，客观上加速了广大消费者疯狂抢购微波炉的热潮。以上动作被国内媒体广为传播，此举是格兰仕利用“特富龙”事件的影响，做出的媒体公关。

（4）猛推健康优势，借机蚕食市场

在媒体大肆宣扬杜邦“特富龙”事件之下，格兰仕抓住这个大好时机，对市场猛打“健康牌”，极力宣传格兰仕的微波炉和光波炉健康环保、安全无毒的优势，加强了格兰仕的品牌传播力度。格兰仕的这张牌打得恰到好处，其微波炉在全国地销量劲升 50%以上，引起抢购风潮。

格兰仕发给全国经销商的“健康声明”是一个一举两得的公关策略，既安定了经销商也稳住了消费者。“声明”显示格兰仕应用的涂料是目前全球最高级的环保材料以及该材料的诸多好处，大有一举取代“特富龙”之势。

问题：

（1）结合格兰仕的案例分析策划新闻事件的特征表现在哪些方面？

（2）结合案例分析如何在策划新闻事件中把握新闻的“新”和“真实”之间的度？

（二）展览中的精品——乐高国际大展

如今，在香港，乐高国际大展已经成为每年举办的大型玩具展览活动。这一展览活动都在每年的复活节与儿童节举行，每次都能吸引成千上万的小朋友和他们的父母们前来参观。然而，在 1982 年，乐高玩具积木的总代理在香港举办第一次展览活动时，还有些信心不足呢。

当时，乐高玩具虽然已是家喻户晓，但举办展览活动的场地——香港展览中心，该展览中心不但地理位置偏僻，交通不便，而且很少有人知道它的正确位置。还有一个更大的难题是，香港展览中心位于交通繁忙的海旁大道，过路天桥少，小朋友们过马路非常不方便，如果是由老人领着小朋友们前来，更是困难，令主办者大伤脑筋。

乐高玩具积木的总代理将此事全权委托给了公共关系顾问公司。该公共关系顾问公司在接受了委托以后，查阅了乐高玩具积木的总代理交给的所有资料，并精心进行了策划。为了方便参观者前来，所有请柬都附有特别设计的标志地图，无论是驾车还是乘坐公交车前来，都有明确指示。公共关系顾问公司还建议租用大轿车向参观者提供免费接待服务，表现出了主办者的诚意。

公共关系顾问公司建议乐高总代理加强对学校及社会服务机构的宣传，并特别设计印制了海报、请柬和位置简图等，大量寄给有关学校和机构，邀请他们组成参观团，集体参观。因为如果有团体肯承担责任，组织带领儿童前来参观，并安排交通等，就会使家长们放心。

一切方便参观者的措施落实之后，展览现场的宣传活动就变得极为关键。为了搞活展览现场的气氛，提高参观者的兴趣，根据公共关系顾问公司的建议，展览现场主要搞了四项公共关系活动。一是除了以乐高玩具为主题的展览外，增设与乐高玩具有关的有奖竞赛活动。如用乐高积木制成了一个天星小轮，举办了一个积木数量竞猜大赛，头奖是全家（按一家 4 口人计）往返丹麦的机票及招待，中奖者可以参观丹麦的乐高乐园，还可以得到其他名贵礼物。二是设每日抽奖，在当日的入场券存根中抽出 10 名幸运奖，各奖乐高的积木玩具一份。现场特设“幼儿天地”，提供乐高积木给他们玩耍；设拼模型比赛，为参加比赛的儿童提供样本及积木组合元件，要他们在规定的时间内照图样拼积，最快完成者便可得奖。三是为了增加本次活动的新闻价值，公共关系顾问公司建议乐高总代理免费接待社会福利机构的儿童，除了不收入场券以外，还送给每位儿童一份礼物，包括福利院和孤儿院的儿童，并提议把开幕日当天上午定为“儿童嘉宾时间”，特别开放给上述儿童参观。四是为便于记者在现场采访，公共关系顾问公司提议在开幕典礼前两个小时特设“新闻界预展”，招待新闻界的代表参观，给他们最大的摄影方便，安排他们访问主办者等。

以上所有这些措施都实行得非常顺利，加上天公作美，在展览期间风和日丽，使这次展览获得了空前的成功。开幕式的当天下午，参观者就超过 1 万人，使原来担心门可罗雀者，转而担心参观的人太多，不知如何维持现场的秩序了。在 5 天的展期内，参观者超过 12 万人次，平均每天有 2.4 万多人次，这在当时的香港展览中心是一个空前的记录。参与现场活动的人数也很多，组织者收到的参加竞猜的表格有数万份，可参加抽奖的有效表格 2 万多份。各大报刊或在展前或在展后都有报道，事后汇集有剪报计有 60 多份。有两家电视台先后派出摄影队采访，安排在他们的儿童节目中播出，大大提高了乐高的知名度，增加了大众对乐高新产品优良品质与安全性的认识。

问题：

（1）结合上述材料，分析乐高国际大展的成功之处。

（2）谈谈乐高展会现场公关活动的作用。

（三）海尔集团成为北京 2008 年奥运会白色家电赞助商

2006 年 8 月 12 日，海尔集团公司在青岛与北京奥组委签约，正式成为北京 2008 年奥运会白色家电赞助商。海尔也是与北京奥组委签约的第四家赞助商。

作为北京 2008 年奥运会赞助商，海尔集团将为北京 2008 年奥运会和残奥会、北京奥组委、中国奥委会以及参加 2006 年冬奥会和 2008 年奥运会的中国体育代表团提供资金和白色家电产品及服务。

北京奥组委执行副主席王伟在签约仪式上表示，作为“海尔”的诞生地，青岛正在积极筹备北京奥运会帆船比赛。“相约奥运，扬帆青岛”，表达了青岛人民对北京奥运会的热情期盼。海尔集团成为北京奥运会赞助商，将会给北京奥运会的筹办工作带来积极影响，同时也必将对青岛的城市建设和经济发展发挥更大的促进作用。通过奥运会这个全球最有影响力的载体，海尔一定能把自己的良好形象更加真实、全面地展现给中国和世界，为企业获得更大的发展空间。

海尔集团首席执行官张瑞敏在致辞中表示，海尔参与北京奥运会，是海尔企业文化和企业精神的必然选择。作为中国民族品牌的代表，海尔一直强调企业的社会责任感，2008年奥运会在北京举行，海尔积极参与，正是这种企业精神的充分体现。同时，奥运文化与海尔企业文化息息相通，奥运的精神是“更快、更高、更强”，这与海尔“不断挑战自我，勇于突破，不断创新”的文化核心一脉相承。海尔将有义务也有能力在白色家电产品及服务等诸多方面为北京奥运会提供优质服务。

青岛市市长、奥帆委主席夏耕，国家体育总局、北京奥组委、青岛奥帆委和海尔集团的领导以及有关方面负责人出席签约仪式。

问题：

（1）海尔为什么要借助奥运会这个平台进行体育赞助？

（2）结合案例分析企业在进行体育赞助的时候应该如何把企业公关活动和品牌形象完美地统一起来。

（四）冲天圆梦，我心飞翔——天津百名学子参加“新起点、新起飞”活动

2003 年 9 月 4 日 16 时 45 分，一架满载着梦想的国航 737 客机从天津滨海国际机场飞往北京。这次引人注目的“包机送学子”活动，不是普通的航行，而是天津日报报业集团和津酒集团为 100 名刚刚考入北京高校的天津学子倾情设计的圆梦之旅。

2003 年北京各高校入学报到的日子正值天津日报报业集团成立一周年和津酒集团成立五十周年之际。为祝福即将步入大学殿堂的天津学子，圆广大学子一个飞翔梦，为天津的人才培养尽一份力量，天津日报报业集团、津酒集团联手以强烈的社会责任感和使命感回报社会，推出了“新起点、新起飞”包机送学子活动，面向全市征集 100 名考上北京高校的学子免费乘飞机去北京上大学，与学子们共同完成一起梦想、人生与现实的飞翔，给学子们一个真正的“新起点”，让他们更好地完成这次人生的“新起飞”。

此次活动，每名学子还可以有一名家长陪同，而主办方刻意关注那些是残疾人、特困家庭以及抗非典的医护工作者的家长们，以使得此次活动更有现实意义。正如在典礼仪式上，一名残疾人家长激动地说：“孩子今年 18 岁了，以往都是家长照顾他们，我从来没有想过自己有一天能坐上飞机，现在孩子用他们的努力回报我们，让我们一起飞翔，将来为建设我们的祖国贡献力量，也特别感谢企业，今天的日子让我终生难忘。”主办方还特别联系机场为其开通了残疾人通道，并派专人专车照顾。企业举办“包机送学子”活动帮助参与者们完成了一个“飞翔”梦。

当天下午，在津报集团水晶宫举办了简短而隆重的活动仪式。来自天津日报报业集团和津酒集团、国航天津分公司的领导和参加“飞翔”的学子及家长出席了仪式。此次活动还吸引了广大的天津市民和众多媒体的专注。

问题：

为什么天津日报报业集团和津酒集团以主题为“新起点、新起飞”的形式举办庆典活动？

三、实训题

1. 摸拟记者招待会

以小组为单位，主题自拟。每组策划一个记者招待会，由本组同学模拟新闻发布人和会议主持人，其他学生充当记者提问，教师和两位学生组成评委会进行观看评分。要求学生事先准备好值得发布的新闻信息和书面材料，记者发言要踊跃、尖锐，新闻发布人的回答要及时、全面透彻、有针对性。目的在于训练学生主办记者招待会及传递信息的能力。

2. 以小组为单位为某一化工企业制订一个“开放日”活动计划。

3. 请以小组为单位策划一次班级风采展。

4. 给本校的校庆策划一次庆典活动或为班级的元旦等节日策划一次晚会。

第十章

公共关系礼仪

学习目标

知识目标：掌握公共关系礼仪的基本概念，熟悉公共关系礼仪的特点、功能。

素质目标：培养自身素质，树立良好形象。

技能目标：认识什么是公共关系礼仪，掌握公共关系礼仪的技巧解决实际问题。

案例导入

故事 1：英国哲学家约翰·洛克说："礼仪是在一切别的美德之上加上的一层藻饰，使它们对他具有效用，去为他获得一切与他接近的人尊重和好感。没有良好的礼仪，其余的一切成就都会被人看做骄傲、自负、无用和愚蠢。"

故事 2：温莎公爵，即英王爱德华八世，出生于 1894 年 6 月，是英王乔治五世和玛丽王后的长子。温莎公爵素以"不爱江山爱美人"闻名于世。他还有另外一个令大家称道的故事。

当年，英国曾宴请一位阿联酋的酋长。席间，餐桌上有一个精美的玻璃器皿中盛着水，上面还漂浮着几片菠萝。那位阿联酋酋长看到后，以为是一道美味，不假思索地端起来一口气把水喝干了。这一来，周围的人都面面相觑，不知该如何是好了，因为那可不是喝的水，而是专供客人清洗用的洗手水。这时，只见温莎公爵也从容地端起了他前面的这碗"洗手水"一饮而尽。周围的客人这才醒悟过来，纷纷端起自己的"洗手水"喝干，品尝了这道别具风味的"菜肴"。随后，宴会厅里响起了热烈的掌声，人们用发自内心的掌声表达了对温莎公爵的敬意。后来那位酋长也知道了餐桌上掌声的缘由，为此非常感动，更加深了与英国的友谊。

案例分析

上述案例形象生动地说明了礼仪不仅是社交场合的一张“通行证”，而且还是体现其修养水平和业务素质的一种标志。

公共关系礼仪，简称公关礼仪。它是指公关人员在公共关系活动中为塑造组织和个人的良好形象而应当遵循的尊重他人，讲究礼节，注重仪表、仪态等的行为规范、程序和办事原则。公共关系礼仪是组织风貌、员工精神状态、公关人员工作水平和专业技能的最集中体现，也是公关沟通和社会交往的方法，处理公关事务所必须遵从的行为准则。

公关礼仪对于当今的公关人员来说，无疑是一张“通行证”。在不同的场合，针对不同的对象，都会有不同的礼仪和要求。作为公共关系人员，掌握相关的礼仪知识和交往技巧将有利于树立公关人员的良好形象，极大地推动公关工作的开展。

学习内容

10.1 仪容仪表礼仪

仪容仪表是指一个人呈现出来的外观，通常是指这个人的外部轮廓、容貌、表情、服饰和举止的总和。一个人的仪容仪表礼仪是由静态礼仪和动态礼仪构成的，静态礼仪指的是一个人静止状态下所展现的整体外观礼仪，而动态礼仪指的是一个人的举止和表情礼仪。

10.1.1 仪容礼仪

仪容是一个人的外表在空间上的静态体现。仪容主要指人的容貌，而且是经过修饰以后能给人以良好知觉的容貌。仪容之美体现了自然美和修饰美的和谐统一。

（一）表情

表情包括眼神、笑容、面部肌肉的动作。其中，微笑是仪容的重要组成部分，是自然美的代表。微笑的魅力是无穷的，微笑的力量是巨大的。

俗话常说，“抬手不打笑脸人”。微笑是人际关系的黏合剂。公关人员在与公众的交往中应保持微笑，微笑时目光应柔和，神情友善、自然、真挚。

在人际交往中，较常见的微笑有下列几种。

（1）礼貌的微笑：像春风、如细雨，让人感到愉快、亲切。

（2）自信的微笑：充满着自信和力量，可以战胜危险和困难。

（3）真诚的微笑：个人心理健康的表露，表现出对他人的尊重、理解和同情。

微笑的力量

案例 1：威廉原是美国的一名棒球队员，因体力日衰而被迫退役。退役后，他去应聘一家保险公司推销员。招聘经理对他说：“保险公司推销员必须有一张迷人的笑脸，而你却没有。”自然，威廉被保险公司拒之门外。威廉并没有气馁，他立志苦练笑脸，每天在家里都要不厌其烦地练上百次，并搜集了许多公众人物的笑脸照片，贴满屋子，以便练时对照、观摩。几个月后，他散步时碰到社区的管理员，很自然地笑了笑跟管理员打招呼，管理员对他说：“威廉先生，你看起来与过去太不一样了。”

这句话使他信心大增，又跑去见保险公司招聘经理。经理极为满意地对他说："是你的笑脸，改变了你的命运。从现在开始，你被录取了。"威廉终于如愿以偿，成了这家保险公司的一名推销员。后来，威廉就是靠着这张迷人的笑脸，成了美国推销寿险的顶尖高手，年收入高达百万美元。一张让人赏心悦目的笑脸，不仅能改变自己的形象，改变他人对你的态度，而且能改变自己的命运，甚至整个人生。

案例 2：1907 年，正当美国发生经济大恐慌的那年圣诞节，一个名叫康拉德·希尔顿、年龄是 20 岁的孩子在美国新墨西哥州圣·安东尼奥镇堆满杂货的土坯房里开办了家庭式旅馆。当他的资产发展到 5 100 万美元，欣喜地向母亲禀报时，他从母亲那里得到了启发：必须想出使每一个住进希尔顿的人住过了还想再来住的办法，这个办法是既简单容易、不花本钱而又行之有效的。希尔顿思索了很久，终于找到了这个办法，这就是微笑。于是他在制定经营的信条时，特别向员工强调："无论如何辛苦也必须对旅客保持微笑。"希尔顿每天到一家自己的旅馆视察业务，他向各级人员问得最多的一句话就是："你今天对顾客微笑了没有？"在全美国旅馆倒闭了 80%的情况下，希尔顿旅馆业也一家接一家地亏损不堪，一度负债 50 万美元，但希尔顿并不灰心，他还要求职员们记住："万万不可把我们心里的愁云摆在脸上，无论旅馆本身遭遇的困难如何，希尔顿旅馆服务员脸上永恒的微笑，永远是属于顾客的阳光。"事实上，在只剩下 20%的旅馆中，只有希尔顿服务员脸上的微笑是美好如恒的，它帮希尔顿度过了 30 年代美国空前的经济萧条时期，跨入了黄金时代，发展成了显赫全球的旅馆业。据《Hotel》杂志统计，在 2003 年全球 100 家饭店集团的排名表上，酒店巨头希尔顿位列第一。希尔顿的资产从 5 100 万美元发展到数十亿美元，从一家扩展到遍布五大洲的各大城市，其旅馆规模居世界之首。

微笑是最有力的武器，它能使人忘记恐惧，能让人摆脱困难。同样的，在人际交往中，微笑是有力的黏合剂，能使公关目的更加容易达成。

（二）容貌的修饰

男士的仪容应显示出刚毅与果敢、机智与稳重的个性风采，充分展示出男性的"阳刚之美"；女性则应尽量展示出稳重、娴淑、典雅、端庄，并充分体现出东方女性的温柔含蓄之美。

因此在仪容修饰时应把握以下几点原则。

（1）正确认识自身面部特点。根据自己面部的基本特点来化妆，通过化妆时运用一定的技术和手法来扩大自己的优势，弥补自己的缺陷。切不可盲目模仿别人的化妆方法。

（2）以自然、大方为准则。自然、大方是化妆美的基本准则，通过各种技术和手法的运用，通过恰到好处的化妆，使自己的仪容更加自然、健康、大方。化妆中，浓妆艳抹、过分修饰都是不可取的。

（3）根据不同的场合选取化妆类型。在白天的自然光线下，在工作场所，适合化淡妆。外出旅行或运动时，同样如此。如在夜晚参加舞会、宴会等社交活动，一般灯光比较强烈，化妆可以适当浓一些。

（三）卫生习惯

良好的卫生习惯往往反映一个人的修养，因此，公关人员应注意养成良好的卫生习惯。

（1）注意面部及头发的整洁。男士应养成勤洗脸、勤洗头、勤剃须的习惯，

（2）注意手的修饰。手的修饰清洁是首要，要注意清洗和修剪指甲，不留长指甲。女士若要涂抹指甲油，在选颜色时应注意场合。

（3）在公共场合，不做不雅观的小动作。如挖鼻孔、掏耳朵、剔牙齿、剪指甲等。

（4）咳嗽、打喷嚏时，注意卫生。人都免不了要咳嗽、打喷嚏，但最好不要当着别人的面做。如无法避开他人时，应及时把头偏向一边，并赶紧掏出手帕或手纸将鼻子和嘴捂住，尽量压低声音。如果来不及掏出手帕，也要用手将口鼻捂住。做完后对大家说声“对不起”。

（5）不随地吐痰、擤鼻涕和乱扔垃圾。吐痰和擤鼻涕时都应先处理在手纸上，然后扔进垃圾筒。

（6）保持地毯、地板的清洁。进入地面干净的室内时，应在门口擦干净鞋底或换了鞋子再进去。

重要的服务仪容

吴先生是某报社记者，一次为了采访的需要下榻于北京某饭店。经过连续几日的辛苦采访，终于圆满完成任务。吴先生与二位同事打算庆祝一下，当他们来到餐厅，接待他们的是一位五官清秀的服务员，接待服务工作做得很好，可是她面无血色显得无精打采。吴先生一看到她就觉得没了刚才的好心情，仔细留意才发现，原来这位服务员没有化工作淡妆，在餐厅昏黄的灯光下显得病态十足，这又怎能让客人看了有好心情就餐呢？当开始上菜时，吴先生又突然看到传菜员涂的指甲油缺了一块，当下吴先生第一个反应就是“不知是不是掉入我的菜里了？”为了不惊扰其他客人用餐，吴先生没有将他的怀疑说出来。但这顿饭吃得吴先生心里总不舒服。最后，他们唤柜台内服务员结账，而服务员却一直对着反光玻璃墙面修饰自己的妆容，丝毫没注意到客人的需要，到本次用餐结束，吴先生对该饭店的服务十分不满。

看来服务员不注重自己的仪容、仪表或过于注重自己的仪容、仪表都会影响服务质量。

问题：是什么导致吴先生对该饭店的服务十分不满意？饭店应如何对服务进行改进？

10.1.2 形体礼仪

“站如松、坐如钟、行如风”这是对姿态美的形象概况。那么，公关人员应有怎样的站、坐、行的姿态呢？

（一）良好的站姿

良好的站姿应给人以挺、直、高的感觉。标准的站姿应该是：头正，颈直，两眼向前平视，下颌微收；双肩要平，微向后张；挺胸收腹，上体挺拔；两臂自然下垂，手指并拢自然微屈；两腿绷直，脚跟并拢，脚尖张开成45°～60°；身体重心穿脊柱，落于两脚之间。工作时，虽不用如此标准，但也应全身挺直，挺胸收腹，给人以精神饱满的印象。两脚可稍分开，但一般不超过十厘米。两手可搭握在一起，放在小腹前，或两手交叉于背后。

在公众场合，公关人员应避免如下站姿。

（1）身体靠墙或靠桌，给人懒洋洋的感觉。

（2）双臂交叉在胸前。

（3）两手或单手叉腰。

（4）双腿交叉站立或两腿分得很开。

（5）身体不停地抖动或晃动。

（6）双手插入衣袋或裤袋中。

（二）良好的坐姿

良好的坐姿应给人以端正、舒适、高雅的感觉。具体要求应该是：上身保持正直，挺胸直腰，背部不倚靠椅子后背；臀部不满座；两手自然弯曲，手扶膝部，或交叉放于大腿上，或一手放在座椅或沙发的扶手上，一手放大腿上；两脚并拢或稍微分开。入坐时，动作要轻、缓、稳。

常见的几种坐姿有：正襟危坐式，垂腿开膝式，前伸后曲式，双脚内收式，双腿叠放式，双腿斜放式。

在公众场合，应当避免如下坐姿。

（1）双手同时置于膝上或椅子扶手上。

（2）把脚躲藏在座椅下或钩住椅腿。

（3）腿部高翘蹬踩，女士最好不要架腿。

（4）双腿分开，伸得很长；腿部抖动摇晃。

（5）猛起猛坐，弄得坐椅乱响甚至带翻桌椅茶具。

（6）上身不直，左右晃动。

被“抖”掉的合同

有一位美国华侨，到国内洽谈合资业务，洽谈了好几次，最后一次来之前，他曾对朋友说：“这是我最后一次洽谈了，我要跟他们的最高领导谈，谈得好，就可以拍板。”过了两个星期，他又回到了美国，朋友问：“谈成了吗？”他说：“没谈成。”朋友问其原因，他回答：“对方很有诚意，进行得也很好，就是跟我谈判的这个领导坐在我的对面，当他跟我谈判时，不时地抖着他的双腿，我觉得还没有跟他合作，我的财就都被他抖掉了。”

问题：

（1）分析本案例合同被“抖掉”的原因。

（2）该公司领导应怎样改正不良习惯，树立组织的良好形象？

（三）良好的走姿

良好的走姿应是轻盈、敏捷的。步履轻盈给人以斯文、优美和庄重之感；而步履敏捷则给人以健壮、活泼、精神抖擞的感觉。

男士的正确走姿应该是：目视前方，下颌微收，面容平和自然；双肩平稳、肩稍后张，大臂带动小臂自然前后摆动，勿摇晃；上身自然挺拔，头正、挺胸、收腹、立腰，重心稍向前倾；两脚跟交替踩在直线上，脚跟先着地，然后迅速过渡到前脚掌，脚尖略向外，直线距离约 5 公分；步伐矫健、稳重。

女士的正确走姿应该是：目视前方，下颌微收，面容平和自然；双肩平稳、肩稍后张，大臂带动小臂自然前后摆动，勿摇晃；上身自然挺拔，头正、挺胸、收腹、立腰，重心稍向前倾；走一字步，即两腿交替迈步，两腿交替踏在直线上；步伐轻盈。

在公众场合，应当避免的走姿。

（1）左顾右盼，重心后坐或前移，身体乱晃。

（2）双手反背于身后。

（3）双手插入裤袋。

（4）步子太小或太大。

（5）与多人走路时，或勾肩搭背，或奔跑蹦跳，或大声喊叫等。

10.1.3 服饰礼仪

所谓服饰，包括服装和饰品两部分。服饰是社会风尚的象征，是个性美的展现。服饰是人体静止状态或姿势的延伸。

人类最早的衣服只有两种功能：遮羞和保暖。在漫长的历史发展过程中，衣服的质料、式样、颜色及衣服上的附属装饰，获得了多种功能与含义。可以说，服饰浓缩了社会的历史、政治、经济、文化和科技，浓缩了人类对美的认识、情感体验和价值取向。

服饰可以表达出国民的气质，时代的风尚，文化的特色，以及个人的素养、水平、风度、职业、年龄、性别等。一个人的着装应表现出自己的职业性质、个性修养、自身特点；也应适应各种场合的需要，给人以庄重、自然、得体、典雅、大方、不俗的感觉。

服饰打扮的原则主要有：整洁原则、个性原则、和谐原则、着装的 TPO 原则等。

（一）服装礼仪

服装是个人外表的重要组成部分，公关人员的服装是否得体将直接影响其在公众心目中的个人形象。

1. 服装的功能

服装是人们在适应外界环境的过程中形成和发展起来的，而外界的环境主要由自然环境和社会环境组成。因此，它具有自然功能与社会功能。服装的自然功能主要指它的保暖功能和审美功能。

2. 穿着服装的基本要求

穿着服装的基本要求是整洁、得体。

整洁要求衣服上不能有污迹，特别是衬衣领子、袖口要保持清洁，皮鞋要擦亮。衣服洗涤后要熨烫平整，裤子要熨出裤线，不能褶皱、歪扭，给人以邋遢的感觉；扣子掉了也要马上补上。

得体主要包括三方面。

- 合身。合身要求量体裁衣，衣服的尺寸大小要与自己的身高体型相适应。
- 合时。合时指服饰穿着要适合环境、季节、场合。适合环境指服饰穿着要入乡随俗；适合场合指正式场合要穿正式的服装，随便的场合穿随意的服装；适合季节指不能夏衣冬穿、冬服夏穿。
- 合适。合适指服饰的款式、颜色要适合自己的年龄、身份、地位、长相、身材及肤色，另外，衣物之间也应配套、协调。

3. 服装的场合

服装的场合大致可分为正式场合和一般场合。

正式场合主要包括：国家庆典仪式、国宴、国家领导人接见、国王登基、大使递交国书、授勋仪式、各种庆典仪式、宴会、招待会、音乐会、舞会、婚礼、葬礼、在办公室上班时间。其他时间，包括下班回家、上街、郊游、远行，乘火车、汽车、轮船旅游等，均为一般场合。

4. 服装的选择与穿着

西服是目前世界各地最常见、最标准、男女皆用的礼服。西服最大的特点是简便、舒适，它能使穿着者显得稳重高雅，自然潇洒。

（1）男士穿着西装的总原则。

① 西服套装的颜色为整体形象的主色调，所以衬衫、领带、鞋子、袜子、皮带必须和西服套装的颜色相配，一般不要超过三种颜色。

② 穿着条形或格子面料的西装，那么衬衫领带必须是无条形或格子的；穿着条形或格子面料的衬衫，那么西装必须是无条形或格子的，领带也一样。

③ 深色西装浅色衬衫，浅色衬衫深色西装。

④ 皮肤黑的人不要穿黄色，皮肤白的人对颜色的选择较为随意。注意服装的颜色必须和皮肤头发的颜色相和谐这一原则。

穿西服的目的是使人挺括、潇洒。要达到这个目的，选择合体的西装很重要。合体的西服其上衣长度盖过臀部，四周平衡下垂、无褶皱，袖子长度应到手心，领子应紧贴后颈部，西裤长度接于脚面，裤腰的大小以扣好后能伸进一只手为宜。

穿西服时，扣子很有讲究。如果穿的是两个扣子的西服，一般只扣上颗，或者干脆不扣。但双排扣的西服一定要扣上。西服的外袋是装饰用的，除上方口袋根据需要放置考究的西装手帕外，别的口袋不应放入任何东西，以保证西装的笔挺。必要的物品应放入前襟两边内侧口袋。

西服与衬衫、领带、皮鞋、袜子、裤带等是一个统一的整体，穿着时应讲究一定的礼仪。

领带是西服的灵魂。衬衫、领带、西服三者之间要和谐、调和。西服和领带的花纹不能重复。

穿西装时，一般应系领带，除非在非正式场合。领带在西服穿着中应起着衬托、点缀的作用，产生画龙点睛的效果。因此，领带的色泽应有衬托西装的作用。一般来说，深色的西服应与颜色明快的领带相配。朴实淡雅的西服应与色彩华丽的领带相配。领带系好后，领带结应紧贴衬衣领子，其长度应以领带的三角部分正好盖住裤带扣为好。如果衬衣外穿了背心或羊毛衫，应把领带塞进背心或羊毛衫里面。如果衬衣外面没有背心或羊毛衫，应将领带用领带夹同衬衣固定在一起，领带夹的位置一般在衬衣的第四与第五颗扣子之间。

穿西服时，一定要穿皮鞋。皮鞋的颜色最好与西服颜色相近。袜子的颜色要与鞋子相近，或者是西服颜色与皮鞋颜色的过渡色。

（2）女士裙子的选择与穿着。

女士在白天上班或参加比较正式的活动，一般应穿套裙或长裙，裙子的长度一般应过膝。不能穿无袖或背带式的裙子以及超短裙。晚上参加宴会、舞会可穿露背或不露背的长裙。其他场合可以根据自己的喜好选择各种款式的裙子。

女士在穿裙子时，一定要穿足够长的袜子，保证在任何时候都不会将袜口露在裙摆外面。另外，穿裙子时一定要保证不露出内衣裤。如果裙子料子薄而透，一定要用衬裙和衬衣。在平时起坐时也要注意不能露出内衣裤。

（二）饰物礼仪

在社交场合，女士往往爱佩戴一定的饰物，以此来增加自己的魅力。但要切记，饰物是为了展示女性的形象和品位，而不是为了展现其财富。所以在饰物的选择上要费心思，巧搭配。如女士可以根据季节、场合、协调等的原则，选择戒指、胸针、项链、耳环等来装饰自己。

公共关系人员在对外交往中，一般不宜佩戴过多的饰物，因此要少而精，以达到画龙点睛的目的。

10.2 言谈举止礼仪

10.2.1 言谈

（一）表示礼貌的语言

1. 礼仪常用语

（1）礼貌语。使用礼貌语，可以体现出你的善良、大度、文雅，它能给他人带去尊敬和心理的满足感，博得他人的好感和谅解。

（2）尊称。我国传统礼仪语言中有众多尊称，例如：

令——“令”有美好之意。令尊、令堂、令郎、令爱、令兄、令妹等，均是美称他人父亲、母亲、儿子、女儿、哥哥、妹妹的。还有“您”、“君”、“先生”、“阁下”等词汇。令、贤、尊、贵、高、芳等，它们在用法上稍有区别，但都可以用于书面交际或口头交际。

一般说来，尊称和敬语联用。其中“请”字的功能较强。如“请”、“有请”、“请进”、“请教”、“请笑纳”、“请用茶”、“请入席”等。另外，敬语中的“请”着重向对方表示尊重之意，请求语中的“请”却侧重在有求于人。

（3）谦称与谦语

谦称，主要用于自称及向他人称自己的家人。例如：

舍——“舍”用于称比自己辈份低和年龄小的亲属。如舍妹、舍弟、舍侄，同“小”的用法有类似之处，如小儿、小婿、小弟、小媳、小侄等。另外还有“愚”、“家”、“鄙”、“拙”等。

谦语，有以下几种情况。

- 请求他人谅解时，说“请原谅”、“请多包涵”、“请别介意”等。
- 对他人的致歉报以友好态度时，说“没关系”、“别客气”、“您太谦虚了”等。
- 自己言行失误时，说“对不起”、“很抱歉”、“很惭愧”、“有失远迎”、“失礼了”等。

2. 合理使用称呼

合理地称呼对方，既是对他人的尊重，又反映了公关人员的礼仪修养。

国际上主要的几种称呼方式。

（1）一般称：简单、普遍、面对陌生公众时，最常用的。如小姐、先生、女士、夫人、同志等。

（2）职务称：如李经理、刘局长、赵处长等。

（3）职衔称：如李教授、王律师、张法官等。

（4）职业称：如高教练、刘大夫、孙老师等。

（5）姓名称：用在同辈或年龄相仿的人之间，如王华、马刚等。

（6）亲属称：如李奶奶、王大爷、张叔叔、杨阿姨等。

（7）敬重称：对于前辈或师长，如张老、黄总等。

被拒绝的生日蛋糕

有一位先生为一位外国朋友订做生日蛋糕。他来到一家酒店的餐厅，对服务小姐说："小姐，您好，我要为我的一位外国朋友订一份生日蛋糕，同时打一份贺卡，你看可以吗？"小姐接过订单一看，忙说："对不起，请问先生，您的朋友是小姐还是太太？"这位先生也不清楚这位外国朋友结婚没有，从来没有打听过，他为难地抓了抓后脑勺想想说："小姐？太太？一大把岁数了，太太。"生日蛋糕做好后，服务员小姐按地址到酒店客房送生日蛋糕，敲门，一女子开门，服务员小姐有礼貌地说："请问，您是怀特太太吗？"女子愣了愣，不高兴地说："错了！"服务员小姐丈二和尚摸不着头脑，抬头看看门牌号，再回去打个电话问那位先生，没错，房间号码没错。再敲一遍，开门，"没错，怀特太太，这是您的蛋糕。"那女子大声说："告诉你错了，这里只有怀特小姐，没有怀特太太。"啪一声，门被大力关上，蛋糕掉地。

问题：分析造成生日蛋糕被拒绝的原因，谈一谈公共关系人员在处理公共关系事务时，应注意哪些方面的问题。

（二）谈话的态度

在与人交谈时，谈话的态度与谈话的内容一样重要。善于交谈的人总是懂得利用表情、手势和声调来表达自己的思想和见解。

1. 交谈时的眼神应自然、温和、亲切

交谈过程中，眼睛一般应注视对方；倾听时眼睛可以看着对方，也可以望着别处，但不能左顾右盼。交谈过程中出现四目对视时，不必慌忙移开，可以自然对视一至三秒钟后，慢慢移开。

2. 表情和手势

谈话时，适当的脸部表情和手势可以使谈话富有生气。如笑一笑，竖一竖眉毛，耸耸肩等。但这些动作要做得自然，否则，会使谈话气氛变差。而且，表情应随谈话内容的改变而有所变化，手势也不能过多，动作幅度不能过大，还要避免一些不良手势。

3. 声调

谈话时的声音要悦耳、柔和、抑扬顿挫有节奏。要避免高亢、尖锐、嘶喊、粗声大笑等不悦耳的声音。

4. 谈话姿态与距离

除了要注意正确的站或坐的姿势外，还要注意交谈双方的距离。太远显得有些冷淡，太近会让人感到窘迫。

美国心理学家霍尔博士通过大量实验证明，在文明社会中，人类与他人交往而产生的关系，其远近亲疏是可以用界域的大小来衡量的。他认为现代社会中绝大多数人，都在以下四种空间范围内交往着活动着。

（1）亲密距离，这是恋人之间、夫妻之间、父母子女之间以及至爱亲朋之间的交往距离。可分为近位和远位两种。近位距离：0～15cm；表现为：肌肤相触，爱抚、安慰、保护等。

（2）私人距离，这是一个更有“分寸感”的交往空间。可分为近位和远位两种。近位距离：45～75cm；表现为：人际交往，亲切握手。

（3）社交距离，这是超越亲朋好友、熟人之间的社交距离。体现的是一种社交性的，较正式的人际关系。可分为近位和远位两种，近位距离：1.2～2.1m；表现为：领导谈话，布置任务，安排工作，听取汇报。

（4）公众距离，这是人际接触中界域观念的最大距离，是一切人可以自由出入的空间。可分为近位和远位两种。

人际接触的具体空间是根据具体情况，特别是人的情感因素的变化而变化的。因此，具体的空间距离总是具有一定的伸缩与可变性。

谈话的距离

在一次谈判结束后的鸡尾酒会上，一位日本谈判代表端着一杯鸡尾酒和美国谈判代表在随意闲谈着，日本人老喜欢贴近着跟美国人说话，所以身体不自觉地向着美国人移去，而美国人却不喜欢人家靠着他说话，于是也就不自觉地往后退，就这样一个往前移，一个往后退，结果就变成了日本人追着美国人在大厅里转圈子。

案例分析：

（1）这个故事尽管有点夸张，但是说明谈话的距离是很重要的，而且不同的民族有不同的谈话距离。

（2）说话通常是为了与别人沟通思想，要达到这一目的，首先当然必须注意说话的内容，其次也必须注意说话时声音的轻重，使对话者能够听明白。这样在说话时必须注意保持与对话者的距离。说话时与人保持适当距离也并非完全出于考虑对方能否听清自己的说话，另外还存在一个怎样才更合乎礼貌的问题。

（3）从礼仪上说，说话时与对方离得过远，会使对话者误认为你不愿向他表示友好和亲近，这显然是失礼的。然而如果在较近的距离和人交谈，稍有不慎就会把口沫溅在别人脸上，这是最令人讨厌的。有些人，因为有凑近和别人交谈的习惯，又明知别人顾忌被自己的口沫溅到，于是先知趣地用手掩住自己的口。这样做形同“交头接耳”，样子难看也不够大方。因此从礼仪角度来讲一般保持一两个人的距离最为适合。这样做，既让对方感到有种亲切的气氛，同时又保持一定的“社交距离”，在常人的主观感受上，这也是最舒服的。

（三）谈话的内容

古往今来，在谈话时几乎任何话题都可以成为良好的谈资。天气、新闻、个人爱好、体育、名胜古迹、小说、电影电视剧、畅销书、流行时装，还有政治、经济、文化、社会等都可以成为谈话内容。选择哪方面的话题，要取决于你判断对方可能对哪些方面感兴趣。

一般来说，开始交谈时，总选一些简单而稳妥的话题，特别是在与刚结识的人交谈时，如天气、四周环境、当天新闻等，然后慢慢转入双方都比较感兴趣的话题。

在选择话题时，应注意以下几方面。

（1）不选择他人无法参与的话题。

（2）不谈疾病、死亡等易引起不愉快的事情。

（3）不选择容易引起争论的话题。

（4）不选择荒诞离奇的话题。

（5）不提有关别人隐私或对方难以回答的问题。

倾听是一种礼节。与人交谈时，善于倾听比善于交谈更重要。认真而耐心地听对方讲话，表示出你是诚心诚意、全神贯注地同对方交谈，表明你尊重对方，对方会因此更乐意同你交往。要成为一位善于倾听的人，要做到以下几方面。

（1）倾听时精力要集中。不做其他事情或东张西望，也不伸懒腰、打哈欠、看手表、玩东西。否则，显得心不在焉和很不耐烦。

（2）不轻易打断对方谈话。中间插话或抢对方的话头都是不礼貌的行为。如果因未听明白或不了解情况而必须插话时，应征得对方同意并向对方表示歉意。

（3）倾听时要作出主动、积极的反应，不时做一些表示赞同的或引导对方继续讲下去的反应。如有不同看法时，意思表达一定要婉转。

（4）当你没有完全听明白对方的意思时，不要轻易做出归纳、下结论。如果你在听别人谈话时，总是巴望着对方快点讲完，或显得心不在焉，或总是盘算着怎样反驳、批评对方，或不断打岔，或自始至终保持沉默，这样的交谈者是不会受到欢迎的。

（四）交谈技巧

一个善于交谈的人，不仅要能说会道，具有良好的口才，而且还要懂得交谈的技巧。

（1）交谈时，掌握倾诉和倾听的分寸。交谈是双方交流思想、情感。如果你独占整个谈话时间，不让对方有插嘴发言的机会，往往会使谈话变成单方面的说教，使对方感到厌倦。一个真正善于交谈的、聪明的人总是首先作一个简短的浅谈，然后问对方的意见如何，把发言权交给对方，自己作为听众。

这有两个好处：一是给对方发表意见的机会，让对方觉得受尊重。二是为自己创造了一个吸收外界信息的机会，等对方讲完后，再逐渐地、诚恳地深入交谈，这样的谈话不仅可以使对方满意，还能使自己获益匪浅。

（2）不用过分自负、自大的口吻同别人谈话。一个自高自大、自以为是的人在人际交往中总是不受人欢迎的。为了避免给人留下自大、自负的印象，在谈话时，尽量避免讲“我”，而多讲“你”或者“我们”，并在适当时机称呼对方的名字。

（3）谈话现场超过三个人时，说话要以在座的全体为对象。找话题时应选择大家都感兴趣的，使用的语言也应是大家能听懂的。当你面对众人说话时，眼睛要轮流看着每一个人，让每个人都觉得你是在跟他说话。如果是你与大家一起交谈时，应不时与在场的所有人都攀谈几句，而不要只与其中一两个人说话。

（4）谈话中恰当运用赞美、玩笑，慎谈闲话。赞美的话人人爱听，但如不是在适当的场合用适当的语言赞美的话，会弄巧成拙的。赞美时应注意：不用模棱两可的话去赞美对方，不用过分露骨的话去赞美对方，不当着第三者的面赞美对方。

闲话是指在当事人不在场的情况下谈论有关他（她）的事。因此，任何谈话免不了要谈闲话。只要不涉及别人的隐私、不损害他人利益的闲话都可以作为谈话内容。但如果是损害了别人利益、泄露别人隐私的闲话，即使是真实的，也不能作为谈资。

（5）不要议论别人的品行，也不要用尖酸刻薄的语言去批评某人某事，或恶意中伤别人，特别是对长辈和身份高的人。因为，这样做会使对方怀疑你的品行，而且有时会造成尴尬局面。

（6）邀请与参与谈话。如果你们在谈话，有人朝你们走过来，应主动邀请他（她）参加谈话，并简单把刚才的谈话内容讲一下。如果你想参与别人的谈话，应先打招呼。一般来说，不要贸然参与别人的私人谈话，更不要去旁听。

（7）对道听途说或自己一知半解的事不要津津乐道。

（8）改掉谈话中多余的口头禅。

总之，要使自己成为一个受人欢迎的交谈者，不仅要注意谈话时的态度，选择合适的话题，还应做一个好的听众，掌握交谈的技巧。除此之外，还要注意培养自己各方面的兴趣，扩大自己的知识面。因为，真正支持谈话进行的不是嘴巴，而是头脑中的思想。

景泰蓝食筷

在一家涉外宾馆的中餐厅里，正是中午时分，用餐的客人很多，服务小姐忙碌地在餐台间穿梭着。

有一桌的客人中有好几位外宾，其中一位外宾在用完餐后，顺手将自己用过的一双精美的景泰蓝食筷放入了随身带的皮包里。服务小姐在一旁将此景看在眼里，不动声色地转入后堂，不一会儿，捧着一只绣有精致花案的绸面小匣，走到这位外宾身边说："先生，您好，我们发现你在用餐时，对我国传统的工艺品——景泰蓝食筷表现出极大的兴趣，简直爱不释手。为了表达我们对您如此欣赏中国工艺品的感谢，餐厅经理决定将您用过的这双景泰蓝食筷赠送给您，这是与之配套的锦盒，请笑纳。"

这位外宾见此状，听此言，自然明白自己刚才的举动已被服务小姐尽收眼底，颇为惭愧。只好解释说，自己多喝了一点，无意间误将食筷放入了包中，感激之余，更执意表示希望能出钱购下这双景泰蓝食筷，作为此行的纪念。餐厅经理亦顺水推舟，按最优惠的价格，记入了主人的账上。

问题：聪明的服务小姐既没有让餐厅受损失，也没有令客人难堪，圆满地解决了事情，并收到了良好的交际效果。谈谈这对公关人员的工作有哪些启示？

10.2.2 举止

（一）仪态万千　手势领先

规范适度、幅度均衡的手势是与人交流的另一种重要形式。常见的手势有："OK"形手势、"V"形手势、举食指、举大拇指。

"OK"形手势的含义有：在中国表示零或者三；在法国表示零或者没有；在美英表示"赞同"或者了不起；在泰国表示没问题、请便；在印度表示正确、不错；而在日本、缅甸、韩国则表示金钱。

“V”形手势含义：在世界上大多数地方伸手示数时表示二；其余情况则用它表示Victory（胜利）。注意，在表示胜利时，手掌一定要向外；反之，就是贬低、侮辱人的意思。

举食指的含义：在世界上大多数国家表示数字一；在法国表示“请求提问”；在新加坡表示“最重要”；在澳大利亚表示“请再来一杯啤酒”。

举大拇指的含义：在中国表示“好”、“了不起”等，有夸奖赞赏之意；在希腊拇指上伸表示“够了”，而拇指向下伸表示“厌恶”、“坏蛋”。

忌讳的手势：当需要伸出手为他人指示方向时切忌伸直一根指头，这是一种没有教养的表现；一定要将五指自然伸直掌心向上指示方向。在社交场合更不要用手指指点点地与他人说话，因为这不仅是对他人的不礼貌，而且简直是对对方的轻视和看不起。打响指是在兴奋时的习惯动作，公关人员应该改掉这种动作。

（二）表示敬重的行为举止

主要指公关人员对地位高、年纪大的人士，女士及客人应有的行为举止，如起立、先行、入座、帮助等。

1. 起立

当有应该表示敬重的人走进房间时，应起身相迎；当有应该表示敬重的人离开房间时，应起身相送。如作为主人，无论在单位还是在家中，有客人上门或离去时都应起身；如在餐馆或办公室，有应敬重的人向你走近时，都应起身。

另外，别人帮助自己介绍或与人握手时，应起立。在庄严肃穆的场合应起立，如奏国歌，升国旗等。

2. 先行

在遇有进出门、上下汽车、进出电梯时，应让身份高、年纪大的人士，女士、客人先行。与尊者共行，遇到过门时，应快步向前为尊者开门，等其过去后自己再过，并快步跟上。与尊者一起乘坐轿车，上车时应先在右边为其开好车门，照顾其上车后关上车门，然后自己再绕到左边上车；下车时，自己应先下车为尊者开门，然后照顾其下车。

与尊者共行，要把尊位让给对方。一般说来，二人并行时，其右为尊；三人并行时，中间为尊；三人前后行时，前者为尊；上楼梯时，前者为尊；下楼梯时，后者为尊。

女士优先

在一个秋高气爽的日子里，迎宾员小贺，着一身剪裁得体的新制服，第一次独立地走上了迎宾员的岗位。一辆白色高级轿车向饭店驶来，司机熟练而准确地将车停靠在饭店豪华大转门的雨棚下。小贺看到后排坐着两位男士，前排副驾驶座上坐着一位身材较高的外国女宾。小贺一步上前，以优雅姿态和职业性动作，先为后排客人打开车门，做好护顶姿势，并目视客人，礼貌亲切地问候，动作麻利而规范、一气呵成。

关好车门后，小贺迅速走向前门，准备以同样的礼仪迎接那位女宾下车，但那位女宾满脸不悦，使小贺茫然不知所措。

后来经验丰富的经理告诉了他原因：在社交场合或公共场所，男子应经常为女士着想，照顾、帮助女士。诸如：人们在上车时，总要让妇女先行；下车时，则要为妇女先打开车门，进出大门时，主动帮助她们开门、关门等。西方人有一种形象的说法："除女士的小手提包外，男士可帮助女士做任何事情。"小贺未能按照国际上通行的做法先打开女宾的车门，致使那位外国女宾不悦。

3. 入座

如果在场有应敬重的人站着，你就不能坐下。譬如你是主人，客人没有入座，你不能先坐下；再如与长者谈话时，如若他站着，你只能站着谈话，一直到谈完为止。如果有你应敬重的人没座位时，你应主动让座。入座时，不能擅占尊位，要把尊位让给受尊重的人坐。

在家中，一般以靠近门口的座位为下座，离门最远的为上座。在公共场所，一般以最舒适、方便、不易为人打扰的位置为上座。在轿车里，一般以后排中间为尊位，其右次之，其左又次之，前排靠司机的位置为最小。如轿车只开右边门的，后排最左为上座，其次中间，再次右边。如果驾驶员为主人，司机旁的位置为上座。

4. 帮助

如果与应表示敬重的人待在一起，应随时随地准备助对方一臂之力。例如，对方携带较重的物品，应主动代拿；遇有雨天，应主动为其撑伞；上下汽车或过窄路时，应主动上前搀扶；与对方一同进餐时，应主动协助对方就坐；存放衣物时，应主动为对方存好等。作为被敬重者，对对方的举止应表示谢意。

（三）握手、鞠躬、亲吻、拥抱

1. 相互握手，传递情意

握手，是一种无声的动作语言，是人们在社交中最常用的一种见面和告别礼仪。握手的时间、力度、姿势等，能够表达出握手者对对方的不同礼遇和态度，显露其个性，同时，可以了解对方的个性，赢得交际的主动。握手的时间为 3～5 秒时是礼节性的握手；5 秒以上，同时上下抖动则表示热情。

在社交场合握手时出手的顺序颇多讲究，一般由"尊者决定"。

（1）年长者与年轻者握手时：年长的先出手。

（2）女士与男士握手时：女士先出手。

（3）上级与下级握手时：上级先出手。

（4）主人与客人握手时：主人先出手。

（5）社交场合先到者与后到者握手时：先到者先出手。

同时，握手也有诸多的忌讳，例如：用左手和他人握手；交叉握手；戴着手套和他人握手（女士可戴薄纱手套与人握手）；男性与女性握手时抢先出手；握手时东张西望；初次见面握手时间过长；握手时左右摆动；拒绝与他人握手；坐着和对方握手等。这些不当的行为往往会造成社交的尴尬场面。

2. 轻轻鞠躬，礼雅意重

鞠躬，源于中国先秦时代，两人相见，弯腰曲身待之，是为鞠躬礼。

鞠躬礼分为立礼和坐礼。立礼包括普通礼（上身弯曲 15 度），敬礼（上身弯曲 30 度）

及最敬礼（上身弯曲 45 度）。跪坐礼包括普通礼（头部低下，距地板 25～30cm），敬礼（头部低下，距地板 15～20cm）及最敬礼（头部低下，距地板 1～2cm）。

3. 亲吻、拥抱

亲吻礼的意义不仅仅限于恋人之间。而拥抱不但是人们日常交际的礼仪，也是各国政府首脑外交场合中的见面礼节。

行亲吻礼时应注意以下细节：

（1）长辈吻晚辈，应当吻额头；

（2）晚辈吻长辈，应当吻下颌或面颊；

（3）同辈之间，同性及异性朋友之间应当吻面颊；

（4）接吻，即吻嘴唇，仅限夫妻与恋人之间，不宜滥用；

（5）行亲吻礼时忌发出亲吻的声音，而且不应将唾液弄到对方脸上。

拥抱的具体要求：在正式场合时，两人应相对站立，张开双臂，彼此都右臂偏上，左臂偏下，右手扶着对方的左后肩，左手扶着对方的右后腰，两人头部及上身都向左相互拥抱，然后再向对方右侧拥抱，最后再向对方左侧拥抱，一共拥抱三次才算礼毕。

在非正式场合时可以不必如此讲究，次数也不必要求如此严格。

10.3 工作应酬礼仪

10.3.1 电话应酬礼仪

电话是一种常见的通讯、交往工具，打电话的礼仪也是公共关系礼仪的重要内容。

通电话是一种只闻其声，不见其人的交谈活动。因而更应该注意使用语言方面的技巧，从而达到公关目的。电话交谈具有简洁性、时效性、情感性等语言特点。

（一）拨打电话的礼仪

（1）选择适当的时间。一般的公务电话最好避开临近下班的时间，因为这时对方往往急于下班，打电话也很可能得不到满意的答复。公务电话应尽量打到对方单位，若确有必要往对方家里打时，应注意避开吃饭和睡觉时间。

（2）拨通电话后首先通报自己的姓名、身份。必要时，应询问对方是否方便，在对方方便的情况下再开始交谈。

（3）电话用语应文明、礼貌，电话内容要简明、扼要。

（4）通话完毕后应道“再见”，然后轻轻放下电话。

（二）接听电话的礼仪

（1）电话铃一响，应尽快去接，最好不要让铃声响过五遍。拿起电话应首先自报家门，如“您好，这里是××公司××部”；询问时应注意在适当的时候，根据对方的反应再委婉询问。不能用很生硬的口气答复，如“他不在”、“打错了”、“没这人”、“不知道”等语言。电话用语文明、礼貌，态度要热情、谦和、诚恳，语调应平和、音量要适中。

（2）接电话时，对对方的谈话可作必要的重复，重要的内容应作简明扼要的记录，如时间、地点、联系事宜、需解决的问题等。

（3）电话交谈完毕时，应尽量让对方结束对话，若确实需要自己来结束，则应解释、致歉。通话完毕后，应等对方放下话筒后，再轻轻地放下电话，以示尊重。

（三）移动电话的使用

（1）参加开会，会见重要客人，观看演出时，应主动将移动电话关掉，或调为振动，防止噪音妨碍他人。

（2）使用移动电话通话时，应当含蓄文雅，不要在公开场所大声通话，如必须当众使用，应向周围的人表示歉意。

（3）移动电话应该是放在自己随身携带的公文包里，不要插在口袋里或腰带上。

（4）移动电话不合礼仪规范地使用，易给人一种轻浮、缺乏公德的印象。

10.3.2 递接名片礼仪

名片是公关交往活动中的重要手段，它是一个人身份、地位的象征，是个人尊严、价值的一种外显方式。名片是使用者要求社会认同，获得社会理解的表现；是另一种形式的身份证。

名片使用的场合如下：

（1）初次与人见面，在作自我介绍时，可递上名片；

（2）对方与你交谈，交换联系方式时；

（3）自己的单位、地址发生变化时，给朋友发出新的名片；

（4）向他人表示祝贺，关怀之意，而自己又不在现场时，可以在礼物上夹上名片。

名片使用的忌讳：

（1）用左手递接名片；

（2）名片放在桌子上，在上面放置物品；

（3）将名片装入裤袋内；

（4）把他人的名片随便乱放；

（5）将名片拿在手中玩耍。

10.4 宴会与舞会礼仪

10.4.1 宴会礼仪

（一）宴请礼仪

宴请作为一种表示友谊、表达敬意的基本方式，是最受人欢迎、最为常见的交际方式，也是卓有成效的公关活动方式。宴请活动具有严格的程序。

1. 要确定宴请的形式、目的、名义、对象、时间及地点

宴请的目的即这次活动的公关目的或公关任务，只有明确了此次活动的目的才能使宴请达到预期的目的。宴请的名义可以是组织内某部门或某位负责人，主要看这次活动的性质和规模。如果此次宴请主要针对某位重要公众，一般应以职位相等的某位负责人的名义宴请为好；如果这次活动是围绕某一件事，最好以与此事相关的某部门的名义宴请为好。

如果是小型的宴请，一般可以以某位负责人的名义宴请；如果是大型的，一般以某一部门的名义宴请。宴请的名义在某种程度上即是宴请的规格。确定邀请对象要根据宴请的目的和规格。如果为某人而设宴请，要考虑请什么人做陪客；如果为某事而宴请，要考虑应请哪些方面的人士，应请到哪一层次，请多少人。对于邀请对象，必须了解清楚他（她）的姓名、职务、称呼。宴请的形式一般有宴会、酒会、冷餐会、茶会、工作餐等。宴请采取何种形式，很大程度上取决于习惯做法。一般来说，正式的、规格高的、人数少的以宴会为宜，人数多的则以冷餐会或酒会更合适。宴请的时间，关键要考虑公关活动的实际效果。一般不能安排在节假日。如果宴请外宾，要考虑对方的禁忌日。宴请地点要根据宴请的规格、人数和具体形式来确定。

2. 发出邀请

所有宴请活动，除了工作餐，一般均应发请柬。这是一种礼貌，亦是对客人起备忘作用。请柬一般应提前几天发出，以便让对方及早安排。请柬有固定格式不能随意更改。

请柬发出后，应及时落实出席情况，以便安排和调整席位。

3. 制定菜谱

菜肴的数量、花色要根据活动的形式、规模、经费来确定。一般来说，菜谱的安排可依据以下几条原则。

（1）选菜主要考虑来宾的喜好与禁忌。

（2）荤素搭配平衡，菜肴品种多样化。

（3）量力而行、追求特色。

菜单开出后，应印制若干份。在宴请前，每张餐桌上放置三五份或每人一份。

4. 席位安排

正式宴会，一般应排席位。排席位首先应搞清席位的高低。中餐宴请，一般以正对门、离门最远为首席，离门最近、背对门的，也即首席的对面是末席。离首席越近，位置越高。离末席越近，位置越低。距离相等的右高左低。

5. 宴请的程序及现场工作

宴请时，工作人员应提前到现场做准备、检查工作。将座位卡和菜单放在每一张餐桌上。一般座位卡应放在餐具上方，菜单放在餐具右侧。检查餐具与宴请人数是否一致。

当宴请时间将至，主人与相关工作人员应在门口排成迎宾线迎接客人。客人到后，宾主双方握手寒暄，然后由工作人员引进休息厅。如没有休息厅则可直接进入宴会厅，但不入座。在休息厅内，应有相当身份的人照应客人，并由招待员送饮料。主宾到达后，由主人陪同进入休息厅与其他客人见面。如其他客人未到齐，迎宾线上的其他成员仍在门口迎接客人。

等客人到齐后，主人或礼宾员就邀请宾客进入宴会厅。宴会厅门口应有服务员迎客，并引导客人入座。为了避免混乱，工作人员可事先将宴会的桌次排列图制好挂于宴会厅门口，或向每一位宾客发送一份桌次简图。

宴会开始以后，主人应站起来向宾客致祝酒辞。然后主宾站起来致答谢辞。致完祝酒辞后，主人与主宾与贵宾席人员碰杯，然后去其他各桌敬酒，宾客之间也可以互相敬酒。

宴会结束后，一般由主宾先告辞。主人送主宾到门口。其间，原迎宾线成员又排成送宾线，与客人一一握别。

（二）赴宴礼仪

接到宴会邀请以后，应做的第一件事是尽快给对方答复，以便主人做出宴会安排。决定赴宴后，要牢记宴请的时间、地点，以保证能按时到达。如请柬上有桌席号码，更要记清楚，以免坐错席位，闹出笑话。出席宴请活动，最好要准时，一般早到五至十分钟，迟到几分钟也可。但如迟到超过十五分钟，应及时通知主人，请他们按时开始。到达后，应主动向迎宾员问候，致贺或道谢。入席时要依次入席，找到自己的位置，应先站在椅子左侧，等主人或主宾坐下时再坐下。主人与主宾致祝酒辞时要停止交谈，停止进餐，注意倾听。祝酒时要起立举杯。宴会结束后，应向主人告辞并表达谢意。一般来说，不应在宴会没有结束时中途退席。若有特殊情况，应事先向主人说明，告辞时悄悄地向主人告辞，不惊动其他客人。

（三）进餐礼仪

出席享用正式的宴席，并不是一件轻松的事情。宴席过程中的一举一动、一颦一笑都须掌握必要的礼仪分寸。进餐过程更应表现出良好的个人修养。

餐桌礼仪主要体现在以下几方面。

（1）良好的姿态。在餐桌上，保持优雅的姿态很重要。正确的姿态应是轻松而不懒散，腰背挺直，身子与餐桌之间保持一拳距离，手臂贴近自己的身子。不吃时或一只手空时，应将手靠于桌沿上，或放在铺有餐巾的大腿上。

（2）餐巾和毛巾。用餐前，应把餐巾打开放在大腿上。餐巾的用途主要有两个：一是避免把菜汁滴在裤子上，二是用来抹掉嘴上的油和擦去手指上的油污。已经启用的餐巾应一直放在大腿上，中途离席时，可把餐巾放在椅子上，用餐完毕应把餐巾大致叠一下再放在桌子上。毛巾是由服务员在用餐前或用餐中间送上来给宾客擦手和嘴的。因此，不能用毛巾擦汗或擦桌子。

（3）开始进餐时，应等主人或主宾先拿起筷子，其他客人才能动筷，不能抢先于主宾动筷。

（4）良好的吃相。吃饭、喝酒的速度应与大家保持一致。取菜时，不要把手伸到别人的前面去取，也不要在盘里挑选翻动，而且最好用公用的筷子或匙子。吃菜、喝汤时，不要发出很响声音。用餐时的残渣，应放在中碟里，而且最好用手或筷子放，不要用嘴直接吐在盘子里。

如此吃相

在与自己的同事一道外出参加一次宴会时，财政局干事小姜因为举止有失检点，从而招致了大家的非议。

小姜当时在宴会上为了吃得畅快，在开始用餐之后便一而再、再而三地减轻自己身上的“负担”。他先是松开自己的领带，接下来又解开领扣、松开腰带、卷起袖管，到了最后，竟然又悄悄地脱去自己的鞋子。尤其令人感到不快的是，小姜在吃东西时，总爱有意无意地咂巴其滋味，吃得訇然做响。

小姜在宴会上的此番作为，不仅令他身边的人瞠目结舌，而且也叫他的同事们无地自容。大家就此纷纷指责小姜：丢了自己的人，丢了单位的人，也丢了大家的人。

问题：结合案例分析，在参加宴会时，应注意哪些礼仪。

（5）谈话。去参加宴请，要准备几个话题。无论是宾主都有义务使宴会气氛轻松愉快。谈话时，应注意：不要挥舞手中的餐具；当嘴里满含食物时不宜向别人讲话；凡是可能影响心情和胃口的话题要避免。

（6）意外。餐桌上总会发生一些意外。发生意外时，应对的原则是不要惊动别人，惹人注意。

（7）退席。退席时，应将餐巾稍微折一折放在桌上，然后从椅子的左边走出，并把椅子推回原处。

筷子的用法

（1）不要握得太高或太低，筷子上端露出3cm左右比较合适。

（2）握筷子不要给人以“张牙舞爪”的感觉，各个手指轻松自然地贴在一起。

（3）每次不要夹菜太多。

（4）不要在夹菜途中漏汤滴水。

（5）不要在菜盘里胡乱翻动选菜。

10.4.2　舞会礼仪

舞会是现代文明社会人际交往、沟通的一种形式。舞会是一种高雅的社交活动，也是公共关系中不可缺少的交际手段。高雅的舞会由于有优美动听的音乐，舒适典雅的布景，神秘变幻的灯光，清新怡人的空气，是人们交结朋友，进行文化生活和休闲娱乐的好去处。人们可以从听音乐、赏美景、踏舞步、谈友谊等活动中，获得听觉、视觉、运动觉等方面的美感和轻松感，宣泄紧张的心态，缓解疲乏的身体，可谓心旷神怡，乐在其中。

健康的舞会是培养性情，净化灵魂，提高修养，陶冶情操的好去处。对于公关人员来说，不会跳交谊舞，是一件不可思议的事情，也可以说是工作素质上的一大缺陷。舞会是一个高雅文明的场所，在这里最能表现和体验一个人的风度风范、风格、风貌，也是最能表现一个人的道德水准、礼貌修养的环境。

（一）舞会组织　做好准备

首先，要考虑的是被邀请的客人中，男女大体相等，对已婚者应尽量夫妻同邀。

其次，正式舞会应制发请柬。

再次，舞池的场地、灯光、舞曲应尽量适合客人的品位，创造欢快热烈的气氛。

然后，如可能或必要，可准备适量的茶水和点心。

最后，应主动为不会跳舞的宾客准备好休息场所或其他休闲活动。

（二）参加舞会　礼仪要求

1. 清洁卫生

做好个人卫生，沐浴清洗身上的污垢或异味。

出席舞会前几小时，不应吃葱、蒜、酒等能散发气味的东西。如果已经吃了，应进行必要的处理，刷牙清洁口腔，嚼口香糖等。

2. 服饰得体

参加舞会，一般可根据个人的气质，选穿自己称心如意的服装，当然，在选择时，女伴以穿裙装为好，起舞时就会有飞旋的飘动感；男伴一般以选穿西装为好，这样显得庄重、文明。有条件的女伴可配耳环、胸针、胸花、项链、长短手套、彩发带、绸带、小花来装饰打扮。男伴是否穿西服，女伴是否穿裙装，也可根据个人爱好自行选择，但必须注意服装整洁、大方。不能穿背心、短裤，拖鞋进入舞厅，这样显得不文明，不礼貌。服装会给周围人一个较深的印象，所以所有参加舞会的人必须注意对服装的选择，一般要讲究色彩华丽、质地高贵、设计考究，服装首先挑选的就是色彩，第二才看款式。因为好的色彩会引人注目，再加之新颖的款式就会使你在舞蹈发挥中增添光彩。如服装色彩不能吸引人，就会使你在比赛中失去光泽感，而款式的陈旧又会让你的形态逊色。

（三）礼貌邀请　文明共舞

在正式的舞会上。

第一支舞曲响起时，往往是主人夫妇、主宾夫妇共舞。

第二支舞曲响起时，往往是主人邀主宾夫人、主宾邀主人夫人共舞。

第三支舞曲响起时，参加舞会者可纷纷入场跳舞。

在交谊舞会上的邀舞礼仪。

（1）舞会上，互不相识的男女，都可以互邀共舞，一般情况下男士主动邀请女士共舞。

（2）邀舞时，男士应步履庄重地走到女士面前，微微躬身施礼，彬彬有礼地摊开右手，不需言语即可。女士被邀应马上起身，同邀舞者一起步入舞池共舞。

在交谊舞会上的拒绝邀舞礼仪。

（3）通常被邀请者不应拒邀，若万不得已拒邀，必须态度和蔼、表情真切地谢绝，说“对不起”。

（4）若女士在一曲开始时，已辞谢过他人的邀请，此曲未终，就不应再同其他男士共舞。否则会被认为是对前一位邀请者的蔑视，这样做是违背礼仪规范的。

（5）若两位男士同时邀请一位女士共舞，女士最好都礼貌谢绝。

在舞会上。

（1）男士、女士的舞姿要优美、舒展、大方、轻盈，合上音乐的节拍和速度。

（2）四步舞：庄重典雅，节奏明快。

（3）三步舞：热情舒展，轻快流畅。

（4）伦巴：轻轻扭动腿部，臀部摆动不要太大。

（5）探戈：步履开阔矫健，动作夸张严肃。

邀舞缘何被拒绝

小张喜欢追逐时尚，穿着很讲时髦。一次，他买了一件很漂亮的大衣，正好周末本单位举行舞会，他便来到会场，只见人们都在翩翩起舞，小张兴致很浓，便邀请一位在座位里休息的女士跳舞，那位女士看了他一眼，很礼貌地拒绝了他，接着小张又邀请了两位女士跳舞，结果均被拒绝。这时，一位朋友来到小张身边，拍拍他说：“小张，不能穿着大衣邀请女士跳舞，这是不礼貌的。”小张这才明白刚才为什么被拒绝。

本章小结

本章介绍了公共关系礼仪的基本内容，主要包括仪容仪表礼仪、言谈举止礼仪、工作应酬礼仪、宴会与舞会礼仪等。公关礼仪是公关人员的一种“特殊通行证”，在不同的场合，针对不同的公关对象，有不同的礼仪要求。作为公关从业人员，掌握公关礼仪知识和交往技巧将更有利于树立公关人员的良好形象，极大地推动公关工作的顺利开展。

综合练习

一、思考题

1. 什么是公共关系礼仪？常见的公共关系礼仪有哪些？
2. 什么是仪容仪表礼仪？包括哪些方面？仪容的修饰应遵循什么原则？
3. 服饰打扮的原则主要有哪些？
4. 言谈举止礼仪主要包括哪些方面？
5. 在社交场合握手时出手的顺序应遵循什么原则？
6. 什么是电话应酬礼仪？接听电话时应注意哪些问题？
7. 赴宴的注意事项有哪些？

二、分析题

某公司刚刚成立，需要添置一批家具，经过大量的调查，最后决定，向A公司购买这批办公用具。

这天，A公司的销售部负责人打电话来，要上门拜访这位总经理。总经理打算，等对方来了，就在订单上盖章，定下这笔生意。不料对方比预定的时间提前了2个小时，原来对方听说这家公司的员工宿舍也要在近期内落成，希望员工宿舍需要的家具也能向A公司购买。为了谈这件事，销售负责人还带来了一大堆的资料，摆满了台面。总经理没料到对方会提前到访，刚好手边又有事，便请秘书让对方等一会。这位销售员等了不到半小时，就开始不耐烦了，一边收拾资料一边说：“我还是改天再来拜访吧。”这时，总经理发现对方在收拾资料准备离开时，将自己刚才递上的名片不小心掉在了地上，对方却并没发觉，走时还无意从名片上踩了过去。但这个不小心的失误，却令总经理改变了初衷，A公司不仅没有机会与对方商谈员工宿舍的设备购买，连几乎到手的数百万元办公用具的生意也告吹了。A公司销售部负责人的失误看似很小，其实是巨大而不可原谅的失误。名片在商业交际中是一个人的化身，是名片主人“自我的延伸”。弄丢了对方的名片已经是对他人的不尊重，更何况还踩上一脚，顿时让这位总经理产生反感。再加上对方没有按预约的时间到访，不曾提前通知，又没有等待的耐心和诚意，丢失了这笔生意也就不是偶然的了。

问题：

（1）结合案例分析，A公司的主要失误有哪些，造成失误的原因是什么？

（2）结合案例谈一谈，在日常工作中公关人员应注意哪些公共关系礼仪？

三、实训题

以小组为单位，自拟主题。每组策划一个公共关系礼仪，由本组同学向大家演示，并进行讲解。

第十一章

公共关系技巧

学习目标

知识目标：掌握公关关系技巧包含的内容。

素质目标：培养对公关新闻的敏感，公关语言的运用以及公关文字的书写。

技能目标：掌握新闻的写作、广告的制作、演讲的能力、谈判的技巧和文书的书写。

案例导入

请留心你家的“后窗”

20世纪50年代，好莱坞影片《后窗》曾风靡香港，该片描写了一个脑部受伤的新闻记者，在家养伤时闲极无聊，便买来一架望远镜，每日坐在屋子里从对面楼层的后窗窥视住户的家庭隐私，从而卷入了一场谋杀案。影片上映后，香港人竞相观看，形成了“后窗热”。这时，香港的一家生产百叶窗的企业成功地抓住了这一事件。他们在报上连续刊登题目为“请留心你家的后窗”的销售广告，其生意一下子兴隆起来。

案例分析

上述案例说明了大众传播媒介在公关活动中的重要作用。大众传媒作为公关关系技巧的一个方面，科学验证了广告宣传的时机和对相关内容着重反复强调的作用。在案例中，企业抓住“后窗热”，利用广告连续刊登“请留心你家的后窗”，就是充分利用这一原理，多次大量地报道这一事件，从而使社会中的公众突出地议论这一话题。当大众传媒热情介绍某个新闻事件时，也就意味着这个新闻事件可能成为公众关注的“议题”。同时，公众需要有人出面对复杂的信息加以整理，为他们选出那些值得关心和注意的事件。案例中的报纸就扮演了这一角色。它反复强调“后窗”这一问题，使“后窗”成为公众关心的问题。在这次公关活动中，企业通过大众传播媒介在社会中形成一个热门话题，让这个话题直接间接地与组织及其产品挂钩，从而达到良好的传播效果。他们借助“后窗热”这个与自己产品关联度极高的“议题”通过报纸宣传，轻而易举地掀起了一个“百叶窗热”，从中获得了良好的市场效益。

作为一名公共关系工作人员，不仅要掌握公共关系的基本理论，更重要的是掌握各种公共关系的技巧，并在实践中运用自如。这些实用技巧包括公共关系新闻、公共关系广告、公共关系演讲、公共关系谈判和公共关系文书等。

学习内容

11.1　公共关系新闻

社会组织为了树立良好的组织形象，提高组织知名度和美誉度，就要大力开展对外宣传活动。而组织所拥有的宣传媒介往往是有限的，因此新闻是扩大宣传的一个重要形式。

11.1.1　公共关系新闻的特点和作用

新闻是指新近发生的、重要的、有意义的、能引起广泛兴趣的事实报道。它有广义与狭义之分：广义的公共关系新闻是指组织通过各种传媒向社会公众公开传播的一切新闻报道体裁与内容；狭义的新闻是指消息。

（一）公共关系新闻有三个突出特点

（1）真实性。这是新闻最基本的特征，报道新闻应让事实来说话，不允许弄虚作假，欺瞒公众，无论是新闻工作者还是公共关系工作人员都必须真实反映事件的原貌，做到准确、真实、客观、全面地报道事实，所以，新闻才赢得了广大社会公众的信任。

（2）时效性。公关新闻要以最快的速度向公众报道新近发生或正在发生的事情，新闻应突出“新”，陈旧的、时过境迁的事实不是新闻。一旦发现有新闻价值的事件，应尽快地把它报道出去，使公众及时了解事件发生发展的过程。

（3）价值性。公关新闻要以组织新近发生的重大事件或对公众具有影响力的事件，来作为创作的题材，这些事件能对公众产生较大的影响，对公众具有吸引力。

（二）公共关系新闻的作用

通过发布公关新闻，可与社会公众广泛沟通，争取社会公众的理解、支持与合作，更好地促进组织的发展。具体表现如下。

（1）有利于提高组织的知名度和美誉度，形成良好的外部环境。

（2）有助于推动社会主义精神文明建设。

（3）有助于公益事业得到社会的关注和支持。

（4）有助于组织内部上下沟通，增强凝聚力。

11.1.2 公共关系新闻制造

对企业来讲，不是每天或者需要时就有能吸引新闻界的事件发生，因此，在开展公共关系活动的时候，有时需要企业主动地推出具有新闻价值的事件，以吸引公众对自身的关注。

（一）新闻制造的概念

新闻制造是组织为了提高知名度，借助一定的新闻素材，采用更具戏剧性和更有吸引力的形式去陈述事实，以提高公众对自身的关注程度的宣传方式。新闻制造从事实出发，确定宣传主题，通过恰当的渠道，及时准确地把信息传播出去，制造轰动效应。

酒店公关经理怎样“制造新闻”

1986年10月，高莉莉就任上海金沙江大酒店公关部经理时，酒店还默默无闻。1987年秋，高小姐从她的记者朋友处得知，著名的日本影星中野良子将携她的新婚丈夫来北京、上海访问。她马上意识到这是酒店开展公共关系活动借以提高知名度的好机会。于是，她立即采取了一系列措施：争取到了接待客人的机会。然后又直接给尚在北京的中野良子打电话请她来上海时下榻“金沙江”。对方应允后，高小姐立刻带领工作人员进行策划和准备。

客人晚上到酒店，等待他们的是一个洋溢着浓烈的喜庆气氛的“迎亲”场面。在一片热烈的鞭炮声里，中野良子夫妇被40多位中外记者及酒店上百名员工簇拥进一个中国传统式的“洞房”——正墙上大红“喜”字熠熠生辉，两旁的对联上写着“富士山头紫燕双飞白头偕老，黄浦江畔鸾凤和鸣永结同心”。在笑声、掌声此起彼伏的“闹洞房”仪式中，新婚夫妇还品尝了象征“甜甜蜜蜜”、“早生贵子”的哈密瓜、桂圆、红枣等，在异国他乡度过了一个难忘的欢乐之夜。

当晚，在场的记者们纷纷报道了这则饶有情趣的新闻，上海金沙江酒店也随着这些报道在一夜之间扬名海内外，特别是在中国公众和日本公众中留下了深刻而美好的印象。

1988年2月，高莉莉调到上海华亭宾馆。针对企业急需提高知名度的实际情况，她又策划推出题为“美国食品周”的公关专题活动。“食品周”期间，中外宾客同当地市民一起品尝了火鸡、小羊肉、开胃菜、小甜饼等美国风味小吃，还兴致勃勃地参观了同时展出的好莱坞西部片中那老式吉普车、汽油灯、马鞍、竹筐等。虽然当时正值酷暑，但情趣盎然的异国情调吸引着一批又一批的公众流连忘返。一时间“美国食品周”成了大众传媒报道的热点新闻，与此同时，华亭宾馆也成了上海公众津津乐道的热门话题。

问题：制造新闻应注意哪些问题？

分析：在公共关系传播中，大众传播能突破时空限制，迅速地把某种信息传遍一个地区、一个国家乃至全世界，从而产生巨大的影响。因此，当一个组织需要提高自己的知名度，赢得社会公众的普遍注意时，大众传播无疑是最理想的宣传方式。而“制造新闻”又是大众传播中最主动、最有效的免费传播手段。

在“制造新闻”的实际操作中，应该注意的是：（1）“制造新闻”必须依据客观事实，这些事实通常是偶然事件或突发事件。（2）这些事件都能被公关人员挖掘出其蕴含的与公共关系目标有某种联系的新闻价值，然后再对其进行有效利用。日本女影星新婚来中国访问是确有其事；美国食品及西部开发也属客观实在。两则新闻事件的“制造”过程都是公关系人员根据自己所在组织的公关目标，凭借强烈的公关意识和熟练的公关技能，针对有价值的事实，通过精心策划，巧妙地加工处理，使其增添戏剧性色彩，从而达到引人注目的效果。“金沙江”从默默无闻到在上海林立的大酒店中异军突起占据一方；华亭宾馆则成为中外宾客向往的地方。这些都说明，“制造新闻”带有浓厚的人为色彩，它既表现出公共关系活动的计划性，又体现出专业人员的策划能力。

（二）新闻制造的形式和特点

（1）新闻制造的形式有：召开新闻发布会、组织文艺演出、周年纪念活动、就某一突发事件发表声明等。

（2）新闻制造的特点有以下几点。

① 人为的。新闻制造不具有突发性和偶然性，在整个过程中，由公共关系人员来操纵整个事件的进展，它是人为操作的。

② 更具戏剧性。常言道“无巧不成书”，新闻制造是以事实为依据，通过人为的编辑、裁剪，突出其中更具吸引力、更富戏剧化的部分，再加上合理的传播途径和传播形式，可在短时间内引起极大的关注。

③ 带有明确的目的性。制造出来的新闻事件是为组织整体公共关系活动服务的，每一个制造出来的新闻都有一个非常明确的目的，如提高知名度，增加美誉度，或者是提高认知度、信任度等。

（三）制造公关新闻的要求

1. 保持与新闻界的广泛联系

公关人员要了解和熟悉新闻界，经常走访或电话联系出版社、杂志社、报社、电台和电视台，随时研究新闻界的工作状况。要维护新闻界的尊严和独立性，与它们密切合作，建立良好适度的人际关系。公关人员要随时提供高质量的稿件，成为记者最可靠的消息来源。

2. 广泛收集、挖掘新闻素材

公关人员要有敏锐的新闻眼光和新闻嗅觉，善于从组织的各项新闻中发现、挖掘具有新闻价值的信息，并且善于制造可能成为新闻的公关事件。

3. 讲究制造新闻的技巧和策略

健康的新闻制造实质上是精心设计的公关策划，是巧妙的公关技巧运用的策略安排，是塑造组织形象的高超手段。

（1）掌握新闻宣传策划的时机。时机选准了，不仅为新闻宣传工作的顺利进行创造了有利条件，而且能使新闻宣传工作取得最大的收获。

（2）讲究新、奇、特。要想成功地吸引新闻媒介乃至其他社会公众的注意力，公关人员就必须独具匠心，使策划的新闻事件具备上述三个特点。

（3）借助名人的力量。从公关心理学的角度看，公众的心理往往受他们所崇拜的权威人士或社会名流的影响。因此，有意识地把组织所策划的新闻事件与名人联系在一起，很容易引起新闻媒介及其他社会公众的注意。

（4）依托重大节日设计新闻题材。无论中、外都有很多重大节庆日，而与节庆日有关的新闻题材，往往成为新闻媒介关注的热点。

11.1.3 公共关系新闻写作

社会组织开展新闻宣传活动，不仅要靠新闻记者主动采访报道，更要有公共关系人员主动去采写一些新闻稿件通过大众传播媒介向公众传递信息，所以，作为公共关系人员，掌握一定的新闻写作知识，才能更好地完成公共关系工作。

（一）消息

一篇消息要交代清楚一件事，必须包含以下六要素：何时（When）、何地（Whcrc）、何人（Who）、何事（What）、为何会发生（Why）、过程如何（How）。消息是一种简明扼要地报道新近发生的有意义的事实的新闻体裁，是新闻中重要的文体。消息的种类很多，常见的有以下几种。

（1）动态消息。即对正在发生或新近发生的各种新情况、新事物、新动向而做的简要而迅速的报道。它是使用频率最高、报道时间最快，也是消息中最常用最典型的一种。它篇幅短，内容单一，大多是一事一报，只要反映基本情况即可，不必解释为什么和怎么样，也不必反映事物的全过程。

（2）综合消息。即围绕一个问题或一桩事件，涉及一个地区或一个方面在某一时期内所出现的情况，综合反映出带有全局性的趋势、成就、情况或问题的一种新闻报道。它与动态消息有明显的不同，它具有范围广、声势大的特点，它将多方面的内容综合到一起，把个别事物加以抽象、概括，找出它们的共同点。

（3）评述消息。是介于消息与评论之间的一种新闻体裁，兼有消息和评论的特点。它既报道新闻事实，又对事实进行分析评述，往往边述边议、以述带评、评述综合。

（4）经验消息。是一种对某单位或个人在工作中开创新局面、走出新路子、获得新成就的报道。这类消息在报道事实的基础上，主要写成功的、具有典型意义的做法，对开展工作有很强的引路作用。

（二）通讯

通讯是指以叙述、描写、议论为主要表达方式报道先进人物、典型事件、工作经验的常用新闻文体，是一种比消息更详细、生动地报道客观事实或典型人物的体裁。它容量大，内容较具体详尽，形式灵活多样。公共关系机构常常利用它来报道公关活动的发生、发展及结果，反映组织机构的方针、效益、经验、成就，以树立良好的组织形象。通讯有以下几种类型。

（1）人物通讯。人物通讯是报道新闻人物的事迹或成长过程的通讯。它主要是以详尽的笔墨来展现各类组织中的先进人物的精神风貌，或一个人物的某个侧面、某个片段，还可以介绍先进集体的英雄形象。人物通讯是通讯中出现最多也最受读者欢迎的通讯。

（2）事件通讯。事件通讯是以现实生活中具有典型意义的事件为报道对象，以深入发掘和反映事件本质意义为中心的通讯。它叙述事件的发生、发展、结果，交代事件的来龙去脉，提示其本质特征及其影响与意义。它要求选材注重新闻性，叙事完整具体、线索清晰、重点突出，处理好人与事的关系。

（3）概貌通讯。概貌通讯是报道国内外各地、各民族的风土人情、文化轶事、自然风光、建筑风姿、名胜古迹及各单位、各部门的新成就、新面貌的通讯，亦称为“风貌通讯”。它以记事为主，但并不展示事件的始末，只是通过一些片段的描述来反映全貌。

（4）工作通讯。工作通讯是以工作的进展情况、经验收获、争议焦点、存在问题等为报道对象的一种通讯。它要求通过典型剖析，概括出具有普遍性、规律性的问题。它的鲜明特点是夹叙夹议、叙议结合。

11.2 公共关系广告

广告是商品经济与社会化大生产的必然产物，它能够通过多种传播媒介传递大量信息，以商品信息为主要内容的是商品广告，以非商品信息为主要内容的是公共关系广告。随着公共关系活动的深入开展，企业在商品广告中注入了更多的企业文化和理性因素，两种类型的广告趋于融合的趋势愈来愈明显。

11.2.1 公共关系广告的特点和分类

所谓公共关系广告，即以设法增进公众对社会组织的整体了解，扩大其知名度，树立良好组织形象为目的的广告形式。

（一）公共关系广告的特点

（1）公共关系广告表现的真实性。公共关系广告必须立足于实际，不得以任何形式弄虚作假，蒙蔽或欺骗消费者。它要利于组织在公众中树立良好形象，密切社会组织与公众的联系。对企业来说，真实感人的广告是提高企业信誉、树立企业良好形象的主要形式，所以，公共关系广告必须坚持真实性的原则，为企业的长期稳定发展奠定良好的基础。

（2）公共关系广告宣传的全面性。商品广告在向公众推介新产品或新服务时，突出优点（允许艺术的夸张与夸大），针对目标公众的需求寻找契合点，从而使其产生购买欲望；公共关系广告把商品和服务纳入其整体推介的框架中，将组织特色、经营模式、发展现状、长远目标等信息整合后告知公众，目的是提高组织知名度和美誉度。它不像商业广告只是着重于产品的推销，而是着重于推销观念，塑造整个组织的形象。

（3）公共关系广告目标的长期性及系统性。一个好的公共关系广告应侧重于向公众介绍企业文化的内涵，强调企业的人文色彩，突出企业的总体形象，是企业公共关系活动的一个组成部分。随着市场经济的发展，人们感性消费的趋势上升，对价值的关注程度远远大于价格，在人们的消费观念中，品牌的影响力越来越大，公共关系广告的作用不是提高某一商品的销售量，而是积极地去培养偏爱，不是偏爱某一种产品， 而是某一品牌，这是公共关系广告的最终目标。这个目标的实现非一朝一夕之功，要有一个长期的、系统的计划。

（二）公共关系广告的类型

市场经济的发展推动着广告的发展、广告又是促进商品流通的重要因素之一。在今天的中国，广告题材多样，分类的标准也很多，现根据公共关系广告的内容作以下分类。

1. 组织名称广告

组织广告是传播组织自身各种信息的广告。作为一个经济组织，组织的广告就是指企业广告，其重点是宣传企业的自然状况，介绍企业的经营方针，解释生产经营目的和消除误解。其目的是让更多的社会公众了解企业，树立良好的企业形象。

2. 响应广告

以组织的名义响应社会生活中的某个重大主题，表达组织与社会的关联性与共通性，从而寻求社会公众的理解与支持而进行的广告就是响应广告。对政府的某项政策、措施或社会生活中的某项重大事件表示响应，也可对某个新开张或有重大庆典活动的组织、企业表示祝贺。如神舟五号载人飞船发射成功，国内许多知名企业都以自己的名义表示祝贺。

3. 创意广告

创意广告是组织或企业以自身的名义率先发起某种社会活动，或提倡某种有意义的新观念的广告。一般来说，创意广告要有明确的主题和目标，以表明组织或企业对社会活动的关心、支持。

4. 解释广告

当公众对组织某些情况因不了解而产生误解或不信任时，就某些问题做出合理性解释，或就企业的失误导致公众损失表达歉意的广告是解释广告。无论起因为何，当公众对企业产生误解、不信任甚至抗拒心理时，企业都应及时反应，抓住问题的症结所在，尽快消除误解，承认错误，从而将对组织形象的不良影响降到最低。

11.2.2 公共关系广告的制作程序

公共关系广告在树立组织形象、展示组织精神风貌上，有着不可替代的作用。公共关系广告的运作程序有设计、制作、发布和检测效果几个步骤。

（一）公共关系广告的设计

一说起广告设计，人们可能马上联想到“创意”、“销售”、“艺术表现力”等词语，实际上在形成广告创意之前，组织要做好以下工作。

1. 明确广告的目的

公共关系广告是以树立良好形象，提高知名度，创造有利组织的舆论环境为目的。不同组织所要树立的形象、所要求的内外部环境氛围是不同的。因此公共关系广告的首要前提是明确广告的目的。

2. 明确广告的定位

公关广告定位是指广告主依据形象战略目标，运用一定的方法确定组织在其公众心目中的形象和位置。所以，一个公共关系广告的定位是否准确，决定了这个广告能否达到预期目的。公共关系广告的定位受这样几个因素影响。

（1）特定的目标公众。要首先确定这个广告是给谁看的。定位时应考虑目标公众，每个企业都有自己特定的目标公众，这些公众的年龄、性别、知识水平、兴趣爱好、接收信息的渠道不同，决定了他们的购买理由、购买方式也有所不同。任何一个广告都不可能对所有人产生效果，想吸引所有人注意的广告实际上是不可能存在的。严格地讲，广告发挥作用是特定的企业采用特定的方式作用于特定的目标市场的过程。

（2）潜在顾客的消费心理。任何一个人在采取购买行为时都会给自己一个理由，比如便宜、外观时尚、名牌、方便耐用等，每一种理由背后都反映了一些人的看法，往往代表着一个消费群体，公共关系广告的最终目的是通过树立企业良好形象的方法来销售商品，所以，潜在顾客的消费心理是广告定位时必须考虑的。

（3）企业自身的实力。发现企业自身的优势，通过广告传递给公众。让目标公众认识、了解企业的特点，才有可能产生信任和赞美。

（4）产品最具竞争力的优势。突出商品在市场中的占有位置，对企业来说，非常清楚地知晓自己的产品之所以畅销的理由，是做公共关系广告之前必须了解的信息。

（5）通过广告要实现的目标。在做广告之前要目标先行，确立了目标才能有效地组织材料，才能有针对性地取舍，为最终实现目标奠定基础。

3. 设计广告文案

（1）广告标题。标题是广告成功的关键。标题在广告中的注目率最高，给人留下的印象也最深。标题的制作应注意以下几方面。

① 标题应反映主题。标题要把广告的主要内容告诉公众，并能引起人们的兴趣，吸引公众关注广告的正文。

② 标题应简明扼要。特别长的或多行标题会给人以沉重、难懂的感觉，要在最短的时间内让公众明白广告的大概意思，一般以 8～10 个字为宜。

③ 富有创意。设计标题也是一种创作，应富有创意，千篇一律的面孔不会给人留下深刻的印象。

④ 要在标题中加入企业名称，便于公众重复记忆。

（2）广告正文。正文是广告的主题部分，广告的目标和内容，主要是通过正文传递的。它起着介绍商品、树立形象和推动购买的作用。所以在创造广告正文时要着重掌握以下基本要求。

① 突出重点。一个广告只能突出一个主题，选用的词语也要围绕着这一中心。一次告诉公众太多优点等于没有优点，公众不会去分析孰重孰轻。

② 简明易懂。用语要简明扼要、准确形象，尽量生活化，使用公众最熟悉的语言，让人倍感亲切。

③ 有趣动人。广告正文既要说理又要说情。正文表达尽量做到生动别致，可以采用多种创作体裁增强感染力和说服力。

④ 有号召力。广告的目的是通过广而告之，促成目标的实现。因此广告的正文必须有鼓动的力量，其前提是广告的真实性、高质量的商品或劳务以及良好的组织形象和经营作风。

（3）广告口号。广告口号一般在广告的末尾，是一句简短的口号式语句。其基本要求有以下几点。

① 简洁明快，尽量减少字数。

② 有节奏感，要上口，符合人们发音的习惯。

③ 词句要有美感，给人以心灵的享受。

④ 呼应主题，重申广告的中心意思。

⑤ 包含企业名称，便于公众重复记忆。

（二）公共关系广告的制作

公共关系广告的制作要遵循广告特有的规律，要依据广告制作的原则，才能产生预期的效果。在现代广告中主要包含以下几种要素。

（1）文字。文字是一则广告的主要组成部分，向公众传递直接信息，引起注意，并留下深刻的印象。

（2）构图。当今大量的广告是视觉广告，由众多视觉要素组合而成，任何视觉广告都离不开构图。构图就是将一个广告中所包含的视觉要素以一定的顺序或按照内在的规律排列起来。总的说来，构图要均衡，符合人们审美观的构图会显得活跃、丰富、醒目并具有现代感。构图要适当地留白，留白是指广告构图中的空白部分。一个被文字、图形填得满满的广告效果是很差的。适当的空白来衬托广告的文、图，突出其中不寻常的美感和吸引力。

（3）色彩。在长期的社会生活中，人们出于各种需要赋予了色彩以内涵，大家公认的白色象征着纯洁，黑色代表神秘，金色意味着高贵，绿色预示着生命等，人们对色彩是非常敏感的，不同的色彩给人以不同的感觉。人们因为年龄、性别、性格和个人爱好的不同，对色彩的识别也有所不同，甚至不同国家的人对色彩的喜好也有很大的区别。制作公共关系广告时色彩应根据目标公众的喜好来确定。广告中必须有一个主色和若干个辅色，主辅色之间要协调才能产生美感。

（4）附加价值。在广告中出现的除了主题之外的所有内容都是附加价值。通过附加价值可以强化企业形象、品牌形象；突出广告主题，使广告更有感染力和说服力；增大广告被注意的几率，引导视线，引发联想。就像广告中经常出现的美女、名人、孩子、自然景观等，都是为了使广告主题更加突出。需要注意的是，附加价值是为主题服务的，不能喧宾夺主，让附加的东西分散了公众对广告主题的注意力。

（5）音乐。这是电视广告中非常重要的组成部分。音乐与色彩一样，是广告中最瑰丽的表现主题的形式。音乐不仅能引起丰富的联想，而且极易被记忆。能够鲜明反映主题的广告音乐和广告歌曲，甚至能起到“二次广告”的作用。

（三）公共关系广告的发布

公共关系广告的发布主要涉及对媒体的选择，公关媒体的选择形形色色，种类繁多。要取得良好的公共关系广告效益，即以最低廉的费用获得尽可能大的广告效果，首要条件就是选择最适当的广告媒介，因为媒体选择错误，可能导致前功尽弃、全盘皆输的结局，所以对广告媒体的选择就至关重要。

（1）广告媒体的分类。由于科技水平的不断提高，广告媒体的形式越来越多样化。常见的有以下几种。

① 电子媒体，如电视、广播、网络等。

② 印刷媒体，如报纸、杂志、宣传品、书籍等。

③ 户外媒体，如霓虹灯、灯箱、广告牌、招贴画等。

④ 交通媒体，如各种交通工具、路牌等。

⑤ 邮寄媒体，如商品目录、产品说明书、传单等。

⑥ 售点媒体，如物品陈列、橱窗摆设等。

⑦ 礼品媒体，如手工艺品、台历等。

（2）广告媒体的选择。正确选择广告媒体应从以下角度考虑。

① 根据对象选择。不同组织、不同时期的公共关系工作，需要联系不同时期的公众。必须采用对象公众所习惯的传播媒介，才能收到满意的效果；同时，也要考虑到传播对象

的经济状况、受教育程度、工作与生活习惯等因素。

② 根据传播内容选择。要把广告内容与各种媒介的性质、特点、发行量、发行范围、受众对象等结合起来考虑。

③ 根据支付能力选择。选用何种广告媒介，必须根据组织的广告预算和支付能力考虑。

（四）公共关系广告传播效果的测定

公共关系广告传播效果是指广告通过广告传播媒介传播之后在公众中产生的作用。一个广告发布出去之后，或多或少都会对社会产生一定的影响。具有真实性、思想性和艺术性的广告不仅可以赢得公众的好感，还会产生一系列的深远影响。广告传播效果的测定是完整的广告活动中不可缺少的组成部分，是检验广告成败的重要手段。

公共关系广告传播效果的测定一般采用抽样调查、问卷调查等方法，测定内容包括注意率、阅读率、视听率、认知率、记忆率等。

（1）注意率是指曾注意过广告的人数与被调查的总人数的比例。用公式表示：

注意率=（看过该广告的人数÷被调查的总人数）×100%

（2）阅读率是指通过报刊、杂志等途径认真阅读过广告的人数与被调查的总人数的比例。用公式表示：

阅读率=（认真看过该广告的人数÷被调查的总人数）×100%

（3）视听率是指通过广播或电视听到、看到广告的人数与拥有电视机或收音机的总人数的比例。用公式表示：

视听率=（广告节目的视听人数÷拥有电视机（收音机）的总户数）×100%

（4）认知率是指能分辨广告的人数与看到或听到广告的总人数的比例。用公式表示：

认知率=（认知广告名称的人数÷广告节目的视听人数）×100%

（5）记忆率是指在认知的基础上，能记忆广告主要内容的人数与看到或听到广告的人数比例。用公式表示：

记忆率=（记忆广告的人数÷广告节目的视听人数）×100%

11.3　公共关系演讲

演讲是一种社会活动，是演讲者在特定的时空环境下借助有声语言和无声语言向听众传递信息，抒发情感，感召听众，在短时间内树立自己的观点而给听众留下深刻印象，从而影响和感召听众的一种信息传播活动。在公共关系活动中，演讲是一种非常重要的手段，因此，公共关系人员应该掌握一定的演讲技巧，为进一步开展工作奠定基础。

11.3.1　演讲的表达技巧

公共关系人员只有熟练地掌握公关演讲表达技巧，才能充分发挥演讲的“共同情感、影响公众、塑造形象”的公关作用。

（一）公关演讲的特点与作用

1. 特点

演讲的要素主要有：演讲主题——演讲者，演讲客体——公众，演讲的共同手段——

语言，演讲环境——演讲场所的时空环境和人文环境。演讲四要素缺一不可。

演讲具有时代性、说理性、针对性、鼓动性、艺术性等特点，通过生动的语言、雄辩的事实、严密的逻辑、声态并茂的艺术技巧，达到动之以情，晓之以理，导之以行的目的。

2. 作用

作为一种交流活动，优秀的演讲能震撼人们的心灵，唤起人们的思考，其作用主要有宣传教育作用、震撼激励作用、交流交际作用、审美情趣作用。

王老吉品牌定位战略

2002年以前，从表面看，红色罐装王老吉（以下简称“王老吉”）是一个活得很不错的品牌，在广东、浙南地区销量稳定，盈利状况良好，有比较固定的消费群，王老吉饮料的销售业绩连续几年维持在1亿多元。发展到这个规模后，加多宝的管理层发现，要把企业做大，要走向全国，就必须克服一连串的问题，甚至原本的一些优势也成为困扰企业继续成长的障碍。而所有困扰中，最核心的问题是企业不得不面临一个现实难题——王老吉当“凉茶”卖，还是当“饮料”卖？

2002年年底，加多宝找到成美营销顾问公司（以下简称“成美”），初衷是想为王老吉拍一条以赞助奥运会为主题的广告片，要以“体育、健康”的口号来进行宣传，以期推动销售。王老吉虽然销售了7年，其品牌却从未经过系统、严谨的定位，企业都无法回答王老吉究竟是什么，消费者就更不用说了，完全不清楚为什么要买它——这是王老吉缺乏品牌定位所致。这个根本问题不解决，拍什么样“有创意”的广告片都无济于事。正如广告大师大卫·奥格威所说：一个广告运动的效果更多的是取决于你产品的定位，而不是你怎样写广告（创意）。经一轮深入沟通后，加多宝公司最后接受了建议，决定暂停拍广告片，委托成美先对王老吉进行品牌定位。

任何一个品牌定位的成立，都必须是该品牌最有能力占据的，即有据可依。如可口可乐说“正宗的可乐”，是因为它就是可乐的发明者，研究人员对于企业、产品自身在消费者心智中的认知进行了研究，结果表明，王老吉的“凉茶始祖”身份、神秘中草药配方、175年的历史等，显然是有能力占据“预防上火的饮料”这一定位。

由于“预防上火”是消费者购买王老吉的真实动机，自然有利于巩固加强原有市场。而能否满足企业对于新定位“进军全国市场”的期望，则成为研究的下一步工作。通过二手资料、专家访谈等研究表明，中国几千年的中医概念“清热祛火”在全国广为普及，“上火”的概念也在各地深入人心，这就使王老吉突破了凉茶概念的地域局限。研究人员认为：“做好了这个宣传概念的转移，只要有中国人的地方，王老吉就能活下去。”

至此，品牌定位的研究基本完成。在研究一个多月后，成美向加多宝提交了品牌定位研究报告。首先明确王老吉是在“饮料”行业中竞争，竞争对手应是其他饮料；其品牌定位——“预防上火的饮料”，独特的价值在于——喝王老吉能预防上火，让消费者无忧地尽情享受生活：吃煎炸、香辣美食，烧烤，通宵达旦看足球……这样定位王老吉，是从现实格局通盘考虑。

问题：如何确定广告的定位？进行广告创意？

（二）演讲的声音与仪态

演讲是一门独特的语言艺术，以讲为主，以演为辅。声音作为传递信息的符号，发挥着非常重要的作用，声音的魅力通过声调和语气体现出来。

（1）声调是非言语沟通中一种较为特殊的形式，它与语言一样，是以听觉为接受对象的，但它区别于语言。声调本身不包含特定的内容，只是对语言所传递的信息起到一定的辅助作用。

（2）语气是对语言感情化表达的一种方式，因语气不同，人们会对语言产生不同的理解。在演讲过程中，要体现出声音的音韵美，要有抑扬顿挫，平仄起伏，否则一句煽情的话，由于声调、语气把握不当，完全有可能让人感觉索然无味。演讲时要控制声调、语气、音调，注意说话的速度，使演讲抑扬顿挫，增加演讲的感染力。

① 注意眼神与表情的运用。眼睛是心灵的窗口，人的很多感情是通过眼睛流露出来的。演讲时，应面向听众，眼睛要扫视全场，目光炯炯有神，面带微笑，表情自然。

② 服饰礼仪。演讲者的穿着应与现场环境相协调，因为是公共场合，衣饰的选择要与自己的年龄、体形、气质及演讲的内容统一起来，最好穿着正式的服装，少用或不用装饰物，以免分散听众的注意力，也是对听众表示尊重的一种方式。

③ 恰当地使用肢体语言。肢体语言是人类最古老的交际方式，是对有声语言的必要补充，这里主要指的是手势。恰当使用手势，可以起到较好的辅助作用，有助于增强语气，加深听众对内容的理解。如列宁演讲时前倾的身体，张开的手臂，很容易得就把听众的情绪调动起来。演讲中，如果没有手势，就会显得呆板，手势过多则给人不稳重、不自信的感觉。所以，使用手势应以自然适度为原则，恰到好处，才能更好地表达演讲的中心意思。

波兰话讲台词

摩契斯卡夫人在一次演讲中不小心将稿子弄丢了，轮到她演讲时，她站起来，开始用流畅的波兰语念出台词，观众都只觉得听起来非常舒服，但不了解其意。她的语调渐渐转为激愤，高亢，最后在悲怆万分时戛然而止。台下的观众鸦雀无声，同她一样沉浸在悲伤之中。突然，台下传来一阵大笑，原来是她的丈夫——波兰的摩契斯卡伯爵。因为，摩契斯卡夫人刚刚用波兰语背诵的是九九乘法表。

案例分析：演讲者感染听众的过程中不仅有有声语言，还包括眼神与表情、服饰礼仪、肢体语言等。

11.3.2　演讲稿的写作

演讲稿是演讲之前准备的文字材料。演讲要获得成功，关键是要做好充分的准备，其中最重要的莫过于写好演讲稿了。被誉为世纪十大演说家之一的原英国首相丘吉尔，他的精彩演讲感人至深，他的儿子介绍说："我的父亲为了撰写那些即席演说的讲稿，耗费了他大半生的精力。"可见，好的演讲稿是演讲获得成功的重要保证。

（一）演讲稿的写作要求

（1）从事实出发。演讲虽然有表演的成分，但不是演戏，演讲稿应从事实出发，客观真实地表现真人真事，并通过真实的演绎，才能让听众接受。

（2）提炼主题。演讲者要善于从纷繁的社会现象中解析人生，把自己独特的人生感悟，提炼升华为富有哲理性和思辨性的语言，才能给听众以启迪和警醒，从而留下深刻的印象。演讲稿的主题要有新意，紧扣时代，最好用一个简单的判断句，在演讲中反复出现，起到强化、突出的作用。

（3）修饰语言。演讲是通过语言把演讲者要表达的中心思想传递给听众，所以，语言的雕琢非常重要。演讲稿的语言应尽量口语化、生活化，以生动、朴实、鲜活的用语去打动听众，需要注意的是演讲中的语言不是原汁原味的生活用语，而是经过加工提炼的文学语言。可适当使用一些修辞手法，如比喻、夸张、拟人、排比、对偶等，以增加演讲的气势和感染力。还要观点鲜明，感情真挚，显示出演讲者对社会、对人生一种理性的认识，以及对客观事物见解的透彻、深刻，能给人以可信性和可靠感。演讲稿观点不鲜明，就缺乏说服力，就失去了演讲的作用。演讲稿还要有真挚的感情，才能打动人、感染人，有鼓动性。因此，它要求在表达上注意感情色彩，把说理和抒情结合起来。既有冷静的分析，又有热情的鼓动；既有所怒，又有所喜；既有所憎，又有所爱。当然这种深厚动人的感情不应是“挤”出来的，而要发自肺腑，就像泉水喷涌而出。

（4）行文变化，富有波澜。影响演讲效果的要素很多，有内容，有布局，也有听众的心理特征和认识事物的规律，但平淡无奇的演讲肯定会失败。所以，演讲稿的整体布局要错落有致，有用激昂华丽的文字突出主题的部分，也有对例证的娓娓道来，才会产生吸引力，让听众有听下去的兴趣。

（5）篇幅不宜过长。一次演讲的时间不能太长，长篇大论的说教让听众产生厌烦感，从而影响演讲的整体效果。德国著名演讲家海因兹·雷·德曼在《演讲内容要素》一文中指出：“在一次演讲中不要期望得到太多，宁可只有一个给人印象深刻的思想，也不要五十个让人前听后忘的思想；宁可牢牢地敲进一根钉子，也不要松松地按上几十个一拔就起的图钉。”

（二）演讲稿的结构

1. 标题

好的标题应是醒目的，有吸引力的，能抓住中心，体现主旨。

2. 正文

正文是演讲稿的主要部分，是分析问题解决问题的中心所在。具体内容应根据演讲的主旨来定，要言之有物，言之有理，言之有情，结合叙事抒发情感，论辩说理，以求得听众的认同。在正文的写作中应该注意以下几个方面。

（1）对于开头的选择：重视开头，先声夺人。如同乐器定调，这个调定的如何，将决定整场演奏的成败。

① 开门见山式。指演讲一开始就直截了当地切入主题，简明爽快地讲明论题，使听众直接明了演讲的重要内容，使其聚精会神地围绕主题展开联想。

② 楔子导入式。在演讲之前用一段与演讲整体有关的故事、小诗、名言来调动听众的感想和思想，引起听众兴趣后再展开正题。

③ 赞扬听众式。赞扬听众的开场白，活跃听众的气氛，加强演讲者与听众的联系，缩短双方心理的距离。

④ 诙谐幽默式。以幽默开端，往往亦庄亦谐，妙趣横生，既语带双关，又不失犀利，让听众在轻松愉快的氛围中开始接受讲话的内容，使听众兴味盎然。

⑤ 设问祈使式。演讲时以设问或祈使开端，提出一个或几个问题，引起听众思考，

不仅能吸引听众的注意力，而且能激起其参与演讲内容的讨论。

⑥ 临场发挥式。演讲者结合演讲时的环境、场合、气氛，就地取材，即兴道白，临场发挥。

（2）对素材的选择上，要从听众出发。无论什么类型的演讲，都是演讲者与听众间的情感交流和信息沟通，离开这些，演讲就会变成空洞乏味的说教，让人厌烦。因此，演讲稿所选用的素材必须是听众喜欢听，听得懂的一些人和事，才能激发听众的情感共鸣和思想共振，才能有好的效果。

（3）对结构安排上，要张弛有度。围绕主题所选择的素材应按照一定的结构安排，“文似看山不喜平”，事实材料要有主有次，有高潮有低谷，一波三折，峰回路转，紧紧抓住听众的心理，这样的演讲才有鼓动性和说服力。像高潮部分，可以运用一些排比、对偶等修辞手法，或使用一些富有哲理的警句、格言，在平直的叙述中加入哲理性的议论，大段的议论之后，选用简单的事例进行佐证。

（4）对感情的表达上，以诚感人。“感人心者，莫先乎情”，演讲不是以势压人，听众在能动地、思辨地接受演讲者的观点，经过筛选之后，只有那些他们认为对的，有理的说法才能得到认同。演讲应首先注重寓情于理，事中有情，论辩说理，以诚感人，干巴巴的说教，只会让听众感到厌烦，从而大大降低了他们参与现场互动的积极性。李燕杰在《有关演讲问题答青年朋友问》一文中曾谈到：“我选用例子时，曾对自己提出一个标准，选用古代志士仁人的例子，一定要感动自己，如果没有使我感动，我绝不讲；选用当代先进人物事迹的例子，我没有接触过的基本上不说，尽量做到有了自己直接感受的基础上，才把它写到演讲稿之中，这样的演讲才可能生动感人。”

3. 结尾

好的结束语，应该既是收尾，又是高潮；既铿锵有力，又余音袅袅、耐人寻味；既别开生面、不落俗套，又来得自然、精妙。

（1）呼吁式。这种方式富有鼓动性和号召性。是演讲者以感情激昂、动人心弦的语言对听众的理智和情感进行呼吁。

（2）借用式。借用名言警句或诗歌来结束演讲，既使演讲显得典雅而有魅力，又把演讲推向高潮。

（3）对比式。即运用对比的方式来结束演讲，使听众从比较中明辨真伪，具有征服听众的力量。

4. 演讲的心理效应

在公关演讲中，合理适度的心理效应，有利于增强演讲的效果，达到演讲的目的。主要包括首因效应、晕轮效应、权威效应。

（1）首因效应。首因效应是指第一印象对人的认知起到“先入为主”的作用，能够改变后续刺激物的意义。

（2）晕轮效应。晕轮效应是指从对象的某种特征推及对象的总体特征，从而产生美化或丑化对象的印象的一种心理定势。

（3）权威效应。人们对“权威”有容易信服的心理倾向，人们往往认为从“权威”那里获得的信息、知识是可靠的，以致无条件地接受。

11.4 公共关系谈判

谈判是组织协调、处理与公众关系的重要手段。公共关系人员代表组织与各类公众发生联系，经常要运用谈判来解决彼此之间的矛盾、分歧，甚至冲突。因此，公共关系人员必须熟练地掌握谈判的技巧。

11.4.1 公共关系谈判概述

美国谈判学会会长尼尔伦伯格说："只要人们为了改变相互关系而交换观点，只要人们是为了取得一致而磋商、协商，他们就是在进行谈判。"因此，公共关系谈判就是彼此间存在利益冲突和协作可能的双方或多方，为了达成一致而进行协商、洽谈的活动。

（一）公共关系谈判具有以下特点

（1）谈判有两个（方）或两个（方）以上的参加者。孤掌难鸣，既然存在争议和分歧，要相互沟通，至少要有两个人参与，谈判才可以进行，至于多方谈判，参加者都站在自己的立场上，进行协商，以实现自己的目标。

（2）谈判的目的是互惠双赢。谈判不是一场非输即赢的比赛。谈判是在对立与冲突中寻找双方共同的利益，互取所需，达到共赢的目标，一场成功的公共关系谈判，双方都应是胜利者。

（3）谈判的手段是平等协商。谈判桌前，双方在人数、地位、实力的对比中应是对等的，通过平等协商的方式，各自为谋求更多的利益进行沟通，在最大限度内满足双方的愿望。

（二）公共关系谈判的基本原则

（1）友好协商原则：双方必须以友好协商的态度作为基调。任何违背友好协商的态度，如欺骗、强制等，都会使谈判失败。

（2）平等互利原则：双方虽组织有大小、实力有强弱，但在谈判桌上地位是平等的。

（3）合法性原则：指谈判过程和内容都必须符合法律的要求。凡是不合法的谈判过程（如强制）和内容，都是无效的。

（4）时效性原则：在谈判中讲求省时和高效。在相对短的时间内达到谈判的目标。

（5）最低目标原则：指在不违背总体利益的前提下，制定谈判的最低目标。多为对方着想，双方各退一步，是谈判成功的基本前提。

11.4.2 公共关系谈判的程序

公共关系谈判的程序是指谈判的整个过程。它包括准备阶段、开局阶段、交锋阶段和成交阶段 4 个步骤。

（一）准备阶段

准备阶段是谈判前非常重要的一个环节，有时会决定谈判的结果。主要工作如下。

（1）搜集信息。谈判是一场没有硝烟的战争，双方都在争取最大限度的利益，这样必然会损害到对方的利益，这就要求谈判人员在谈判前搜集大量的信息并充分利用这些信息，因为知己知彼，才能百战百胜。比如，在商务谈判中，需要搜集的信息包括市场行情，对方提供的商品性能、成本，国际上其他同类产品的销售价格，以及谈判对手的个性、优势、弱点、爱好，为接下来的实质性的交锋做好充分的准备。

（2）确定人员。谈判人员的确定对谈判结果也有着举足轻重的影响，确定谈判人员时要充分考虑到环境、谈判内容、对手情况，有针对性地选择最恰当的人选，以达到最佳的谈判结果。一个谈判组的成员应由以下人员构成。

① 领导人员。他们是谈判成员的领导者，享有一定的决策权。

② 专业技术人员。他们主要负责商品的出价、报价及技术问题。

③ 法律人员。他们负责专业法律问题的把握。

④ 翻译人员。

（3）选择地点。从人的心理上说，越熟悉的环境，人的心情越放松，越生疏的地方，人们的戒备心理越强，谈判的双方都希望谈判的地点选定在自己的地盘上，或尽可能与己方接近的地方，以赢得心理上的主动权。一般谈判的地点会选在相对中立的地方，以示对双方的公平。

（4）选择时机。谈判时机的选择有时也会影响到谈判结果，应考虑到外在和内在的因素，确定恰当的谈判时间。

（5）制订谈判计划。谈判计划应尽可能简洁，采用框架式的结构，应把总体目标分化成若干个小目标，在小的突破中积累成绩，最后达到最大限度的成功。

（二）开局阶段

（1）寒暄。众所周知，有什么样的谈判气氛就会有什么样的谈判结果，一个好的开端是成功的一半，所以，在双方进入实质性问题的谈判之前，营造友好和谐的氛围是必需的。

谈判双方对对方的问候必须是发自内心的，真诚的，才会打动对方。在谈判桌前，双方是各取所需，互惠合作的关系，你应当将对方看作是朋友，而不是敌人；是合作伙伴，而不是竞争对手。真诚的问候，亲切的眼神是拉近彼此距离的灵丹妙药，使双方在亲切友好的气氛中都获取更多的利益。所以双方应选择与谈判内容无关的话题，可以回顾以往友好合作的历史，谈论天气或双方共同关心的时事，以缓解谈判前的紧张气氛。

（2）概说。在此阶段双方提出自己初步的谈判要求。在谈判过程中，控制主动权的一方往往会赢得更多的利益，有经验的谈判人员总是根据谈判计划，恰当地提出自己的谈判目标，在增加透明度的同时，也可控制场上的主动。

（三）交锋阶段

随着开局阶段的结束，己方的计划，对方的目标，双方利益的共同点和冲突所在，以及双方均未表露出来的内在需求已逐渐趋于明朗，谈判气氛开始变得紧张，有时会达到剑拔弩张的程度。狭路相逢智者胜，在这一阶段，双方为争取更多的利益，要尽量展示自己的优势，运用各种方法和技巧，促使有利于己方的谈判结果逐一确定。在整个谈判过程中，这一阶段是最关键的。

（1）讨价还价。讨价还价是在双方报价的基础上，“后发制人”。了解对方报价的虚实，根据自己所确定的底线寻求双方都能容忍的临界点，以取得最佳的谈判结果。在此期间，对对方的报价，可以逐项还价，也可以分组还价或整体还价，谈判人员要有自信、顽强、穷追不舍的态度，要稳扎稳打，步步为营，保持优势，要相信自己的不懈努力总会有所收获。

（2）让步妥协。让步妥协是每一场谈判中都不可缺少的。每个让步都是对己方利益的损害，所以不要作出无谓的让步或一次性大幅度的让步，那样会让对方认为仍可争取到进一步的利益。所以，应让你的每一次让步都获得更多的保证，让对方知道你是付出努力和代价的，以求得利益上的均衡。

（四）成交阶段

谈判者必须把握成交时机，双方均可采用暗示成交法、从众成交法、保证成交法等方式尽快把谈判成果用文字形式确定下来。针对成交时可能存在的一些障碍，查找原因，逐项解决，灵活机动，以实现既定的谈判目标。在此阶段，应重点关注措辞，要咬文嚼字，避免在理解上出现歧义，内容的规定要明确具体，不能出现诸如尽力、努力、争取等模棱两可的词语，以免在合同履行过程中出现不必要的纠纷。

11.4.3 公共关系谈判的技巧

（一）掌握时机的技巧

促成谈判成功的最重要的因素之一是“看准时机”。掌握了审时度势的艺术，学会在时机来临时抓住它，在时机溜走之前就采取行动，将简化谈判中的许多问题，达到事半功倍的效果。

（1）增强自己的预见能力。

（2）学会忍耐。

（3）当你陷入困境时，暂停一段时间也无妨。这样会促使你产生灵感，易于思考问题。

（4）学会做一个局外人，善于“跳出”谈判桌，从不同的角度公正、客观地看待双方对峙的局势，分析谈判事态进展所蕴藏的机遇。

（二）提问的技巧

为了摸清对方的虚实，了解对方的实际需要，掌握对手的心理态度，控制谈判的进程，必须不失时机地、适时地提问，以争取更多的主动权。提问是谈判中非常常用的一种技巧，在很多时候，提问的方式决定着答案。因此提问时应注意以下几点。

（1）控制好情绪，不要让自己的急躁情绪外露。

（2）讲究言谈艺术。要善于控制音速、音率、音调、节奏和抑扬顿挫。

（3）密切注意对方的一举一动，随时掌握对手的心理反应。

（4）带有暗示性，引导对方在你给出的答案中选择。

（5）不盘问，不审问，平等真诚地提问。

（6）知己知彼，掌握谈判的主动权。

（7）正确使用体态语言。

（三）说服的技巧

所谓说服，是给予对方某种影响和刺激，使之改变想法、态度和意见，并能自觉地依照说服者的意向，采取行动。因此具有良好的说服能力是每个谈判者必备的素质。

1. 利用主场的环境优势

在一般情况下，即使主人的支配能力较弱，而且客人在开始时反对主人的观点，然而到终极时间时，大多数客人总是顺从主人的观点。因此精明的谈判者总是力求将谈判地点安排在自己一方。

2. 注意仪表

谈判桌上，有时大方的穿着打扮与自己的观点具有同等的重要性。

3. 考虑对方意见

在得出结论前经过正反两个方面阐述的一个观点，比那些只从一个方面出发的观点要有说服力。

4. 提出有力的引证

当人们听到高度可靠地、权威性强的材料时，他们反对新观点、固执己见的程度就会大大降低。

（四）设定最后期限的技巧

大多数谈判都是在最后期限或临近这一时间才达成协议的，有经验的谈判者会在谈判一开始就设定一个最后期限，当谈判陷入僵局，对方态度强硬，表示绝不让步时，可明示对方这一最后期限，促使对方痛下决心。从心理学角度讲，当某一最后期限到来时，人们会感到不安、焦虑，随着期限的临近，这种心理压力会逐渐增加，最后，迫不得已改变原来的主张，以求得问题的解决。运用这一技巧时要注意时机的把握，态度要真诚，让对方切实感到你的忍耐已到了极限，如果再不改变看法，将直接导致谈判的破裂。最后期限一旦确定，就不能随意更改，所以，在此之前要仔细考虑。谈判人员在提出最后期限时，要清楚这只是一种技巧，如果此举不成功，应预先想好退路或其他补救措施，避免出现两败俱伤的局面。

玻璃厂谈判

1986 年，广东某玻璃厂就引进新设备的问题，与美国欧文斯玻璃公司进行合作。但是在全部引进还是部分引进问题上，双方发生分歧，意见很大。为了缓和气氛，促成协议，我方首席代表陈述了三点意见：“你们欧文斯的技术、设备和工程师为我们提供服务，这对双方都有利。因为我们外汇有限，国内有的就不需再引进；美国方面当然知道，现在，意大利、荷兰等几个国家的代表团，正在同我国北方省份的玻璃厂进行引进生产线的谈判。如果我们这个谈判因一点点小事而归于失败，那么，不但是我们广东玻璃厂，更重要的是欧文斯公司方面将蒙受巨大的损失。这损失不仅是生意，更重要的是声誉。”对方一听我方三点分析全面而中肯，便放弃了全部引进的方案，很快同我方签约，并成为长期的合作伙伴。这里，我方代表在陈述中，首先阐明双方合作都有利可图，给对方以利益上的引诱，接着又阐述如果不尽快达成协议，则可能损失更大，这样又给对方以威胁。既威逼又利诱，迫使对方作出让步，达到了协调与沟通的目的。

问题：该案例运用了怎样的谈判技巧？

11.5　公共关系文书

公共关系文书是政府机关、企事业单位、人民团体等组织用来汇报、反映、沟通情况和交流经验的一种文体。由于它不属于正式公文，因此不能公开出版，只在内部发行。日常工作中所见的通讯、动态、情况反映、信息通报、内部参考都属于简报的范围。由于其具有简短灵活的特点，因此它的使用范围很广，在公关文书中应用较多。

11.5.1 公共关系文书的概念及其分类

公共关系文书是社会组织为了实现自己的公关目标和开展公关活动而制作的各种书面文字材料，它是文书在公共关系中的运用。一般来说，公共关系文书写作内容较多，但概括起来，主要分为三个方面，即事务性公关文书、传播性公关文书和礼仪应酬性公关文书。

事务性公关文书就是为了正常开展公关工作而编制的文书，如简报，公关计划，公关调查报告等。

传播性公关文书就是为了宣传组织良好形象，为组织的正常运作和发展创造有利的内外部环境而制作的文书，如广告、新闻、演讲等。

礼仪应酬性公关文书就是在日常工作中组织与组织，组织与个人之间为达到一定的公关目的而编制的文书，如请柬、祝词、答谢词等。

11.5.2 公共关系文书的写作特点

1. 明确的实用性

公关文书与一般文书相同，其写作具有明确的实用性。它是为了达到一定的公关目的，在公众中树立良好的组织形象而写作的，实用性很强。如写公关广告，就是为了宣传组织形象，让公众了解，认知组织，提高组织的知名度，为组织的发展提供良好的舆论环境。因此在书写公关文书时，一定要从实际出发，本着一定的目标而写作。

2. 内容的真实性

由于公关文书服务于一定的公关目的，所以其中涉及的事情、人物、情节、数字，一定要真实、准确，不能有假设虚构，否则就会影响组织声誉，给组织的发展带来不良的后果。

3. 较强的时效性

公关文书一般讲究时效，要求文书的写作在一定时间内完成，不允许拖拖拉拉，否则就会耽误工作的正常开展。如简报、新闻在这方面就有很高的时间要求，超过时间就毫无意义可谈。

4. 格式的规范性

公关文书与一般文书一样在写作上有一定的较固定的格式，即比较固定的结构层次、习惯用语、称谓、签署等，这样便于书写、阅读。如请柬、信函、广告等。

5. 作者与读者的特定性

公关文书的作者一般为集体或集体代表，在写作时一定要遵循组织的意图、目标，初稿写成后，还要经过集体讨论，大家提意见，然后修改，最后由负责人审阅通过。写作要求表现出一定的程序化，公关调查报告和公关计划就是这方面突出的代表。其次，公关文书的阅读对象也是特定的，如广告的阅读对象为社会公众，简报的阅读对象是组织领导和内部员工。

11.5.3 书信

书信是人们在不能、不便或不需要见面的情况下，为了交流信息、沟通感情、联系事务而采用的一种文书形式。包括如下形式。

1. 慰问信

慰问信是社会组织为了表达对本组织的公众或与本组织有关的公众的问候、感谢、支持的一种专用书信。慰问信一般是重大事件、某件工程处于攻坚阶段、新春佳节等时间段应用。

① 标题。标题通常写在第一行正中，用醒目的大字书写。

② 正文。这是慰问信的主要内容，一般包括称谓、正文、结束词三部分。正文一定要有事实、有分析，一是要层次清晰，逻辑关系严密；二是要言简意赅，重点突出。

③ 署名和日期。署名是社会组织的全称。有必要时，可以在社会组织全称的下一行对应位置上签上社会组织法人代表的名字；再提行，与社会组织名称对应的位置下面写上日期。

2. 介绍信

介绍信是社会组织为了介绍到有关单位了解情况、联系工作、参观访问者的身份而拟制的一种专用书信。内容包括被介绍人的姓名、身份、随访的人数、活动的目的、对受访单位的请求等。例如：

×××：

兹介绍×××同志等×人，前往你处联系×××，请接洽，谢谢。

此致

敬礼

××××（公章）

××××年×月×日

3. 贺信

贺信，是表示祝贺的专用书信。贺信既可以宣读也可以通过邮寄送达对方。

贺信的写作格式与一般书信大致相同，由标题、称谓、正文，结语、落款几部分组成。写作要求内容切合具体的祝贺情境，感情真挚，喜庆色彩浓郁。贺信以书面表达为主，语言力求简练、明快、生动、流畅，恰当地使用对偶、比喻等修辞手法，使贺信显得优美文雅。例如：

××电脑公司：

贵公司落成开业，是商界也是企业界的一件大喜事。在此谨向你们致以热烈的祝贺！

贵公司拥有一支由软件专家组成的庞大队伍，技术力量相当雄厚，必定能够开发出具有竞争力的软件系统。对于满足用户的需求，活跃我国的电脑市场，定会起到重要作用。

祝贵公司开业大吉，宏图大展！

××公司全体员工同贺

×年×月×日

11.5.4 公文

在公共关系活动中，公文是表达组织意图、陈述意见、记载事务的书面材料，是上传下达的指挥工具，也是沟通左右的桥梁。它有以下几种常见的形式。

（1）通知。通知是组织内部发布事项、布置活动、告知事情的一种下行的书面文书。它具有广泛性、写作的灵活性、受文对象的确指性等特点。通知的类型主要有指示性通知、布置工作的通知，转发、批转、印发公文的通知和事务性通知。通知一般由标题、主送机关、正文、制发机关、时间等部分构成。

（2）请示。请示是下级机关向上级机关请求指示、批准的公文，它是机关工作中常用的期请性上行文。其行文目的是请求上级机关对工作某一问题给以批示、答复。请示可分为请求指示的请示、请求批准的请示。请示文书由标题、主送机关、正文、发送机关、成文时间组成。

（3）报告。报告是下级机关向上级机关汇报工作、反映情况、提出意见或建议、答复上级机关讯问的公文。报告一般由标题、呈报对象、正文、发文机关、成文时间组成。

（4）会议纪要。会议纪要是记载和传达办公会议或专项会议的情况和议定事项，以便沟通信息、交流经验、统一决议、汇报或指导工作的文书。会议纪要一般分标题、导言、主体、结尾、成文时间。

（5）通告。通告是组织在一定范围内公布应当遵守或周知事项的公文，政府机关、企事业单位、社会团体均可使用。通告对于一定范围内的单位或个人有约束力或法律效力。通告由标题、正文、结尾构成。

本章小结

通过学习公共关系技巧，我们清楚地认识到，不论采取哪一种技巧都要根据需要和可能，研究公众，把握公众的心理，达到与公众沟通的目的，使组织目标得以实现。

综合练习

1. 如何制造公关新闻？试举一实例说明。
2. 简述公共关系广告的类型，分别指出 1 ~ 2 个实例。
3. 公共关系广告标题和正文的创作有何技巧？
4. 公共关系广告媒体选择的原则有哪些？
5. 演讲有哪些表达技巧？如何在演讲中进行情感调动？
6. 试举例说明某一谈判技巧。
7. 试拟定题目写一封贺信。